中国社会科学院　学者文选

杨向奎集

中国社会科学院科研局组织编选

中国社会科学出版社

图书在版编目(CIP)数据

杨向奎集 / 中国社会科学院科研局组织编选. —北京：中国社会
科学出版社，2006.8（2018.8 重印）

（中国社会科学院学者文选）

ISBN 978－7－5004－5713－8

Ⅰ.①杨…　Ⅱ.①中…　Ⅲ.①杨向奎－文集②社会科学－文集

Ⅳ.①C53

中国版本图书馆 CIP 数据核字（2006）第 072699 号

出　版　人	赵剑英
责任编辑	季寿荣
责任校对	尹　力
责任印制	郝美娜

出　　版	中国社会科学出版社
社　　址	北京鼓楼西大街甲 158 号
邮　　编	100720
网　　址	http://www.csspw.cn
发 行 部	010－84083685
门 市 部	010－84029450
经　　销	新华书店及其他书店

印刷装订	北京市十月印刷有限公司
版　　次	2006 年 8 月第 1 版
印　　次	2018 年 8 月第 2 次印刷

开　　本	880×1230　1/32
印　　张	14.875
字　　数	356 千字
定　　价	89.00 元

凡购买中国社会科学出版社图书,如有质量问题请与本社营销中心联系调换
电话:010－84083683

出 版 说 明

　　一、《中国社会科学院学者文选》是根据李铁映院长的倡议和院务会议的决定，由科研局组织编选的大型学术性丛书。它的出版，旨在积累本院学者的重要学术成果，展示他们具有代表性的学术成就。

　　二、《文选》的作者都是中国社会科学院具有正高级专业技术职称的资深专家、学者。他们在长期的学术生涯中，对于人文社会科学的发展作出了贡献。

　　三、《文选》中所收学术论文，以作者在社科院工作期间的作品为主，同时也兼顾了作者在院外工作期间的代表作；对少数在建国前成名的学者，文章选收的时间范围更宽。

中国社会科学院

科研局

1999 年 11 月 14 日

目　录

编者的话 …………………………………………………………（1）

社会与理论篇

《家庭、私有制和国家的起源》学习笔记 …………………（3）

读《马克思恩格斯论中国》

　　——兼论中国封建社会的历史分期问题 ……………（22）

有关中国古史分期的若干问题 ……………………………（34）

古代史研究中的几个问题 …………………………………（58）

关于中国封建社会土地制度问题 …………………………（65）

试论东汉北魏之际中国封建社会的特征 …………………（80）

从《周礼》推论中国古代社会发展的不平衡性 …………（98）

关于西周的社会性质问题 …………………………………（110）

思想与学术篇

应当给有虞氏一个应有的历史地位 ………………………（131）

大禹与夏后氏 ………………………………………………（135）

《周礼》的内容分析及其成书时代 ………………………（149）

西周金文断代研究中的若干问题 …………………………（199）

墨子的思想与墨者集团 ……………………………………（223）

《公羊传》中的历史学说 …………………………………（247）

论刘歆与班固 ………………………………………………（258）

《白虎通义》的思想体系 …………………………………（274）

论何休 ………………………………………………………（282）

谈乾嘉学派 …………………………………………………（295）

清代的今文经学 ……………………………………………（301）

论"古史辨派" ……………………………………………（368）

我的历史学研究方法 ………………………………………（391）

科学与哲学篇

论恒量、变量 ………………………………………………（403）

论时间与空间 ………………………………………………（410）

都江堰"深淘滩，低作堰"的科学意义 …………………（426）

司马迁的历史哲学 …………………………………………（429）

作者生平学行年表 …………………………………………（456）

作者主要论著目录 …………………………………………（460）

杨向奎先生传略 ……………………………………………（462）

编者的话

杨向奎先生，字拱宸，河北丰润人。生于 1910 年 1 月 10
日，2000 年 7 月 23 日在北京病逝，享年 90 岁。先生 1935 年毕
业于北京大学历史系，后相继执教于甘肃学院、西北大学、东北
大学、山东大学，作育人才，桃李满园。1956 年调中国科学院
历史研究第一所任研究员，迄于逝世，皆在中国社会科学院历史
所从事史学研究。

先生一生广泛涉足于经学、史学、哲学和理论物理学，博赡
通贯，著述宏富。早在 1943 年，先生即已发表专著《西汉经学
与政治》。60 年代初，《中国古代社会与古代思想研究》（上下
册）问世，先生遂据以跻身史坛大家之列。改革开放以后，先
生年届耄耋，精进不已，又结撰专著多种，计有《清儒学案新
编》、《大一统与儒家思想》、《宗周社会与礼乐文明》、《墨经数
理研究》、《自然哲学与道德哲学》、《哲学与科学》以及主持编
纂《中国屯垦史》等。博通经史，兼擅文理，在 20 世纪的中国
学术界，并不多见。

先生勤奋为学，终身以之，一生为文数以百篇计。自 20 世
纪 80 年代初起，先生曾数度应出版社之请，选文结集出版。先

后问世者，计有《中国古代史论》、《绎史斋学术文集》、《缁经室学术文集》、《杨向奎学术文选》、《杨向奎学述》等。最近，根据中国社会科学院科研局和历史研究所的安排，我们从先生的诸多学术论文中，选出25篇，凡分社会与理论、思想与学术、科学与哲学等3个部分，藉以一觇先生为学之大要。篇末则附以李尚英学兄所辑《杨向奎先生年表》、《杨向奎先生主要论著目录》以及《杨向奎先生传略》。囿于学力，所选未必允当，谨请各位专家和读者指教。不肖弟子陈祖武偕学生袁立泽、林存阳、杨艳秋谨识。时当2005年乙酉仲秋日。

陈祖武

2005 年 9 月

社会与理论篇

《家庭、私有制和国家的起源》学习笔记

一

这是一部马克思主义的经典著作，列宁几次提到它并给予高度的评价，他在《论国家》内说："我希望你们在研究国家问题的时候看看恩格斯所著《家庭、私有制和国家的起源》一书，这是现代社会主义的基本著作之一，其中每一句话都是可以信任的，其中每一句话都不是凭空说出，而是根据浩繁的历史和政治材料写成的。"因此，我是满怀信任的心情读这本书的，每一个字对于我来说全是经典性的指示，在写笔记的时候，希望把平常自己在概念上还模糊的问题，重点学习，把原书类似的语句抄录在一起，帮助自己作深入的理解，没有自己的发挥，我也不可能有什么发挥。

虽然列宁全面肯定了这部书的价值，但关于其中的一个论点，还曾经有过不同的意见。恩格斯在原书 1884 年第一版序言内曾经说：

> 依据唯物主义的理解，历史上的决定因素，归根结蒂，乃是直接生活底生产与再生产。不过，生产本身又是两重性

的：一方面是生活资料食、衣、住及为此所必需的工具底生
产；另一方面是人类自身底生产，即种的蕃衍。一定历史时
代及一定地区的人们生活于其下的社会制度，是由两种生产
所制约的：即一方面是劳动底发展阶段，另一方面是家庭的
发展阶段。劳动愈不发展，其生产品的数量，从而社会底财
富愈有限制，则血统结纽对于社会制度底支配影响便显得愈
强烈。

这种生产两重性的论点，后来被马克思恩格斯列宁研究院给本书
作的序言所否定，序言内说：

必须指出恩格斯在本书第一版序言中一个不精确的地
方，这个不精确的地方对于各种物质生活条件在社会发展中
的作用问题，可以产生错误的观点。恩格斯在其著作底第一
版序言中写道：（略）可是家庭是不能与劳动，与作为社会
发展底决定原因的物质生产相提并论的。显然，"人类生
产"过程中两性之间的关系，或种的蕃衍，是在这样或那
样制约着社会底发展，因为它们构成了社会物质生活底必要
条件。但是人们物质生活底主要的、决定性的条件，决定社
会整个面貌（也包括两性间的关系、家庭及婚姻的形式在
内）的条件，乃是谋得生活资料底方式，人们生存及其种
底蕃衍所必需的物质资料底生产方式。历史唯物主义理论基
本命题底这个明确的、完善的、典范的公式，是由斯大林同
志在其《辩证唯物主义与历史唯物主义》一书中所提出的。

这是说恩格斯在序言中有了不精确的地方，因而可以产生错误的
观点，但同时又指出恩格斯在著作中还是"指明家庭与婚姻的形
式中，两性关系中的变化，是由物质生产底发展，由社会物质生
产力底发展所引起的。"因此，也就流行了一种说法，恩格斯的序
言中虽然有不精确的地方，在著作原文中并没有使用这种论点。

是不是恩格斯在序言中有自相矛盾的地方？有前后互不照应的地方？这只能由原书来作说明，恩格斯在原书家庭一章内一再谈到血统结纽对于社会制度的支配影响，他说：

> 不容置疑，凡血族相奸因这个进步而被限制的部落，其发展一定要比那些依然把兄弟姊妹间的结婚当作惯例和义务的部落更加迅速，更加完全。这个进步底影响有多么强大，可由氏族底设立来作证明：这种氏族是由这一进步直接引起的，而且远远地超出了最初的目的，它构成地球上纵非全部也是多数野蛮民族底社会制度底基础，而且在希腊及罗马，我们是由氏族直接进入文明时代的。（见人民出版社 1954 年10 月 1 版，第 37 页）

恩格斯指出氏族是由排斥血族相奸所直接引起的，因为这个进步的强大影响，构成了多数野蛮民族的社会制度的基础。在这里恩格斯并没有违背他在序言中的声明。他又说：

> 氏族制度，在绝大多数场合之下，似乎是从"普那路亚"家庭中直接发生的。……由于出自同一个始祖母，每一后代底女性子孙都是姊妹。但此等姊妹底丈夫们，已经不能是他们的兄弟，从而，不能是出自这个始祖母的，从而也不包括在后来成为氏族底这个血缘集团以内了；然而他们的子女却属于这个集团，因为只有唯一确实的母系方面的血统才具有决定的作用。一切兄弟和姊妹间，甚至母方最远的旁系亲族间的性交关系底禁止一经确定，上述的集团便转化为氏族了，换言之，即组成一个坚强确定的女系血族集团了。这些女系血统亲族是不能通婚的。从这时起，这种集团便为其他共同的社会和岁数的制度渐渐地巩固起来，而跟同一部落内底其他氏族有所区别了。（同上书，第 14 页及第 41 页）

这正是前一段的补充说明，把氏族的形成和巩固的过程，很扼要地勾画出来。

当然恩格斯并没有忘掉财富的生产对社会发展的决定作用，他曾经说：

> 在旧世界，家畜底驯养与畜群底繁殖，创造了前所未有的富源，并产生了全新的社会关系。……
>
> 这种财富，一旦变为各个家庭底私有物及迅速地增加起来时，就给了以对偶婚及母权氏族为基础的社会以猛烈的打击。（同上书，第51页及第52页）

到氏族社会末期，这种血统结纽终究为财富的生产所冲破而产生了全新的社会关系，但在此以前，"劳动愈不发展，其生产品底数量，从而社会底财富愈有限制，则血统结纽对于社会制度底支配影响便显得愈强烈。"恩格斯以辩证的观点来看问题，到血统结纽被冲破后，它对于社会发展就不会发生那样强大的影响，家庭制度已经完全地服从于所有权关系了，阶级斗争在全新的社会内，遂起着强大的推动作用。恩格斯在1884年第一版的序言内说：

> 奠基在血统联系上面的旧社会，由于新形成的社会各阶级的冲突而破裂了；新的社会便取它而代之，并组织成为国家，这种国家底基层结合已不再是血统的结合，而是地域的结合了，在这种社会里面，家庭制度已经完全服从于所有权关系了，而且在它里面，阶级矛盾和阶级斗争从此自由地展开起来，这种阶级矛盾和阶级斗争构成了今日以前全部成文底内容。

在阶级社会内充满了阶级矛盾和斗争，这种矛盾和斗争又发挥着强大的影响，是大众全信任的真理，但不能以之说明氏族社会，因为那时还没有阶级；相反血统结纽也不能在国家形成后发生强大作用，因为那时的家庭制度已经服从于所有权关系。恩格斯恰当地指出，这种人类自身的生产，只是在一定的历史时代及一定地区内发生强烈的影响，他并没有应用到所有的历史时期。

四川凉山彝族地区的家支关系还起着强大作用，至少在解放前是这样的，虽然关于家支的性质我们还没有搞清，但这是一种血缘组织是没有疑问的。在布拖地区因为家支繁多，冤家对头多，经常有战争，严重地影响了生产，许多好的土地荒废了，社会停顿下来；相反，普雄的阿侯家，因为家支大，团结得好，就有一种繁荣的气象。而凉山中的"曲诺"如果自成家支，可以由被奴役的地位上升为奴役人的地位，更下一等的"安家"，如果有着家支的雏形也可以反抗奴隶主出卖他们的子女作娃子。可以说在凉山地区，以血缘为枢纽的家支关系一直在起着强烈作用，我们研究凉山的社会性质是不能忽视"家支"的关系的。

列宁曾经全面地肯定《家庭、私有制和国家的起源》一书，对于上述这个论点也曾经加以肯定过。既然，曾经有过不同的意见，如今我把相关的材料，略加整理，作为《文史哲》的补白，提供大家参考。

二

恩格斯在原书内指出 3 次社会分工的问题，他说：

游牧部落从其余的野蛮人中分化出来：这是头一次大规模的社会分工。游牧部落生产的，不但比其余的野蛮人为多，而且他们还生产别的生活资料。与其余的野蛮人比较，他们不仅有为数颇多的牛乳、乳制品及肉类等，并且有兽皮、羊毛、山羊毛及随着原料的增多而日益增长的纺织物。这首次使正常的交换有可能了。（人民出版社 1954 年第一版，第 153 页）

这里指出第一次社会分工，交代得很明确，但却有不同的理解，现在流行的政治经济学，社会发展史或者是原始社会史，全说第一次社会分工是游牧部落从农业部落分化出来，使正常的交换有可能，因而发生社会第一次分工。

这种说法，根据恩格斯的著作来看是讲不通的，他曾经指出，第一次社会分工发生在野蛮的中级阶段，在野蛮与文明这一章里，他从野蛮低级阶段叙述起，说这时"分工是纯粹天然发生的；它仅存在于两性之间。"（见原书第 153 页）下面又说："但是，人们并不是到处都停止在这个阶段上的。在亚洲，他们发现了可以驯养及后来可以在驯服状态中繁殖的动物。……有些最先进的部落——雅利安人（Aryans），塞姆人（Semites），也许乃至杜兰人（Turanians）——起初是以驯养家畜，而只是以后才以繁殖与照料家畜为他们的主要的劳动部门。游牧部落从其余的野蛮人中分化出来：这是头一次大规模的社会分工。"（见原书第 153 页）可见这种分工，依恩格斯的意见是开始在雅利安人、塞姆人乃至杜兰人部落间，而这些部落主要是驯养与繁殖家畜，他们还不熟习植物的种植，在整个东半球上，恩格斯说："野蛮底中级阶段是从供给乳及肉的动物底驯养开始的，而植物底种植，在这里似乎在这一时期很久还不知道。"（见原书第 24 页）一个还不知道植物种植的人民共同体间，当然谈不到农业的问题，就是在这种条件下，恩格斯说：

> 牲畜底驯养与繁殖及大规模畜群底形成，似乎是使雅利安人（Aryans）与塞姆人（Semites）和其余的野蛮大众区别开来的原因。（见原书第 24 页）

可见雅利安人、塞姆人和其余的野蛮人区别开正是社会第一次分工的开始，但其余的野蛮人也并不是农业部落，农业的发生，在东大陆是这种区别发生以后的事，恩格斯又说：

在欧洲的雅利安人与亚洲的雅利安人中间，动物的名称还是共通的；而所栽培的植物的名称却差不多总是互异了。（见原书第24页）

植物名称的互异，说明他们区别开后才开始的农业种植。在西大陆处在野蛮中级阶段的时候：

他们住在用干砖或石头造成的类似城堡的房屋中，在人工灌溉的庭园内种植玉蜀黍及其他各种依所在地气候而不同的食用植物，此种东西已作为他们食物底主要来源。（见原书第24页）

这是些农业部落，然而说游牧部落从农业部落划分出来，当然不会涉及到东西两大陆。那么"其余的野蛮人"究竟是些什么人？也只能是还没有达到这个阶段的一些部落。这种解释当然会发生困难，其余的野蛮部落还没有发达到这个阶段，用什么来进行交换，同时游牧部落用以交换的是畜产品及毛纺织物，和其余非农业部落又可以交换些什么？而且说到分工，总是彼此从事不同种类的生产事业，如果全是畜牧部落，只是有发展阶段上的不同，还能说是分工？因为有这些很难解释的困难，于是社会史学者就说这是游牧部落与农业的分工，这种说法，在恩格斯的原书上也似乎有根据，因为原书曾经说：

野蛮时代底特有要素，便是动物底驯养和繁殖及植物底种植。这时东大陆，即所谓旧世界，差不多有着一切适于驯养的动物与除一种以外一切适于种植的谷物；而西大陆，即美洲，在适于驯养的一切哺乳动物中，只有骆马一种，……而在一切可种植的谷类中，也只有一种，但却是最好的一种，即玉蜀黍。（见第23页）

这段话是放在野蛮的低级阶段说的，既然在低级阶段的东大陆已经有了游牧和农业，那么到中级阶段说是这两种生产事业的分工，不是很有道理的么？其实也有困难，在这时期的游牧与农业是结合在一起的，并不能分开，一直到中级阶段，恩格斯还说：

> 多半是，谷类底种植在这里首先是由于牲畜饲料底需要所引起的，只是到了后来，才成为人类食物的重要东西了。

（见第 25 页）

谷类种植既然和畜牧不能分开，我们就很难理解畜牧和农业的分工。原书在末尾还谈到这个问题说：

> 在野蛮底中级阶段，我们看到游牧民族已有财产，如牲畜，此种财产，在一定大量的畜群之下，可以经常地供给超出自身消费的若干余剩；同时，我们还看见了游牧民族与没有畜群的其余部落之间的分工。从而看到两个并存的不同的生产阶段，也就是说，看到正常交换底条件。（见第 159 页）

这里面所说"没有畜群的其余部落"，不能理解为农业部落，只能说是比游牧更低一级的生产阶段，因为下面接着就说"从而看到两个并存的不同的生产阶段"，比游牧低一级的阶段也驯养动物和种植谷物，但他们不可能有"大规模畜群底形成"。游牧部落是更发达了的畜牧社会，他们和其余部落不同，他们有大量畜群，他们可以拿出多余的资料从事交换，因而他们和其余部落区别开，也就是社会第一次大分工的开始。

恩格斯的著作是根据巨量历史的与政治的材料写成的，我们相信他的每一句话，当原始社会史的研究上还没有更新的发现，足以说明社会第一次分工是游牧和农业的分离前，没有理由和他的说法分歧。

以下原书又说到社会第二次分工和第三次分工的问题，大家似乎没有不同的理解。到阶级社会形成以后更详细地分工，已经超出原书的范围，所以恩格斯没有涉及到。根据中国古史的记载及还存在着的残余的古老制度中，可以看出某些分工是和阶级社会初期的奴役与贡纳制结合在一起的，《周礼》中的许多职官是由某"氏"来担任，可以理解这些担任一定职务的"氏"是一个族，同时这也是世袭的，在阶级社会初期，无论是奴隶社会或者是没有经过奴隶社会的封建初期，统治者对于被统治者的臣民全分配着他们一定职责，或者从事畜牧，或者从事手工，凡所谓一切"贱役"，全有一定的人们担负，有严格的分工，这就构成在官的"百工"，很少有自由的手工业者，有也是和农业结合在一起的。因为他们不是自由的手工业者，所以中国古代也有"工商食官"的记载，这种"官工"一直到宗法封建制解体，地主封建形成后才变为自由的手工业的。在凉山的彝族地区还可以看出这种痕迹。在这里，改革以前的奴隶主，对于每一家他所管的奴隶和隶属农民，全分派有一定的职务，给他耕田和放牧当然是最普遍的事业，一切日常生活也必须有分工，替他们说媒的是世袭，替他们死人背尸的也是世袭。通过这一活生生的材料，可以了解《周礼》的记载，更可以了解中国阶级社会形成后的某些分工。

三

这虽然是一部讲原始社会的书，但也谈到农奴的问题，在原书家庭一节内曾有下列的话：

马克思对这一点补充道：现代的家庭，在萌芽时，不仅包含着奴隶制，而且也包含着农奴制，因为它从最初起，就是和耕地操作有关的。它以缩影的形式包含了一切的对抗，这些对抗后来在社会及其国家中广泛地发展起来。（人民出版社1954年版，第55页）

这是一节非常值得注意的"补充",虽然已经有人注意了,但还存在着不同的理解,我们往往有一种机械的看法,以为奴隶和农奴是互相排斥的,有奴隶是奴隶制社会,有农奴是封建社会;如果有奴隶又有农奴,那就变成一种使古史学家迷惘的社会了。马克思的话正好解释古史学家的迷惘,奴隶和农奴可以同时发生,也就可以同时存在,这正是"它以缩影的形式包含了一切的对抗"。

因为有这种事实,所以有的社会国家可以由氏族社会直接发展到封建社会。这一种封建社会的国家因为从氏族社会中来,所以家长宗法的色彩非常浓厚,血缘的纽带还起着很大的作用。"宗周"的社会是一个典型的说明。但这一种封建社会也不排斥奴隶的存在,不过这不是主要的了。相反,在某些奴隶社会内也存在着为数并不算太少的"农奴",凉山彝族地区的社会形态可以作这种说明。关于彝族的社会性质还有不同的看法。有人强调了奴隶的地位,就说那是奴隶制,连不是奴隶地位的人也奴隶化了;有的人又强调了农奴制,说那是封建社会。总起来说是采取了奴隶和农奴不能并存而互相排斥的态度。

有关彝族地区社会性质的重要问题是"曲诺"的身份地位问题。凉山地区的社会阶层大致有四:统治阶级自称曰"诺",这是贵族奴隶主阶级,他们占有土地及其他生产资料,还占有奴隶。"奴隶"的彝语是"葛什葛楼",翻成汉语是"锅庄娃子";这是住在奴隶主家中,从事家内劳动也从事主要生产事业的人。"锅庄"结婚后变成"格节",汉语翻成"安家",也叫作"安家娃子",身份上还是奴隶,他们的子女还要给奴隶主去当"锅庄",但他们本身可以有自己的财产,一般每年给奴隶主作30天左右的工、交纳贡物及财礼。另外一个阶层是"曲诺",这种人数较多,他们的儿女不去当锅庄,为奴隶主服劳役,也交纳实物地租及送财礼。"安家"有钱可以赎身变成"曲诺",所以"曲诺"和"安家"的界限不能混淆,这是前资本主义社会同时存在的两个阶级。

关于"曲诺"的解释,可以有四种不同的看法:有人说他是奴隶,因为在彝区有"百姓娃子"的称呼,就是指"曲诺"说,既然说是"娃子",当然就是奴隶了。有人说他是农奴,因为奴隶赎身后可以变成曲诺,服劳役及交纳实物,有人说这是平民了,因为有的地区,"曲诺"可以有自己的土地,也占有奴隶。更有一种说法,"曲诺"很像奴隶社会中的"被保护者"。恩格斯也曾经提到这种人:

> 在雅典全盛时代,自由公民的总数,连女性及儿童在内共约有九〇,〇〇〇人,而男女奴隶为三六五,〇〇〇人,被保护民——外国人及被释放的奴隶——为四五,〇〇〇人。这样,每个成年的男性公民,至少有十八个奴隶与二人以上的被保护民。(同上书,第114页)

这是一种包括外国人及被释放的奴隶的阶层,凉山的"曲诺",一部分是赎身后的奴隶,另外也许有一部分是被保护的外族人,(关于这一点当然还需要深人研究)那么曲诺也许就是被保护者。在罗马也曾经有过这个阶层,恩格斯说:

> 在这里,与移民并列,还有自由的小农。为了避免官吏、审判官及高利贷者底暴行,以谋自己的安全起见,他们往往祈求某一有势者的保护,不仅个别的农民如此做,即整个公社,也是如此……但这对于寻求保护的人究有什么好处呢?保护者对他们所提出的条件是:他们须把他们的土地所有权转让给他,而他保证他们终身使用这块土地。(同上书,第145页)

凉山地区的"曲诺",无论他有多少土地和财富,他必须有

"主"，必须有一家"诺"作为他的保护者，不然，他的"曲诺"的地位就很难保留下去，而有变作"安家"或"锅庄"的危险。这样说起来"曲诺"就很像"被保护者"了。童书业教授也同意这种看法。但"被保护者"的身份究竟是什么，他们的出路是什么？因为社会形态不同，有的"被保护者"变成奴隶，比如罗马，恩格斯说：

> 那时父母们因为贫穷往往把自己的子女卖为奴隶。（同上书，第 146 页）

另外，法兰克王国的被保护者则是农奴的先驱，恩格斯说：

> 法兰克的自由农民所处的境地，与他们的先驱者即罗马的移民所处的相同。他们因战争和掠夺而破产，只好乞求新的贵族或教会去保护，……他们须将自己的土地所有权交给保护人，再以种种不同的条件把这块土地向他租来，不过总不离服役及纳贡，一经陷入这样的隶属境地，他们就逐渐地丧失了自己个人的自由，经过数代之后，他们大都变成了农奴。（同上书，第 148 页）

有的地区的"曲诺"可以有自己的土地，但他们也必须向主人服役、纳贡与交租。在许多方面"曲诺"与"被保护者"的地位相当，而"曲诺"的前途也有奴隶和农奴两条道路。"曲诺"可以变作"安家"，这是变作奴隶了，而有的"曲诺"又处于农奴的状态。这是非常复杂而细致的问题。需要我们深入研究。

我们说奴隶和农奴可以同时存在，并不是混淆奴隶制与封建制的界限，这还是有严格的分野的，凉山在主要地区应当肯定是奴隶制，在某些地区，因为条件不同有浓厚的封建色彩，是没法否认的。同时无论哪个地区，全有类似农奴阶层的人，也是不容否认的。因此也就增加了奴隶制与封建制断限的困难。有人告诉我，列宁曾经说过，奴隶制和封建制的区别是容易混淆的，虽然我还没有找到出处，但我相信这是有道理的。

四

在这部书内也提到奴隶制的来源，在希腊人的氏族这一节内，恩格斯说：

奴隶制起初虽仅限于军事俘虏，但已经开辟了奴役同部落人甚至同氏族人的可能性；古代一个部落反对别一部落的战争已开始蜕变为陆上和海上的有系统的掠夺，以期掳得家畜、奴隶、财宝，把这种战争变为正常的职业。……（人民出版社1954年版，第124页）

虽然说明很明确，但仍然存在着不同的了解。中央民族学院研究部的夏康农同志认为奴隶制的起源必须以部落内部的阶级分化为基础，如果内部还没有这种阶级分化，就不可能有奴隶制的产生。同时有几位同志反对康农同志的主张，认为奴隶制的起源是军事俘虏；徐中舒先生似乎就是这样主张，主张奴隶起源于俘虏是有根据的，因为恩格斯明明说"奴隶制起初虽仅限于军事俘虏"。不过，我仍然认为夏康农同志的说法是有道理的，恩格斯同时还说"已经开辟了奴役同部落人甚至同氏族人的可能性"，可见这还是同时发生的。马克思也曾经有过这种意见，恩格斯引用他的话道：

掠夺战争加强了最高军事首长以及下级首领的权力：适应习惯的由同一家庭中选出他们的后继者的办法，渐渐地，特别是自父权制确立的时候起，转为世袭的权力了。……世袭的国王权力与世袭的贵族底基础便从此奠立了。于是氏族底机关，便逐渐脱离了自己在人民中，在氏族中，在胞族及在部落中的根基，而整个氏族制度转化为自己的对立物了：

它从自由调理本身事务的部落组织变为掠夺与压迫邻人的组织了，与此相适应，它的各机关也由人民意志底工具而变为旨在反对自己人民的独立的统治与压迫机关了。但是如果对财富的贪欲没有把氏族成员分成富者与贫者；如果"同一氏族内部的财产差别没有把共同利益变为氏族成员之间的对抗"（马克思语）……那末这种事是从不会发生的。（同上书，第158页）

恩格斯和马克思全认为氏族成员间的财产差别是阶级国家产生的根源。马克思的话是出自《摩尔根〈古代社会〉一书摘要》，正好是针对这一问题发言；所以我们说夏康农同志的话是有根据的。

彝族地区奴隶主与奴隶的来源也有上述两种不同的看法，一种说法认为奴隶主与奴隶原是两个不同的部落——"乌蛮"与"白蛮"；另一种说法，以为奴隶主与奴隶起源于氏族内部的分化。彝族地区流行着一种传说：彝族祖先有弟兄二人，当分家时，哥哥分得了财产而弟弟娶得了美妇人，结果弟弟贫困了，被哥哥所奴役，弟弟的子孙代代变为奴隶阶级了。这是普遍流行的传说，可以相信它是有根据的。一定说奴隶制起源于俘虏，应当考虑这些不同的说法。当然内部分化也并不排斥俘虏为奴，彝族奴隶许多是从外族掳来的，不能否认，也没有人出来否认。

凡是内部没有原因，仅是外因不可能引起内部的根本变化。下一事实，也是很好的说明。彝族地区的奴隶社会在强大的封建社会包围下，封建帝国屡次要把封建制度通过"土司"输送到彝族地区，但这始终被顽强的奴隶制所排斥，"土司"制度没有发展起来，凡是实行"土司"制的地方，虽然沾染了封建色彩，但这种有封建色彩的社会基本上仍然是奴隶制。"土司"和奴隶主有过长久不能调和的斗争，结果是"土司"制度日见衰微，一位"土司"的后人对我说："所有的土司衰落了，没有几个发达起来"。为什么这种制度没有发达起来？就是这种制度没有被当地接受的结果。

不是经过内部的阶级斗争而摧毁了统治阶级的顽强组织，仅是外部的原因不起决定作用，彝族的土司制度提供了很好的说明。也因为彝族地区四周靠着一个强大的封建帝国，这一个封建帝国和彝族的奴隶社会不断有斗争，越发引起这比较弱小的奴隶社会对强大的封建社会的抵抗，他们把自己封闭起来，和四围的部落断绝了联系，他们恐惧这强大部族的侵略，也就仇恨这一个强大部族，看不见他们的长处，没有向他们学习的念头，这样外因就更不起作用了。

活生生的历史，可以使我们理解社会发展的规律，更可以帮助我们理解辩证唯物主义。

五

原书内有几处谈到"血的复仇"，在第三节内恩格斯描述了这种复仇的根源：

> 同族人必须相互援助、保护，特别是在受到异族人的欺侮时，要帮助报仇。在自己安全的保护上，个人依靠于氏族，而且也能作到这一点：凡侮辱个人的，便算侮辱了全体氏族。因之，从氏族底血缘中便发生了那为易洛魁人所绝对承认的血的复仇之义务。假使一个氏族的人员杀害了另一个氏族的人员，那末被害者的全氏族必须实行血的复仇。起初试行调解，行凶者底氏族议事会开会，大抵用道歉与赠送巨额礼物的方式，向被害者底氏族议事会提议和平了结事件。如果提议被接受的话，那么事情就算解决了。要是不然，被

> 害者氏族就指定一人或一人以上的复仇者，他们必须前去寻
> 得行凶者，把他处死。如果做到这一点的话，那被害者底氏
> 族便再没有诉怨的权利，事情就算了结了。（同上书，第83
> 页）

在安全的保护上，个人依靠于氏族，氏族成员必须为个人进行血
的复仇。当然这种复仇也有不同的形式，比如"用道歉与赠送
巨额礼物的方式"，而"血的复仇仅当作极端的，很少应用的手
段，我们今日的死刑，只是这种复仇的文明形式"。（原书第92
页）在许多民族中是采取了这种缓和的形式，比如：

> 代替血的复仇的杀人或伤害赔偿金（Wergeid），必须继
> 承的。这种赔偿金，在过去一世代还被认为是德意志人特有
> 的制度，但如今已证明这一种起源于氏族制度的血的复仇底
> 较缓和的形式，在数百民族中间都实行着。（同上书，第
> 135 页）

这一种复仇和伤害赔偿金在凉山彝族地区以"打冤家"和"赔
命金"的方式流行着。解放前的凉山地区经常有械斗的事情发
生，各家支间，以至某一家支内，"打冤家"是他们的家常便
饭。频繁复杂的冤家关系，在彝族地区构成一个冤家网，没有一
个家支没有冤家，也没有一个奴主没有冤家，甚至于四周全是他
的冤家，使他寸步难行，这也正如恩格斯所说：

> 在原则上，只要每一部落未与其他部落订立一定的和平
> 条约，便都算是处在战争状态中。（同上书，第88页）

解放前的凉山已经不是氏族社会，但这种风气还保存下来，他们
彼此间除了友好的关系，便处于战争状态中。当然这种战争的起
源已经不完全是"血的复仇"，而掠夺财产成为战争的重要目
标，我曾经访问一位"安家"身份的彝胞，问他在解放前最喜
欢的事情是什么，最不喜欢的是什么？他说："最喜欢的是去打

冤家，最不喜欢的是女儿去陪嫁"。因为打冤家可以掠夺财物，女儿陪嫁是为奴了。

在彝族地区过去也流行着赔命金的制度，他们因为某些不平，可以杀掉另一个人而不偿命，只是赔命金了事。和我们一起工作的翻译干部就曾经把他老表打死而送了几百银子了事。在这里可以看出人命是值钱的，必须送若干银子；同时是不贵重的，打死人可以用金钱赔偿。我们说人命是不贵重的，也说明了这里的一种人生观，他们轻生，不怕死，因此他们勇于作战。在平时，因为某一个小的关节，他们可以自杀。我们读中国古代史，为什么齐人二桃可以杀三士？有些勇士为什么可以因细故自杀。假使我们详细研究一下彝族同胞的情况，就可以了然。他们不是不爱惜生命，而是当某种事实违犯了他们的道德观念，他们是勇于用自己的生命来保卫这种观念的。虽然这种观念是否正确，那就应当用某种社会有某种上层建筑物去解释了。

六

原书对于婚姻制度有过详尽的叙述和发挥，在"家庭"这一节中曾经说：

这样，我们便有了三种主要的婚姻形式，在大体上这三种家庭形式是与人类发展底三个主要阶段相适应的。群婚是跟蒙昧时代相适应的，对偶婚是跟野蛮时代相适应的，以破坏夫妇贞操与卖淫为补充的，一夫一妻制是跟文明时代相适应的。在野蛮的高级阶段，在对偶婚与一夫一妻之间，插入了男子对女奴隶的支配和一夫多妻制。（同上书第71页）

这仅是三种主要的婚姻形式，在其间还存在着一些过渡形式，由群婚到对偶婚的过渡形态，恩格斯曾归功于巴苟芬的第四个伟大的发见，巴苛芬说：

> 年年的捐献，改为一度的供奉；妇人底杂婚制变为少女
> 底杂婚制；从前是在结婚时实行杂交，现在变为在结婚之前
> 举行；从前不加分别地委身于任何人，现在变为委身于一定
> 的人了。（同上书，第49页引《母权论》）

这一种古老的传统，解放前在凉山地区还有遗留，在那里妇女婚
后仍然住在娘家，可以和她喜爱的人进行自由恋爱，直到生下第
一个孩子后，才回到丈夫家，委身于他作夫人。一般的民族学者
把这种情况称为"不落夫家"。

在对偶婚发生的时候，便开始劫夺和购买女性的事，恩格斯
说：

> 自对偶婚发生底时候起，便开始了劫夺及购买女性的事
> 情。……在婚礼之前，新郎送礼物给新娘底亲族，……这种
> 礼物算是所让的女儿的赎金。（同上书，第46页）

劫夺情况在凉山地区已经少见，而买婚的事情解放前却还流行，
无论贫富，不论阶级，嫁女一定要有聘金，而且数目很可观。流
行着一种传说，当一个青年向所爱的少女求婚，有如下的问答：

男：你美的很，我爱你，你当作我的老婆吧！

女：可以，你拿银子来吧！

我们不能责备这个少女是"拜金主义"者，因为他不拿银子来，
女方的家族是不会答应的。

凉山地区的社会形态早已经不是氏族社会了，但还有这种古
老的遗留。在这里女人的地位是很复杂的，从买婚这一点来看，
她们的地位是低下的；但在另外场合，她们却有崇高的地位，打
冤家时，妇女可以进行调解而往往生效，在家庭中的地位也并不
次于男人，男女有分工，在生产上，在经济生活上，妇女也并不
低于男人，只是他们必须通过聘金才能结婚。在这里还排斥着母

方子女间的结婚：父方子女，如姑表亲盛行着通婚，但姨表间则严格禁止，违反者要处死刑，这当然是母权社会的残余形态。

因为结婚是要用聘金的，所以每一个家庭不会轻易让女人离开。男人死后，虽然没有守节制度，但也不能再嫁给外人，而只能在本家内实行转房的制度，普通是转嫁给自己男人的弟兄，或者是上转与下转。这种办法在许多民族中实行过，我们在匈奴史中曾经看到，汉族古代史中也曾经有过痕迹。

与妇女可以购买的地位相类似，在某些奴隶和封建社会内流行着的赘婿地位，也是很可怜的。中国古代的赘婿与刑徒奴产子等行，而某些地区过去的赘婿制度，地位也如此。我们常常奇怪，婿是娇客，为什么这样卑下？看看恩格斯话就可以解释这种疑团了。原文说：

> 但是悲哀就落在那些过于怠惰或过于笨拙，因而不能给公共贮藏品中加添自己一份的不幸的丈夫或情人的头上。不管他在家里有多少子女或属于他的财产有多少，他须随时听候命令，收拾行李，准备滚蛋。对于这个命令，他不敢有任何反抗的企图；家对他变成了地狱，除了回到本氏族，或在别个氏族内重新结婚以外，他是再也没有别的出路的。（同上书，第 47 页）

这还是母系社会的情况，但赘婿的情况与此相似，这里面也许有一线相通的地方。

（本文曾载《文史哲》1957 年第 2 期）

读《马克思恩格斯论中国》

——兼论中国封建社会的历史分期问题

一 古代东方的特点与中国

《马克思恩格斯论中国》一书共有三编，第一编是：《古代东方的特点与中国》。这是马克思、恩格斯对古代东方和古代中国社会经济关系的论述。结合《文史哲》发表的《前资本主义的生产形态》一文，对于研究中国古代社会，研究中国历史分期问题会起重大的作用。

古代东方和古代中国的特点，首先是氏族制度和农业公社制度的长期存在。作为古代亚细亚的基本生产形态，没有过真正的土地私有制，每一单个人只是作为个别小集团之一环，作为这个集团之一成员而出现。君主作为高居一切小集团之上的结合的统一体，作为最高的所有者或唯一的所有者而出现。和被束缚于土地上作为土地的附属品的主要对立物，不是土地私有主而是国家，以土地所有主资格同时又是以君主资格出现的国家。每一单个的人，事实上已被剥夺了财产，或者说由于这许多小集团之父而体现为专制君主的结合的统一体，通过各个人所属的公社而赋予各个人。

这种存在，的确是古代东方和古代中国的特点，这种特点是亚细亚生产形态的基本要素，也是使古代东方社会发展迟滞的重要条件。虽然有这些特点存在，通过这些特点并没有构成独特的东方社会历史发展规律，它的社会经济构成之进步的过程，仍然是随着低级社会机体之被较高级的形态所更替。随着原始共产社会的崩溃，有奴隶制的产生，在奴隶制社会以后，有着封建主义社会。当它们还没有发展为资本主义国家的时候，由于别的资本主义国家侵略的结果，亚洲的一些古老国家已经殖民地，或者半殖民地化了。在苏联十月革命成功的号召下，在中国解放事业成功的影响下，这些被压迫的民族，也一定会通过民族解放运动而走向社会主义。

在社会发展的必然法则下，东方的社会发展有其特点，这是马克思、恩格斯所指出来的，也是完全符合客观现实的。问题是，这东方的以及中国的历史特点，究竟存在到历史上的哪一个时期？在印度，这是很明确的，到英国人以统治者和地租占有者的资格出现的时候，才使用自己直接的政治权力和经济势力，以破坏这些小规模经济的村社。他们以廉价商品来消灭纺织业和织布业，消灭这种工农业生产合一所形成的历来就有的组成部分，并这样来破坏农业公社（见《马克思恩格斯论中国》，人民出版社1950年版，第1页）。在中国，古老的农业公社制度是否也保存在封建社会内？我的初步意见，中国历史的特点，不仅表现在初期的奴隶社会内，也表现在封建社会内，尤其是封建社会的前期，显著地保留有很多的自由的农业公社成员；氏族制度，农业公社制度的残迹，顽强地保留下来。如果说，将牧畜业与灌溉园艺业的发展道路融合在一起的部族，会出现最早的国家；那么，土地国有，公共工程盛行，特别是灌溉集中到国家手中，工业和农业结合在农业公社组织内，会是这最早出现国家的发展迟滞的因素。马克思在论《不列颠在印度的统治》的时候，曾经全面地深刻地指出这一点（见《马克思论印度》，人民出版社 1951年版，第 71 页）。印度的社会关系自很远的古代到 19 世纪最初10 年是没有变动的，手织机和手纺车产生了无数的纺工和织工，是印度社会构成的枢纽。一方面，印度人像一切东方人一样，把作为他们农业和商业的首要条件的巨大公共工程交给中央政府去管理；另一方面，他们又散住在全国各地，凭着农业和手工业在家庭里的结合，聚集在各个小的中心——这两种情形从最古的时代起便产生了一种具有特殊性质的社会制度——就是所谓的农村公社制度，这种制度给予这些小单位每一个以它们的独立的组织和不同的生命。这个国家的居民就在这种简单的公社管理形式下生活着，这一直也是东方专制制度的坚固基础，它们把人们精神局限在最窄狭不过的范围内，使它成为迷信的驯服的工具，把它当作传统规则的奴隶。也不应该忘记这些人们的野蛮的利己主义，他们黏在可怜的一小片土地上，泰然自若地看巨大帝国的没落，看大城市居民的被屠杀，他们看这些事情同看自然现象一样，不觉得有什么奇怪，同时只要任何侵略者肯垂顾他们，他们自己也就成为这个侵略者的无可奈何的俘获品。

在封建社会时期的中国也并不是完全看不到这种情形，氏族制度和农村公社制度的残余存在，也是中国专制主义的有利条件之一。所谓东方专制制度或者亚洲专制制度，应当包括有东方的封建主义形式，而不是单纯地指东方初期的奴隶社会。在马克思和恩格斯的著作中，通常用"亚洲专制制度"或"古代亚洲社会"来说明东方的封建主义形式。如果简单地把东方的亚细亚形态解释为奴隶制的生产方式是有困难的。

二　中国封建社会历史分期问题

根据中国历史的特点来研究封建社会的历史分期问题，会获得重要启示。在这方面，我们曾经作过的工作还不够深入而且一般化。日本的佐野学所著《清朝社会史》第一部第一辑对于中国历史分期问题曾经有过较为特殊的看法，他说自从周人灭了殷商以后，建立了亚细亚的奴隶制的基础，西汉以后到唐朝是亚细亚的封建主义时代，从宋朝到清朝是本来的封建主义社会（见第21页）。这种说法虽然有许多问题，但他在中国封建社会史研究上也照顾到东方社会的特点。亚细亚的封建社会应当在中国的封建社会内有着氏族制度和农业公社制度的残余存在。氏族制度的残迹表现在父权制家族的悠久存在，农业公社制度的残迹表现在财产关系的宗族所有制。在晚近的中国社会内同族村落的普遍存在，也有力地说明这一点。

虽然佐野学的说法有特殊的地方，然而我很难同意他的中国封建社会历史分期法。首先是中国封建社会始于西汉说，和客观历史事实不相符合。中国封建社会的历史发展，可以分为下述4个阶段：

（一）封建社会前期，西周到西汉——公元前10世纪到公元。

（二）封建社会的成熟期，东汉到晚唐——公元1世纪到9世纪。

（三）封建社会后期，宋到鸦片战争——公元10世纪到19世纪中。

（四）半封建半殖民地时期，鸦片战争到全国解放——1840年到1949年。

第一个时期共有千年左右，第二个时期有 900 年左右，第三个时期有 800 多年，第四个时期 110 年。这正是毛泽东同志在《中国革命和中国共产党》中所指出的"自周秦以来，一直延续了三千年左右"的封建制度（见《毛泽东选集》横排本，第586 页）。

中国的前期封建社会开始于西周。自西周初到战国初这 500 多年的时期内，氏族制度以宗法的组织形式保存着，而井田制度则是农业公社的继续。除了殷民受着超经济的剥削外，所谓庶人正好是公社的自由民阶级，他们是附着于土地的，他们是农业的直接生产者，然而他们是自由的农民，我们在战国时的文献中常看到"士、庶人"连称，更可以说明他们这种自由民的地位。周天子则一方面是国父、国王，同时又是最大的地主。他是国父，因为他是大宗冢子；他是国王，因为他是神授的职务；他又是最大的地主，因为"溥天之下，莫非王土"。战国以后，因为生产力的发展，生产关系也有所变迁，所谓地主阶层出现了。在东方封建社会这是一种特殊的土地所有权关系。由于这种特殊的土地所有权关系的出现，下述问题是必须提出来的：

1. 土地在形式上可以买卖以后，出现了所谓商人地主阶级，这是否说明中国封建社会的特点已经不存在了？是否说氏族制度、农业公社制度的残迹已经不复存在了呢？

2. 土地在形式上从领主占有的形式下解放出来后，开始在民间自由买卖，这一点是和欧洲的封建社会不同的。在欧洲，只有当封建社会解体时，土地才从领主独占的领有下解放出来，而领主亦随之没落，退下政治舞台。那么，所以有这种不同的原因是什么呢？

3. 地主经济发展起来后，领主经济是否就立即没落了呢？

关于第一点，地主经济并没有完全摧毁农业公社组织，宗法制度的残余也顽强地保存下来。不同的地方是地租的形态变了，劳役地租渐渐转化为实物地租，而由于地主与领主的双重剥削，劳役和地租分开，劳役是农民对于国家——土地最高所有者——的负担，地租是农民以剩余生产物直接交纳给地主。这同时说明领主和地主之间存在着矛盾，矛盾一直在发展着，到西汉末王莽的"变法"，禁止土地买卖，实行"王田"制，与其说这是为了农民，不如说是领主和地主的斗法。王莽代表着领主作最后的挣扎，结果引起地主阶级的极力反抗。这些反抗的地主阶级混到了农民起义中，农民起义推翻了王莽政权，地主阶级却窃取了胜利果实。

关于第二点，欧洲封建社会的土地买卖出现在封建社会的晚期，在货币地租的条件下，以超经济的强制为基础的地主与农奴间的传统关系已经起了变化，且日益更多地变为货币关系，马克思说："货币地租在其进一步的发展中——撇开一切中间形式，例如撇开小农租佃者的形式不说——必然或者使土地变为自由的农民财产，或者导致资本主义生产方式的形式，导致资本主义租地农场主所支付的地租"（《资本论》第三卷，人民出版社 1975 年版，第 899 页）。在中国最初发生的土地买卖，不是建立在这一基础上的，在那时，货币地租还没有萌芽，商品生产和货币关系也不够发达，土地的购买与交换还是贵族间的事。战国时各国将相如赵将赵括得钱就买田宅；秦将王翦请秦王赐田宅，留给子孙作产业。这就说明初期的地主还是以贵族地主为多。商业逐渐发展后，遂有商人地主的出现。而商业资本和土地的顽强结合，不仅不是中国封建社会崩溃的因素，反而是中国封建社会巩固的重要因素。华岗同志同著者谈到中国社会历史发展迟缓的原因时，说过："因为中国封建时代农业与手工业密切结合，交换不发达，使工商业资本缺乏活动的余地，因此土地买卖也就更加成了商人资本投资活动的场所，形成了中国乡村中商业资本与封建地主间的结合，同时保留了中世纪封建式的剥削农民的方法和压迫农民的方法。而这种关系的加强，又转而阻碍农业和工商业的分化，阻碍新的生产方式的发展。"这个意见充分地说明这一问题的性质。

关于第三点，地主经济在西汉以前还没有构成社会的主要经济成分，不能说在战国时候，地主经济就已经代替了领主经济，这是一个较为长期的发展过程，也是一个长期的斗争过程。郭晓棠先生在《略论中国封建社会长期性问题》（载《新史学通讯》1952 年 9 月号）中曾经触及到这一问题，他说：自秦汉以后，"历代封建地主政府还掌握着全国土地的最高职权，掌握着全国的经济命脉，形成最庞大有力的官僚地主经济与官僚地主阶级。……在春秋战国时，初期封建社会的分解过程中，农、工、商业也都在矛盾中向前发展了，这主要表现在国有形态（官营的）的农、工、商业与私有形态（民营的）的农、工、商业之间的矛盾。举典型的例子说，齐国是前者的代表，管仲把山海收归国有，设盐官铁官，实行专卖统制政策，是官僚地主商人特权阶级的路线。秦国是后者的代表，商鞅实行土地改革制度，主张自由买卖的近似自由主义的政策，是新兴工商平民阶级的路线。这两种路线在当时是存在着，斗争着，发展着的。在有些国家，如郑国和秦国等，一部分平民阶级在经济上发展的结果，不仅直接影响了政府的政治经济政策，而且开始参加了政权方面的领导工作。"既然说专制政府和"平民阶级"在经济上有着长期斗争过程，就不能把春秋战国时代作为封建社会初期的分解阶段。这时生产关系基本上没有改变，农民的地位基本上也没有变化，还只能说是封建社会前期逐步完成发展的过程。

封建社会的成熟期是自东汉到晚唐。西汉末因为农民起义，因为地主阶级和领主阶级互相火并，摧毁了日趋没落的领主阶级，地主经济是主要经济成分了，前期封建社会瓦解了。地主政权成立，农民普遍地农奴化了，变为成熟的封建社会时期。这一时期的历史特点是：

1. 地主阶级直接掌握政权，对于农民的剥削加深，农民的生活日益贫困，土地兼并剧烈。

2. 因为外族入侵，造成中原人民的大量迁徙流亡，严重地破坏了原始的农业公社组织。

3. 已经贫困了的人们和被迫流亡的人们变为地主的部曲、佃客，失去自由民的身份，完全农奴化了。

4. 因为经济发展不平衡，因为周边部族入侵，中央集权的统一国家曾经一再陷于封建割据的局面。

在北方，因为文化比较落后的部族在统治着，所以社会有倒转的现象，北魏之初出现了领主性的封建社会。然而，究竟还是汉人把胡人的生产方式推进了一步，胡人终于被汉人的文化征服了。"因为依据历史底永恒规律，野蛮的征服者总是被他们征服了的民族底较高的文明所征服"（《马克思论印度》，人民出版社1951年版，第19页）。

社会历史分期，应当以物质资料直接生产者的地位变迁为主要因素，西汉以前的农民虽然也遭受统治阶级的惨痛剥削，他们的地位也是附着在土地上，然而多数农民的身份还有相当自由，买卖农民的事还不多见。东汉以后的部曲不同了，虽然唐律规定"部曲转事无估"，然而他们可以"转事"，这转事当然也是被动的。这时等级制度非常严格，贵族与寒门、地主与农奴之间有不可逾越的界限。两汉的考选制度，还是前期封建社会的选举方式，自由民阶级中还有可以为统治者选拔的对象；魏晋后的九品中正制度，则是成熟期封建社会贵族地主的统治工具，因为非贵族地主阶级已很难参加政权工作。

比较起来，在封建社会的发展上来说，这仍然是发展的方向，这时农业公社的残余缩小，只是在家族共财的方式中保留下来。农民的自觉性相对地提高了，对于国家兴亡的态度以及对于统治阶级的反抗斗争都前进了一大步。

这样分期的话，可以解决过去我们认为不可解决的好多问题。

从宋朝到清中叶是中国封建社会的晚期。自北宋起，各地都有手工业作坊制造器物，官办作坊规模较大，民间作坊则大小不等。根据记载来看，这些作坊多数是小手工业生产，有些已是近乎手工工场的组织。虽然这样，一直到清朝中叶，资本主义经济还是处于萌芽的状态。原因是：

1. 手工业与农业的顽固结合，作为走向资本主义经济过程的有力阻碍，虽然在东汉以后农业公社的组织遭受破坏，在农村中手工业与农业的结合，还是顽固地存在着，马克思在《对华贸易》一文中曾经引用米淇尔的调查道："……福建的农民不仅是一个农民，他是庄稼汉又兼小手工业者。他生产这样的布匹，除原料的成本外，简直不费分文。如前所说，他是在自己的家里、经自己的妻子和农业雇工的手而生产这样布匹的；既不要额外的劳力，又不费特别的时间。在他的庄稼正在生长时，在收获完毕以后，以及在雨天不能外出工作的日子里，他就使他手下的人们纺纱织布。总之，一年到头一有可利用的空余时间，这个家庭工业的雏形总是去从事生产一些有用的东西"（《马克思恩格斯论中国》，人民出版社 1950 年版，第 129 页）。这种农业和家庭手工业的结合，长时期阻碍了中国工业的发展。

2. 中国农村封建统治与商人资本存在的结合。在北宋以后这种情形越发严重，一直到晚近中国这种情形仍然严重存在。斯大林同志说："中国农村里是不是存在着商业资本呢？是的，是存在着，不仅存在着，而且从农民身上榨取脂膏并不亚于任何封建主。但是这种原始积累型的商业资本在中国农村中是和封建主的统治、和地主的统治独特地结合着的，它从地主那里袭用了中世纪的剥削和压迫农民的方法"（《列宁、斯大林论中国》，人民出版社 1963 年版，第 129 页）。这种结合还是封建主义的表现而绝对不能说是资产阶级性质的，这一点，斯大林同志早已指出反对派的错误。这一种结合的情形当然也是中国向前发展的阻力。

3. 周边部族不断入侵，破坏了生产力，使手工业工场的发展不断地遭受破坏，原始积蓄的过程也无由发展。南北宋之际与辽、金的战争，南宋末与蒙古人的战争，明末与满洲人的战争，或多或少破坏了我们的手工业作坊或手工业工场的生产，造成暂时循环的状态，虽然这些部族全是中华民族的成员，在当时，这种活动是起了破坏作用的。

4. 封建垄断经济是民间的工商业经济的最大敌人，在封建社会晚期，这种趋势越发严重。从宋、元、明、清几个朝代来说，工、商、矿、金融、交通运输以及国外贸易等，地主专制政府均握有极大的权力。明朝的唐顺之说，市舶的利害，好比开矿，上策是封闭矿洞，驱逐矿徒；中策是"国家"管理矿山，独擅利益；下策是不闭不开，让奸人擅利。这种经济政策无疑地是中国经济发展的阻碍（见《新史学通讯》，1952 年 9 月号，《略论中国封建社会长期性问题》）。

由于这些因素，造成中国封建社会后期的迟滞性，资本主义的经济始终处于萌芽的状态中，没有成为一种经济成分。只有在近百年史上，才有不健全的资本主义经济的成分，然而中国已经是半封建半殖民地的社会了。

　　鸦片战争以后到全国解放前，这是中国半封建半殖民地时期。华岗同志在《中国民族解放运动史》一书内谈到鸦片战争以后的中国社会的转化过程道："由于欧美资本主义的侵入，使中国白银外溢，这样，中国原来的封建经济开始崩溃，而民族资本的原始蓄积，却又无从开辟，这就阻碍了我国民族资本主义的发展。如此，在我国便开始了两条道路的斗争：或是由独立的封建满清帝国变成半殖民地半封建的国家，以至变为完全殖民地的国家；或是由封建的国家过渡到近代资产阶级的独立的民主国家。……""其次在鸦片战争前，我国主要是一个封建社会，内部阶级矛盾主要是地主阶级和农民的矛盾，鸦片战争以后，地主阶级与农民的矛盾，仍占主要地位，然而，已开始产生大批的买办阶级，为后来民族资产阶级的前身。同时由于欧美资本主义的侵入，也开始产生在外国企业内做工的工人，为后来我国产业无产阶级的前身。"这就具体地道出了中国转向半封建半殖民地社会的轮廓。

　　就是到这个时期，原始氏族制度的残迹仍然存在着。宗族共财制度，随处可以发现，如同族的祭田共有，义庄共有制在华南一带广东福建各省普遍存在，据说广东省耕地的三分之一属于族产（见佐野学：《清代社会史》第二辑），而宗族中族长的权限还相当大，更是父权制的明显例子。对外的械斗，对内的教育以及春秋聚食等，全是宗族中的大事，而族长是可以发挥大的作用的。在江浙一带这种情形也相当普遍地存在，在北方黄河流域这就不普遍了。为什么这种情形在北方不普遍地存在？我想可能有下列原因：

　　1. 中国社会发展的不平衡性是造成这种现象的一个重要条件。北方在封建社会发展上说，先于长江以南一带，尤其是先于福建、广东一带；因此在南方还有着相当浓厚的氏族制度的残迹，在北方就已经稀薄了。

2. 北方人口迁徙的结果。在历史上北方人口是经过几次大迁徙的，这无疑是氏族制度残迹遭受破坏的重要条件。因为天灾，因为封建贵族的混战，尤其因为周边部族入侵，全是造成北方人口迁徙的原因。

当然，以上还是我的初步意见，希望得到史学界同志批评指正。

（原载《文史哲》1953 年第 2 期）

有关中国古史分期的若干问题

一

关于中国古史分期问题，近年来又展开讨论，各家不同的说法，仍然没有接近的趋势，彼此坚持自己的意见。分歧的意见之所以存在，有史料解释上的原因，有理论认识上的原因，而最基本的是我们对于有关中国古史分期的若干专门问题，还没有作全面而深入的研究。我们的结论，往往不是各种专门问题已经解决而概括出来的结果，以致各执己见，辩论不已，无当于问题的最后解决。

现在研究中国古代社会性质问题，而不注意到关于古代东方的研究成果，不注意关于古代东方社会发展规律的研究，无论怎样，那是会有问题的。古代中国是古代东方的一部分，但古代东方包括有亚、非许多国家，这些国家因地理环境不同，历史条件不同，又不可一概而论，两河流域和印度不同，印度又和中国不同，我们没法划一条整齐的线，说：这些国家自某一个时代起，转变为封建社会了。社会发展在各个地区不可能是平衡的，尤其在古代，受着地理环境较大的限制，更不可能平衡。这样我们也就必须把中国纳入古代东方之内而同时要注意到自己的实际情形。

根据马克思和恩格斯的指示，我们明确了古代东方社会制度的一般和特殊的特征："不论是古代东方各族人民还是古代希腊人和罗马人，都生活在奴隶社会的条件之下。但是古代东方的奴隶所有制是比较停滞的，它长久停留在本身发展的第一阶段之上，这是原始的，而且在很大的程度上又是家庭的奴隶制；而古典的希腊、罗马社会的奴隶制却达到了最高发展阶段。古代东方奴隶的数目比较小；奴隶以外还有许多自由的农村公社成员。古代东方的奴隶制度还不曾遍及于全部的生产，但这种情况却能在希腊和罗马的古典社会中见到"（王以铸译：《古代东方史》第二版序，高等教育部油印本）。这是一种有根据的概括，也是对于我们研究中国古代史有益的概括。古代东方的"家庭奴隶制"是马克思和恩格斯经常指出的，公社制的长期存在也是如此，一直到英国侵入印度的时代，还普遍存在着公社；可知公社的存在并不是永远伴随着家庭奴隶制，尤其当公社已经瓦解的时候，大批的公社成员，不可能长久地"自由"下去，也不可能全部是债务奴隶的后备军。在这种情况下，我们必须考虑公社农民之农奴化及役使贫民化的过程。假使大部分的农民已经是农奴身份的役使贫民了，我们没有理由说这还是家庭奴隶制阶段；应当考虑在这些地区封建制度的"早熟"问题。封建制度在这些地区尤其是中国早熟，并不意味着家庭奴隶制的解体，而是正如《政治经济学教科书》所指出的：

在东方各国，封建关系在长时期内一直和奴隶制关系相结合。中国、印度、日本等等国家都是这样（第一篇第三章《封建主义的生产方式》）。

这种和奴隶制结合的生产关系，可以肯定不是奴隶制而是封建制，因为从考察物质资料直接生产者地位出发，这时是被奴役的农民负主要责任了，奴隶是"无用之口"（《后汉书·济南安王康传》），而农民也并不是"自由"的了。

我们说中国封建制早熟，两河流域的封建制也可能早熟，并不是说所有东方各国全是早熟，因为不可能平衡地发展，就是最和中国相似的两河流域，实际上也有许多不同，在公社的组织上，在土地的制度上还各有其特点。我们不能把古代东方和古代西方等同起来，也不能把古代东方各国的历史发展阶段的划分平衡起来。

总之，如果我们认真研究古代东方各国的发展规律，会有助于中国古史分期问题的解决，同时也推动我们的历史科学不致停留在旧的水平。

二

研究中国古史分期问题，无疑会牵涉到农村公社的存在问题。马克思主义的经典著作曾一再指出，这是古代东方所有制的特征，中国也并不例外。但我们在这方面的研究是不够的，有许多问题没有获得解决。究竟什么是中国古代的农村公社？它的性质如何？它起了什么作用？什么时候瓦解？大家没有谱儿。这个带有根本性质的问题不解决，那么中国的奴隶制社会究竟是止于家庭奴隶制，还是达到了成熟的阶段，就不能肯定；而封建社会在什么时候产生，也就是难于解决的问题了。

研究中国阶级社会形成后的公社问题，应当从研究井田制入手，而研究井田制是没法忽视《周礼》的，我们不能说它是刘歆的伪造。《周礼》中关于田制的记载不止一处，这不同的记载描述了不同的土地制度，如《地官·遂人》说：

> 凡治野：夫间有遂，遂上有径；十夫有沟，沟上有畛；
> 百夫有洫，洫上有涂；千夫有浍，浍上有道；万夫有川，川
> 上有路，以达于畿。

这是乡遂的土地区划，以十夫所耕土地作为一个单位，没有公田，所有土地全属于农民的份地。《地官·小司徒》和《考工记·匠人》所载，与此不同，是以九夫为单位的井田制，如《匠人》云：

> 九夫为井，井间广四尺，深四尺，谓之沟；方十里为
> 成，成间广八尺，深八尺，谓之洫；方百里为同，同间广二
> 寻，深二仞，谓之浍。专达于川，各载其名。

《小司徒》也说"九夫为井"。这九夫和十夫之间是有区别的，这种区别郑玄已经看出来，后来的经解家也多半承认郑氏的说法，但如何来解释这种不同的原因，就有许多分歧的意见了。我们分析比较这两段记载，知道《地官·遂人》以十夫作为一个单位，这也就是"一田"的土地。西周时多有赐若干田的事情，如《不嬰毁》有赐十田，《敔毁》有赐五十田的记载，两者全是夷王时物，可见当时"一田"是一个单位。农民居住于田间小邑，一个小邑大概可住十家，这称为"十室之邑"，"十室"也正好是"一田"，田和邑是分不开的，所以《公羊传》桓公元年说："田多邑少称田，邑多田少称邑。"一田一千亩，这千亩田在乡遂由十夫耕种，构成一个小的村社。在都鄙由九夫耕种，所以在《匠人》中九夫为一井，九夫耕九百亩份地，余一百亩应指公田。两者的面积是一样大小。

居于乡遂者是"国人"的身份，向领主纳贡赋；居于都鄙者为"野人"，向领主出劳役地租。东汉郑玄也注意到这一问题，他的《周礼·匠人》注说：

> 以《载师职》及《司马法》论之，周制畿内用夏之贡

法，税夫无公田。以《诗》、《春秋》、《论语》、《孟子》论之，周制邦国用殷之莇法，制公田不税夫。贡者，自治其所受田，贡其税谷；莇者，借民之力以治公田，又使收敛焉。

郑玄以为各地区因田制的不同，税制也有区别：畿内用贡法，邦国用莇法。他又把这种不同说成是大小领主间制度的不同。后来有人同意这种说法，也有人反对。王应麟和孙诒让是同意的，而金鹗以为不然，他说："天子诸侯赋税之法，不当有异；王畿乡遂用贡，都鄙用助，邦国亦宜然"（见《求古录·礼说》）。他以为这应当是乡遂与都鄙间的区别，不应当是天子与诸侯间的不同。这种说法是合理的。

这种以一千亩为"一田"，作为一个耕种单位，不能了解为耕种上的技术问题，是和社会组织有密切关系的。实际上十夫或者九夫共耕一田，是一种农村公社的组织，比如《周礼·地官·遂人》说：

> 凡治野：……以兴锄利甿，……

郑玄注引杜子春的说法："读锄为助，谓起民人令相佐助。"这"起民人令相佐助"，当然是共耕方式。又《地官·里宰》说：

> 里宰，掌比其邑之众寡，与其六畜兵器，治其政令。以岁时合耦于锄，以治稼穑，趋其耕耨，行其秩叙。

郑玄的注说：

> 锄者，里宰治处也，若今街弹之室，于此合耦，使相佐助。……合人耦则牛耦亦可知也。秩叙，受耦相佐助之次第。

当耕种开始，于里宰处"合耦"，而实行互相帮助的共耕，并且进行有秩序有计划的共耕。郑玄的经解实在给人以莫大的启发，这是村公社的共耕形式。由此更可以肯定井田制的本质。

这是春秋和春秋以前的土地制度。春秋以后，随着社会的发展，这种公社瓦解了，商鞅变法正是适应了社会发展的要求。商鞅在土地制度方面的改革是："坏井田，开阡陌"，"制辕田"。这是不矛盾的 3 种工作，因为生产力提高的结果，农民的耕种面积要求扩大，原有井田制的局限性已不合时代的要求，于是要"坏井田"。破坏了井田制度，扩大了农民的耕种面积，同时还实行在东方已经实行了的辕田制。井田破坏了，原来田中的阡陌，自然没法保存，于是要"开阡陌"，也就是"决裂阡陌"的意思。通过这种改革，秦国的田亩制度和东方各国有了不同。在东方虽然公社组织也在瓦解，但并没有废除原来的阡陌制度，一直到汉朝，还是原来的百步为亩的制度，这在历史上叫做"东田"。因为东田与西方的田亩不同，可以看出商鞅变法表现在土地方面的具体措施，同时也知道，就此而论，东方的发展落后于关中一步。过去也曾经有人注意这个问题，黄以周说：

> 东田者，东方之田，对秦西陲之田为言也。秦自商鞅开阡陌，大其亩二百四十步，而东方之田犹有井田遗意（《礼说略》）。

这是正确的解释。自商鞅以后，秦田百亩，应当等于东田二百四十亩，这样就扩大了"一夫"的耕种面积。到汉武帝时，又改革了所有"东田"的田亩制度，俞正燮曾有考证道：

> 东田之名，郑、王、熊、皇、刘、孔皆不悉，至以为"东南其亩"之东。案谓之今东田者，汉文帝时，洛滨以东，河北燕赵及南方旧井地，武帝以后即无之。《史记·秦本纪》云："商鞅开阡陌，东地渡洛。"言"开阡陌"者，改井田以二百四十步为亩；言"东地渡洛"，则尽秦地井田皆改，而六国仍以步百为亩，故谓之东田，对秦田言之也。东田之改在汉武帝时，《汉书·食货志》云："武帝末年诏曰：十二夫为田一井一屋，故亩五顷。"案"井"九百亩，

"屋"三百亩,以千二百亩改五顷,是亩二百四十步也。桓
宽《盐铁论》云:"先帝制田二百四十步而一亩。"论作于
昭帝时,知制田指武帝也(《癸巳类稿·王制东田名制解
义》)。

他说得很清楚:"东田"指秦变法后东方六国的土地,六国以百
步为亩,秦以二百四十步为亩。汉都长安、关中一带,当因秦
亩;东方各国则仍六国之旧。然而随着生产的发展,秦亩逐渐取
得优势,到汉武帝时遂尽改"东田"为秦亩,也就是汉亩了。
因为田亩制度的不同,可以推想公社制度在东方有较久的残存。

土地制度是和农民地位分不开的,在公社组织内的农民,究
竟是自由农民呢,还是被役使的农民,或者已经逐渐农奴化了?
这应当加以分析研究。在《周礼》中农民叫做"甿",是从事于
农业生产的主要负担者。《地官·遂人》说:

> 凡治野:以下剂致甿,以田里安甿,以乐昏扰甿,以土
> 宜教甿稼穑,以兴锄利甿,以时器劝甿,以强予任甿,以土
> 均平政。

这很明显是住在田野而从事农耕的人。这种从事农耕的农民,地
位高出于奴隶,在《周礼》中往往把"夫家"(农民)放在奴
隶上面,《地官·县师》说:

> 县师掌邦国都鄙稍甸郊里之地域,而辨其夫家人民田莱
> 之数,及其六畜车辇之稽。

"夫家"指农民,"人民"是指奴隶,这是《周礼》中的特殊用
法。既然把"夫家"放在"人民"上面,可以解释"夫家"的
地位比奴隶高。有什么证据说明"夫家"是农民?《司徒·遂大
夫》说:

> 遂大夫各掌其遂之政令,以岁时稽其夫家之众寡,……
> 以教稼穑。

遂大夫稽查"夫家"数目的多少而教以稼穑，那么，一定是农民了。他们也叫做"夫"，或者"农夫"，也叫做"家"，或者"夫家"。由此我们可以明了《史记·鲁世家》"迁于卞邑为家人"的意义。西汉景帝时，辕固生为诗博士，他在窦太后面前讽刺《老子》一书，说"此家人言耳"，说《老子》是农家的话，窦太后也就报复说："哪里去找你们刑徒的书？"农民的地位在汉朝也还是高于刑徒的。"家"或"大家"应包括自由农民与被役使的农民而言，他们全是农民，但在身份上有些不同，这在前面已经谈到，表现在力役方面也存在着区别，如《周礼·地官·乡大夫》说：

> 以岁时登其夫家之众寡，辨其可任者，国中自七尺以及
> 六十，野自六尺以及六十有五，皆征之。

国中的尺度及年龄比郊野要宽一些，也就是国中的农民遭受的剥削轻一些。

这种公社制度，到春秋以后，因为生产力的发展，没有能够像印度那样，长期地维持下来而趋于瓦解了。到战国时代大批公社农民丢掉了土地，于是社会上有离开原有的土地而流荡的农民，这不是农奴的解放，是宗法封建社会发展到一个新的阶段，原有的土地所有制变动了，旧的阶级关系也随之而变动了。这时有雇佣农民出现，同时各国的领主也多以减轻剥削作号召，招徕新的农民，增加生产以增加剥削。《吕氏春秋·高义》篇记载："墨子于越，欲自比于宾萌。"《孟子·滕文公》篇说："许行自楚之滕，踵门而告文公曰：'……愿受一廛而为氓。'"便是这种情形下的产物。而最典型的例子是梁惠王对孟子所说的话了：

> 察邻国之政，无如寡人之用心者。邻国之民不加少，寡
> 人之民不加多，何也？（《孟子·梁惠王》）

通过这一对话，我们清楚地知道，因为公社瓦解，农民开始出

走，各国诸侯可以作招徕的工作。同时也知道，这时各国还没有大批的贫民，大批的流民也不存在，社会处在一个过渡时期，从一个"勤恳的、宗法的、安分守己的社会集团"（马克思《英国在印度的统治》）瓦解后的农民，走向"贫无立锥"之地了，农民们被迫流离，离开他们世世代代相守着的土地，于是社会面临着暴风雨的前夕，他们是不甘心屈服的，于是有大规模的农民起义在秦时爆发。

这一个较长时期的过渡时代，从战国到西汉末，在种种现象上和古代东方被称作奴隶制的社会有许多相似的地方。我们抹杀这种现象，是不足以说服人的，同时也解决不了问题。在两河流域阿卡德吴尔的第三王朝时代曾经出现过这种事实：

> 老旧的农村公社的解体，使它们中间一方面分化出富裕的中等阶层，另一方面则分化出破产的贫民。这些贫民或是完全失掉自己的土地，或是只保存极小极小块的土地。这些贫民为了养活自己的妻子儿子，就只得在大贵族的土地上或是在国家的农庄里工作，他们所得的报酬就是很少很少的一些收获物。他们一点一点地贫困下去，而结果是深深地陷入债务的奴役或是变成了奴隶（《古代东方史》第二章《吴尔第三王朝》）。

拿这种现象和秦汉时代的史实来比，有许多近似的地方。我们不妨摘引《汉书·食货志》中的几节记载：

> 及秦孝公用商君，坏井田，开阡陌，……虽非古道，犹以务本之故，倾邻国而雄诸侯。然王制遂灭，僭差亡度。庶人之富者累巨万，而贫者食糟糠；……汉兴，接秦之敝，诸侯并起，民失作业，而大饥馑。……高祖乃令民得卖子，就食蜀汉。

其中引用文帝时晁错的一段话道：

当具有者半贾而卖，亡者取倍称之息，于是有卖田宅鬻子孙以偿责者矣。而商贾大者积贮倍息，小者坐列贩卖，……因其富厚，交通王侯，……此商人所以兼并农人，农人所以流亡者也。

稍后到武帝时，董仲舒又说：

至秦则不然，用商鞅之法，改帝王之制，除井田，民得卖买，富者田连阡陌，贫者亡立锥之地。……或耕豪民之田，见税什伍，故贫民常衣牛马之衣而食犬彘之食。……汉兴，循而未改。

这几段文章所讲的情况，是最容易和两河流域古代社会互相比附的。因为公社的瓦解有着阶级的分化，同样有破产的农民，同样是作着雇农和佃农的工作，同样可能是债务奴隶的后备军。我有一次和张政烺教授争辩两汉社会性质，相持不下，他说："这就是古代东方的奴隶社会！"

这是应当深入研究的问题，首先，存在这种情况的两河流域是否是奴隶社会，童书业教授提出了不同的看法，并且有论文发表。就中国而论，也不应过早地作出结论，还应当深入一步研究。

中国古代公社的瓦解是伴随着土地兼并一块儿来的，上述董仲舒的话足以说明这种情况。自战国时代起，贵族官僚和豪商富贾便开始进行土地兼并，比如赵括的母亲说：

今括一旦为将，……王所赐金帛，归藏于家，而日视便利田宅，可买者买之，王以为何如其父？（《史记·廉颇蔺相如列传》）

这是公元前 3 世纪中叶的事情。而《韩非子·外储说左上》篇记载，在春秋战国间已经有土地的买卖。从此，土地私有制逐渐形成了，结果是"富者田连阡陌，贫者亡立锥之地"，正如董仲舒所描述的那样。因为土地兼并和公社瓦解密切结合，在中国古代，小农所有者的农村，并没有"繁荣"起来，小农并没有取得一个比较长期的稳定地位。而这种小农，在公社瓦解后一般是普遍而较长期存在的，恩格斯在《反杜林论》中曾经一再指出这点。因为在家庭奴隶制的阶段，小农所有者的农村比较发达，大奴隶主的庄园还没有形成，于是在庄园上奴隶的集体劳动也就不能存在。这是家庭奴隶制的特点，也是我们研究古代东方不能忽视的地方。但秦汉时代的小农是不稳定的，公社瓦解后的农民，因为地主的兼并而变成"役使贫民"。

"役使贫民"是农民在公社瓦解后，脱离领主的束缚，而受地主阶级强制剥削的结果。《史记》和《汉书》的《酷吏传》都有宁成买田，役使贫民的记载。《史记》原文是：

> 〔宁成〕出关归家，称曰："仕不至二千石，贾不至千万，安可比人乎？"乃贳贷，买陂田千余顷，假贫民，役使数千家。

《汉书》原文与此稍有不同，其中几句是："迺贳贷陂田千余顷，假贫民，役使数千家。"依《史记》是宁成通过赊贷的方式，买得陂田，再分租给贫民耕种，贫民也就是他直接强制剥削的对象。《汉书》记载虽小有出入，但基本事实是一致的。这种情况在西汉是普遍存在的，《汉书·陈汤传》记载成帝时的情况道：

> 汤心利之，即上封事，言：初陵京师之地，最为肥美，可立一县。天下民不徙诸陵三十余岁矣，关东富人益众，多规良田，役使贫民。可徙初陵，以强京师，衰弱诸侯；又使中家以下，得均贫富。

根据以上记载知道，关东的富豪兼并土地，役使贫民，是普遍的现象，以致在哀帝时代，鲍宣上书道：

> 凡民有七亡：……豪强大姓，蚕食亡厌，四亡也（《汉

书·鲍宣传》)。

这时豪强大姓对于土地的兼并，构成平民死亡的条件之一。一直到王莽时代，更成为社会上严重的问题，《汉书·食货志》说：

> 〔王莽〕下令曰：汉氏减轻田租，三十而税一，常有更赋，罢癃咸出，而豪民侵陵，分田劫假，厥名三十，实什税五也。

所谓"豪民侵陵，分田劫假"，根据颜师古的注解是："分田，谓贫者无田而取富人田耕种，共分其所收也。假亦谓赁富人之田也。劫者，富人劫夺其税，侵欺之也。"总起来也就是地主富豪占有生产手段后对贫民进行野蛮的强制剥削。这不仅是经济上的剥削，贫民还要遭"劫"，也就是通过暴力作经济外的强制。这是封建主义的役使农民，而不能解释为古代东方某些地区奴隶制时代曾经存在过的佃农制，虽然这种佃农制的性质也有待进一步研究。通过王莽的命令，更可以知道被"劫"是普遍的现象，王莽之所以实行"王田"制，也是要为国家争取土地，争取农奴。

不仅官僚与商人地主进行土地兼并与役使贫民，属于领主阶层的人也在购置私田，向地主阶级转化，如济南安王康，本来有自己的封邑，但他又购置"私田八百顷"（见《东观汉记》卷七，及《后汉书》本传）。奇怪的是汉成帝本人也购置私田，《汉书·五行志》说：

> 谷永曰："《易》称'得臣无家'，言王者臣天下，无私家也。今陛下弃万乘之至贵，乐家人之贱事；……置私田于民间，畜私奴车马于北宫；……昔虢公为无道，有神降曰'赐尔土田'，言将以庶人受土田也。诸侯梦得土田，为失国祥，而况王者畜私田财物，为庶人之事乎？"

在历史上说这还是初次发生的事。本来在中国的传统观念是

"溥天之下，莫非王土"，为什么汉成帝不满意于这种名义上的所有制，而进行私田的购置？这说明社会在发展，土地所有制在变迁，宗法封建社会过渡到地主封建制，领主阶级没落了，建筑在公社基础上的土地国有制（王有）及农奴国有制，逐渐削弱了，虽然还有大量土地及农奴属于国家，但更多的土地和农奴变为地主阶级所有，这是发展的方向。土地所有制在转变中，阶级关系在转变中，所有制的观念当然也在转变中，于是汉成帝也购置私田。这究竟是突出的现象，于是引起经师谷永的抗议，谷永的说法代表传统的观念，而成帝的行为说明社会发展到一个新的阶段。

西汉实在是王室与豪强地主争夺土地及劳动人手的时代。公社或小农所组成的农村的普遍存在，本来是构成东方专制主义的基础，因为这是王室可以直接控制的物质力量。这些小农事实上是国家的农奴，但豪强地主也在争夺，他们的土地被兼并后，变作贫民，而成为豪强地主的役使对象。他们对于王室不如对于豪强关系的直接与密切，于是汉皇帝限制这种情况发展，陈汤就曾经建议徙关东富人，以均贫富，而目的是"强京师"。王莽也曾经实行王田制，希图自地主手中夺来过度膨胀的土地。而西汉刺史掌六条察事，其中第一条是：

> 强宗豪右，田宅逾制，以强陵弱，以众暴寡（《续汉
> 书·百官志》注引蔡质《汉仪》）。

由此可以看出统治阶级内部的矛盾。对于平民，根据西汉的法令也是禁止豪强过度役使的，当时曾经发生这样的事：

> 江阳侯仁，元康元年，坐役使附落，免（《汉书·王子
> 侯表》）。

> 嗣信武侯靳亭，嗣祝阿侯高成，孝文后三年，坐事国人
> 过律，免（汉书·高惠高后孝文功臣表》）。

前一条"坐役使附落",据师古注云:"有聚落来附者,辄役使之,非法制也。""聚落来附"当指流离的贫民而言,是不能任意役使的。后一条的性质和前一条不尽相同,但也可以知道,对于平民,不能过度地役使和剥削。在阶级社会内,统治者的立法,不可能是为了被统治阶级,这不过表现为王室与诸侯及豪强地主之间的矛盾。然而这是没法制止的,王室的意图只是代表着宗法封建社会的残余意识,"溥天之下,莫非王土;率土之滨,莫非王臣",是宗法封建社会的传统观念。社会在向前发展,到了东汉,豪强地主的势力更占优势。《后汉书·马援传》说:

> 援……遂亡命北地,遇赦,因留牧畜,宾客多归附者,遂役属数百家。

"役属数百家"并不是大数目,仲长统《昌言·理乱》篇更有"徒附万计"的记载:

> 豪人之室,连栋数百,膏田满野,奴婢千群,徒附万计。

"役使贫民"的含义,实际上等于农奴,不能理解为租佃奴主土地的"自由"佃客。这是遭受公开的野蛮的强制的剥削的阶级,对地主有人身依附关系,所以也称作"徒附"。他们的实际情况,不仅是经济方面穷困,在社会地位上也是低贱的,他们是有别于"良家"的贱民。淮阴侯为布衣时,因为家贫,"不得推择为吏"(《史记·淮阴侯列传》)。到东汉,贫民更是为人奴役的对象,比如:

> 旧内郡徙人在边者,率多贫弱,为居人所仆役,不得为吏(《后汉书·贾复传》)。

足见贫人是为人仆役而不得为吏。解免的刑徒可以变为贫民,如:

> 遂罢屯兵,各令归郡,唯置弛刑徒二千余人,分以屯

田，为贫人耕种（《后汉书·邓禹传附子训传》）。

这不是说弛刑徒替贫人耕种，是说他们变作贫人从事农业生产了。他们不是独立的农民，是高于奴隶而为封建主所奴役的人们。当时屯田多弛刑徒，在汉简中有：

　　　　□玉门屯田史（吏）高粟放田七□给予陡（弛）刑十七人（张凤《汉晋西陲木简汇编》第56叶第7）。

"七"下一字马伯乐以为"顷"字，屯田在边，又多弛刑徒，地位是低贱的，属于国家农奴的性质，所以在汉代"边人"和"奴婢"往往并称。

　　地主阶级拥有大量土地，役使千百家农民，他们有了"割据自雄"的初步力量，这是使中央集权削弱的因素，也是汉代王室所最担心的事。但这种局面终于造成了，两汉之际有许多营保——地主武装——出现，如《后汉书·郭伋传》：

　　　　更始新立，三辅连被兵寇，百姓震骇，强宗右姓，各拥众保营，莫肯先附。

又《后汉书·冯鲂传》：

　　　　王莽末四方溃畔，鲂乃聚宾客，招豪杰，作营堑，以待所归。

又《后汉书·李章传》记载光武时事说：

　　　　时赵魏豪右，往往屯聚，清河大姓赵纲遂于县界起坞壁，缮甲兵，为在所害。

虽然因为东汉的统一，这种情况没有进一步发展，但终于是造成汉末分崩的原因之一。

　　虽然大部贫民变作地主阶级奴役的对象，束缚在土地上遭受强制的剥削，但丢掉了土地的农民不可能全都束缚在地主阶级的土地上，大批农民变成流浪者，他们被剥夺了生产手段，被迫离开世代住居的乡村，他们无地自容，这在两汉是社会上的严重问题。西汉在武帝时候，土地兼并剧烈，流民问题也最为严重，《史记·万石君列传》说：

> 元封四年中，关东流民二百万口，无名数者四十万。

这是一个惊人的数字，但还不是当时整个国家的情形。又《汉书·食货志》说武帝时候：

> 山东被水灾，民多饥乏。……乃徙贫民于关以西，及充朔方以南新秦中，七十余万口，衣食皆仰给于县官。

此后一直到东汉，正当所谓"太平盛世"的时候，也是流民问题最为严重的时候。封建社会的"繁荣"，主要是有利于地主阶级的发展，正是大量兼并土地的机会，因之流民问题也必然会严重起来。统治者如何来对待这些流民呢？问题不解决的话，流民会群起而暴动的。两汉一贯的方法，是假以官田，使他们重新变作政府控制的农奴，新秦中的 70 余万口结果是"贷与产业"。《汉书·元帝纪》记永光元年也曾经赦免了一批罪人，要他们"厉精自新，各务农亩，无田者皆假之，贷种食如贫民"。假田贷种食的贫民，全是为国家耕种的役使农民，如今遇赦免罪的人，地位和他们相当。统治者之所以这样安排，一方面是害怕农民起义，同时也是要把流民束缚在国有土地上。统治者尽量希望农民著籍，农民著籍在当时叫做"傅"，《汉书·高帝纪》二年五月条师古注："傅，著也，言著名籍，给公家徭役也。"傅于籍也就是束缚在本土上为国家服役，再没有离开的自由，实际上是国家的农奴。

　　国家与豪族对于农民有着长时期的激烈争夺，到东汉以后，情况逐渐变了，农民为大族地主所垄断，国家能够控制的数目少了。到北魏的时候，因为长期战乱及种种其他条件，政府又大量地掌握土地与农民。这样两汉的土地所有制和阶级关系，是不是封建社会的正常状态？我们以封建主义的基本经济规律特征

"封建主在占有土地和不完全占有生产工作者——农奴的基础上，用剥削依附的农民的办法，攫取剩余产品，以供自己的寄生性消费"（《政治经济学教科书》第一篇第三章《封建主义的生产方式》）来衡量我们以上的描述，没法得出封建社会以外的形态的结论。

如果事情是这样单纯，中国古史分期问题早已不成为问题了，以上只是叙述了问题的一方面，还有另一方面。一直到两汉时期，社会上存在着为数不少的奴隶和刑徒，如果漏掉这一方面，是不能解决问题的，我们不能化有为无，不能说两汉没有奴隶存在。研究中国的奴隶制，不能和土地所有制及农民地位分开，这是一个问题的几方面。因为公社在中国的奴隶社会以及封建社会初期还顽强地存在着，所以中国没有发展成典型的奴隶制，没有奴隶主的庄园，因为土地是公社占有而名义上属于国王。到封建社会初期，也就是我们所谓宗法封建的时代，村公社有了分化，公社农民遭受封建性的剥削，但还没有地主阶级出现，因为土地还不能买卖，公社制还起着制约作用。同时家庭奴隶制也残存下来，变成封建社会的一种赘瘤。

中国的家庭奴隶制也还有其自己的特征，首先构成奴隶中的主要阶层是刑徒和罪隶。所以郑玄《周礼·秋官·司厉》注说："今之为奴婢，古之罪人也。"我们就《周礼》来分析，也可以看出这种事实。在《周礼·秋官》中有许多专管奴隶的机构，《司厉》说：

> 司厉掌盗贼之任器货贿，辨其物，皆有数量，贾而揭之，入于司兵。其奴，男子入于罪隶，女子入于舂槁。

盗贼之罚为奴者也是罪隶的一种，当时的奴隶多数是罪人，所以"罪隶"一名是最普通的称呼。《周礼·秋官》中有罪隶百二十人，是罪犯而罚作官奴者。《左传》襄公二十三年说："斐豹隶也，著于丹书。"杜预注："盖犯罪没为官奴。"这是正确的解释。《鹖冠子·世兵》说："百里奚官奴。"也是指罪隶说。《周礼》中又有许多女奴，如《天官》中的女酒、女浆、女笾、女醢、女醯、女盐、女幂；《地官》中的女舂扰、女槀，这些都是官奴婢，从事于家内仆役的职务。俘获奴隶的对象以外族为主，所以有蛮隶、闽隶、夷隶、貉隶等职别，另外加上罪隶，全归司隶所辖，司隶的职务多半是"烦辱之事"，一直到汉朝的司隶官，还是"将徒治道沟渠之役"。其余五隶也全是管些"烦辱之事"，或者管输送，如罪隶；或者看守王宫，如罪隶和蛮隶；而所有蛮隶、闽隶、夷隶和貉隶全管畜牧的事。这些有名位的全是奴隶的头目，他们还管辖着许多奴隶。他们是俘自"四夷"的，当时的"四夷"的经济生活比中原为落后，中原已经是农业社会了，他们还过着畜牧生活，所以要他们来管畜牧。

《周礼》中虽没有指明债务奴隶的现象，但有可以买卖的奴隶，比如《地官·质人》说：

> 质人掌成市之货贿、人民、牛马、兵器、珍异。

这里所谓"人民"，自来经解全说成奴隶。在春秋以及战国有几种人是可以买卖的：一是俘虏，《庄子·徐无鬼》说南伯子綦的儿子梱遇盗，被刖而卖到齐国；一是妾，《檀弓》中记载子硕曾经请求卖他庶弟的母亲；一是犯罪的人，《国语·吴语》："王乃命有司大徇于军曰：'谓二三子归而不归，处而不处，进而不进，退而不退，左而不左，右而不右，身斩，妻子鬻。'"战争中的俘获是奴隶的重要来源，《秋官·朝士》说：

> 凡得获货贿、人民、六畜者，委于朝；告于士，旬而举之，大者公之，小者庶民私之。

所谓"得获"即指战争中的俘获，俘虏也包括在内，《公羊》昭公二十三年有"君……生得曰获，大夫生死皆曰获"的记载，就是指俘虏言。虽然有这些奴隶存在，但他们不从事主要生产事业，他们所管的事务，或者是为了贵族的享受；或者是些"烦辱之事"；或者从事畜牧，而当时已经是农业社会了。这全说明是家庭奴隶制的性质，不是成熟的奴隶社会。

如果我们仅仅说明中国的奴隶制止于家庭奴隶制阶段，还不能完全指出中国奴隶制的特点，这是以国有奴隶为主的家庭奴隶制。本来在宗法制度下，王室就是国家，国王是大宗之长，也就是全国的家长，在名义上他是全国的土地所有者，也是奴隶的所有者。在封建社会形成后，他就是土地、奴隶及农奴所有者，这也就是马克思所说的"地租与赋税合一的剥削形态"，否则我们就没法理解这句话的含义。《周礼》中反映的奴隶制已经存在有私人奴婢，但主要形态还是国有，上引《秋官·朝士》，所有得获"大者公之，小者庶民私之"，也就说明这点。而罪隶是属于国家的，这又是奴隶的主要来源。没有私有土地的存在，手工业商业又不发达，所有的私人奴婢只是由于王室的赐予。随着社会的发展，土地可以买卖，奴婢也可以买卖，于是在官奴婢外，有不少的私奴出现。汉朝的奴隶形态基本上同于《周礼》中的描述，不能说由家庭奴隶制发展到发达的奴隶制；同时，这时的奴隶地位，和以前相比，也有了许多改变。

西汉宫奴中有大批刑徒，"徒"、"隶"向来是并称的，这是由前代的罪隶演变下来。弛刑后官徒可以解除奴隶的地位。自秦以来因为刑法严酷，刑徒数目大增，《汉书·刑法志》说：

> 至于秦始皇，……专任刑罚，躬操文墨，昼断狱，夜理书，……而奸邪并生，赭衣塞路，囹圄成市，……

"赭衣塞路"，就是说满街是刑徒了。汉朝有了改进，但文帝以后也只是减去肉刑而增加了徒刑，因为徒刑的增加，刑徒就更多，所以班固在《刑法志》中论曰：

> 至乎穿窬之盗，忿怒伤人，男女淫佚，吏为奸臧，若此
> 之恶，髡钳之罚，又不足以惩也。故刑者岁十万数，……

一年有十万左右刑徒，虽然期满后弛刑，然而累积起来数目也是惊人的。这不是严格意义上的奴隶，只是刑徒而执行奴隶的任务而已。

西汉时奴婢可以买卖，是大家知道的事实，但也并不是普遍的现象。《汉书·食货志》说："高祖乃令民得卖子就食。"可见卖子为奴，原是不合法的事。《汉书·高帝纪》五年五月诏曰：

> 民以饥饿自卖为人奴婢者，皆免为庶人。

这是汉朝第一次解放奴婢的诏令。同时王室对于私奴婢的存在也始终采取了限制的政策，《汉律》曾经有这样规定：

> 人出一算，算百二十钱，唯贾人与奴婢倍算（《汉书·
> 惠帝纪》应劭注引《汉律》）。

对于贾人倍算，是对于贾人的限制；对于奴婢的倍算，也是对于奴婢的限制。没有一个奴隶制的国家，会采取限制奴隶的政策。汉代奴隶本身的地位也不能比于畜产，《后汉书·刘宽传》记载一个故事道：

> 尝坐客，遣苍头市酒，迂久，大醉而还。客不堪之，骂
> 曰："畜产"。宽须臾遣人视奴，疑必自杀。顾左右曰："此
> 人也，骂言'畜产'，辱孰甚焉，故吾惧其死也。"

把奴隶当作人来看，这是一个大的转变！同时两汉的奴隶是不能任意杀戮的。秦末田儋"谒杀奴"的故事（见《汉书·田儋传》），是大家所习知的，汉代是否沿用此律虽不可知，但因谒杀奴而坐罪者是史不绝书（见《汉书·赵广汉传》、《王莽传》、《王子侯表》，《前汉纪》卷一八，《东观汉记》卷二一《段普》），可以说明当时的奴隶地位已经有所改变，这是家内仆役的性质，虽然这种性质还是和原来的家庭奴隶制分不开。在家

庭奴隶制的时代奴隶是可以当作家内成员计算的，这是它能够长期保留下来的一个原因。当时官奴更有"戏游无事，奢侈逾度"者（参考《汉代奴隶制度辑略》，《历史语言研究所集刊》五本一分），这都说明两汉的官私奴隶和过去有所不同了。

汉朝的俘获是不作为奴隶使用的，至少我们没有看到这种证据。劳干在《汉代奴隶制度辑略》中说："汉及四裔之俘虏，皆以为奴隶，盖其通习。"并引《汉书·金日磾传》、《常惠传》、《匈奴传》、《西南夷传》、《西域传》、《陈汤传》，《后汉书·南匈奴传》、《西羌传》，以及《流沙坠简》与《屯戍丛残》等书作证，实际上有许多误解。所引四裔传，说明四裔的情况，不能与汉地并论，那时四裔的社会发展是落后于汉地的。有关金日磾、常惠、陈汤等传，常、陈两传根本没有明确记载，是想当然的推论，《金日磾传》更是误解，原文是：

> 武帝元狩中，骠骑将军霍去病将兵击匈奴右地，多斩首，虏获休屠王祭天金人。其夏，票骑复西过居延，攻祁连山，大克获。于是单于怨昆邪、休屠居西方多为汉所破，召其王欲诛之。昆邪、休屠恐，谋降汉，休屠王后悔，昆邪王杀之，并将其众降汉。封昆邪王为列侯。日磾以父不降见杀，与母阏氏、弟伦俱没入官，输黄门养马，……

金日磾是休屠王的太子，休屠王因为悔降见杀，他的太子无论在昆邪的眼中或者是汉武帝眼中都会是罪犯，而不是俘虏，这是以罪输官的例证，而不是俘获为奴。实际上通过《金日磾传》及《汉书·汲黯传》的记载，反而可以得出汉廷是不以俘获为奴的，汲黯曾经提出如下的建议：

> 夫匈奴攻当路塞，绝和亲，中国举兵诛之，死伤不可胜计，而费以巨万百数。臣愚以为陛下得胡人，皆以为奴婢，赐从军死者家；卤获因与之，以谢天下，塞百姓之心。

我怀疑汲黯的建议并不完全指已降匈奴，包括有俘获在内，因为这正是霍去病过居延，攻祁连山大克获以后的事。而"卤获因与之"，也不能解作昆邪降人的财物，这是什么卤获？这个建议没有得到武帝的允许，可见汉代虽有胡奴，可能是通过贩卖及其他途径而不是俘虏与降人。至于所引《流沙坠简》中的材料，我手内没有原书，但找到包括《流沙坠简》在内的张凤编《汉晋西陲木简汇编》，遍觅不得俘虏为奴的材料，关于屯戍的木简有胡卒数条，但怎么能够证明是俘获？可能也是推测。

　　虽然我们说俘虏不奴，奴隶的买卖也不是毫无限制，但汉代奴隶的数目还是可观，卢振华教授曾经作过如下的估计：

> 　　关于奴婢的数目，没有直接材料或是现成答案好供采用的。……如指出"诸官奴婢十万人戏游无事"及"官奴婢三万人分养马三十二万头"，便说官奴婢至少十三万人；或者是夸大其辞，如据师丹限奴婢的数字，笼统把西汉十三万多官吏，每人配上一百个奴隶，再加上政府、贵族和商人所蓄有的，便说"最低限度，恐要在二千万以上，乃至三千万"，更是我们所难同意的。……因此，我认为讨论汉代奴隶数量时，应该以一百万为基数，再来谈问题（《秦汉史讲义》第52页）。

这是一个合理的推论，但也应当注意几个问题：（一）官奴婢13万字的数字，不能说是夸大，如果加上刑徒，远不止此数。（二）谈到当时奴隶的数量不能不注意地区问题，中国古代社会不平衡发展的情况，到汉朝还很显著，大畜奴主之从事于工矿事业者多在西蜀，如卓氏、程郑。"僰僮"大概是蜀地奴隶的主要来源，《史记·货殖列传》及《西南夷传》都曾经提到贩卖"僰僮"致富的事。这种情况到东汉仍然没有改变，所以《后汉书·光武纪》记光武帝的赦免奴婢令，有3次是专指陇蜀益州言，如：

> 建武十二年三月癸酉，诏："陇、蜀民被略为奴婢自讼
> 者，及狱官未报，一切免为庶民。"

> 十三年冬十二月甲寅，诏："益州民自八年以来被略为
> 奴婢者，皆一切免为庶民。"

> 十四年十二月癸卯，诏："益、凉二州奴婢，自八年以
> 来自讼在所官，一切免为庶民，卖者无还直。"

蜀地奴婢既然作为一个重点区域来处理，可见问题突出一些，如
果以偏概全，而认为当时普遍有这么多奴隶，是不合实际情况
的。

总起来说，两汉存在着奴隶是事实，抹杀这一点是不科学
的。但这时的奴隶已经变质，刑徒的意义也不完全同于罪隶，多
数在弛刑后变作农奴。奴隶是社会上的赘瘤，是"无用之口"，
这是结合在封建社会内的家内奴隶。

三

以上我提出了农村公社问题，公社瓦解后的土地问题，与土
地结合的农民问题，被迫离开土地的流民问题及役使贫民问题。
通过这些问题的提出，加上我个人的初步分析，我以为两汉是封
建社会。从战国开始到西汉末是一个从宗法封建社会过渡到地主
封建社会的时期。家庭奴隶制还存在着，结合在封建社会的体系
内，但因为是前封建主义的产物，越来越变成赘瘤了。因为有奴
隶存在，所以我也提出奴隶问题。

我只是提出问题，加以初步分析，并不是说我已经解决了问
题，我打算循着这个途径去解决问题。关于村公社问题，我过多
地引用《周礼》中的材料，关于奴隶也是如此，这是因为我作

过《周礼》研究，相信《周礼》，引用起来也方便的缘故，并不以为除《周礼》外再无材料了，相反，还应当把金文及其他经典和《周礼》的记载结合起来研究。

（原载《历史研究》1956 年第 5 期）

古代史研究中的几个问题

近来关于中国古代史的研究，尤其是关于中国古史分期问题的研究，有迟滞不前的现象。有的同志说："关于中国古史分期的文章，材料重复，论点片面，进展的情况是不理想的。"引用材料上的重复，是我们没有深入发掘，只好就大家全知道的材料反复使用，不能在"无字"处作文章。关于论点片面的问题，因为我们对于某些古代史实，只是注意到一些现象，还不能掌握问题的本质的结果。

因此我们在古史研究中水平还不高，好多问题没有得到解决，甚至没有被注意到，比如：

（1）中国古代社会的重复性问题。我们不能把中国古代史简单化，这样就会得出主观而片面的结果。假使我看到西汉有较多的奴隶存在，就肯定这是奴隶社会，而不考虑封建关系的存在；同样，强调了西周的宗法封建制而不注意当时的家内奴隶的存在，全是不能圆满解决问题的方法。同时我们也不能把古代东方史简单化，不管他们的具体条件如何，一概肯定地说，"这是古代东方的奴隶所有制，是家内奴隶制。"而没有考虑到古代东方各国条件不同，问题也是复杂的，许多地区内存在着奴隶制与封建制共存的现象，我们必须同时解决这些问题而找出其主导面。过去拉苏莫夫斯基的一段话是我们不能忽视的，他说：

> 这里（古代东方——作者）除自由民和奴隶底划分之外，还发展着大的土地和奴隶底私有者和组织在公社中许多小土地所有者之间的矛盾。因此除了奴隶所有制的发展，这里还形成着类似封建农奴制的那种从属关系。也有不少的场合是介乎奴隶制和农奴制之间的折中形式：即将奴隶束缚于土地而由他们缴纳租税。这几种阶级剥削形式底特殊的结合：在某种场合上原始的奴隶制形式底占优势（如埃及、阿西罗、巴比伦）；在另一场合上封建的从属关系之较早的发展（如中国和印度），而同时存在着奴隶底剥削；——这种情况，形成了很长的一个历史时期。……有一点为一切东方国家所共同的，就是几种不同的个人从属关系之同时并存；这些从属关系都建立于直接强迫之上：从奴隶所有制起，当中经过一些过渡的形态，直到封建的从属关系，即封主的农奴劳役和将农民束缚于土地的那种关系为止。（见沈志远译：《社会经济形态，奴隶制社会》）

马克思主义的经典著作中从来没有把古代东方史简单化，列宁"屡次讲到东方的亚细亚制度，把它当做农奴制度来了解。"（同上）可见当我们谈到亚细亚或古代东方的时候，封建关系是包括在内的。这当然不是说，我们可以把奴隶制和封建制混淆起来，而是说应当研究他们的结合情况，深入分析，究竟什么是主导的一面。在阶级社会内，单纯的社会形态还是很难发现的。

在古代西方有些问题也应当提出来重新估计，比如斯巴达的赫罗泰（Helotae）的问题，前几年我们曾经有过讨论，但没有继续下来，以致没有解决。这究竟是奴隶是农奴，还有研究的余地，缪灵珠译塞尔格耶夫著《古希腊史》在许多地方把他们当作农奴（原书第 391 页、第 395 页等）。童书业教授说，有人对他说，赫罗泰之为农奴，在马克思主义的经典著作中是有明文的，这是正确的，恩格斯就这样说过：

> 无疑，农奴关系不是中世纪封建所特有的形式，凡在征服者压迫原日的居民去耕种土地的地方，我们都可以遇见这种关系——譬如在很古的时代在帖撒利亚便是如此。这事实曾障蔽了我以及许多别的人对于中世纪农奴制度的观点。最容易使人迷惑的是祇用简单的征服来解释，这样就一切都非常顺利地进行了。（《马恩书信集》1931 年俄文版第 346 页，引自《古希腊史》）

这是把帖撒利亚的赫罗泰当作农奴。应用到商周之际，正可以解释周人对于商人的征服及使之农奴化的过程，这也正是通过简单的征服使被压迫居民去耕种土地。我们不能拘泥于欧洲的"中世纪"才有农奴，"中世纪"是一个相对概念，凡是有农奴的地方全有封建关系的存在。

在古代史的研究中我们不能走庸俗社会学的路，把问题简单化，当然也不能因为问题复杂，就找不出一个基本社会形态出来，列宁曾经说过：

> ——分析物质的社会关系，立刻就有可能看出重复性和常规性，就有可能把各国制度概括为一个基本概念，即（社会形态）。（《列宁全集》中文本卷一，第 124 页）

阶级社会历史的发展有重复性，为什么我们要简单化呢？

（2）中国封建制的萌芽与发展的问题。因为我们习惯于"中世纪"的说法，以为除了"中世纪"就不可能有早期的封建关系产生，影响了我们对于西周史的研究。马克思在研究农奴制的起源时说：

> 在多瑙河诸公国，徭役劳动是和农奴制度下的实物地租

和他种课赋结合在一起。但对于统治阶级，主要的课赋，依然是徭役劳动。在事情是这样的地方，与其说徭役劳动从农奴制度发生，毋宁反过来说农奴制度大多数是从徭役劳动发生。罗马尼亚各地方的情形，就是这样。那些地方原来的生产方式，是以共有制为基础的，不过不是把斯拉夫形态或印度形态的共有制作为基础。土地一部分当作自由的私田，由共同体诸成员独立去耕作，一部分当作公田，由他们共同去耕作。这种共同劳动的生产物，一部分当作收获不足时或他种意外事情的准备基金，一部分当作国家贮藏，为了应付战争、宗教及其他各种共同事务的费用。在时间的进行中，这种公地，被军事上宗教上的高官侵夺了。在公地上从事的劳动，也被他们侵夺了。自由农民在他们的公地上做的劳动，变成他们替公地盗占者做的徭役劳动了。农奴关系就是这样发展的。（《资本论》，中文本卷一，第268—269页）。

这种情况和西周到春秋之际的发展是十分类似的，公田私田划分及劳动的制度，还不是井田制？还不是"雨我公田，遂及我私"的情况么？为什么我们不考虑西周向封建制发展的问题？

（3）考虑到西周的封建关系，也应当研究"宗法封建制"的本质与内容，托雷贝科夫曾经研究游牧氏族宗法封建关系的问题，他说：

　　事实上，宗法封建关系是生产关系的过渡形式之一。在这个过渡时期内，旧的，已过时的宗法关系和已发生的封建关系交织在一起。波塔夫认为宗法封建关系只是和游牧业有关系，其实这种关系也可作为已完成由前封建社会形态到封建社会形态的过渡阶段的其他民族的特征。"野蛮人"的部落国家和游牧民族的封建部落的，军事游牧的国家的形成大体是处在同一种发展水平上，这里包括匈奴人成吉思汗帝国

和十五至十八世纪哈萨克人的游牧汗国。马克思恩格斯说
"野蛮人的部落关系"是向封建关系过渡的关系，我们认为
野蛮人的部落关系这个概念是和"宗法封建关系"的概念
相符的。恩格斯把社会历史发展的这个阶段称为"野蛮的
高级阶段"，其实这个阶段的含义也就是"宗法封建关系"
(《史学译丛》，1956 年一期，第 151 页)。

把野蛮的高级阶段和宗法封建混为一谈，也许有问题，但认为宗
法封建没有经过成熟的奴隶制而由野蛮的高级阶段发展而来，这
是值得考虑的。西周也正好是这个阶段。但西周在灭商前不是一
个游牧部落——这一点我曾经思考过。西周是不是经过游牧的阶
段呢？对这问题有研究的王玉哲教授作了否定的答复。但也无
妨，因为不一定游牧部落才产生宗法封建，问题在于中国西周有
那些宗法封建制的特征，在土地所有制上，在农民的身份上，在
大宗小宗的关系上，在周人商人的关系上，我们全应当搞清楚，
看这究竟是不是宗法封建制？

　　(4) 如果我们把封建制度的开端放在战国后，有一系列的
问题，需要我们解决：这是一个"开放"的时代，土地兼并盛
行，奴隶买卖盛行，工商业和都市有了较高度的发达，尤其在西
汉时代。在一般的社会发展史上，封建社会初期的经济总是不繁
荣的，是收缩的，主要的是自然经济，斯大林也曾经指出，封建
社会的经济超过奴隶制的时期要 200 年左右。战国到西汉也正好
是这个数目，但这是一个开放的时代，尤其在西汉，奴隶问题严
重，土地问题更严重，从奴隶上看，这是一个奴隶制；从土地关
系上看，这又是一个封建制。如果说，中国的封建制和奴隶制本
来是长期结合的，但在长期结合中总要有一个主流，不能全是主
流同时发展，究竟什么是主流呢？需要我们研究。

　　西汉是我们研究古史分期问题中的一个焦点，即使我们顺利

地把西周说成是宗法封建制，到了西汉也会遭遇难关，因为这有奴隶问题存在。如果我们肯定了西汉的奴隶制，西周的许多现象又没法解释，于是有人叹息着说："假如西周发展下来，一直到东汉，什么问题也没有了。"这当然是玩笑的话，也可见问题之所在。

我们应当怎样理解这个开放时期？怎样处理这些问题？没有适当的解决方法，就很难解决中国古史分期问题。

（5）我还要提出中国古代各地区发展的不平衡问题，比如在春秋时代，东方齐，南方楚，西方秦和中原各国比，历史条件不同，地理环境不同，不能说它们社会形态是完全相同的。秦到商鞅变法时候，有着奴隶制的形态，但我们不能以一隅论全体，秦统一中国后，可能对东方各国有许多影响，我们应当研究这些具体事实，是不是也像后来边疆部族统一中国后所发生的作用一样？在一个发展的形态上加上一些过去的成分？妥善地处理这些问题也是解决中国古史分期的重要方面之一。

在历史学的编纂上，运用综合年代学的方法是好的，结果可以看出各国社会虽然发展不平衡，而规律是一致的。但不是使不同地区，不同的环境，不同的历史条件，齐头并进的发展，划一条界限，自某一个时代起，是封建制的开端，前此只能是奴隶制。在中国境内各民族历史的发展还不是如此，为什么可以应用到世界史的范围内？

以上，我提出了一些问题，主要向先进史学工作者求教，而不是说我在这些问题上有些什么心得。我曾经写过《有关中国古史分期中的若干问题》一文（见《历史研究》1956 年 5 月号），用意也在此。事实上许多问题在经典著作中已经给我们指出门路，比如马克思曾经说：

　　　　却像在亚细亚一样，是那种对于他们是地主，同时又是

主权者的国家，地租和课税就会合并在一起，或不如说，不
会再有什么和这个地租形态不同的课税。《资本论》中文本
卷三，第 1032 页）

在中国封建社会的研究上，必须注意到马克思的这种指示，不然
我们就没法了解国有土地，国有农民的地租与课税的统一问题。

经典著作内这种指示很多，可惜我们还没有能够结合中国史
实作深入的研究。

（本文曾载于《文史哲》1956 年第 6 期）

关于中国封建社会土地制度问题

一

中国封建社会的土地制度是史学界颇有争论的问题。我认为，春秋以后是封建地主阶级土地所有制。现在把我的这个意见，加以申述，请大家指正。

谈到封建社会的土地制度，首先我们要弄清"所有权"的概念，尤其是封建土地所有权的概念。马克思曾经指出"土地所有权有各种不同的历史形态"（《资本论》)第三卷，人民出版社1953年版，第801页)，如果我们不分析不同社会的性质，含混地谈论土地所有制，那么，不但不能解决问题，反而容易使问题复杂化。比如田泽滨先生在他的《关于封建土地所有制问题的商榷》一文（载《历史研究》1960年第6期）中曾这样引用下列经典作家的话：

　　　　土地所有权的前提是某一些私人独占着地体的一定部分，把它当作他们的私人意志的专有领域，排斥一切其他的人去支配它。……法律观念自身，不外说明，土地所有者可以和每一个商品所有者处理它的商品一样去处理土地（马克思：《资本论》第三卷，人民出版社 1953 年版，第 803—804 页）。

这种私有制的真正自由，没有土地买卖的自由是不行的（《列宁全集》第十三卷，第 291 页）。

土地所有权刚一确立，抵押就被发现了（雅典）。……如今典当制也紧跟着土地所有权的脚迹而来了（恩格斯：《家庭、私有制和国家的起源》，人民出版社版，第 161 页）。

从那一瞬间起，当自由地一旦变为可以自由出让的土地财产，变成商品的土地财产，从那一瞬间起，大土地所有制的产生，便仅仅是一个时间问题了（恩格斯：《德国古代的历史和语言》，人民出版社版，第 72 页）。

田先生的文章有许多正确的论断，但所引经典作家有关土地所有制的言论，可惜全不是指封建社会土地所有制而言，而是指奴隶社会，或者是指资本主义社会说的。恩格斯的两段话，一段是指希腊的奴隶社会，一段是指罗马的奴隶社会；马克思的一段话是说资本主义社会"土地所有者可以和一个商品所有者处理他的商品一样去处理土地"；列宁的一段话也是指资本主义社会土地的自由私有制："这种私有制的真正自由，没有土地买卖的自由是不行的"。如果我们不去领会经典作家指示的精髓，只是择取一些经典著作中的文句，甚至还随意加以删节，这样，态度既不够严肃，同时也很难解决问题。

资本主义自由土地所有制和封建地主阶级土地所有制的不同，根据经典作家的论述，可以归纳为下列两点：（甲）封建地主阶级土地所有权是政治与经济的结合，地主对于农民超经济的强制，是和土地所有权的性质分不开的，这时的土地赋予了人的性格，土地人格化了。而资本主义的土地所有权则"取得纯粹经济的形态"。马克思曾经指出这种事实说，"以致有土地所有权在苏格兰的土地所有者，可以在君士坦丁堡度他的全部生活"（《资本论》第三卷，人民出版社1953年版，第806页）。（乙）与其说资本主义社会是土地私有制，不如说资本主义"把土地所有权还原为不合理的东西"。马克思和列宁都曾经论述过这一问题。马克思指出"资本主义生产方式在开始时期碰到的土地所有权形态，是与它不相适合的。适合于它的土地所有权形态，要由它自己，通过把农业附属于资本的办法，而创造出来"。他们创造出来的办法是：

　　一方面，是使土地所有权，完全从统治和服从关系解放出来，另一方面，又使当作劳动条件的土地，完全从土地所有权和土地所有者分离开来，对于他，它所代表的，不过是一种确定的货币租税，那是他凭他的独占，向产业资本家即租地农业家征收的。当中的联系已经这样厉害地被破坏，以致有土地所有权在苏格兰的土地所有者，可以在君士坦丁堡度他的全部生活。土地所有权取得纯粹经济的形态，不过因为它脱却了以前一切政治的和社会的装饰品和混合物，简单地说，就是脱却了一切传统，附属物。这种附属物，像我们后面将要说到的，当产业资本家自己和他们理论上的发言人对土地所有权进行热烈的斗争时，曾被斥责为毫无用处的和不合理的赘物。资本主义生产方式的巨大功绩，就在于一方面使农业合理化，使农业第一次有可能依照社会化的方法来经营，另一方面又把土地所有权还原为不合理的东西。资本主义生产方式的这种进步，同它的其他各种历史的进步一样，首先要把直接生产者转化为完全的赤贫，用这个作为代价，方才得到它（《资本论》第三卷，人民出版社1953年版，第805—806页）。

前资本主义的土地所有权，封建的土地所有权，或者是氏族所有权，全不适合于资本主义生产方式的经济形态，于是资本家就对它们进行改造，使土地所有权和土地所有者分离，使土地所有权采取了纯粹经济的形态，同时也就把土地所有权还原为不合理的东西。列宁也曾经指出这一点说：

> 民粹民主者以为否定土地私有制就是否定资本主义。这是不对的。否定土地私有制就是要求最纯粹地发展资本主义。所以，我们必须使马克思主义者重新记起马克思根据资本主义经济条件出发批判土地私有制的那些"被人遗忘的话"。（《列宁全集》第十三卷，第291页）

因为土地私有制妨碍资本主义农业的发展，土地买卖妨碍资本自由地渗入农业。因为"用货币资本购买土地，这根本不是农业投资"。所以废除土地私有制在资本主义社会是可能做到的。所谓自由的土地所有制并不是资本主义社会的特点，而废除土地私有制度，也是在资本主义社会中可以发生的事情。当这种所有者和所有权还没有分开的时候，在资产阶级看来，这种所有制实在是一个赘瘤，是中世纪的遗物，他们是不赞成这种所有制的。

因此，我们不能以资本主义时代自由的土地所有制来否定封建地主阶级土地所有制，前者是由后者转化的。土地所有权和所有者分开的时候，"土地所有权取得纯粹经济的形态"的时候，也就是资本主义土地所有制形成的时候。不能因为政治的特权换作经济的形态而否认封建地主阶级土地所有制。没有发展到地主阶级土地所有制的封建社会是存在的，那里存在着封建土地国有制，当然不会有土地买卖，土地的取得只能是由于分封或者是赐予。土地的买卖与社会的性质并没有直接的关系，因此不仅在资本主义社会可以有土地买卖，在封建社会、奴隶社会也可以有土地买卖。土地的买卖只是土地私有制的标志之一，并不能说存在土地买卖的地方就一定存在自由的土地所有制。马克思说：

> 这种观念——关于自由的土地私有权的法律观念——在古代世界，只出现有机的社会秩序（Organischen Gesell-schafts——Ordnung）解体的时期；在近代世界，只是随资本主义生产的发展而出现。（《资本论》第三卷，人民出版社 1953 年版，第 804 页）

这是说自由的土地所有制的形态在欧洲出现于古典的古代最盛时期，另一方面出现于近代欧洲的资本主义各国（参看《资本论》第三卷，人民出版社 1953 年版，第 1053 页），因此关于土地私有制的概念，关于自由的土地所有制的概念，我们不能机械地理解为资本主义社会的土地所有制。但我们也不能把不同历史时期的土地所有权混淆起来，而应当有所区别。即使同样是封建社会，有的没有形成地主阶级土地所有制，有的则存在了这种土地所有制，有的则经过了两个阶段，像长期的中国封建社会就是一个典型的例子。

二

地租问题是研究土地制度的关键性问题。根据列宁的指示，农奴制的经济特征是"生产者和生产资料占有者通过实物'相互效劳'，通过使生产者固着于土地，而不是使生产者同生产资料分离的方式来剥削生产者"（《列宁全集》第一卷，第 443 页）。封建土地所有者把土地交给生产者，而生产者则交给土地所有者以地租。这种封建地租不仅占有农民的剩余劳动，而且吞掉了他们一部分必要劳动，因此没有农民愿意作这种绝对不等价的"相互效劳"，于是地主阶级就用强制的手段，迫使农民固定在土地上，于是就产生了"超经济强制"和农奴制等现象。地租属于历史范畴，当没有人霸占土地作为自己私有的时候，也就没有任何性质的地租出现。随着社会的发展，土地变为私有，但土地所有者在自己不播种的地方从事收获，于是他们要求地租作为他们土地的自然产物。

马克思也曾经指出，"地租的占有是土地所有权由以实现的经济形态"（《资本论》第三卷，人民出版社1953年版，第828页）。在资本主义社会表现土地所有权的是绝对地租。资本主义地租和封建地租有着许多差别，不能把资本主义地租和封建地租加在农民身上的负担混淆起来。资本主义地租的形成，并不是由于资本家和农民有什么主从关系，也不是由于超经济强制，而这些却是封建地租存在的特点。地主阶级不仅剥削农民的剩余劳动，还剥削他们的必要劳动。但无论什么性质的地租，在表示土地使用的局限性，表示土地所有权等方面是一致的。因之我们认为绝对地租是封建地租的直接转化，虽然，只有资本家成为土地租赁者，依附农民或者农奴离开土地，租地农业家向地主缴纳一定货币当作地租的时候才能转化。马克思在分析地租时也曾经指出，"资本主义的生产方式遇见了（并且控制了）各种不同的土地所有制形式，从氏族所有制和封建所有制一直到农民村社所有制"（转引自《列宁全集》第五卷第99页）。这是说资本主义初期在农业方面遭遇到前资本主义形形色色土地占有制的赘瘤。只有取消氏族特权、阶级特权和出身特权的时候，才能打断压迫农村经济和工业的前资本主义的锁链，使农村经济，或者说资本主义的农业经济向前发展。因此列宁说："我们完全可以设想一种没有土地私有制的资本主义农业，而且许多彻底的资产阶级经济学家都要求过土地国有化。另一方面，在现实中我们也看到没有土地私有制的资本主义农业组织，例如在国有土地和村社土地上的资本主义农业组织。因此，把这两种垄断区别开来是绝对必要的，除了级差地租外，承认土地私有制所产生的绝对地租的存在也是必要的"（《列宁全集》第五卷，第104页）。他们要求土地国有，把地租转归国家，以地租来代替田税，表现出农业资本家公开憎恨土地占有者的心理，表现出旧的、前资本主义的土地制度在资本主义生产条件体系中是一种无用的赘瘤。除去这种赘瘤，消灭了绝对地租，也就是"尽量铲除农业中的中世纪垄断和中世纪关系，使土地买卖有最大的自由，使农业有最大的可能性适应市场"（《列宁全集》第十八卷，第156页）。可见在某些资本主义社会初期的土地占有制度，还是属于中世纪的垄断，还是从属于资产阶级生产条件的封建所有权，地主阶级始终是地租的获得者。土地所有权的垄断和土地的直接经营在历史上是两个不相同的东西，其中有一个不变的因素，就是地主阶级对于土地的独占，他们对于土地的所有权。

所有权有不同的历史形态，如果把它当作不变的和永恒的概念，而用资本主义的土地所有制来衡量封建社会的土地所有制，这只能是形而上学的幻想。什么是资产阶级要求的土地所有制呢？与其说是自由的土地所有制不如说是"土地国有"制。而地主阶级土地所有制的存在，还是个没有经过资本主义彻底改革的赘瘤。虽然前后期地主阶级取得地租的方式不同，性质不同。资本主义社会的地主对土地的身份性已不存在，但还缺乏使用土地的最大自由，存在着局限性，还是属于"中世纪垄断"的性质，不过是表现在资本主义社会的"中世纪关系"而已。

由以上的分析，我们可以看出资本主义的土地所有制和封建社会的土地所有制是不同的。但通过绝对地租来表现土地独占的关系，前者出于后者的转化，因之也就可以看清楚地租的获取表现了土地所有权的经济形态。更简单地说，谁掠夺地租谁就是土地的所有者。在封建社会，因为发展阶段，社会条件不同，土地所有制存在着差异，地租形态也存在着差异。在领主封建社会内，比如在欧洲，复杂的封建等级制的形成意味着同一的土地为许多人所分有，封建等级中的每一个人（公、伯、子、男、附庸）都要求分享土地所有权，在这种基础上，就产生了所有权分为陪臣的从属所有权，或者说占有权，和他的领主的最高所有权，或者说支配权。在东方某些地区，因为社会条件不同，甚至在封建社会内没有形成封建制的土地所有权。恩格斯指出这是由于气候，结合着土地状况，特别结合着从撒哈拉横贯阿拉伯、波斯、印度、鞑靼而直抵最高的亚洲高原辽阔沙漠地带所致。在这里人工灌溉是农业的首要条件，而这是公社或者政府的事情。中央政府是土地的最高所有者而原始村社则普遍存在。可见，同是封建社会也可以存在着不同的土地所有形态。

三

毛泽东同志曾经指出：

> 封建的统治阶级——地主、贵族和皇帝，拥有最大部分的土地，而农民则很少土地，或者完全没有土地，农民用自己的工具去耕种地主、贵族和皇室的土地，并将收获的四成、五成、六成、七成甚至八成以上，奉献给地主、贵族和皇室享用。这种农民，实际上还是农奴。（《中国革命和中国共产党》，《毛泽东选集》第二卷，第618页）

我们根据上述论断的精神来分析春秋以后的土地所有制。在春秋以前存在着以井田（农村公社）为主干的封建土地国有制，但后来这种制度已不存在了。只是因为各地区间的发展不尽平衡，在某些地方还有一些残余。但我们不能把残存作为主流，说在中国长期的封建社会内，没有形成地主阶级土地所有制，只是国家所有制。持这种主张的同志没有充分理解春秋以后土地制度的改变和地租形态的改变。这种土地制度的剧烈改变，始于春秋中期。郭沫若先生在这方面的研究结论是正确的，他说东周列国间的发展不平衡，"鲁国在宣公十五年（公元前594年）才'初税亩'，是在东迁后176年。'初税亩'的意思是表明鲁国正式宣布废除井田制，合法地承认公田和私田的私有权，而一律取税。这是地主制度的正式成立。经过这一合法承认，土地私有权是被确定了，但私田却不能免税了"（《奴隶制时代》，第35页）。郭先生的说法，解决了春秋以后地主经济的建立这一重要问题。如果有人怀疑战国初年地主经济社会的建立的话，那是由于只注意到所谓"新兴地主阶级"的出现，而忘掉了领主贵族们之转化为地主。井田制度崩溃后，合法地承认了土地的私有权，土地买卖出现了。在春秋战国间，根据《韩非子》的记载，中牟人曾经"弃其田耘，卖宅圃"（《韩非子·外储说左上》），这是一种重要的转变，后来的商鞅变法也就承认了这种事实。商鞅在土地制度方面的改革是坏井田、制辕田、开阡陌。这是互相联系的3个方面。因为生产力提高，农民耕种的面积要求扩大，井田制的局限性已不合时代的要求，于是要"坏井田"。井田破坏，原来的阡陌制度自然不需要保留，于是要决裂阡陌。通过这次较为彻底的改革，秦的田亩制度和东方各地有所不同。东方各地的井田制虽然也在瓦解，但还没有废除原来的阡陌制度，一直到汉朝，某些地区还是井田时代的百步为亩，这在历史上叫做"东田"。因为东西方田亩制度的不同，也可以看出商鞅变法在土地方面的某些措施。

地主阶级土地所有制形成后，土地的兼并日益剧烈。到了汉朝，从皇帝到贵族全在购买私田。汉成帝曾经购买私田于民间，济南安王刘康也曾购买私田800顷。但因为古老的"溥天之下，

莫非王土"的观念的影响，在统治者的思想中，土地所有者和
国王这两个概念长期地混同在一起，以为只有国王才是土地所有
者。可是后来发展的方向与此背道而驰，皇帝成为拥有大量私地
的人，而不是唯一的土地所有者了。正如毛泽东同志所指出的，
地主、贵族和皇帝都是拥有最大部分土地的人。地主阶级通过购
买土地作为兼并的方式之一，这是中国封建社会中一个极为重要
的历史事实，没法抹杀，也不能抹杀的历史事实。王亚南先生在
他的《中国半封建半殖民地经济形态研究》中一再指出，在欧
洲封建社会的末期，土地的商品化，虽然一般先于劳动力的商品
化，但也是到封建制度临近崩溃解体的过程中，土地自由买卖的
条件，才产生出来，同时劳动力自由买卖的条件才相应地产生出
来。在中国却不然，"土地当作商品买卖的历史，是比劳动力当
作商品买卖的历史，要古旧得多的"（王书第 65 页）。王先生的
说法是对的，但他却忘记了在古典的古代社会中，也曾经出现过
土地买卖的事实。

当然不应该只根据土地买卖这一现象，就把不同时代的土地
所有制混同起来。封建土地所有权的统治并不是单单的资本统
治，而是具有浓厚的政治意义的。到了资本主义社会，土地完全
被变为商品，所有权的统治表现为私有权的资本的纯粹统治，抽
去其中的政治特权，所有者和他的财产的身份关系的终止，财产
仅仅成为物质的财富，所有者和劳动者的关系还原于剥削者和被
剥削者的经济上的关系。封建土地所有制是土地所有权的垄断，
而这种垄断的根据是土地私有制。资本主义社会曾经要扬弃这种
垄断，但他们"并不扬弃垄断底根据即私有制"。（马克思：《经
济学——哲学手稿》，第 47 页）

在封建社会必须使农民附着于土地上的实质，从上述的关系
中可以看出来。农民用自己的工具耕种土地，却用八成以上的收

获以地租的形式奉献给地主，如果不实行强制，如果农民对于地主没有人身依附关系，是办不到的。所以，他们实际上是农奴。地租表现了土地所有制的经济形态，结合着人身依附关系才能说明封建土地所有制的性质。

小土地所有者的自耕农民，在中国封建社会内虽然是一个不稳定的阶层，然而曾经存在过，这是历史事实。当井田制度逐渐瓦解的时候，伴随而来的是地主阶级的土地兼并。从战国到西汉，土地的兼并日益剧烈了，结果是"富者田连阡陌，贫者亡立锥之地"，虽然如此，但在井田瓦解和土地兼并的间隙中，仍然存在着小土地所有者。这种小土地所有者还没有新的依附关系，井田制度瓦解了，新的地主阶级还没有兼并到他们头上来。但他们在分化着，他们的土地会"得而复失"，他们是真正的不稳定的土地所有者。他们或者因为地主的兼并而变成依附农民了。从西汉武帝到王莽的时代，土地兼并已成为社会上的严重问题，《汉书·食货志》说当时的情况是，"豪民侵陵，分田劫假，厥名三十，实什税五也"。地主阶级对农民进行野蛮剥削的情形可以想见。农民们遭"劫"，也就是遭受暴力的强制。他们是依附农民，而不能解释为古代东方某些地区奴隶制时代曾经存在过的佃农制。

虽然大部分农民变成被地主阶级奴役的对象，但失去了土地的农民不可能全部束缚在地主阶级的土地上，仍然有大批农民被剥夺了生产资料，离开世代居住的乡村，变成流浪者，从西汉到东汉这一直是社会上的严重问题。统治者如何对待这些流民呢？两汉的办法是"假以官田"，希望直接把他们束缚在公家的土地上。统治者希望他们"著籍"，著籍的农民和"良家子"的身份不同，良家子一般属于地主阶级。著籍的农民免除徭役时叫作"复"，是恢复他们的"良民"地位。我们所以强调这一点，是说明依附关系和地主阶级土地所有制密切相关，没有农民耕种的土地，等于不生产的石田；只有有了依附农民代地主耕种，土地的垄断才有了实际的内容。

四

在长期的中国封建时代的历史上，在土地制度方面，也曾经存在过类似土地国有的假象，比如说北魏以后的均田制，就形式上看，就某些官府的文告来看，似乎是土地国有制，不然的话，如何能够实行均田呢？但仔细分析起来，并非如此。《魏书·李安世传》曾经说明均田制的起源说："时民困饥流散，豪右多有占夺。安世乃上疏曰：'……窃见州郡之民，或因年俭流移，弃卖田宅，漂居异乡。事涉数世，三长既立，始返旧墟。……强宗豪族，肆其侵凌，远认魏晋之家，近引亲旧之验。又年载稍久，乡老所惑，群征虽多，莫可取据。……争讼迁延，连纪不判。良畴委而不开，柔桑枯而不采，侥幸之徒兴，繁多之狱作，欲令家丰岁储，人给资用，其可得乎！愚谓今虽桑井难复，宜更均量，审其径术，令分艺有准，力业相称，细民获资生之力，豪右靡余地之盈。……'高祖深纳之，后均田之制起于此矣。"虽然均田制的实施并不是这么简单，但这些也的确是主要原因。（一）那时候因为长时期战乱，人民大量逃亡，田园荒芜，土地关系错乱。后来社会秩序逐渐安定，逃亡的人口回来，争夺土地的案件加多，以致"争讼迁延，连纪不判，良畴委而不开，柔桑枯而不采"。（二）强宗豪右兼并的剧烈发展，引起社会矛盾越发尖锐化。如果不想办法制止这种情况的发展，那么，大量农民仍在流亡，大量的土地仍无法利用，所以均田令实际是对于无主土地再分配政策的体现。但对于无主土地的分配，并不涉及地主阶级的土地所有权，因为原来的"世业"仍属于原业主。《文献通考·田赋考》中的一些解释道出了这种事实，它说，"观其立法，所受者露田，诸桑田不在还授之限。意桑田必是人户世业，是以栽植桑榆其上，而露田不栽树，则似无所种者皆荒闲无主之田，必诸远流配谪无子孙及户绝者，墟宅桑榆，尽为公田，以供授受，则固非尽夺富者之田，以与贫人也"。《文献通考》的这些解释大体是正确的，只是末后说，"则固非尽夺富者之田以与贫人也"，还值得商榷，其实不仅没有"尽夺富者之田"，相反，因为富者有牛有奴婢，全是授田对象，他们的土地不但没有被夺，反而更加增多了。在《魏书·食货志》所载的均田令中也可以看出保护"世业"（私有土地）的事实。比如说，"诸桑田不在还受之限，但通入倍田分。于分虽盈，没则还田，不得以充露田之数，不足者以露田充倍"。因为记载简单，还有讹错，人们对这段文字存在着不同的解释，但经过整理分析后，是可以讲得通的。首先"于分虽盈，没则还田"的说法和上下文全有矛盾，上面说，"诸桑田不在还授之限"，下面又明确地交代说，"诸桑田皆为世业，身终不还，恒从见口。有盈者无受无还，不足者则受种如法。盈者得卖其盈，不足者得买所不足"。这里所谓"诸桑田"也就是指一家一户的"世业"说的，虽然超出他们应有的数目，但因为是"世业"身死后也不必归还。那么上面"于分虽盈，没则还田"的说法就有问题了，其实"没则还田"，4字是衍文，在《通典》和《册府元龟》所引的均田令中就全没有这一句话（参考唐长孺先生《北魏均田制中的几个问题》）。而且就"于分虽盈，没则还田"这上下两句来说也是讲不通的，去掉"没则还田"4字，上下文全可以说通了。诸桑田"于分虽盈"可以算作倍田，但这种倍田身死后也不要归还，因为下文明确地规定"诸桑田皆为世业，身终不还"，这是十分肯定的说法。

同是均田制度，因时代不同而具有不同的内容和意义。唐朝也曾经施行过"均田制"。唐政府施行"均田制"是为了搜刮脱漏户口和土地，恢复生产和增加税收。唐初，户口和土地的脱漏情形是严重的。政府户籍上登记的户口不过二百万户。20多年以后（贞观时期），也仅有三百八十万户，不到隋朝政府掌握的户口总数八百九十万户的二分之一。当时，就有人指出，"法令不行，所在隐瞒"，并且在唐律上规定出惩办脱漏户口的条例。众多的隐漏人口，除了一部分依附于地主阶级的庄客外，显然还有一部分自耕农民，也不在政府的籍账上。和初唐的户口隐漏相关联，从耕地的数目上，也可以看出土地方面的脱漏情形。隋朝大业年间有垦田五千五百八十五万四千零四十一顷，而唐朝所谓开元盛世的时候，"应受田"却只是一千四百四十万三千八百六十二顷一十二亩。虽然史籍上记载的隋朝土地数目也许有误（《册府元龟》卷四九五田制中曾经指出恐非事实），但隋唐田数仍可能相差悬殊。唐朝之"应受田"也就是垦田。为什么有这样大的差额？不是唐代的耕地突然减少，而是隐漏的土地加多了。地主阶级是大量土地的攫夺者，他们的许多土地没有载入籍账，有些没有编户的农民也有小部分土地。籍外的人民和土地，关系到封建政府的税收和统治秩序的稳定，是唐朝统治者一直最关心的问题。

唐朝的均田制是政府征收赋税所依据的一种尺度。政府按照均田令中规定的授田数为准，对所能掌握的民户征收赋税。但均田并未完全实行过，也没有完全实行的可能。唐朝政府曾经掌握有一部分土地，也曾经分配给农民耕地，这是事实。但直到开元、天宝前，唐政府并没有依照均田令的办法来分配土地，这是因为：一则没有那么多的空闲土地可供分配；再则也没有那么严密的组织去进行分配。现在我们看到的唐代户籍残卷，没有发现取足其应得的永业和口分亩数的人。而且每人所占有的土地都是犬牙交错，不成片段。这些全可以说明均田并没有按法令贯彻实行，各人各户的土地，许多是本户的原来所有。在吐鲁番所发现的唐代有关土地的文献上，虽然有"退田"的记载，但多是零星数目，在几亩之间。而且根据均田令，"其退田户内，有合进受者，虽不课役，先听自取，有余则授"。也足说明均田令在许多方面承认既成事实，把本户内的继承当作还受。

最使唐代施行均田制的主张受到障碍的，是当时曾经存在着的租佃制度。在吐鲁番地区曾经发现武后时代的租佃文书，佃农和地主订有契约，在契约上有田主、租田人和见知人，租佃人也叫作佃人。一般是定额租，每年亩出粟六斗八升到二斗五升，豆二斗七升五合到二斗五升。和租佃人耕种的土地交错在一起的还有自耕农民的小块土地，这些小自耕农在文书上叫作"自佃"，而没有说明他们是均田户。如果当时曾经按均田令来实行均田的话，每人应有一定的土地，不会出现租佃制度，没有人愿意丢掉自己的土地而去租别人的田种。吐鲁番地区在当时是地多人少的宽乡，均田制还不能依法令实行，其他地区更可想而知了。

我个人掌握的材料还不全面，理论水平也很低，以上的理解是否有问题，还希望大家指正。

（原载《历史研究》1961 年第 3 册）

试论东汉北魏之际中国
封建社会的特征

　　本文探讨的时限，自东汉起到北朝拓跋魏止，大约 400 多年的时间，是中国封建社会的成熟时期。在春秋战国时，因为阶级斗争的尖锐，生产力的发展，表现在社会经济形态上虽然也有过较为剧烈的变动，然而前后相比，就封建社会的发展段落来说，后者更有划时代的意义。个人的初步意见，中国封建社会的历史发展，可以分为下列 3 个阶段：

　　一、封建社会前期，西周到西汉——公元前 10 世纪到公元。

　　二、封建社会成熟期，后汉到晚唐——公元 1 世纪到 9 世纪。

　　三、封建社会后期，北宋到鸦片战争以前——公元 10 世纪到 19 世纪中叶。

　　中国封建社会前期，也就是领主经济居主导地位的时期。在这时期，中国社会内一方面残存着农业公社的土地制度，同时奴隶社会的残余制度也严重存在。领主高居在这许多农业公社之上，作为最高的所有者而出现。同时，他们也是最大的农奴主。《左传》定公四年关于成王分封的记载，正好说明周天子赐给各领主以土地和农奴（公社农民）的事实，其中所谓"殷民六族"、"殷民七族"及"怀姓九宗"等，本来是殷人的家族公社组织，现在转化为周人的农奴了，虽然这时的农奴，因为被束缚于家族公社的结果，对于领主来说还保持着间接的关系，有着公社成员的身份。到春秋战国以后，新兴的地主阶级出现，这时，领主阶级和地主阶级也曾经有过长时期的斗争。到王莽改制还是这一种斗争的具体表现，他取消了大土地所有制，但他并没有减轻对于农民的剥削；他禁止了奴隶的买卖制度，但他并没有取消奴隶所有制，相反，王莽时代的官奴隶有着大量的增加，没入钟官的官奴就有数十万人（见《后汉书·隗嚣传》）。改制的结果，农民遭受到更严重的迫害，大地主阶级也遭受到打击，于是掀起大规模的农民起义，部分地主阶级也随之响应。

农民起义摧毁了新莽政权，农民起义也推动了社会的发展，后汉时光武帝曾经下过7次解放奴婢的诏书，虽然不能根除奴隶制的残余，究竟解除了部分奴隶的痛苦。农村经济也有所转变了，由于水利事业的讲求，由于农业技术的改良，农业生产有着显著的增加①。同时土地更加集中，在西汉已经萌芽的庄园制度，这时更加发达了。樊宏一家，广开田土三百余顷，《后汉书》本传说"其所起庐舍，皆有重堂高阁，陂渠灌注。又池鱼牧畜，有求必给。尝欲作器物，先作梓漆"。而马援在北地役属宾客数百家，为之牧畜；及归洛阳，使宾客屯田上林苑。被破坏了的公社农民，小农农村的自耕农民因为土地兼并的结果，变成流浪者了，他们被剥夺了生产手段，被逐出了乡村，他们无地自容，成为严重的社会问题。在东汉正当所谓"太平盛世"的时

---

① 从西汉末到北魏有许多农业技术书出现，如《氾胜之书》、崔寔《政论》、《四民月令》、《齐民要术》等。

候，也是流民问题最为严重的时候，这是过去少有的，也是少有人注意过的问题，然而这的确是当时的严重问题。从明帝时起，在《后汉书》本纪内常看到这样的记载：

> 其赐流民无名数欲占者人一级。

直到后汉中叶，每一代全有这样的记载，可见这不是偶然的现象，而"欲占者"赐爵一级，说明统治者重视这一问题。为了缓和阶级矛盾，为了安定流民情绪及增加政府的收入，除了屡次赐爵外，并且屡次以官田赋予贫民，《后汉书》有如下的记载：

> 〔永平十三年四月〕诏曰："……滨渠下田，赋予贫人，无令豪右得固其利"……（《明帝纪》）

> 〔建初元年〕"秋七月辛亥，诏以上林池籞田赋与贫人"（《章帝纪》）。

> 〔永初三年四月〕"己巳，诏上林、广成苑可垦辟者，赋予贫民"（《安帝纪》）。

以官地赋予贫民，事实上使贫民变成政府的佃客，《后汉书·章帝纪》有过这样记载：

> 元和元年，……其令郡国募人无田欲徙他界就肥饶者，恣听之。到在所，赐给公田，为雇耕佣，赁种饷，贳与田器。

由此知道，当时政府掌握有大量的官田，又有大量的无地农民为佃客，因此政府是最大的地主。在过去，领主阶级虽然领有大量的土地及农民，然而这些土地及农民同时也多属于各个农业公社，对于领主保留着间接关系，他们对公社负责，领主通过公社对于他们取得超经济的剥削。

农民是离不开土地的，在封建社会，他们被逐出自己所占有的土地后，仍然要回到别人的土地上，一部分被收容在政府的庄园中，一部分被收容在地方豪右的庄园上。地方豪右一方面掠夺土地，一方面掠夺人民，于是他们在政治上经济上的力量空前膨胀，形成割据的局面。这是中国中古分崩离析的开端，也是成熟的封建社会应有的结果。这时，中国社会的东方特点渐趋稀薄了。大地主阶级取过去领主的地位而代之，"起坞壁，缮甲兵"，不仅是魏晋以后的事，在这时已经存在，《后汉书·李章传》说：

> 时赵、魏豪右往往屯聚，清河大姓赵纲遂于县界起坞壁，缮甲兵，……

从此，在荒旷的田野废墟上，出现了许多坞壁堡垒。这些屯坞自守、筑壁相保的世族大地主，为了维护他们的既得利益，组织成一个个军事集团，被他们所掠夺的农民不仅为他们耕田，还要为他们作战，这样使庄园变成小的王国，在政治上采取割据的状态，在经济上也是自给自足的封建经济。在东汉以前，整个社会人口，在名义上都是政府的佃农；东汉以来，情况变化了，国家人口为世家豪族所分割，政府虽然也还有编户齐民，世家豪族有世家豪族的佃客，豪族佃客与政府不发生隶属关系，也不负担政府的租调、力役。这样也就决定了中国中古政府与世家豪族以及僧侣大地主间的关系，世族和僧侣多庇荫一户佃客，政府便失去一户农民。世族和僧侣的目的，是如何取得更多的人口，以增殖自己的财富；政府的目的，便是如何防止世家豪族以及僧侣寺院对于人口的分割，更进而如何从世族、僧侣处收回已被分割的人口。这是中国中古时期统治阶级内部的主要矛盾。所有当时的佛道之争，政府与寺院之争，几次"法难"，全可以这种矛盾来解释，思想上的分歧，有着它的物质基础。

中国中古庄园的隶属农民主要是部曲和佃客。部曲本来是一种军事组织，东汉以来，这种军事组织走向私兵化的道路，及至汉末，国内纷扰，离开自己土地的农民投靠于世族大地主，世族地主也采取军事建制，来部勒宾客和佃农，使成为武装的部曲，这时的部曲实际上就是家兵。武装地主的特点，就在他们不仅有武装而且有土地，部曲既为他们作战，又为他们耕田，战时是武装地主统率下的战士，平时又是庄园内耕作的部曲。以后渐次消灭其军队的性质而变为附属于世家豪族的农奴，主要的任务不是作战，而是耕田了。开始时是部曲作战，佃客耕田，后来部曲的主要任务也是耕田，所以佃客、部曲就没有区别了。佃客、部曲被禁止离开地主的庄园，并禁止自由地由一个庄园转到另一个庄园，买卖土地，庄园主必然会连同他们一起转让，他们完全被固着于土地，丧失了自己的人身自由，不同于奴隶的地方是奴隶"律比畜产"，可以任意杀戮，部曲只是附籍于主户作人身依附而已。

东汉以来的江南人口也在大量增加，流民南徙是一个主要因素（见劳干《两汉户籍与地理之关系》）。然而有更多的流民参加了农民暴动，有名的黄巾军，是一个大规模的流民集团，《后汉书·杨赐传》的记载，可以说明这一事实：

> 先是黄巾帅张角等执左道，称大贤，以诳耀百姓，天下缊负归之。赐时在司徒，召掾刘陶告曰："张角等遭赦不悔，而稍益滋蔓，今若下州郡捕讨，恐更骚扰，速成其患。且欲切敕刺史、二千石，简别流人，各护归本郡，以孤弱其党，然后诛其渠帅，可不劳而定，……"

"天下缊负归之"，说明人心之所向，而统治者要"简别流人，各护归本郡"，也说明这基本上是流民问题，是广大农民被驱逐离开土地的问题。然而农民起义后究竟不仅是流民问题了，所以在桓帝以后不见有关流民的记载，而大规模的农民起义到处爆发了。从汉安帝到汉灵帝时黄巾军起义以前，各地发生民变六七十次（实际不止此数）。起义者一起义就杀官吏，烧城邑（见范文澜：《中国通史简编》修订本第二编，第 195 页），大部分流民不再是统治阶级的收容对象，而是统治阶级的送葬者了。

值得我们注意的是，东汉末的农民起义和道教的起源有关，而中国的道教起源又是和今文经学分不开的。我们应当对于今文经学的演变及其和道教的关系，有正确的了解，才能对中国中古社会经济形态的转化，有比较全面的认识。如果说孔子一派的儒家思想是领主阶级的反映，今文经学的产生反映着地主阶级的要求。在地主阶级兴起后，他们要求变，要求变更那已经腐朽了的封建领主制度，今文经学也正好代表这种要求。西汉武帝以后，今文经学还是代表部分地主阶级的思想，来作推翻汉朝统治者的企图，所以从昭帝时起，社会上盛传“汉历将终”的说法，然而这种说法被王莽利用了，虽然帮助推翻了汉家的统治，而新莽的设施对于地主阶级有更多的不利，于是部分地主阶级也在响应着农民起义。东汉建立起来后，政权掌握在地主阶级手中，这时他们再不要求变了，他们要来巩固政权，加紧剥削，增加自己的收入。于是代表今文经学传统的“变”的哲学，遭遇到一个不要求“变”的场面，原来产生这种思想的阶级变了，他们放弃了这种思想体系，于是今文经学在学统上遭逢不利，而古文经兴起。然而今文经学并没有完全死亡，它反而扩大了思想领域，发展了它的“变”的思想核心，不过它不代表地主阶级的要求，这一种变更现实的思想正好和农民阶级的要求一致，这一种中国哲学上的优良传统，被农民阶级所接受并发扬光大起来，作为农民起义的指导思想，作为组织农民群众的力量。张角提出的“苍天已死，黄天当立”的口号，是有很大的号召力的。

今文经学本来就注重方术，这也是宗教化的一个主要因素。后汉的今文经更向这方面发展，如郎颧、襄楷、张楷、任安、景鸾等一方面通晓经学，一方面崇尚道术。讲求道术的今文经学容易和农民起义结合在一起，比如张满暴动失败后说道："谶文误我"（《后汉书·祭遵传》）。谶文是由今文派生出来的，足见这种思想所生的作用。后汉末年，中国道教的中心共有两处：一是蜀，一是魏，而蜀地更为重要。西蜀所以成为道教的一个中心，主要因为这个地区的土地兼并剧烈，农民利用宗教组织的反抗活动也剧烈，同时，西蜀是一个今文经学的中心。《三国志·尹默传》说："益部多贵今文，而不崇章句。"益部就是西蜀，这两句话可以看出当时当地的学风。在这种情形下，张陵遂有"创教"的企图，《法琳别传》有云：

〔张陵〕客游蜀土，闻诸古老相传云："昔高祖应二十四气，二十四山，遂王有天下。"陵不自度法，遂有此谋。

只有在西蜀那种学风下，张陵才容易听到这种"古老相传"。在遗留下来的一般文献中，没有发现张陵和农民起义相结合的记载。根据《法琳别传》，知道张陵是一个参加过农民暴动的人；后来他的孙子张鲁在汉中曾经实行过农民革命的政治纲领，这应当是和张陵的遗教分不开的。张鲁的活动获得了广大人民的支持，连统治阶级的历史记载也说是"民夷便乐之"。

和"五斗米道"同时，还有"太平道"的产生，这是原始道教的两大流别。"太平道"的名称来自《太平清领书》，《太平清领书》虽然说出自于吉，然而应当说出自襄楷，于吉的传说太迷离恍惚了。据《后汉书·襄楷传》说，《太平清领书》的主要内容是"以阴阳五行为家，而多巫觋杂语"。这也正是今文经学的内容，把阴阳五行、民间的自然宗教结合在一起的是今文学派的工作，也正是原始道教徒的工作。黄巾起义领袖张角的手中就有《太平清领书》，它是农民起义的经典了。宗教的产生总是和人民的遭受迫害及其恐怖心理分不开的，统治阶级也最容易利用这种弱点而把宗教作为他们的统治工具。但在前资本主义的历史阶段，组织和指导农民的起义运动，多多少少会和宗教有关，有名的德国农民战争中之"千年太平教"便是一例。宗教是一种思想意识，有它的阶级性，所以因为信仰者的阶级不同，宗教内容也有所不同，正如斯大林所说：

> 资产者和无产者的思想、观念、习惯、道德原则、宗教和政治是绝对对立的，……（《斯大林文选》，人民出版社1962 年版，第 529 页）

流传在民间的道教和统治阶级所信仰的道教是不同的，统治阶级的道教偏重于炼丹，追求长生术以至房中术，而农民所信仰的道教，总有着反抗统治阶级的因素。

黄巾大起义，是地主阶级压迫农民、驱逐农民而引起的农民反抗运动，这也是后汉"流民"问题恶性发展的自然结果。黄巾起义摧毁了东汉的政权机构，给地主阶级以致命的打击是没有疑问的，然而继之而起的是割据势力的混战。大抵当时最富庶的地方，也就是战争最激烈的地方，东、西两京及其周围数百里，遭受破坏了；人口集中的黄河流域，千里无人烟了；邺、宛等大都市，杀掠一空；全国精华，在混战中化成灰烬。农民起义所打击的是少数地主阶级，而地主阶级的混战，遭受损害的是大多数农民。结果人口骤减，中原一带十不存一，曹操统一北方后，占有 12 州土地，人口却只抵得上汉时一州或一大郡。东汉桓帝永寿二年时（公元 156 年），有户 1000 万以上，口 5600 万以上，至晋太康元年（公元 280 年），经过了 100 多年，人口反而减少，只剩下七分之一。人口骤减的原因，除因割据势力混战而死亡者外，人民大流徙，不再向政府呈报户口，当然也是一个重要原因，比如《三国志·魏志·卫觊传》说：

> 关中膏腴之地，顷遭荒乱，人民流入荆州者十万余家。

而由于豪族庄园的发展，农民之被迫为"荫户"的日益增多，这些户口变成豪族的徒附，不再是政府的编户齐民，于是实际人口数目和国家人口数不符，也是人口显现衰落的原因。人口数衰落了，农村经济遭受破坏，然而在荒旷的乡村，却出现了强有力的豪强，他们拥有大量土地、大量部曲，进而能战，退而能守，在经济上能够自给自足，在政治上形成割据，因此统一的中央政权分散于这些豪强大地主的手中，农村支配着城市，在豪强地主集团为支柱的基础上，出现了分裂的 3 个国家的组织形式：魏、蜀、吴。

西晋王朝虽然在形式上统一起来了，然而政治上、经济上的割裂情形，基本上并没有改变。作为封建统治者而不能掌握大量的人口和土地，根基是不巩固的，于是西晋政府曾经施行"占田制"。当时政府和豪门大族之间存在着矛盾，占田制多少限制了地主阶级的土地数目，同时也限制了"荫户"数目，这也意味着政府和世族地主间的一种斗争，防止世族地主的过分膨胀，制止土地和人民大量流入他们的手中，使大部分农民变成政府的"荫户"，君主直接是土地所有者，变成最大的地主。如果说，领主经济时代，领主不直接占有土地，而使田赋和地租有所区别的话，那么，地主经济时代，就是地主直接占有土地，而田赋和地租不分了。根据王仲荦教授的研究，西晋政府实行占田制的结果，农民在封建负担方面，和曹魏的自耕农比较，户调要增加二分之一；力役方面，在全国初步统一的情况下，相对地有所减轻。如果和民屯地区的屯田客来比，则增加了负担。户调田租要比三七、二八分的超额租课减少一些；如果和兵屯的佃兵来比，地租方面，要减轻许多，力役负担也减轻了，由此知道，以占田制和曹魏的军事时期的屯田相比，对于农民还是稍为有利的。然而土地是政府的土地，农民是政府的农奴，田赋与地租合一，是东方社会的特色，也是中国中古时期的特色。我们说这时的农民生活稍有改进，是比较地说，其实他们的生活还是痛苦的，遭逢灾荒，更没法生活，因此西晋时期仍然有大量流民出现。不过这时流民和东汉时有所不同了，东汉时流民是由自耕农转变来的，为了反抗农奴化的迫害而流亡，这时的农民基本上是农奴的身份，他们为了本身的解放而斗争。社会在发展着，表现在流民的性质上，也有不同。总括起来说，中国中古史的发展过程，是地主阶级剥削和压迫农民，掠夺土地，农民起而反抗，推翻地主阶级统治的发展过程。

受剥削受压迫的不仅是汉族农民，在北方的其他各族农民更受阶级剥削、民族压迫的双重灾难，于是反抗更加激烈，暴动四起，遂形成四分五裂的局面。除了建国号、称帝王的以外，到处是割据的坞壁和堡垒，长时期没有形成统一的国家。北魏太武帝时才在形式上统一北方独立的部族和割据的坞堡，文成、献文两代才更加巩固起来，而向南发展，开始向南朝采取攻势了。当时的情形是：太安三年侵宋破兖州。皇兴元年，侵宋青州，取淮北、淮西地。皇兴三年，取宋青州。到孝文帝太和五年，取宋徐州，洛阳的威胁完全解除，于是孝文帝建为首都是作为进一步规划中原的根据地。然而孝文帝迁都洛阳主要的原因，还是"汉化"问题，所谓汉化的正确解释，应当是由前封建主义社会转向封建主义社会的问题。北魏在道武帝拓跋珪以前，还停留在家长奴隶制阶段，以一个比较落后的部族征服了先进的封建国家以后，不可能把中原地区已经发展了的社会经济制度，拉回到家长奴隶制时代；同时也不可能使拓跋氏完全丢掉原来的制度，立即发展成典型的封建国家。对于拓跋氏来说，征服中原以后，不可能由家长奴隶制发展到成熟的奴隶制，再转入封建社会，它没有经过成熟的奴隶制，就转化成封建主义的统治了。但这也经过一个较为长的时期，《魏书·官氏志》可以很好地说明这一转化过程。在道武帝以前，拓跋氏分国内为若干部，部置大人；道武以后，渐置尚书；孝文时官制乃备。在部落大人时代，中央官也是地方官，道武帝皇始以后，地方刺史郡守令长乃备，然而基层政权中仍然残存着浓厚的氏族制度。在孝文帝太和十年以前，三长制还没有建立的时候，他们实行"宗主督护"制，这种制度的详细情形，还难于考案，但我们可以推测出这是以血缘为基础的氏族残余制度。原来在中国本部的封建社会内，聚族而居，农村以宗姓为基础是普遍的现象，因此使中国的农业公社组织长时期保留下来，而农业公社中的血缘关系也始终存在。这种血缘关系虽然经常遭受破坏，然而是没能清除的，因而阻碍了中国社会的发展。拓跋氏统一中原以后，没有恢复秦汉的乡亭制度，也没有立即建立起"三长"制度，在原来的宗族组织的基础上，加上父系家长式的统治，就是所谓宗主督护制，这在中国的封建社会内加重了原始社会的色彩。

拓跋氏之逐渐转向成熟的封建社会也是经过斗争的，并不是和平转化，也不是自上而下的改革。首先，我们必须认清这时是充满阶级矛盾与民族矛盾的时代，北方各族人民遭受着鲜卑统治者的双重压迫，自北魏建立开始，这种反抗压迫的斗争并没有停止过。这些反抗的活动，多假借宗教的形式，结成秘密的团体，作暴动的企图，北魏的统治者曾经屡次加以禁止，如《魏书·世祖纪》（下）云：

〔太平真君五年正月〕戊申，诏曰：愚民无识，信惑妖邪，私养巫师，挟藏谶记、阴阳、图纬、方伎之书；……限今年二月十五日，过期不出，师巫……身死，主人门诛。

又同书《卢渊传》云：

关右内之民，自比年以来，竞设斋会，……以相扇惑。显然于众坐之中，以谤朝廷。无上之心，莫此之甚，愚谓宜速惩绝，戮其魁帅。不尔惧成黄巾，赤眉之祸。

然而这是禁止不住的，有名的所谓"白妖"、"大乘"起义，全是在这种禁令下发动的。"白妖"兴起时间虽不久，对于统治者的打击很大。及冀州"大乘"起，黄河以北几乎全为之骚动，在骚动中汉人总是处于主要地位。统治者为了镇压暴动，巩固政权，对于汉人采取了分化政策，他们首先与汉人大族结合，以加强统治。所以北魏开国之初，即利用燕风之流；其后对于汉人大族的勾结日甚一日，一直到东魏时高欢执政期间，情形未变。如《北史·杜弼传》载高欢对汉族大臣杜弼说：

> 江东复有一吴老翁萧衍，专事衣冠礼乐，中原士大夫望之，以为正朔所在。我若急作法网，恐……士子悉奔萧衍，则何以为国？

这话说明当时的高欢惟恐得不到中原士大夫的支持。拓跋氏以一个较为落后的游牧部族，统治着中原封建社会，在制度上、设施上也必须效法汉制，重用汉人，才能取得好的效果。不过这种结合是不巩固的，汉族大姓一方面为拓跋氏利用作为镇压人民的工具，另一方面他们也是拓跋氏的防范对象。《北史·杜弼传》的记载也正好说明这种情形，彼此互相猜忌，互相利用，而各有各的打算，崔浩被诛案，是这种情形发展的自然结果。

被压迫的各族人民对于鲜卑统治者不断地进行斗争，拓跋氏势必在政治上、经济上采取一系列的措施，企图巩固自己的政权。在不断起义、不断改革的过程中，原来氏族社会的残余日见消除，封建主义社会越发成熟了。社会是这样地向前发展着，而顽固的鲜卑贵族却抱着不变的见解，他们远远落在现实的后面，再不能以落后的组织形式加在成熟的封建社会上，于是鲜卑统治者和汉族大姓有更密切的结合。鲜卑族内部分化，作为军事殖民的镇戍子弟逐渐没落，沦为贱役了。《北史·山伟传》说：

（孝明帝）时天下无事，进仕路难，代迁之人，多不沾
预。

本为贵胄，后来不得仕进，被摈斥于统治阶层以外，甚至有沦为
奴婢者，《全后魏文》载孝明帝孝昌二年诏曰：

顷旧京沦覆，中原丧乱。宗室子女，属籍在七庙之内，
为杂户滥门所拘辱者，悉听离绝。

这是多大的变迁！北魏初期君临中国的时候，鲜卑人全是贵族。
他们和汉族接触较久以后，原来的社会组织日见瓦解，而转向封
建主义社会，它本身也分化了，产生了不平等的阶级。孝文帝的
汉化措施，不过是这种变革情况下的反映而已。鲜卑的原有贵族
是想不通的，他们曾极力阻止孝文帝的改革企图，《魏书·陆凯
传》说：

高祖将议革变旧风，大臣并有难色。又每引刘芳、郭祚
等密与规谟，共论时政，而国戚以为疏己，怏怏有不平之
色。

《资治通鉴》齐明帝建武三年也说孝文帝"南迁洛阳，所亲任者
多中州儒士，宗室及代人往往不乐"。在洛阳的代人对孝文帝的
政策已经不满，那些在北边还没有南迁的代人就更加不满了。

在孝文帝的一切改革中最重要的还是均田制度，这是前封建
社会过渡到封建社会的反映，由氏族贵族土地所有制到封建社会
土地所有制的具体措施。孝文帝以前，拓跋魏有过计口授田的事
实，如《魏书·食货志》说：

既定中山，分徙吏民及徒何种人、工伎巧十万余家以充
京都，各给耕牛，计口授田。

《魏书》本纪中也有类似记载，如：

〔天兴元年二月〕诏给内徙新民耕牛，计口授田（《太
祖纪》）。

〔永兴五年秋七月〕置新民于大宁川，给农器，计口授
田（《太宗纪》）。

所谓"内徙新民"，实即等于俘虏的奴隶，给以耕牛农器；计口
授田，是把俘虏变为农业奴隶。这些农业奴隶没有生产手段，也
没有生产工具，地位不同于农奴。这时的计口授田制度还止于奴
隶制的生产关系，虽然氏族公社制的残余也存在着。恭宗时代的
授田制度和以上已经有所不同，如云：

初，恭宗监国，曾令曰："……有司课畿内之民，使无
牛家，以人牛力相贸，垦植锄耨。其有牛家与无牛家，一人
种田二十二亩，偿以私锄功七亩，如是为差。至与小老无牛
家，种田七亩，小老者偿以锄功二亩，皆以五口下贫家为
率，各列家别口数，所劝种顷亩，明立簿目。所种者于地首
标题姓名，以辩种植之功。"……垦田大为增辟（《魏书·
恭帝纪》）。

这已经是孝文帝均田制的原始形态。政府是大土地所有者，下贫
之家是政府的农奴。这些农奴有着自己的工具，有人还有着耕
牛。他们每人为政府耕田 22 亩；政府为了维持简单的再生产，
给他们 7 亩"私锄功"，实际上实行封建社会的劳役地租，这种
强制的劳役实在过分了。孝文帝时候遂有完备的均田制出现，这
说明北魏的社会向前发展了一步。其详细制度如下：

一、诸男夫十五以上受露田四十亩，妇人二十亩；奴婢
依良。丁牛一头受田三十亩，限四牛。所授之田率倍之，三
易之田再倍之。

二、诸初受田者，男夫一人给田二十亩，课莳余，种桑
五十树，枣五株，榆三根。非桑之土，夫给一亩，依法课莳
榆、枣；

诸麻布之土，男夫及课，别给麻田十亩，妇人五亩，奴

婢依良。皆从还受之法。

三、诸有举户老小癃残无授田者，年十一已上及癃者，各授以半夫田。年逾七十者不还所受。寡妇守志者，虽免课亦受妇田。

四、诸民有新居者，三口给地一亩，以为居室。奴婢五口给一亩。男女十五以上，因其地分，口课种菜五分亩之一。

五、诸宰民之官，各随地给公田。刺史十五顷，太守十顷，治中别驾各八顷，县令郡丞六顷。更代相付，卖者坐如律。

六、诸还受民田，恒以正月。若始受田而身亡，及卖买奴婢牛者，皆至明年正月，乃得还受。

七、诸民年及课（十五岁）则受田，老免（七十岁）及身没则还田，奴婢、牛随有无以还受。诸桑田不在还受之限，但通入倍田分。于分虽盈，没则还田，不得以充露田之数；不足者以露田充倍。

八、诸土广人稀之处，随力所及，官借民种莳。役有土居者，依法封授。诸地狭之处，有进丁授田而不乐迁者，则以其家桑田为正田分，又不足不给倍田，又不足家内人别减分。无桑之乡，准此为法。乐迁者听逐空荒，不限异州他郡，唯不听避劳就逸。其地足之处，不得无故而移。

九、诸一人之分，正从正，倍从倍，不得隔越他畔。进丁受田者，恒从所近。

十、若同时俱受，先贫后富。再倍之田，效此为法。

十一、诸远流配谪、无子孙及户绝者，墟宅桑榆尽为公田，以供授受。授受之次，给其所亲；未给之间，亦借其所亲（《魏书·食货志》）。

这种制度和恭宗时的授田制相比有相同处，也有不同处。就恭宗时的授田制度来说，还是劳役地租的阶段，这时已经向实物地租过渡了，"租庸调制"正是由劳役地租到实物地租的过渡形态，当实物地租已经存在的时候，劳役地租并不是立即消失的。因为这是过渡时期的土地制度，所以在还受田之外还有永业田，还受田是农民为政府耕种的官田，永业田等于恭宗时候的私锄功，是政府为了维持简单的再生产的办法。这种过渡形态说明北魏社会的发展，这是历史发展的自然规律。封建社会向高级阶段发展的结果，会引起统治阶级内部掠夺人口，掠夺土地的尖锐斗争。孝文帝的均田制和西晋的占田制相似，也意味着政府与大地主间的土地人口之争，孝文帝太和九年冬十月丁未曾经有这样诏书：

> 富强者并兼山泽，贫弱者望绝一廛，致令地有遗利，民无余财，或争亩畔以亡身，或因饥馑以弃业，而欲天下太平，百姓丰足，安可得哉？（《魏书·高祖纪》）

正确地了解这诏书的意义，应当从统治阶级内部的矛盾来看问题，当然不能说统治者是站在农民立场发言了。拓跋氏一方面要和世族争田，一方面在使流民就业，使所有的农民农奴化。不过政府佃客最初还只限于汉人，统治阶级的鲜卑部族则别立户籍与之有所不同。东、西魏时才有变迁，北齐时代凡受田者全有当兵的义务，隋朝以后民族间的界限渐趋消除，于是鲜卑与汉族农民间的身份没有什么不同，凡是农民全有当兵的义务。本来是贵族子弟才能够充任的镇戍职务，因为社会的发展，沦为贱役了，被摈斥于统治阶层以外，于是引起六镇的叛乱，这说明客观的事物发展规律，不是某一部分人主观愿望所能左右的。而均田法规定奴婢可以受田，也说明这一社会的特点，在封建社会初期，总是残存着前封建主义时代的种种制度，这种种残存的制度，只能随着社会的发展而渐次消除。孝文帝时代正是社会发展的一个转折点，所以，可以看出前一个时代的残余和下一个时代的新生。

从道武帝起到孝文帝止，几次授田制度，说明了历史上3个不同时期的土地所有形态，这种发展不能完全理解作自上而下的改革，然而保守的鲜卑贵族是这样理解的，他们对于孝文帝的一切改革表示不满，顽强地抗拒着，但这已经腐朽了的阶级力量究竟薄弱，北魏政府并没有被他们所推翻，相反，那已经沦为平民的鲜卑群众的暴动，却是无穷的力量。军事殖民制度瓦解，原来的镇戍贵族沦为贱役，于是他们联合起来，作反抗政府的斗争，这主要是阶级斗争，当时的统治者也看到这一点，所以他们对于六镇起义采取的措施，也抓住这一主要环节，如《北史·山伟传》说：

> 及六镇、陇西二方起逆，领军元叉欲用代来寒人为传诏，以慰悦之。

安抚叛乱而用"代来寒人"，足见起义者对于贵族怨恨之深，同时也说明了六镇起义的阶级性。此后北魏提升了没有机会升迁的寒人，沦为厮养的也得到解放。更重要的是大规模的人民起义，推动了社会的发展，进一步廓清了鲜卑内部的氏族残余，使中国社会发展迟滞的因素相对地减轻，北朝也步入成熟的封建社会时期。

以上是从东汉到北魏中国社会历史发展的一个轮廓，从这个发展过程中，我们找出了当时的矛盾所在，认清了当时的社会性质。这是成熟的中国封建社会发展、形成的过程。中国封建社会的发展是迟缓的，所以转化的时间也特别长，前后阶段间的界线也不够明确。我们知道战国以来的地主阶级已经抬头，不过领主的势力并没有完全肃清。秦与西汉还是领主与地主交哄的时代。王莽末年的农民起义，摧毁了领主阶级，社会向前发展了，中国才走上成熟的封建社会。这时期的历史主要是地主阶级如何压迫农民，使农民离开自己占有的土地，变成流民，起而暴动，推翻统治者的历史发展过程。在这个发展过程中，一般地主和当政者中间也有矛盾、有斗争，他们全要掠夺土地，掠夺人民，在掠夺中彼此自相火并，当然在火并中也随时可以妥协，尤其是当面临农民暴动的时候，他们就联合起来镇压，然而，结果总是农民起义摧毁封建统治者，使社会向前发展一步，正如毛泽东同志所说：

> 中国历史上的农民起义和农民战争的规模之大，是世界历史所仅见的。在中国封建社会里，只有这种农民的阶级斗争、农民的起义和农民的战争，才是历史发展的真正动力。因为每一次较大的农民起义和农民战争的结果，都打击了当时的封建统治，因而也就多少推动了社会生产力的发展（《中国革命和中国共产党》，《毛泽东选集》第二卷，第588 页）。

中国中古时期农民起义特别频繁，因而阻碍中国社会发展的因素也遭逢到不断的清洗。但西晋以后的西、北各族内侵，阻碍了这种正常的发展，他们在中国的封建社会内，加重了原始社会的色彩。不过对于各族本身的发展说，是起了推动作用的；对于中国的成熟社会说，则迟缓了它的发展。迟缓了社会的发展，并不是阻止住社会的发展，更不是倒转了社会的发展，社会仍然在慢慢地发展着。通过不断的阶级斗争，鲜卑的残余原始制度消除了，北魏转入了成熟的封建社会，政府、豪族与寺院竞相掠夺土地与人民，寺院中的上层也是封建统治阶级的组成部分，哲学思想变成宗教的附属物。

（原载《文史哲》1953 年第 6 期，1980 年 11 月修订）

从《周礼》推论中国古代社会发展的不平衡性

　　自从王莽表彰《周礼》而遭到今文学派的抨击以后，一直到现在，《周礼》还没有得到应有的评价。今文学派以至于疑古派的史学家，固然把《周礼》看得一文不值，就是一般的史学工作者也没有、甚至也不准备给《周礼》一个适当的地位。就这一点说，《周礼》的遭遇不如《左传》，经过多少年来的研究，《左传》已经获得它应有的地位。我们研究春秋史，或者是春秋以前的古代史，《左传》中的材料，是当作可靠的史料来运用的。《周礼》则在讲西周史时当然不会用到它，讲春秋战国史时也用不到它，只有说到王莽篡汉时才提到它，说它是帮助王莽篡位的一部书。这是不公平的。《周礼》有它的学术上的价值，作为史料说，它提供了古代东方社会的许多有用材料，通过这些材料，我们可以了解古代东方社会的特点，同时也可以了解为什么中国古代社会性质问题这样不容易解决。

　　马克思主义认为，一切事物都依条件、地点和时间为转移。但是我们的史学工作者在研究中国古代社会的时候，往往不能够把这一普遍真理和实际结合起来，把这一真理应用在中国古史的研究上。我们必须认识中国古代社会的发展是不平衡的，不能以部分代全体，不能以后来的发展情况说明古代。在战国以前，就黄河流域上、下游各国的社会结构来说，如果我们能够对于史料加以严格甄选的话，会发现它们并不是整齐划一地向前发展的。过去我们对于史料的运用太粗疏了，根据西周某一地区的铜器文字而概括地说明当时所有地区的社会性质；或者是对于某一种材料的时代还弄不清楚，而用以判断某一时期社会发展的特色，这全是违背马克思主义的方法的。很明显，当考证学还没有发达起来，《伪古文尚书》的悬案未定的时候，把《伪古文》的记载当作古代真实的史料来用；当甲骨文断代研究还没有兴起的时候，一般地运用龟甲材料以为全是代表殷商的而不区分时代，这些都是错误的。西周、春秋时疆域日益扩大，包含的部族增多，彼此的历史条件不同，地理环境不同，在社会的发展上也不一致，而我们的史学工作者，当说到中国古代社会的时候，往往不考虑这些问题，而笼统地说，西周是什么社会，春秋是什么社会，实际上是以片面代全体。为了纠正这种错误，我们初步应当作这些工作：

一、必须注意史料的地域性。比如，齐国的史料只能说明齐国的社会性质，而不能概括地说明春秋或战国时一般国家的社会情况。

二、必须明了史料的来源及成书时的条件。比如，《左传》虽然不是某一国别的历史，但我们知道它出于三晋，所以它记载三晋的事详细而清楚，它的一切论调也往往站在三晋立场来说话，明了这一点，我们对于《左传》中的材料，运用起来也就有一定的分寸了。

三、必须弄清楚史料的时代，最好能确定它的绝对年代，相对年代有时很难解决问题。

　　根据以上的原则来研究中国古代史，春秋时代黄河下游齐国境内的社会发展，据我的初步研究，可能和其他地区有很大的出入。齐地本属于东夷，东夷在社会发展上说是落后于住居在它以西的部族，当西部已经是封建社会的时候，东夷仍然是氏族社会。齐国迁徙到东方来应当是周公东征以后的事，在这以前，周人在中原一带已经建立起封建国家。齐国东迁，封建主义在东夷地区内也起了作用，因此在这个氏族社会内建立起封建制度，但这是早熟的，以至于齐国到后来一直保存着原来氏族公社的组织，据《周礼》及其他史料记载，齐国在齐桓公时及稍后还是这样的国家。

　　解释齐国的社会性质问题，现在主要材料要根据《周礼》。《周礼》为什么可以说明齐国的社会？在我的《〈周礼〉的内容分析及其成书时代》中有较为详细的说明。这里，我们只是说明《周礼》是齐国的产物，而《周礼》的制度，在其他齐国文献中是可以得到证明的。比如：

　　一、《周礼·大司寇》："以两造禁民讼，入束矢于朝，然后听之。……以两剂禁民狱，入钧金，……然后听之。"这是齐国的法令，见于《管子》和《国语·齐语》。《齐语》说："管子对曰：'……小罪谪以金分，……索讼者三禁而不可上下，坐成以束矢。'"《管子》中记载较详。其后《淮南子》也有类似记载，当亦本于齐法。

　　二、《周礼·司盟》："盟万民之犯命者，诅其不信者，……有狱讼者，则使之盟诅。"狱讼盟诅是齐俗，《墨子·明鬼下》曾经记载一个故事道："昔者齐庄君之臣，有所谓王里国、中里徼者，此二子者，讼三年而狱不断，齐君由谦杀之，恐不辜；犹谦释之，恐失有罪。乃使之人共一羊，盟齐之神社，二子许诺。于是泏洫摋羊而漉其血，读王里国之辞，既已终矣；读中里徼之辞未半也，羊起而触之，折其脚，桃神之而稾之，殪之盟所，……著在齐之《春秋》。"惠士奇《礼说》以为，《司盟》所谓"有狱讼者，使之盟诅"，其礼盖如此。我同意这种说法，这正是齐国的风俗。

此外我们还可以看出《周礼》和《管子》有着深厚的渊源，《管子》虽不必出于管仲，但和齐国是分不开的。我们再说《周礼》和《管子》的关系，如：

三、《周礼·大宰》："以八柄诏王驭群臣。"在后期的法家中如韩非子有所谓"二柄"的说法，在前期法家中则有"六柄"或"六秉"的说法，如《管子·小匡》云："昔者圣王之治其民也，谨用其六秉。"《国语·齐语》作"六柄"，与《周礼》"八柄"相较，《周礼》中多"予置"两柄。

四、《周礼·族师》有："五家为比，十家为联；五人为伍，十人为联；四闾为族，八闾为联；使之相保相受，刑罚庆赏，相及相共，以受邦职，以役国事，以相葬埋。"这种组织和意义是同于《管子》的，《管子·立政》云："十家为什，五家为伍，……罚有罪不独及，赏有功不专与。"又《管子·禁藏》云："辅之以什，司之以伍，伍无非其人，人无非其里，里无非其家，故奔亡者无所匿，迁徙者无所容。"

五、《周礼·旅师》有："旅师掌聚野之耡粟、屋粟、闲粟而用之。"惠士奇以为《管子》相壤定籍，法本于《周官》，"上壤者上地不易之田百亩，是为正夫，故曰'耡粟'。下壤者下地再易之田三百亩，是为三夫，故曰'屋粟'，间壤者中地一易之田二百亩在上下之间，故壤曰'间壤'，粟曰'间粟'。乡遂分上中下授田，故旅师亦分上中下敛粟"。我们虽然不能肯定《管子》法于《周官》，但说两者有关联是没有疑问的。

此外凡讲到《周礼》的军政、军赋之法，法家往往拿来和

《管子》比较，是有理由的。在一些字句和琐碎的记载中，《管子》和《周礼》更有许多相同的地方，凡此均说明《周礼》和《管子》的关系，同时也说明《周礼》和齐国的关系。据此我推论《周礼》是齐人的作品，更由其内容来判断成书的年代，我以为是战国中叶的作品（详见拙作《〈周礼〉的内容分析及其成书时代》）。战国时代的齐人，利用了春秋时代的（一部分是战国的）齐国史料，撰成一部有组织、有系统的政治典籍，虽然其中包含着许多理想，然而有史实为之素地是没有疑问的。

　　这部根据齐国史料造出来的《周礼》，正好用以说明春秋时代的齐国社会结构，首先就经济基础来说，《周礼》中有着奴隶的残余制度，但奴隶已经不是主要生产的担当者了，《地官·质人》条说：

　　　　质人掌成市之货贿、人民、牛马、兵器、珍异。

这里的"人民"，自来经解全说成奴隶，因为"人民"而可以"成市"，和牛马、兵器相等，当然是奴隶了。我是同意这种解释的。《周礼》中奴隶的主要来源是由于俘获，《秋官·朝士》说：

　　　　凡得获货贿、人民、六畜者，委于朝，告于士，旬而举
　　　　之，大者公之，小者庶民私之。

所谓"得获"，是指战时的虏获而言，《左传》定公九年有"凡获器用曰'得'，得用曰'获'"；《公羊》昭公二十三年有"君……生得曰'获'，大夫生死皆曰'获'"的记载。战争中大的得获，就是说重要的物资、牲畜和成年的人归于公家；小的得获，归于私人所有。

　　奴隶的来源虽有不同，但他们的身份等于罪人，《周礼·秋官》中有许多专管奴隶的机关，《司厉》条说：

　　　　司厉掌盗贼之任器货贿，……其奴，男子入于罪隶，女

子入于春橐。

奴隶就是罪人，所以"罪隶"一辞，几乎变成专称。《周礼·秋官》有罪隶百二十人，是罪犯而罚作官奴者。又有许多女奴，如《天官》中的女酒、女浆、女笾、女醢、女醯、女盐、女幂，《地官》中的女春抌、女橐，这全是官奴婢而不从事主要生产事业。俘获的奴隶对象以外族为主，所以有蛮隶、闽隶、夷隶、貉隶等区别。另外有罪隶，这全归司隶所辖，它的职掌如下：

> 司隶掌五隶之法，辨其物而掌其政令，帅其民而搏盗贼，役国中之辱事，为百官积任器，凡囚执人之事。邦有祭祀、宾客、丧纪之事，则役其烦辱之事。掌帅内翟之隶，使之皆服其邦之服，执其邦之兵，守王宫与野舍之厉禁。

这一机构中有中士2人，下士12人，府5人，史10人，胥20人，徒200人，他们的任务多半是烦辱之事。一直到汉朝置司隶官，还是"将徒治道沟渠之役"。其余五隶也全是管些"烦辱之事"，或者管输送，如罪隶；或者管看守王宫，如罪隶和蛮隶；而所有蛮隶、闽隶、夷隶和貉隶全管畜牧的事。这也说明"四夷"的经济生活，比中原落后，所以他们的主要生产还是畜牧。

研究上述关于奴隶的材料，我们可以得到如下的结论：

第一，这些奴隶没有从事农业生产的，他们不是农业奴隶。他们所管的事，或者是为了贵族的享受，如女浆、女酒；或者是看守门户，如罪隶、蛮隶；或者是服贱役，如司隶的职掌；或者是管畜牧，如夷隶、貉隶。奴隶而不从事主要生产事业，意味着当时的社会已不是奴隶社会了。

第二，由于奴隶可以买卖，又因为小的奴婢可以归于私人，我们断定这里面有私人奴隶的存在。因为这是一部叙述政权组织的书，很少关于个人的记载，所以关于私人奴隶的情形不详细。但是我们可以断定私人奴隶也不是从事农耕的。

　　第三，关于奴隶的称谓，《周礼》中"人民"的意义，有时就等于奴隶，但不能说《周礼》中的"人民"全是奴隶，"人民"仍然是"达名"，是一种广泛的称谓，包括自由民、农奴和奴隶。可以买卖的人民，或者是被俘获的人民，才是奴隶。

　　由于以上的叙述，知道《周礼》中有奴隶的存在，但其中同时有从事于主要生产事业的农民，这一种农民在《周礼》中也叫作"甿"，《地官·遂人》条说：

　　　　凡治野：以下剂致甿，以田里安甿，以乐昏扰甿，以土宜教甿稼穑，以兴耡利甿，以时器劝甿，以强予任甿，以土均平政。

"甿"和"氓"可以通用，《说文·田部》："甿，田民也。"正是农民的适当解释。"以田里安甿"，"以土宜教甿稼穑，以兴耡利甿"，这显然是说"甿"是住在田野里而从事于农耕的。新来的农民，按照土地的等级领到土地，并且可以免服征役，《地官·旅师》条说：

　　　　凡新甿之治皆听之，使无征役，以地之嫩恶为之等。

　　在春秋末以及战国时代，各国的封建主都招徕新的农民，以增加劳动力，供自己剥削。《孟子·滕文公》篇说："许行自楚之滕，踵门而告文公曰：'……愿受一廛而为氓。'"《吕氏春秋·高义》篇也说："墨子于越，欲自比于宾萌。""宾萌"是客户的意思，也就是"新甿"。"甿"或叫作"野民"，除了耕田以外，还要担任许多力役，如战争和打猎。《地官·县正》条说：

　　　　若将用野民，师田行役，移执事，则帅而至，治其政令。

农民的地位高出于奴隶，在《周礼》中往往把"夫家"（农民）放在"人民"（奴隶）上面。《地官·县师》条说：

> 县师掌邦国都鄙稍甸郊里之地域，而辨其夫家人民田莱
> 之数，及其六畜车辇之稽。

"夫家"，据注疏说是指"男女"，既然放在"人民"的上面，可以认为"夫家"的地位比奴隶高。有什么证据说明"夫家"是指农民？《司徒·遂大夫》条说：

> 遂大夫各掌其遂之政令，以岁时稽其夫家之众寡，……
> 以教稼穑。

遂大夫稽查"夫家"数目的多少而教以稼穑，那么，一定是农民了。这些农民全是授田的对象，《地官·遂人》条说：

> 辨其野之土，上地、中地、下地以颁田里。上地夫一
> 廛，田百晦，莱五十晦，余夫亦如之。中地夫一廛，田百
> 晦，莱百晦，余夫亦如之。下地夫一廛，田百晦，莱二百
> 晦，余夫亦如之。

这里的"夫"是指有妇的男子说的，代表独立的一家，或称作"家"，《地官·大司徒》条说：

> 凡造都鄙，制其地域而封沟之，以其室数制之。不易之
> 地，家百晦；一易之地，家二百晦；再易之地，家三百晦。

这是以"家"作单位。由此可以知道，无论是"夫"、是"家"、是"夫家"，全是指农民说的。这些农民虽然耕田而没有土地，要领主来授给他们，所以他们是领主剥削的对象。

《周礼》中关于田制的记载，共有 4 处，说法略有出入。《大司徒》及《遂人》条已见前文所引，《小司徒》条说：

> 乃均土地，以稽其人民而周知其数。上地家七人，可任
> 也者家三人；中地家六人，可任也者二家五人；下地家五
> 人，可任也者家二人。

《夏官·大司马》说：

> 上地食者参之二，其民可用者家三人；中地食者半，其

民可用者二家五人；下地食者参之一，其民可用者家二人。

以上 4 处记载，就其内容来说，可以分作两类，《大司徒》和《遂人》记载授田的数目；《小司徒》和《大司马》记载每一家可供力役的人。我们分析《周礼》的记载，又知道周人是住在六乡，实行彻法；殷人住在六遂以外，实行助法。用彻法的周人可以作官，可以当兵（甲士），可以入学；用助法的殷人只是耕田纳税，只能当徒兵，不能入学，当然更不能作官。这虽然也许是西周时代的制度，但实际上春秋时代的齐国仍然如此。据《管子》的记载，齐国治都用彻法，治鄙用助法。居住在都内的是君子，居住在鄙中的是野人。野人居鄙，实在等于农奴，这些农奴行动是不自由的，《周礼》说农民徙于他乡，为之旌节而行之；没有旌节的，关上便须呵问，查出来是要下狱的。而孟子却把这种情形说成为农民的美德，如说：

> 死徙无出乡，乡田同井，出入相友，守望相助，疾病相
> 扶持（《孟子·滕文公上》）。

这很好地说明了农村公社社员的农奴化，孟子反而用以骗人。

书社的制度也正好说明齐国的地方组织有着浓厚的农村公社的色彩。顾颉刚先生说，书社是齐国所特有的地方制度，并在古籍中找出了一些证据（见《浪口村随笔》第 26 页）：

《左》昭二十五年，齐景公谓鲁昭公："自莒疆以西，请致千社，以待君命。"

《左》哀十五年，子服景伯对陈成子云："昔晋人伐卫，齐为卫故，伐晋冠氏，丧车五百，因与卫地，自济以西，禚、媚、杏以南，书社五百。"

《晏子春秋·杂下》篇云："昔吾先君桓公以书社五百封管仲。"

《荀子·仲尼》篇："齐桓公……见管仲之能足以托

国，……与之书社三百。"

《吕氏春秋·知接》篇云："公（齐桓公）又云：'卫公子启方事寡人十五年矣。'……明年，公有病，……卫公子启方以书社四十下卫。"

书社可以赐人，既有土地又有人民，区域是相当小的，我们认为书社就是农村公社，也就是《周礼》讲的井田制度，这本来是氏族社会的土地制度，留传下来落到贵族手里，附着于土地上的奴隶和贫困的公社成员，逐渐变为农奴了。在地方政权组织上，齐国也有由原始部落留传下来的十进制的地方行政组织，如《地官·族师》条：

五家为比，十家为联；五人为伍，十人为联；四闾为族，八闾为联；使之相保相受，刑罚庆赏，相及相共，以受邦职，以役国事，以相葬埋。

《管子·立政》篇也有类似记载道：

十家为什，五家为伍，罚有罪不独及，赏有功不专与。

这虽然不是严格的十进位地方行政制度，但十进位制也是这种组织中的重要环节。这种地方行政长官也就是军队里的长官，这正是《管子》及《国语·齐语》的"因内政寄军令"的办法，贾公彦的《周礼正义》对于州长的职务解释道："在乡为州长，已管其民；在军还领己民为师帅，即因内政寄军令也。"这种办法除了《周礼》所载并可证明为齐国的制度以外，在其他先秦古籍中我们没有看到过。

《周礼》中说的农民有了土地，加上有了完备的水利灌溉，生产力会相当高吧？但他们一无耕牛，二无铁器，在生产工具方面是很可怜的，《司徒·里宰》条：

以岁时合耦于锄，以治稼穑，趋其耕耨。

所谓"合耦于锄"，即两人相助而耦耕。《论语·微子》："长沮、桀溺耦而耕。"《诗经·周颂》："亦服尔耕，十千维耦。""其耕泽泽，千耦其耘。"这些地方全是讲的耦耕，一人的力量有限，必得两人合耜而耕，这是没有牛耕的证据。《周礼》中也有讲到利用牛的地方，比如《秋官·罪隶》：

> 凡封国若家牛助为牵徬。

这是管运输的牛而没有说到农耕，《地官·牛人》中记载牛有 3 种用途：一是作为祭祀的牺牲，一是食肉，一是驾车。贾公彦的《周礼正义》也说《周礼》中没有讲到牛耕。

《周礼》中也没有关于铁器的记载。《地官·卝人》和《秋官·职金》全是以金、玉、锡、石并提而没有提到铁，金固然可以说作五金，然而这是汉人的说法。《周礼》所说的"金"，可以解释为铜。《周礼》以金、锡并列，正是指的青铜器时代的铜与锡。春秋末年已经有铁的记载，如《左传》昭公二十九年载晋国铸铁刑鼎。春秋末年也有了牛耕，比如孔子弟子冉伯牛名耕，司马耕字子牛，全是很好的证据。在春秋末年已经通行的事，《周礼》中还没有踪迹，这可以说明《周礼》的编者所依据的齐国的材料，还没有这种事实。

综括以上的说明，齐国的历史根据《周礼》和其他典籍的记载，至少在齐桓公的时候，是一个封建国家，但保存着原始氏族制度，我们认为国子、高子，也就是原来齐地的氏族酋长，这时变作齐国的贵族了。对于统治者内部来说，也还保存着奴隶制度。这种情形在中原诸国是很少见的，我们史学界对于中国古代史的认识所以统一不起来，往往掌握了某一地区某一种材料，就用来笼统地说明各国的社会性质。我们要划分开来研究，要一个地区一个地区的解决问题，认清了齐国，认清了三晋，认清了宋、郑，认清了秦、楚，认清了吴、越，然后再来说明哪一个地区的社会发展是中国社会发展的主流，这样中国古代社会性质问题才获得解决。童书业教授写过《中国封建制的开端及其特征》一文（载《文史哲》，1951 年第一卷第 2 期），很好地说明了中国封建社会初期的特征；但我认为童先生也没有能够照顾到这一点，童先生之所谓特征，有的是专属于齐国的特征，比如"井田制度"，如果说这是封建制初期各国普遍存在的制度，那是有问题的了。

　　尽管本文的大部分篇幅用以说明春秋时代的齐国社会，但我主要的意图是说明中国古代社会发展的不平衡性，这也是自己研究中国古代史的方向，这个方向正确与否，敬请史学工作者教正。

（原载《文史哲》1951 年第一卷第 3 期）

关于西周的社会性质问题

　　周初是什么社会？现在中国的历史家正展开辩论，有的认为是初期封建的开始，有的认为仍是奴隶社会。照我个人的看法，解决西周社会性质的问题，就是解决西周的生产方式问题，也就是解决中国古代历史分期问题。关于历史时期的划分，斯大林在《论辩证唯物主义与历史唯物主义》中指出了 3 个要点：首先，历史家应该从考察生产方式发展中所发生的变化出发，应该从考察物质资料直接生产者地位上的变化发展，来划分历史时期。其次，生产力和生产关系发展的相互关系（相互适应或相互矛盾）乃是社会制度发生变化的指标，很显然这应该作为科学的马克思列宁主义划分历史时期的标准。最后，历史家于研究生产力和生产关系的发展及其相互关系的变化以划分历史时期时，应该从阶级矛盾和阶级斗争的发展上来观察这类变化的表现，且以此为分期的基础，阶级斗争，特别是它的较高形式，在历史过程分期上，乃是社会发展的一种主要标志。

　　根据斯大林的这些论述，和毛泽东同志在《矛盾论》中所阐述的思想，我认为，解决西周社会性质的问题，首先应当解决物质资料生产者的地位变化问题，究竟谁是剥削者，谁是被剥削者的问题。这剥削者与被剥削者之间曾经有不断的阶级斗争，也就是说有不断的矛盾发生过。要找出什么是当时的主要矛盾，什么是次要的矛盾，然后把由于主要矛盾激化而发生的阶级斗争和作为历史过程的基础的生产方式结合起来。这样西周的社会性质问题也许可以得到解决。

现在，国内学者主张西周是奴隶社会最力的是郭沫若先生，他在《奴隶制时代》一书中就是持这种说法，虽然对于奴隶制的下限他已经修改前说，而定在春秋、战国之交。我认为这是值得商讨的问题。

首先，郭先生关于西周是奴隶制时代的论文，并没有提出确凿的证据可以说明占有生产资料的是奴隶主，而被剥削的主要对象是奴隶。郭先生除了引用《左传》定公四年一段文字作证外，并且引用了《尚书》中的《周书》，说：

> 例如《周书·多方篇》周公对殷之遗民说"今尔尚宅尔宅，畋尔田"，仿佛殷人的田宅都没有被没收的一样。其实这只是统治农业奴隶的一种更省事而有效的方术。"宅尔宅，畋尔田"并不是宅尔所有之宅，畋尔所有之田，而是宅尔所宅之宅，畋尔所畋之田。那些田宅只是享有的对象，而不是所有的对象（《奴隶制时代》，第28页）。

把《多方》篇周朝统治者对于殷多士说的话当作对于普遍殷民说的话是不妥当的，如果把殷多士的问题作为当时主要的社会问题看待，是没有分清什么是当时的主要矛盾，什么是次要矛盾的结果。《多方》一篇是周王对殷商亡国贵族的告诫，所以一再说："呜呼，猷告尔有方多士暨殷多士。"《多方》和《多士》是同样性质的文献，全是对于殷商亡国的贵族奴隶主说的，所以把他们称作"士"，殷商的奴隶是不配称作"士"的，况且是在亡国以后。周朝的统治者对于殷商不同身份的人，曾经有过不同

的待遇，如果多士们可以"奔走臣我多逊"的话，就仍然可以
继续保有自己的田宅，所以《多士》篇中说：

> 今尔惟时宅尔邑，继尔居。

奴隶根本没有自己的田宅，不能够说要他们继续保有自己的田
宅。事实上在西周初年，统治阶级所认为最严重的还是"殷民"
的问题，并不是"殷士"的问题，也就是说当时社会的主要矛
盾表现在统治者和"殷民"的矛盾上，这大批"殷民"是剥削
者主要的剥削对象，在《周书》中，千言万语环绕着一个中心
问题，就是怎样来处理这些"民"的问题，而不是"士"的问
题。"士"是少数贵族，已经被解除了武装的"士"，可以供他
们奔走，进一步作为他们统治农民的工具，本身实在不成大的问
题，尤其在周公东征以后，这个问题更加退为次要问题了。

把《多方》或《多士》的记载作为当时的主要社会问题看
待，会混淆了问题的中心，而解决不了问题。况且从周初对于
"多士"的待遇上，也看不出他们是奴隶来。

其次，把《左传》定公四年的记载作为西周奴隶制的例证，
这也是有问题的，事实上它恰好说明西周是封建社会。周初分封
诸侯，赐以土田、人民，人民和土田联结在一起赐给人，这不是
封建社会么？沫若先生说：

> 这（按指《左传》定公四年原文）所谓"殷民六族"、
> "殷民七族"及"怀姓九宗"，都是殷之遗民或原属于殷人
> 的种族奴隶，现在一转手又成为周人的种族奴隶了（《奴隶
> 制时代》，第27页）。

沫若先生并没有详细解释，就说他们是奴隶。同样是《左传》
的记载，正好证明这些被分封的人民，不是奴隶。隐公六年有
云：

> 翼九宗五正，顷父之子嘉父，逆晋侯于随，纳诸鄂，晋

人谓之鄂侯。

"九宗"就是"怀姓九宗",因为这正好是唐叔虞之后晋国的事。春秋初年的社会性质和西周没有根本不同,这所谓"九宗"可以联合其他人士,共同拥立诸侯。在奴隶社会内,奴隶可以联合其他阶层人士拥立最大奴隶主——国君,是不曾有过的事,他们根本没有这种社会地位和政治地位。在历史上,可以看到奴隶用暴力推翻奴隶主,而不会有奴隶联合其他阶层来拥护奴隶主的。他们是一些农民,而不是会说话的工具。

沫若先生还根据《汉书·食货志》的一段记载,而得出如下的结论:

> 我们依据这种情形,可以明白地看出殷、周两代的农夫即所谓"众人"或"庶人",事实上只是一些耕种奴隶。连妇人的工作时间一天都是十八小时,男人的工作时间也就可以想见。男人在农忙时从事耕种,在农闲时有各种力役。《诗经·七月》篇里说:"嗟我农夫,我稼既同,上入执官功;昼尔于茅,宵尔索绹,亟其乘屋,其始播百谷。"把农夫一年的生活情形叙述得很扼要。农夫的生活周年四季、一天到晚,忙得不得开交。这还只是平时的生活,一有了战争,还要"被坚执锐"、"土国城漕"。那就是所谓"寓兵于农"了(《奴隶制时代》,第30—31页)。

根据以上叙述,也得不出这些农民是奴隶的结论。沫若先生主要意思是说:一、这些农民很苦,每天要做18小时的工;二、男人在农忙时从事耕种,在农闲时有各种力役;三、战争时农民还得当兵。这些特点并不能说明他们是奴隶。解放前的西藏还是封建社会,我们以西藏封建社会的农民和《汉书·食货志》的记载相比,有许多相似处。西藏农民每家耕种地主一块土地,每一块地都有定额地租,平均占土地收入的百分之七十以上;另外还得支应各种差役，如支"乌拉"及当兵等，农忙时他们昼夜在田里工作，农闲时又得到地主的寨子上做杂务，如织氆氇、制酥油、炒青稞。地主有什么工作都分派到农民头上来，他们得轮流到拉萨替地主做仆役，替地主从庄园上运粮食或其他物品到拉萨的公馆。任何替地主做的工作都是没有工资的，有时还要自带粮食。从藏历八月到第二年正月，是农业的休闲季节，但农民们却丝毫得不到休息，他们乘着农闲时，集中力量从事副业生产。他们换得羊毛后，不分男女一齐纺毛线、织氆氇、纳鞋底，他们一刻不得休息，连走路时都在纺着线，就这样不断地劳动，才能希望以副业的收入弥补收获的不足，稍为懒一点的人那就要挨饿了。

解放前西藏农民的生活，比《汉书·食货志》记载的西周农民生活还要苦，他们走路时还要劳动，也许一天不止工作 18 小时。他们农闲时为地主服役，并且还要当兵。然而西藏是封建主义社会，不是奴隶社会，这是今日还看得到的事实。奴隶实在比农民要苦，他们和牛马一样，当"三韩"还处于奴隶制的时代，那些奴隶在工作的时候，要用大绳贯脊皮，缒以大木（见《后汉书·东夷传》）。沫若先生是甲骨学专家，当然更清楚殷商对于奴隶的待遇。

沫若先生的论文中又曾经引《周礼》作证，说明西周是奴隶制社会，他说：

> 这些人民并且还可以"当作牲畜买卖"。《周礼》地官有质人一职便掌管着贩卖人口牲畜等事项。"质人掌成市之货贿：人民、牛马、兵器、珍异，凡卖儥者，质剂焉"（《奴隶制时代》，第31页）。

沫若先生并且说："《周礼》虽然是有问题的书，但那问题是在刘歆利用了许多先秦的原始材料而加以改编，并掺杂了一些杜撰进去，故《周礼》仍然有丰富的先秦资料存在"（《奴隶制时代》，第31页）。

以上这些话里面有许多问题，首先《周礼》中虽然有买卖奴隶的记载，然而不能说明《周礼》中的社会是奴隶社会。在阶级社会里有两个对立的阶级存在，封建社会内农奴与农奴主是基本阶级，可是只要阶级社会内保存有以前的生产方式的残余及产生着新生产方式的因素，那么就会有非基本的阶级存在。我在《从〈周礼〉推论中国古代社会发展的不平衡性》一文中，谈到过《周礼》中有奴隶的存在，但同时有从事于主要生产事业的农民。这一种农民在《周礼》中叫作"甿"，"甿"和"氓"可以通用，《说文·田部》："甿，田民也。"正是农民的适当解释。《周礼·遂人》说："以田里安甿，……以土宜教甿稼穑，以兴锄利甿。"甿显然是住在田野从事农耕的人。但他们不是农业奴隶，新来的农民，按照土地等级领到耕地，并且可以免服征役。他们有着半自由的身份，不能够随意离开土地，《周礼》说农民徙于他乡，为之旌节而行之，没有旌节的，关上便须呵问。

因此，《周礼》所反映的社会不是奴隶社会，而是封建社会。而且也不能拿《周礼》的制度代表西周，并不是"刘歆利用了许多先秦的原始材料而加以改编"，那是齐国人根据齐国的材料而加以改编，它只能说明齐国的社会性质，而不能笼统地代表西周。在先秦时代我国社会的发展是不平衡的，我们不能拿齐国的情形来说明其他各国的社会性质。

根据初步研究，我以为春秋时代，齐国社会的发展和西部各国有所不同。齐地本属于东夷，东夷在社会发展上说，落后于居住在它以西的部族。当西部各国已经进入封建社会的时候，东夷仍然是氏族社会。姜齐迁徙到东方来应当是周公东征以后的事，这时周人在中原及西部地区已经建立起封建国家，齐国东迁，封建主义在东夷地区内也起了作用，因此在这种氏族社会里建立起封建国家。这是早熟的，以至于齐国到后来一直保存着原来氏族公社的残余组织。关于齐国的史料，除了大家全知道的以外，我特别推重《周礼》一书。《周礼》为什么可以作为齐国的史料，和在《周礼》中为什么可以看出齐国较为特殊的社会性质？详见拙作《从〈周礼〉推论中国古代社会发展的不平衡性》、《〈周礼〉的内容分析及其成书时代》二文，此处不再赘述。

以上只是对于沫若先生《奴隶制时代》一书中的《奴隶制时代》一文几个重要地方，略述己见。关于奴隶制的下限在春秋与战国之交的意见，沫若先生自己的说法已经不能统一，他承认春秋中叶以后的庶人地位已经不是奴隶，庶人是当时最大的被剥削阶级，他们已经不是奴隶，那么说当时是奴隶社会，似乎是讲不通的。其实春秋战国之交看不出有社会本质的变革。

另外，刘大年先生在《学习斯大林关于基础与上层建筑的学说》（载《光明日报》1952年6月19日、20日）一文中，也说到西周社会性质问题，他说：

> 我们前面提到的中国西周社会，它的经济基础或生产资料占有制，固然由于材料限制，目前还不能有最充分的说明，但以下几点可以明显看出来的，即：
>
> （一）当时已经有了等级制度，这种等级制度是以土地所有为基础而建立起来的。天子以土地分赐诸侯，诸侯再以之分赐大夫，这样就形成了一个土地所有者阶级；
>
> （二）直接耕种者没有土地，他们从土地所有者领得一小块土地，在这一小块土地上取得养活他们自己及其家属的最低的生活资料，而以无偿劳动替土地所有者耕种土地；
>
> （三）这些直接耕种的人们，不向土地所有者领取生活资料，他们已经有了自己的家屋菜园等，但土地所有者对他

们保有一定的人身隶属的关系。

　　所有这类材料，散见于《诗》《书》和一些铜器铭文里。

　　大年先生这些结论是根据中国史学会主编的《中国历史概要》（初稿）所说的西周社会的几个特征。《中国历史概要》所说的这些特征和它的主张有些矛盾，西周社会既然具有这种种性质，已经可以断定是封建主义社会了，但同时还说不能肯定西周的社会性质。为什么不能肯定呢？因为史料不足。大年先生的意见又有不同，他肯定了西周的社会性质，并且说材料散见于《诗》《书》和铜器里，可以证明西周是封建社会。然而，大年先生也没有提出明确而扼要的主张。

　　正如《中国历史概要》（初稿）所说，关于西周实在没有足够的史料，比如，就西周的等级制度来说，详细制度现在我们还弄不清楚，当时没有公、侯、伯、子、男五等爵制，是可以肯定的。是什么等级呢？还需要进一步研究。大年先生所提出的第二、第三两点，问题很多，不是可以简单化了的，但这也不是没有方法解决的问题。西周的社会生产比较殷代是更加提高了，《中国历史概要》（初稿）说：“这首先就表现在农业生产的发达，扩大了对自然的征服、占领和开发。由铜器铭文和《诗》、《书》的记录看来，西周已经是一个农业繁盛的社会，耕种工具的进步，农作物的增多，农业经营规模之更加扩大，都表示了超越殷代的生产力水准。我们可以这样说，凡是周人势力到达之地，就是优越的农业到达之地，黄河流域的发展，大都是周人的贡献”（第7—8页）。

　　以上这些意见，我是同意的。但并不是说周人灭殷以后，生产力马上就发展起来，是经过成、康时代慢慢发展起来的，而东方各国的发展也并不一致，总起来说是比殷商进步了。有这种结果，首先是因为物质资料直接生产者地位的变化，殷商末年奴隶曾经有过大规模的暴动，我们在周初的文献中还可以找出线索，比如《左传》成公二年引《大誓》云："商兆民离，周十人同。"这所谓"兆民离"，实际上是它的奴隶叛离了（"民"在商是奴隶）。在《周诰》中也屡见殷末丧德而致民离的记载。一个奴隶王国，因为奴隶的暴动加上外边部族的入侵，于是它瓦解了。在已经瓦解了的奴隶制废墟上，周人不可能恢复奴隶制，再给他们带上镣铐，于是奴隶得到初步解放而建立起封建王国。只有经过严重的阶级斗争才能实现从一种生产方式到另一种生产方式的过渡。阶级斗争摧毁了腐朽的剥削方式，摧毁了落后的生产关系，也就推动了生产力的发展。不是在一个新的生产力发达的基础上，也不可能建立一个新的生产关系，因为生产力是"最活跃、最富于革命性的生产要素"。在生产力的要素里，生产工具有其重要性，但最重要的还是具有生产经验和劳动技能的人。

在生产工具方面，西周大体上承袭殷商，其名称见于《诗经》者有耜、铚、钱、镈之属，比如：

有略其耜（《载芟》）。

以我覃耜（《大田》）。

庤乃钱、镈，奄观铚艾（《臣工》）。

畟畟良耜（《良耜》）。

三之日于耜（《七月》）。

当时农业生产工具虽不能说尽于此，但这些是最重要的，钱，镈是去草器，铚是收获禾的工具，耜是入土掘耕的工具，这些大都是青铜器，有的恐怕还是木器。所谓耒、耜，本来是一器两部分的名称，"入土曰'耜'，耜柄曰'耒'"（《国语·周语》"民无县耜"韦昭注）。用足踏耒的方法来自殷商，到西周还没有改变，《诗·七月》云：

三之日于耜，四之日举趾。

《毛传》说："民无不举足而耕矣。"所谓举趾与举足而耕，就是用脚踏而使耜入土，这种耕种方法当然是用力多而功少，如《淮南子·主术训》云：

一人踏耒而耕，不过十亩。

又《盐铁论·未通》云：

民蹠耒而耕，负檐而行，劳罢而寡功。

在春秋以前看不到牛耕的证据，常常是两人共用一耜而耕，即所谓耦耕，《论语·微子》"长沮、桀溺耦而耕"，是很好的说明。

如果认为生产工具可以决定一切，也许要问这样拙劣的生产工具，如何能建立起封建主义社会？西藏解放前的社会生产情况，正好是一个答复。在西藏多数地区还是用木犁耕田，耕得很浅，肥料用得也不足，这比西周时代的情形也许进步不了许多，因为西周时奴隶解放了，虽然生产工具还没有大的改进，但他们一来人身解放，二来有了自己的生产工具，同时还从土地所有者手中领得一小块土地，在这一小块土地上，取得养活他们自己及其家属的最低生活资料。于是生产方面有所提高。这些为土地所有者耕种的土地叫作"公田"，为他们自己耕种的叫作"私田"，所以《诗·大田》说：

雨我公田，遂及我私。

公田也叫作"耤田"，西周宣王时《毁毁》有云：

令女乍嗣土，官嗣耤田。

司土是管理耤田的官吏，也是管理农民的官吏，所以叫作"司土"或"司徒"。西藏在解放前也有类似的官吏。西藏原地方行政单位是"宗"，每一宗由许多庄园组成，这些庄园有些是属于政府的，有些是属于世家或寺院的，每个庄园都由它的主人派员住在庄上监督农民生产，征收租税，分配差役。宗本的主要任务就是管理这些庄园。《诗·周颂·载芟》记载的那种大规模的耕作，所谓"千耦其耘"，实在是农民为政府耕"耤田"，《毛传》的这种解释是正确的。又如《国语·周语》云：

> 宣王即位，不籍千亩。虢文公谏曰：不可，夫民之大事在农，上帝之粢盛于是乎出，民之蕃庶于是乎生，事之供给于是乎在，和协辑睦于是乎兴，财用藩殖于是乎始，敦庬纯固于是乎成，……

"籍千亩"的时候，封建帝王也要参加，表示他们的重视，一直到清朝，作为一种礼仪仍然继续下来。我认为"千耦其耘"，"十千维耦"的"千"，并不是指人数或租数说的。"十千维耦"或者是"千耦其耘"等于是说"公田在耕耘了"。"耤"和"亩"是有区别的，耤是公田，亩是私田，《诗·大雅·韩奕》说：

> 王锡韩侯，其追其貊，奄受北国，因以其伯。实墉实壑，实亩实籍，……

这是说韩侯作伯以后，驱使农民修城池，耕亩籍。"籍"字古人解作税法，其实即《公羊》"古者十一而藉"，《穀梁》"古者十一藉而不税"的"藉"，也就是孟子所说的"助者，藉也"，就是说借民力以耕田，也就是领主使农民为自己耕田的方法，也就是地租3种形态中的劳役地租。《左传》记载鲁宣公十五年（公元前594年）鲁国"初税亩"，这在当时说是一件大事，是鲁国由劳役地租进入实物地租的开始。沫若先生说："'初税亩'的意思是表明鲁国正式宣布废除井田制，合法地承认公田和私田的私有权，而一律取税。这就是地主制度的正式成立"（《奴隶制时代》，第35页）。这样解释是正确的，有了地主，有了自耕农，也就有了贫农和雇农。但这不过是由领主封建制转向地主封建制而已，并不是由奴隶社会转向封建社会，春秋战国之交的转变实在是领主制与地主制的转变。

殷商已经有"耤田"制，那是奴隶主的田，由农业奴隶给他们耕种，农业奴隶和农民的区别是农业奴隶没有自己的生产工具，并且除了耕耤田外，没有自己的"私田"。沫若先生在《关于奴隶与农奴的纠葛》一文中的补记中说，汪敬虞先生根据英国《百科全书》及剑桥大学的《古代史》对于希腊的农业奴隶所作的说明如下：

Helots（"黑劳士"）是希腊奴隶的一种，这种奴隶有下列几点特征：

一、他们原来是聚居在一处的氏族，由于斯巴达的征服，全体降为奴隶。

二、他们是不属于奴隶主个人，而属于奴隶主全体的国家奴隶。因为不属于个人，所以个别奴隶主不能自由处置他们（如杀、卖等），但在战争时他们就被勒令充当战卒与奴隶主的卫士。

三、他们不是家内奴隶，而主要是生产奴隶。他们附着于个别奴隶主的土地上从事耕种，向奴隶主缴纳一定的土地生产物。

因为个别奴隶主不能自由买卖或杀戮他们，因为他们是附着于土地，向奴隶主缴纳一定的土地生产物，所以被误认为农奴。这是不妥当的。其实他们是奴隶主整个阶级的财产，他们的生杀大权是握在整个奴隶主阶级的手中。Ephors"埃弗尔司"（奴隶主统治的一种机构）可以随时杀死他们，勒令他们充当战卒。他们虽附着于土地，但并不占有生产资料。这和农奴是基本上有区别的（《奴隶制时代》，第131—132页）。

农业奴隶不占有生产资料（工具），这是和农奴的基本区别；农业奴隶也没有为自己耕种的土地，这也是和农奴的区别之一。自西周以至春秋，凡是记载中的"民"、"甿"、"庶人"、"众人"或者是"农人"，全是指当时被剥削的广大农民阶级而言，他们领有一小块土地，并且有他们自己的生产工具。关于有自己的生产工具这一点，沫若先生有不同的意见：

> 《臣工篇》的那几句话，是国王对田官们讲的。"命我众人，庤乃钱镈"，"乃"字指田官们，是说"叫农人们调整好田官们所管理的耕具"。假如把"乃"字（你的或你们的）换成"其"字（他的或他们的），那倒还容易看出是农夫们有了生产工具。但就是那样，也还不能断定，究竟是私有，还是享有（《奴隶制时代》，第107—108页）。

沫若先生这段话是针对范文澜先生说的，因为范先生说《臣工篇》的意义是"命令我的农夫们准备你们的耕具，还要多准备些割器"；又说，"显而易见到公田服役的农夫，要自备生产工具"。我同意范先生的说法，但沫若先生的解释也有道理。假如我们看另外一篇诗的叙述，可以帮助解决这一问题，《小雅·大田》说：

> 以我覃耜，俶载南亩。

这是一篇农民的诗，大意是说："用我的利耜，去开发田亩。"说"是我的"，也就是属于农民的。这是不是享有呢？如果是奴隶，即使享有也不能说"是我的"，只能说"是我用的"。

这些有生产工具的农民，生活还是苦的，他们对于贵族是痛恨的。《诗经》中的"君子"、"小人"正是两个对立的阶级，君子的生活是既有旨酒，又有佳肴；既有狐裘，又有高车驷马。甚至于由"小人"们所修的大道，也是"君子所履，小人所视"。一个是不劳而获的阶级，一个是劳而所获甚少的阶级。《周礼》中的记载也可以说明封建初期的制度，君子住在六乡，对他们实行彻法；小人住在六遂以外，实行助法。君子可以做官，可以当兵（甲士），可以入学；小人只是耕田纳税，不能当兵，也不能入学，当然更不能做官。春秋时代的齐国仍然如此，齐国治乡用彻法，治鄙用助法——助法就是劳役地租，因为住在鄙的全是农民。

虽然《周礼》说野人不当兵，事实上是说他们不能当甲士，那是贵族的职业。战国以前的战争，主力是车战，在车战中有甲士与徒卒之别，甲士是贵族，徒卒是农民，徒卒不能乘车，无论是平时是战时全是如此。所以在先秦"徒步匹夫"是一句相连的话。孔子无论如何也不能徒行，因为他是贵族。

封建社会的历史是一幅被剥削者反对剥削者，农民反对封建领主的历史。一切国家的被压迫农民都为夺取封建领主所强占的土地，为摆脱农奴制的依附关系而斗争。在封建领主方面来说，如何对付农民，如何使农民屈服于他们的统治，是领主们最为关心的事，《尚书》中的《康诰》就是周公告诫如何治理殷民的问题，其中屡次说：

> 天畏棐忱，民情大可见，小人难保，往尽乃心，无康好逸豫，乃其乂民。

> 已汝惟小子，乃服惟弘王，应保殷民，亦惟助王，宅天命，作新民。

> 若保赤子，惟民其康乂。

以"小邦周"灭了"大邑商"以后，如何来治理这广大的殷民，在统治阶级看来，的确是一个问题。压迫奴隶，只是用刑，这在甲骨文中可以看得出来。管理农民，不能完全用刑，因为他们有了自己的生产工具，有领来的小块土地，因之他们也有了半自由的身份，再像牛马一样来对待是行不通的。社会形态变了，必须有新的办法来适应这新的形态，这新的办法是由新的思想意识产生的。新的思想意识产生以后，就一定积极地为它的基础服务，郭沫若先生关于西周意识形态的解说有很重要的创见，他在《先秦天道观之进展》里面说：

> 周人根本在怀疑天，只是把天来利用着当成了一种工具，但是既已经怀疑它，那么这种工具也不是绝对可靠的。在这儿周人的思想便更进了一步，提出了一个"德"字来。
>
> "天不可信，我其惟文王德延。"（《君奭》）
>
> "文王克明德慎罚，不敢侮鳏寡，庸庸祗祗，威威显民，用肇造我区夏。"（《康诰》）
>
> "王曰封，予惟不可不监，告汝德之说于（与）罚之行。……敬哉，无作怨，勿用非谋非彝蔽时（是）忱，丕则敏德，用康乃心，顾乃德，远乃猷裕，乃以民宁，不汝瑕殄。"（《康诰》）
>
> "肆王惟德用和怿先后迷民，用怿先王配命。"（《梓材》）
>
> "天亦哀于四方民，其眷命用懋，王其急敬德。……王敬所作，不可不敬德。……王其德之用祈天永命。"（《召诰》）
>
> 这种"敬德"的思想在周初的几篇文章中就像同一个母题的和奏曲一样，翻来覆去地重复着。这的确是周人所独有的思想。在《商书》的《高宗肜日》中虽然也有这种同样的意思，但那篇文章在上面说过是很可疑的。还有一个主要的旁证，便是在卜辞和殷人的彝铭中没有德字，而在周代的彝铭中如成王时的《班毁》和康王时代的《大盂鼎》都明白地有德字表现着（《青铜时代》，第20—21页）。

这的确是一个发现，"德"字在西周是一个新字，它所代表的也是一种新的思想意识，这是新基础的反映。"德"是用以

"和民"的，这"民"也是一种"新民"，"以德和民"是西周以至春秋时代统治阶级的口号。"德"也不仅是"心思端正"的一种空洞口号，它有着物质的内容。它实际就是"赏"的另一种提法，"刑赏"到后来作为法家的"二柄"，在西周以至春秋这二柄是"刑德"，所以《康诰》说："告汝德之说于罚之行。"

"德"既然是有着物质内容，所以"以德和民"也必须有具体的条件。《左传》僖公五年宫之奇说：

> 非德，民不和，神不享矣。

那么具体的条件是什么呢？《左传》桓公六年季梁说：

> 夫民，神之主也。是以圣王先成民而后致力于神。故奉牲以告曰，"博硕肥腯"，谓民力之普存也，……奉盛以告曰，"洁粢丰盛"，谓其三时不害而民和年丰也。……

"和民"的主要条件是要他们能够增加生产，能够改善生活，这样作，就能和民了，也就是"以德和民"了。剥削者虽然想到这么一个本质问题，但他们也是只能说不能作的。

孔子一派儒家的思想，承袭着西周领主阶级的思想，也就是自西周传下来的剥削阶级正统派的思想。他的一生以能够继续文王、周公之业自我标榜，他畏于匡时说：

> 文王既没，文不在兹乎？天之将丧斯文也，后死者不得与于斯文也；天之未丧斯文也，匡人其如予何！（《论语·子罕》）

自述其志时也说：

> 如有用我者，吾其为东周乎？（《论语·阳货》）

他要把宗周的领主封建制度，在东方再完全恢复起来。这绝对不能实现了，所以他自叹道：

> 久矣，吾不复梦见周公。（《论语·述而》）

后人也拿他和周公并称，他们全是领主封建制度的拥护者，当然孔子的落后思想，较之周公已经有了不同，因为社会向前发展了。到后来的《大学》思想还是周公、孔子的嫡传，所以它一开头就说：

> 大学之道，在明明德，在亲民，在止于至善。

这是所谓大学的三纲领，也还是"以德和民"思想的进一步发展。《大学》实在是一部反动统治阶级的统治术，学习如何管理农民，使他们不能反抗，达到所谓"治国平天下"的目的。

法家思想是地主阶级的反映，他们和孔子儒家一派思想不同的地方，是孔子一派代表没落的领主阶级，他们以领主阶级的统治术作为教育后一代贵族的内容，也就是他们的道德内容。法家则是站在新兴的地主阶级立场说话，他们要求"大一统"，要求一个中央集权的封建国家。"以德和民"的说法，在法家看来是迂腐过时，是缓急不相济，是不合实际的幻想。法家也提倡"二柄"，但他们所说"二柄"的内容是"刑赏"，而不是"刑德"。有功者赏，有罪者刑。"德"字虽然也有物质内容，但不如"赏"字直截了当，没有什么空论，一手持利禄，一手提刀，是他们的统治哲学。

思想意识本身虽然不能作为历史分期的标准，但作为上层建筑的思想意识也有着积极的作用。斯大林在《马克思主义和语言学问题》中说：

> 上层建筑是由基础产生的，这绝不是说上层建筑只是反映基础，只是消极的，中立的，对自己基础的命运、对阶级的命运、对制度的性质漠不关心的。相反地，上层建筑一出现后，就要成为极大的积极力量，积极帮助自己基础的形成和巩固，采取一切办法帮助新制度来摧毁和消灭旧基础与旧阶级（《斯大林文选》，人民出版社1962年版，下册第521页）。

　　上层建筑既然是积极帮助基础巩固的力量，我们通过西周以及春秋时的上层建筑可以来说明它所巩固着的基础，同时也可以帮助我们理解那是一种什么基础。

　　（原载《文史哲》1952 年第 5 期，1980 年 11 月修订）

思想与学术篇

应当给有虞氏一个应有的历史地位

在中国古代史上，虞、夏两代，还是应当大力研究的对象；这两代不同于传说中的三皇、五帝。三皇、五帝的历史传说只限于他们本身，并没有世系，关于生产方面的记载则更少了。这说明他们只是原始社会时期的一些有名的酋长，那时还没有进入父系家长制的时代，所以没有世系可言。没有铜器，更没有铁器，生产力是低下的，所以有关生产方面的情形，也没有传下来。虞、夏两代，尤其是夏代，和过去不同了，记载上有关于他们的世系传说，有关于当时的生产方面的传说，也有一些关于社会组织的传说。我们还不成熟的判断，这时也许是父系家长制的时代，是奴隶制的开始阶段。

有虞氏的系统，在司马迁的《史记》中虽然有些记载，但没有完全综合起来，我们根据各种记载，可以知道有虞氏世系的大概情形。《史记·陈杞世家》曾经有如下的记载：

> 陈，颛顼之族，陈氏得政于齐，乃卒亡。自幕至于瞽瞍无违命，舜重之以明德，至于遂，世世守之。及胡公，周赐之姓，使祀虞帝。

由此我们知道虞舜是颛顼之后，颛顼之后有幕，有瞽瞍、有舜、

有遂、有胡公。幕和瞽瞍也是传说中有名的人物,《国语·郑语》说:

> 虞幕能听协风以成乐物生者也,夏禹能单平水土以品处庶类者也,商契能和合五教以保于百姓者也,周弃能播殖百谷蔬以衣食民人者也。其后皆为王公侯伯。

又《国语·鲁语》说:

> 幕能帅颛顼者也,有虞氏报焉;杼能帅禹者也,夏后氏报焉。

以上和虞幕相提并论的全是各族最有功德的祖先,全是有创作发明的历史人物。虞幕的成就是"听协风以成乐物生",也许是在音乐上有所发明。瞽瞍在儒家的传说中不算一个好的人物,然而那是伦理化了的结果,原始的传说中并不如此。《左传》昭公八年记载有关有虞氏的事迹道:"自幕至于瞽瞍,无违命。"可见他还是一个有作为的人。瞽瞍和舜对于音乐都有过贡献,《吕氏春秋·古乐》说:

> 瞽瞍乃拌五弦之瑟作以为十五弦之瑟,命之曰大章,以祭上帝。舜立命延,乃拌瞽瞍之所为瑟,益之八弦,以为二十三弦之瑟。

通过以上说明,再加上《史记·五帝本纪》关于舜的世系的记载,我们知道有虞氏也是有世系可查的,虽然其中也许漏掉了许多。在母系氏族社会时期绝对没有世系的记载传下来。有虞氏应当是处于氏族公社逐渐解体的时期,在这个时期内,男子家长起着领导的作用,出身与族籍不是依妇女的系统来计算,而只是依男子的系统来计算。对偶家庭发生变化了,以富有者(父系家长)为家庭主脑的对偶家庭转向新式家庭——家长式的家庭了。在中国古代,尤其是有虞氏,有关于"二女"的传说,应当是由对偶婚姻走向一夫一妻婚姻的过渡形态。恩格斯曾经指出家长式的家庭在对偶的与一夫一妻的家庭形式之间的过渡地位：家长式的家庭是一种社会经济细胞（其不同于对偶家庭之处），但不是已形成的一夫一妻制家庭，而是正在形成中的一夫一妻制家庭。这时的家庭还没有自己的土地，但私有的动产（畜群、生产工具、奴隶等）却已日益强固了。私有财产造成了个人的交换。个人交换引起了各个氏族内部的财产分化的增加；于是在自由人（奴隶主）内部发生了少数富有者与多数贫困者的分化。

有虞氏时代有些什么材料的生产工具，还有待于考古学上的发掘，根据记载，比如《尧典》"击石拊石"，可以知道这还是石器时代，可能是新石器时代的末期，已经有了奴隶制的萌芽。这已经不是氏族公社向上发展的阶段，而是向下发展的阶段，是它解体的阶段了。有虞氏在种族上应当是东夷的一支，东夷在中国社会发展史上有过许多贡献。如：太昊有制八卦的传说，有火食的传说；少昊、伯益一支以畜牧著名；皋陶一支以制刑著名；而一切夷族全以制弓矢著名；同时，夷族也是陶器的发明者，《韩非子·难一》有云：

东夷之陶者苦窳，舜往陶焉，期年而器牢。

《周礼·考工记》也说："有虞氏尚陶。"又《礼记·檀弓上》："有虞氏瓦棺。"郑注："有虞氏上陶。"《太平御览·礼义部》引谯周《古史考》云："舜作瓦棺。"这些发明在社会发展史上全是重要的。蒙昧时期中级阶段，是从食用鱼类与使用火开始的，太昊火食的传说，正好相当于此时。因为有了弓矢，猎物便成为日常的食物，东夷发明弓矢的传说，应当属于这个阶段。弓矢是蒙昧时期的决定武器，正如铁剑为野蛮时代，枪炮为文明时代的决定武器一样。然而这个时期还不知道所谓陶业，野蛮时期的最低阶段是由制陶器术的应用开始的，东夷在这方面的传说普遍极了。

　　由以上的传说，我们知道在社会发展史中的蒙昧中期到野蛮中期的历史，东夷和有虞氏的活动正是最好的说明。而八卦及制刑的传说，应当是野蛮时期的最高阶段，有了文字，奴隶制有了萌芽，同时有了制裁奴隶的刑法。

　　家长式的家庭虽然没有自己的土地，然而已经走向土地私有制的过渡时代了，这不仅是逐渐地进行的，而且是和对偶婚姻向一夫一妻的过渡平行进行的；这同时也就说明了不动产私有制与一夫一妻制两者的起源。在虞舜时代还看不到私有土地的证据，但有关于私有动产的传说，如《孟子·万章》说：

　　　　象曰："……牛羊父母，仓廪父母；干戈朕，琴朕，弤朕，二嫂使治朕栖。"

象甚至要"二嫂使治朕栖"，这是婚姻方面的过渡形态。有牛羊，有仓廪，这在生产上是畜牧业与农业生产的结合。舜有"耕于历山"的传说，而伯益"能驯上下草木鸟兽"，都可以证明这种事实。根据其他的记载，有虞氏的畜牧业是发达的，"虞"字本身就和畜牧业有关，而东夷普遍有着畜牧传说。

　　《尚书·尧典》是关于尧舜的事迹的记载，其中说，尧曾经把舜"纳于大麓，烈风雷雨弗迷"。这两句话牵涉到两个问题：一个是有关于生产方面，一个是有关于他们的居住地方。司马迁说"大麓"是山林川泽，这正是进行畜牧事业的好地方，同时那时的人也许是住在山上的。关于这方面我可以找到许多证据，并且关联到许多古史问题，留待另文讨论。

　　总之，我以为有虞氏是不能忽略的一个历史时代，应当在中国史上获得应有的地位。

（原载《文史哲》1956 年第 7 期）

大禹与夏后氏

周与夏是同族的。《国语·周语》有："我姬氏出自天鼋。""天鼋"即黄帝轩辕氏。"天鼋"和"轩辕"，古音通。其实这是指出周人的图腾是龙蛇。夏也是同样如此。

夏姒姓，字作已。一释耜，为农具。一释盘虫形。我想这是水蛇之形，也就是龙蛇图腾的痕迹。

夏的著名人物鲧，据《国语·晋语》："〔鲧〕化为黄熊以入于羽渊。"黄熊一本作"熊"，释为三足鳖。也就是龙蛇图腾之迹。

夏的另一著名人物禹，顾颉刚先生曾说是一条虫，这也含有龙蛇图腾崇拜的意思。如果说鲧和颛顼的时代是中国从原始社会走向阶级社会的时代，那么大禹的时代是中国真正进入阶级社会的时代，这一历史发展的进程是经过激烈斗争的。《竹书纪年》："益干启位，启杀之。"这难道不是激烈的斗争吗？

一

大禹时代，还保留着不少原始共产主义的痕迹，同时也有不少阶级社会的史料。中国自古以来有一种封禅的传说，这是远古的敬天礼仪，至少在春秋时代已经有许多人不明了它的意义了。《管子》中记齐桓公既霸，会诸侯于葵丘而欲行封禅的时候就弄不清楚。《史记·封禅书》也说：

> 每世之隆则封禅答焉，及衰而息。厥旷远者千有余载，近者数百载，故其仪阙然埋灭，其详不可得而记闻云。

这究竟是一种什么礼仪，它的真实意义是什么呢？

原来，在中国阶级社会形成以前及阶级社会的萌芽时代，我们的祖先，有一个时期是住在阜岸或丘陵上的。根据考古学上的考察，在中国西部甘肃一带，当石、铜器的过渡时代，村落地址与现在大体的相同。所不同的是，过渡时期人们多喜居于阶段悬壁之上，而现代的村落，则下迁于河成平原，这是黄河上游的情形。至于黄河下游，则因河水泛滥，古代的人民也多居于陵阜之上，这种陵阜叫作"州"，所以中国古代"州"字与"丘"、"陵"字全可以通用，如《山海经·海内经》内有九丘：

> 有九丘以水络之。名曰：陶唐之丘，有叔得之丘，孟盈之丘，昆吾之丘，黑白之丘，赤望之丘，参卫之丘，武夫之丘，神民之丘。

九丘的意义同于"九州"，或曰"九山"，如：

> 共工之臣曰相柳氏，九首以食于九山（《山海经·海外北经》）。

而如幽州则或曰"幽陵"（见《荀子·大昭》、《史记·五帝本纪》），《墨子》中有"古之民未知为宫室，时就陵阜而居"（《辞过》）的记载，《孟子》也有"是故得乎丘民而为天子"（《尽心》）的话，全可以说明中国古代有一个时期是居山的了。《尚书·尧典》说尧时水患是"怀山襄陵"，也说明当时的水患危及人们的居住区域了。

一般人们既然是依陵阜而居，那些骑在人们头上的统治者，越发得住在高的山上了。他们住在高的山上，作为人间的统治者，同时也作为上帝的苗裔及其代言人；他们把自己作为人与天之间的媒介物，这种媒介物的名称叫作"申"（神）。郭沫若同志释"申"说：

> 骨文作 ⅛ 若 ⅞ ，金文大抵如是，惟反书者甚少。……惟申字在古有直用为神者，如《克鼎》之"颙孝于 ⅞"。《杜伯盨》之"㝯孝于皇 ⅛ 且考"，均系神字，殆假借也。又申有重义，……有伸义。……此于古文字形均未有说。

> 重义尤古，《诗》、《书》中多用之。《皋陶谟》之"天其申命用休"，《史记·夏本纪》径作"重命用休"。即此非申之本义，相去必不甚远。

> 要之古十二辰第九位之申字乃象以一线联结二物之形，而古有重义（《甲骨文字研究·释支干》）。

这是非常正确的解释。所谓"以一线联结二物"，是什么二物？我的意见，以为这就是指天和人而言，指"申"是一种媒介物而言。《尔雅·释诂》云："申，重也。"正是指人民不能和上帝直接交涉，必须经过"申"的一番手续而言，这在《尚书·吕刑》中也可以找到说明：

> 上帝监民，罔有馨香德，刑发闻惟腥。皇帝哀矜庶戮之不辜，报虐以威，遏绝苗民，无世在下，乃命重、黎绝地天通。

这一段记载和上下文结合在一起，很有些难懂的地方。大体是说，自从苗民作出暴虐的刑罚以后，是"刑发闻惟腥"的，上帝很可怜这一些受罪的人，乃断绝了地天的交通，省得苗民又向上天来说话了。这里应当注意的是"绝地天通"，可见在这以前，天地是自由交通的，此后中间添了一层障碍。关于这种变化，两千年前的楚昭王已经不清楚了，所以他问道：

> 《周书》所谓"重、黎实使天地不通"者，何也？若无
> 然，民将能登天乎？（《国语·楚语》）

当时的观射父曾详细地解释道：

> 及少暤之衰也，九黎乱德，民神杂糅，不可方物。夫人
> 作享，家为巫史，无有要质，民匮于祀而不知其福。烝享无
> 度，民神同位。民渎齐盟，无有严威。神狎民则不蠲其为，
> 嘉生不降，无物以享。祸灾荐臻，莫尽其气。颛顼受之，乃
> 命南正重司天以属神，命火正黎司地以属民，使复旧常，无
> 相侵渎，是谓重、黎绝地天通。其后三苗复九黎之德，尧复
> 育重、黎之后，不忘旧者，使复典之。以至于夏商，故重、
> 黎氏世叙天地而别其分主者也（《国语·楚语》）。

我们虽然不能完全明了观射父的话的意思，但可以知道是说在
"九黎乱德"以后，人人担负起神的职分来，分不清谁是神谁是
人了，这样"民神同位"的结果，老天也觉得麻烦，于是派下
"重"和"黎"来，使"重"管神的事，"黎"管人的事；那就
是说，人对天有什么请求向"黎"去说，"黎"再通过"重"
向天请求，这是巫的职责专业化，此后平民再不能直接和上帝交
通，王也不兼神的职务了。"重"和"黎"实巫之始祖。巫既然
是代表人民向上天祈福，必须长于舞蹈以事天神，故《说文》
云："巫，女能事无形，以舞降神者也。"巫当然不仅是女人，
而舞的确是巫的专长，在甲骨文中"無"（舞）字本来就是
"巫"，也正是一种舞蹈的姿态——夾（《殷虚文字甲编》，第75
页，九六九·三·〇·〇〇六二），珊（同上书，第285页，一
一七九·三·〇·〇五一七）。史出于巫，所以太史公司马迁自
叙"上及重、黎"。

　　关于"神"的原始意义，春秋末年的孔子虽略知其义，但

也不甚清楚了。如大禹会于会稽的故事，《韩非子·饰邪》记载
是：

> 禹朝诸侯之君会稽之上，防风之君后至，而禹斩之。

上文中的"诸侯之君"，《国语·鲁语》作"群神"，原文是：

> 吴伐越堕会稽，获骨焉，节专车。吴子使来好聘，且问
> 之仲尼，曰："无以吾命。"宾发币于大夫，及仲尼，仲尼
> 爵之。既彻俎而宴，客执骨而问曰："敢问骨何为大？"仲
> 尼曰："丘闻之，昔禹致群神于会稽之山，防风氏后至，禹
> 杀而戮之，其骨节专车，此为大矣！"客曰："敢问谁守为
> 神？"仲尼曰："山川之灵，足以纪纲天下者，其守为神；
> 社稷之守者为公侯，皆属于王者。"客曰："防风氏何守
> 也？"仲尼曰："汪芒氏之君也，守封、嵎之山者也，为漆
> 姓。"

因为孔子说"禹致群神于会稽之山"，而吴使不晓得什么是神。
孔子答道："山川之灵，足以纪纲天下者，其守为神。"他以主
山川之灵的为神，守土者为公侯。韦昭《国语注》："群神谓主
山川之君为群神之主，故谓之神也。"这全是说明古代有一种诸
侯被称作神。章太炎先生因之而分古代诸侯有"神守之国"与
"守社稷之国"，他说：

> 《鲁语》曰：山川之灵，足以纪纲天下者，其守为神，
> 社稷之守者为公侯，皆属于王者。昔禹致群神于会稽之山，
> 防风氏后至，禹杀而戮之，其骨节专车。防风汪芒氏之君，
> 守封、嵎之山者也，于周亦有任宿须勾颛臾实祀有济，盖佊
> 诸侯类此者众，不守社稷，而亦不设兵卫。……故知神国无
> 兵，而皁牢亦不选具。封、嵎小山也，禹时尚有守者，然名
> 川三百，合以群望，周之守者亦多矣。《春秋》所见财一百
> 四十余国，自幽平以上灭宗黜地者虽时有，虑不过十去二

三，非十三而亡十二也。以神守之国，营于机祥，不务农战，亦鲜与公侯好聘，故方策不能具，及其见并，盖已摧枯拉朽之势已！(《文录》一，《封建考》)

太炎先生以为古代小诸侯，多神守之国，不设兵卫。在周代任、宿、颛臾等国尚是神守之国，名山大川所在多有，所以周时神国应当不少，但因不参与诸侯之间的好聘，它们的灭亡也就不具列于方策。依照我们的观察，古代在阶级社会的初期，统治者居山，作为天人的媒介，全是"神"国，国王们断绝了天人的交通，垄断了交通上帝的大权，他就是神，没有不是神的国王。这在许多典籍上可以找到证据，如《尚书·尧典》说：帝尧曾经把舜"纳于大麓，烈风雷雨弗迷"。这曾引起许多人的迷惑，也是今古文讲解不一致的两句话。司马迁说："大麓为山林川泽。"高诱注《淮南子·泰族训》云："尧使舜入林麓之中，遭大风雨不迷也。"《论衡·乱龙》也说："舜以圣德，入大麓之野，虎狼不犯，虫蛇不害。"这全是本于孔安国的古文说。郑玄注《尚书大传·唐传》"尧推尊舜而尚之，属诸侯焉，纳之大麓之野，烈风雷雨不迷"等句云："山足曰麓，麓者录也。古者天子命大事，命诸侯，则为坛国之外，尧聚诸侯，命舜陟位居摄，致天下之事，使大录之。"又《新论·求辅》有："昔尧试舜于大麓者，乃领录天下之事，如今之尚书官矣。"又《论衡·正说》云："尚书曰：……'四门穆穆，入于大麓，烈风雷雨不迷。'言大麓，三公之位也。居一公之位，大总录二公之事，众多并吉，若疾风大雨。"这全是本于夏侯欧阳的今文说。依古文家的说法，国王要试一个人的本领，为什么放到山里去？依今文家的说法，"大录"为什么叫"大麓"？章太炎先生调和今古文的说法，以为今古文说虽有不同，而宰相地位的由来可以大麓的含义来说明，在汉代光录勋掌宫殿门户，"勋者，阍也"，而"光录"的字义又同于"衡鹿",大麓在山名和禁苑相同,掌之者是人主腹心,汉朝为天子守门的犹称光禄,这是很明白的证据(《检论》七《官统》下)。这样来解释是比较通顺的。因为国王居山,他请来的人当然要放在山麓,《尚书·盘庚》也说:"古我先王适于山。"也说明古代国王之居于山。

国王居于山而作为天人的媒介,当他与天交通的时候,有一种礼仪,其中重要的是所谓"封禅"。相传古代帝王多行封禅,齐桓公称霸时欲封禅,管仲对他说:

> 古者封泰山禅梁父者七十二家,而夷吾所记者十有二焉。昔无怀氏封泰山,禅云云;虙牺封泰山,禅云云;神农封泰山,禅云云;炎帝封泰山,禅云云;黄帝封泰山,禅亭亭;颛顼封泰山,禅云云;帝俈封泰山,禅云云;尧封泰山,禅云云;舜封泰山,禅云云;禹封泰山,禅会稽;汤封泰山,禅云云;周成王封泰山,禅社首:皆受命然后得封禅(《史记·封禅书》)。

我们不必追究这七十二代的历史真实性,但足以说明中国古代帝王多有封禅的传说。"封"和"禅"是两件事,"封"是四周的封疆,"禅"是筑坛以祭天。《荀子·正论》杨倞注云:"坛与禅同,墠亦同义。"正好说明禅的原意。封禅既然是祭天大典,为什么又一定在泰山举行?章太炎先生有说曰:

> 封禅七十二家,以无怀为最近,当是时也,天造草昧,榛薄四塞,雄虺长蝮尽为烝民害,人主方教民佃渔,以避蚳蝝之螫。毒虫渐夷,荦确东胡跨马之寇,又时时盗边圉,始作弹丸,以御不庭;此其所以封禅者,必有职矣。古之华夏,河流分其中央,以岱为齐,转东薄海,则蟠木嵎夷所来宾;东北营州以外,肃慎守徼,自太白渡海,输络东齐,南起为岱宗,朝会所均,屏候所及,帝王治神州,以是集瑞,

> 涣其号令，而征戍卒填之，因以设险守固。其封太山者，于
> 《周礼》则讲封之典也，因大麓之阻，累土为高，以限戎
> 马，其制比于蒙古之鄂博，是故封禅为武事，不为文事
> （《检论》六《原教》）。

太炎先生认为泰山是中国古代政治中心，为防戎马的侵扰，故设
险守固，"因大麓之阻，累土为高"，比于蒙古的鄂博，所以封
禅是武备，不是文事。这种说法虽然还值得商榷，但泰山一带是
古代中国的政治文化中心，夷夏部族皆不远于此。徐中舒先生在
《试论周代田制及其社会性质》一文（载《四川大学学报》1955
年第 2 期）中也说泰山一带是中国古代文化的摇篮，他说：

> 《左传》载少皞之虚在穷桑（山东曲阜），大皞之虚在
> 陈（河南淮阳），这就是龙山文化的摇篮及其延展区。黑陶、
> 拍纹黑陶，可能就是少皞氏、大皞氏的遗物。……继大皞、
> 少皞之后的有穷后羿以善射著称，这也与龙山遗物中发现矢
> 镞最多的条件相合，而低地的开发，最初也只为邻近泰山区
> 高地部族的猎场，由各个氏族公社分割为许多方形面。

这种以泰山一带地区为中国古代文化摇篮的说法，是完全可以同
意的，泰山之所以为古代宗教上的圣地，其原因不外乎此。

封禅本来是古代大事，后来农业发达，人民不居于山，国王
也不必住在山上实行封禅。但在中国封建社会的隆盛时期，仍然
是旷代大典，许多懂得古代礼仪的人是愿意躬逢其盛的，司马谈
临死时对他的儿子司马迁哭泣道：

> 今天子接千岁之统，封泰山，而余不得从行，是命也
> 夫，命也夫！（《史记·太史公自序》）

这是多么悲哀的情调啊！可见封禅一事在他们心目中的地位。

以上主要是根据传说来推论中国古代的宗教迷信。在殷商已
经有了甲骨文的记载以后，我们可以看到，这时，上帝的威权在

统治阶级中更是被肯定，它是管理自然与下国的主宰，它可以
"令雨"、"令风'、"降堇"、"降祸"；对于国家大事它有"允
诺"之权，而上帝"受祐"更是人王所希冀的事。封禅大礼在
当时也并没有忘掉，甲骨文中有：

　　　贞勿苯（米）年于邦（𤰼）𝕯（土）（《殷虚书契前编》，
　　　第四卷，第 7 页）。

最先注意这条记载的原是王国维，他说"土"假借为"社"。
《诗·大雅》"乃立冢土"，《传》云："冢土，大社也。"是很好
的说明。邦土就是邦社，也就是祭法中的国社。"邦"与"封"
在古代又是一字，而"社"、"禅"也是在形、音、义三方面全
可以相通的，所以"邦社"实即封禅，而土（社）字也正像圜
丘之祭，后来因为农业发达，封禅大典的含义也演变为祭天地的
两歧。

<h1 style="text-align:center">二</h1>

　　古籍中尚多关于大禹治水分州的记载。有关于洪水的传说，
遍及世界各地各族，巴比伦、犹太、印度、波斯以及我国的云南
彝族等，均有洪水的神话。我国古代文明滥觞于黄河流域，夏民
族又播迁流转于此地，黄河自古即多汜滥之灾，或即误以部分之
水灾为普遍之大害，遂产生治水分州等传说。最初治水之人物，
即为大禹，如《诗·大雅·文王有声》谓："丰水东注，维禹之
绩。"《诗·商颂·长发》言："洪水茫茫，禹敷下土方。"《尚
书·吕刑》言："禹平水土，主名山川。"盖在西周时，已认定
禹为首出奠定山川者，凡后人所居皆禹之迹，故"禹迹"、"禹
都"即为天下之代表名词。时代愈后，洪水的传说愈纷歧，于
是自燧人氏、颛顼以至帝尧、帝舜时，莫不有治水患的传说，而

治水的事业亦不始于禹。如传说中谓禹父鲧曾治水失败。《国语·周语》又云：“昔共工……淫失其身，欲壅防百川，堕高堙庳，以害天下。皇天弗福，……共工用灭。……有崇伯鲧，播其淫心，称遂共工之过，尧用殛之于羽山。其后伯禹念前之非度，……共之从孙四岳佐之，高高下下，疏川导滞，……”谓在禹之先已有共工及鲧治水，但皆用壅防之法而失败，以致共工既灭，鲧亦被诛。禹虽疏导成功，然传说亦谓其备极勤劳，如《庄子·天下》云：“墨子称道曰：‘昔者禹之湮洪水，决江河，而通四夷九州也，名山三百，支川三千，小者无数，禹亲自操橐耜而九杂天下之川，腓无胈，胫无毛，沐甚雨，栉疾风，置万国。’”如此劳动，尚须 13 年而功始竣（据《史记·河渠书》。《孟子》作 8 年）。随治水而来的传说，则为分划九州的事。“九州”的名称，虽已见于春秋时铜器《齐侯镈钟》及《诗·商颂》（作“九有”、“九围”等），但每州的名称及疆域划分，恐为后来所安排。试观《墨子·兼爱》提到禹治水之事，谓西以泄渠、孙皇之水，北以利燕、代、胡貉与西河之民，东以利冀州之民，南以利荆楚、于越。尚无《禹贡》九州的色彩（冀州为一固定地名，非九州中之一州），则可知《禹贡》九州之名称及划分，在墨子时尚未普及。今日所见的《禹贡》，为记禹时九州贡赋及治水刊山之书，虽非禹时实录，然亦足代表战国以前人民之古代地理观念。其中所述禹时九州为：一、冀州，二、兖州，三、青州，四、徐州，五、扬州，六、荆州，七、豫州，八、梁州，九、雍州。以今日地理约略言之，则冀州在今山西省及河北、河南之一部；兖州在今河北与山东省之一部；青州在今山东省境内；徐州在今山东及江苏省之一部；淮水以南今江苏、安徽等处，则为扬州；荆州在今两湖境内；豫州大致包括今河南省；梁州包括四川及陕西省之一部；雍州则起自今陕西省东界，并包有甘肃等地。然以上云云，特大略言之，稽考其详，则诸家考据亦未有定论。

据《史记·夏本纪》所记，禹后为启，启后为太康、中康、相、少康四君。惟《史记》于启后一段无何重要事迹之记载，若依《左传》襄公四年及哀公元年，则知夏代于后相时，曾有中绝之事，扰攘数十年，卒由少康中兴，恢复禹绩，不失旧物。盖夏自太康以后，国势已衰，东夷崛起，夷族中有有穷后羿者遂革去夏命，因夏民以代夏政。但羿固非能理民事者，淫于田猎，弃贤臣而用伯明氏之谗子弟寒浞，卒致有同样结果，以其所取夏之天下归于寒浞。浞并妻其妃妾，生子浇及豷。后相自失天下后，本依于同姓诸斟灌、斟寻。后寒浞命浇灭此二国，并杀夏后相。相妻后缗方娠，出奔于母家有仍，生子少康。少康年长为有仍牧正。时浇封于过，豷封于戈，浇又欲害少康，少康乃自有仍逃奔有虞。虞君妻以二女，封以纶邑，遂有田一成，有众一旅，建立中兴之基础。先是夏之遗臣靡，在羿死后，逃奔有鬲，至是亦出收夏之遗民，剿灭寒浞，少康卒即王位，有夏中兴之事业于以完成。

因夷、夏交争之迹，可以窥见夏族在当时的活动舞台究为何地。据历代经史学家考证，知有穷国在今山东德县北；寒在今山东潍县东北；有鬲亦与有穷相近；斟灌在今山东寿光县东北；斟寻在今山东潍县西南；有仍在今山东济宁县（即任国）；过在今山东掖县；戈不详其地，据旧说，在宋、郑两国之间，当在今河南中部；有虞与纶在今河南虞城县。我们如以地图覆接之，则知上述诸地固不出黄河下游地域。

此外，太康亦曾居斟鄩（《水经注》等书引《汲冢古文》）。后相之都城并在黄河下游。《左传》僖公三十一年云："卫迁于帝丘。……卫成公梦康叔曰：'相夺予享。'公命祀相。宁武子不可，曰：'鬼神非其族类，不歆其祀。杞、鄫何事？相之不享于此久矣，非卫之罪也。'"因帝丘本相之旧都，一旦为卫所据，故相夺康叔之享。帝丘在今河北南端之濮阳县西南；后讹为商丘，古本《竹书纪年》谓："相即位，居商丘"（《太平御览》引），有《左传》为之佐证，似可信。且后相时曾征淮夷、畎夷、风夷、黄夷等，而"于夷来宾"；少康即位，"方夷来宾"；伯杼子"征于东海"；后芬即位，"九夷来御"（均本古本《竹书纪年》），是皆夏都本在东方之证。且在《诗经》中夏之与国亦在黄河下游，如《诗·商颂·长发》云："韦、顾既伐，昆吾、夏桀。"韦、顾、昆吾，盖均夏末强国，故汤在伐夏前先征服它们。韦国在今河南滑县东南；顾国在今山东范县东南；昆吾在今河北濮阳县东，虽分处三省，地望是相近的。

至于夏的同姓国，古籍甲金文中可考者则有观、莘、杞、鄫、寒诸国。考其地望，则观国在今山东观城县，居顾国之西；莘国约在今山东曹县；杞国本居今河南杞县，后一再迁徙，至山东昌乐县；古鄫国有二：一姬姓，一姒姓。姒姓的鄫，约在今山东峄县东；姬姓的鄫，盖汉阳诸姬之一。寒国之为姒姓，则见于金文《攈古录》（卷二之二）。吴式芬引徐籀庄说，谓即寒浞之寒。

我们试一统计上述诸地，可知夏代中世的政治势力范围，在今山东、河北、河南三省间。然此疆域亦仅限于夏代中世，若至晚夏则其政治中心似已西移，换言之，即夏已迁都。其政治中心虽然迁移，但夏人并非悉数西迁，故东方尚多有其同姓及与国。

三

夏代自帝杼后，其居址不可确知。但到夏的晚年，其政治中心不在鲁西，而在今河南鞏、洛以至河东一带，则为有证有据的事。至于其西徙原因，或因黄河大泛滥不能安居，或因东夷之侵陵，皆未可知，但非举族西迁，东方仍有孑遗，后世的杞、鄫诸国便是。何时开始西迁？西迁果在何地？今试分述如下：

《左传》中有"大夏"及"夏虚"的名称，如昭公元年云："迁实沈于大夏，主参。唐人是因，以服事夏、商。其季世曰唐叔虞。当武王邑姜方震大叔，梦帝谓己：'余命而子曰虞，将与之唐，属诸参，而蕃育其子孙。'及生，有文在其手曰'虞'，遂以命之。及成王灭唐而封大叔焉，故参为晋星。"又定公四年云："分唐叔以大路、密须之鼓、阙巩、沽洗、怀姓九宗，职官五正。命以《唐诰》而封于夏虚，启以夏政，疆以戎索。"由以上记载，知晋地即大夏，亦即夏虚。杜预注谓："大夏，今晋阳县"。又谓："夏虚，大夏，今太原晋阳也。"杜注盖本于《汉志》太原晋阳注云："故时唐国，周成王灭唐，封弟叔虞。"服虔注谓："大夏在汾、浍之间。"顾炎武是服说，盖服说较近于事实。后来有人又修正服氏之说，谓实沈居大夏，当在安邑一带，而晋唐故居当在河东涑水，不涉汾、浍，其证甚多（见《周初地理考》）。先是顾栋高《春秋大事表》亦曾主张："夏虚今为山西解州之平陆县，在河之北。"与上说不甚相远。

夏代何帝始西徙，难作确切的答复。但至少在夏后皋时已居河东附近，因《左传》僖公三十二年有云："殽有二陵焉：其南陵，夏后皋之墓也；其北陵，文王之所辟风雨也。"在古代，陵墓与居所或不能相距太远，故吾人于其陵处求其居处当不致有大误。殽，杜注谓："在弘农渑池县西。"亦正夏虚附近之地。至于夏桀之国在西方，则尤有明证，《国策·魏策》："吴起云：'夫夏桀之国，左天门之阴，而右天溪之阳，庐、𪩘在其北，伊、洛出其南。'"《史记·孙子吴起列传》引作："夏桀之居，左河、济，右泰、华，伊阙在其南，羊肠在其北。"太华即今华阴的华山。伊阙，《史记·秦本纪·正义》引《括地志》谓：在洛州南十九里（在今洛阳县）。羊肠之说有三：一说在怀、潞间，《史记·魏世家》所云："昔者魏伐赵，断羊肠，拔阏与。"《正义》谓："羊肠阪道在太行山上，南口怀州，北口潞州。"一说在壶关，《汉志》："上党壶关有羊肠版。"一说在晋阳，《水经注》谓："羊肠版在晋阳西北。"三说之中，晋阳，怀、潞间两说相近，宜以壶关为是。如此则夏桀之国，西到华阴，东到济水上流，北到壶关（在今山西长治县），南至伊、洛，正包括上所云夏虚（大夏）之域也。此外，《国语·周语》有"昔伊、洛竭而夏亡"之语，《逸周书·度邑解》亦云："自洛汭延于伊汭，居阳无固，其有夏之居。"亦皆夏曾居河南西部之佐证。

综上所述，夏代中世以前，政治中心在今山东省，其势力及于河北、河南；晚期则移居河东及伊、洛流域，然而东方仍有其孑遗。

（曾载《绎史斋学术文集》）

《周礼》的内容分析及其成书时代

一 引言

假使《周礼》真出于周公而是西周政典的话，也只有史料上的价值，作为我们研究西周历史的一种材料。假使它不是一部西周的作品，出于后人的伪托，我们当它是一部假古董，分析它、批判它，看它还有没有一些史料上的价值。其实，无论真伪，《周礼》本身不应负责任，从《天官冢宰》以至于《秋官》（《考工记》暂除外），没有一句话说到它是西周的政典，也没有说到它是周公的书。它开头说："惟王建国，辨方正位，体国经野，设官分职，以为民极。"这是几句纲领性的说明，既没有指出武王或者成王来，也没有提到周公；它也没有说明是一部实际的政治典范，或者是一部理想的书。

把《周礼》一部书的问题当作政治史、学术史上的大问题来看，是由于经学今古文之争；而经学今古文之争基本上还是因为统治阶级本身的矛盾，造成思想上的纠纷。如果说孔子一派的儒家思想是封建领主阶级的反映，今文经学的产生反映着封建地主阶级的要求。在地主阶级起来以后，他们要求变，要求变更那已经腐朽了的封建领主制度，今文经学也正好代表这种要求。到西汉武帝以后，今文经学还是代表部分地主阶级的思想，来作推翻汉朝统治者的企图，所以从昭帝时起，社会上盛传"汉历将终"的说法，然而这种说法被王莽利用了，帮助他推翻了汉朝的统治，但新莽的设施对于地主阶级有更多的不利，于是部分地主阶级也在响应着农民起义。东汉建立后，政权完全掌握在地主阶级手中，这时他们不再要求变了，他们要巩固政权，加紧剥削，力图维护自己的阶级利益。于是代表今文经学传统的变的哲学，遭遇到一个不要求变的场面，原来反映这种思想的阶级变了，他们放弃了这种思想体系，因之今文经学在学统上遭逢不利，而古文经学兴起。我们研究王莽夺得政权的经过，知道经今文经学给了他许多方便。然而后来的经今文学派，尤其是晚清的今文学派，硬说王莽夺得政权和古文学派有关，说是由古文学派所包办。康有为就是说王莽以伪行篡汉朝，刘歆以伪经篡孔学，二者同伪，二者同篡。他又说刘歆遍伪诸经，以《周礼》及《左氏传》为主，然后遍伪诸经以作佐证（均见《伪经考》）。这是缺乏根据的说法；古文经的出现及其发展，有其社会基础及历史原因，不是一两个人能够伪造出来并且使之发达的。这些经典也不可一概而论，大体上可以分作 3 类：

（一）整部全是古文经，它本身并没有今古文的分别，如《周礼》、《左传》；

（二）部分的古文经，如《逸书》16 篇、《逸礼》39 篇等；

（三）传授上的今古之别，如《诗经》齐、鲁、韩诗是今文，《毛诗》是古文；《论语》鲁论是今文，古论是古文等。

第二类古文经已不可得，是真是伪可以不说，第三类古文经与今文经只有篇目或字句上的不同，也不是有什么根本上的歧异。只有第一类古文经书是非常突出的两部，虽然在西汉以前这两部书没有师法传授，然而却不是新莽时代伪造出来的。为什么这两部篇幅很多的书，在西汉惠帝以后，大举搜求遗经的时候，没有经师传授？这是当时和后来的人致疑于这两部书的重要原因。当今文经学最发皇的时候，本来提倡今文学的（如刘歆）为什么又推崇几部古文经？这也是使人怀疑的重要原因。《左传》是一部历史书，一般经师既不注意史学，也不了解史学，所以在《春秋》三传中，《公羊》有传人，《穀梁》有传人，这两部书注重所谓《春秋》的"微言大义"，它们鼓吹唯心论的历史哲学，它们代表了新兴地主阶级的利益，经师们可以"持以干禄"。《左传》纯粹是历史记述，虽然有时也讲些"义法"，在经师看起来是卑微不足道的。司马迁是懂得历史的人，他首先看重了《左传》，《史记》中关于春秋史和古代史的材料，很多取自《左传》，假使没有《左传》，《史记》的成书是不可想象的。司马迁就是《左传》的传人，不过他在政治上是一个失败者，一百年后，刘歆继承了司马迁的事业，又来表彰《左传》。《周礼》也是一部历史著作，是一部记载典章制度的书，并没有微言大义。西汉经师们不重视历史记载，也不重视典章制度，《周礼》所以没有传人，理由和《左传》相同。

　　今文经学虽然给王莽夺得政权许多帮助，但那里面缺少典章制度，少有可供王莽取法的地方，所以他重视《周礼》，也曾经取法《周礼》。王莽要以复古作维新，他要恢复领主封建制度，消灭和他争夺土地的地主阶级，《周礼》正好供给他一些材料。井田制也就是领主封建时代的制度，没有大地主，土地是国家的"王田"，农民是国家的农奴；所以王莽要尊重《周礼》，"以明因监"了。东汉以后，取得政权的地主阶级，希望社会能够安定，而古文经学是古代的历史与典章制度，这种学风至多只能造成讲章句的儒生，对于统治者会有帮助的，于是在东汉章帝建初八年,《周官》与《古文尚书》、《毛诗》等经同置弟子员。此后经师多是呫哔小儒,埋头于章句的钻研。由此知道今文经学与古文经学的兴起,各有其社会根源,虽然在不同的时间与条件下,它们全可以为地主阶级服务,然而彼此却长期地在斗争中。

二 《周礼》中的社会经济制度

我们研究《周礼》中的经济制度,不是要肯定它是某一代的实际制度,只是要说明它是《周礼》中的制度。研究的结果如果和某一时代的制度相当,也不能说明《周礼》就是某时代的著述,因为当我们还没有判定它是一部实录或者是一部托古书以前,还不能遽下断语。就《周礼》的内容说,它有着奴隶制残余材料,但奴隶不是主要生产者。周礼中有"人民"可以买卖,证明这些"人民"不是自由人。《地官·质人》中说:

> 质人掌成市之货贿、人民、牛马、兵器、珍异。

这上面的"人民",自来经解全说成奴隶。在春秋以及战国时代有几种人是可以买卖的,一是俘虏,《庄子·徐无鬼》说南伯子綦的儿子梱遇盗,被刖而卖到齐国;一是妾,《檀弓》中记载子硕曾经请求卖他庶弟的母亲;一是犯罪的人,《国语·吴语》有:"王乃命有司,大徇于军曰:'谓二三子归而不归,处而不处,进而不进,退而不退,左而不左,右而不右:身斩,妻子鬻。'"这全是处于奴隶地位的人。虽然奴隶的来源不一,然而最重要的来源是俘获,《秋官·朝士》说:

> 凡得获货贿、人民、六畜者,委于朝,告于士,旬而举之,大者公之,小者庶民私之。

所谓"得获",是指战争中的得获说,《左传》定公九年有云:"凡获器用曰得,得用焉曰获。"《公羊》昭公二十三年也有

"君……生得曰获,大夫生死皆曰获"的记载,这全是说战争中的得获。大的得获,即是说重要的物资和成年的人民,归于公家;小的得获,即不重要的物资和没有成年的人民,归于私人所有。

无论奴隶的来源如何,他们是罪人的身份,在《周礼·秋官》中有许多专管奴隶的机关,《司厉》说:

> 司厉掌盗贼之任器货贿,辨其物,皆有数量,贾而楬之,入于司兵。其奴,男子入于罪隶,女子入于春槀。

奴隶就是罪人,所以"罪隶"一名,几乎是专称了。《周礼·秋官》中有罪隶120人,是罪犯而罚作官奴者。《左传》襄公二十三年说:"裴豹隶也,著于丹书。"杜预注云:"盖犯罪没为官奴。"这是正确的解释。《鹖冠子·世兵》说:"百里奚官奴官。"也是指罪隶说。《周礼》中又有许多女奴,如《天官》中的女酒、女浆、女笾、女醢、女醯、女盐、女幂;《地官》中的女春抌、女槀;这些全是官奴婢。他们不从事主要生产事业,是家内仆役的性质。俘获奴隶的对象以外族为主,所以有蛮隶、闽隶、夷隶、貉隶等职别,另外有罪隶,他们全归司隶所辖。司隶的职掌如下:

> 司隶掌五隶之灋,辨其物而掌其政令,帅其民而搏盗贼。役国中之辱事,为百官积任器,凡囚执人之事。邦有祭祀、宾客、丧纪之事,则役其烦辱之事。掌帅四翟之隶,使之皆服其邦之服,执其邦之兵,守王宫与野舍之厉禁(《秋官·司隶》)。

这一机构中有中士2人,下士12人,府5人,史10人,胥20人,徒200人,他们的任务多半是"烦辱之事"。一直到汉朝置司隶官,还是"将徒治道沟渠之役"。其余五隶也全是管些"烦辱之事",或者管输送,如罪隶;或者看守王宫,如罪隶和蛮隶;而所有蛮隶、闽隶、夷隶和貉隶全管畜牧的事。这是些奴隶的头目,他们还管辖着许多奴隶。他们是俘自"四夷"的,"四夷"的经济生活,比当时中原地区为落后,中原是农业生活了,他们还过着畜牧生活,所以要他们来管畜牧。

研究上述关于奴隶的材料,我们初步可以得到如下结论:

第一,这些奴隶,没有从事农业生产的,他们不从事于主要生产事业,他们所管的事,或者是为了贵族的享受,如女浆、女酒;或者是看守门户,如罪隶,蛮隶;或者是服贱役,如司隶的职掌;或者是管畜牧,如夷隶、貉隶。同时我们知道《周礼》中的主要生产是农业,奴隶而不从事于主要的生产,意味着这不是典型的奴隶社会。

第二,由于奴隶可以买卖,又因为小的奴隶可以归于私人,我们断定其中有私人奴隶的存在。因为这是一部叙述政府组织机构及其职能的书,很少关于个人的记载,所以关于私奴隶的情形不详细;但我们推测私奴隶也不是从事于农耕的,因为尚有大批农奴存在。以下将要讨论到。

第三,关于奴隶的称为,有几处"人民"的记载,其意义就是奴隶;但不能说《周礼》中的"人民"全是奴隶,"人民"仍然是一个广泛的称谓,包括着自由民、农奴和奴隶。

《周礼》中虽然有奴隶而不是奴隶制社会,从事于主要生产事业的是农民,在《周礼》中叫作"甿",《地官·遂人》说:

> 凡治野:以下剂致甿,以田里安甿,以乐昏扰甿,以土宜教甿稼穑,以兴耡利甿,以时器劝甿,以疆予任甿,以土均平政。

"甿"和"氓"可以通用,《说文解字·田部》云:"甿,田民也。"正是农民的适当解释。"以田里安甿","以土宜教甿稼穑,以兴耡利甿"的"甿",很明显是指住在田野而从事农耕的人。

新来的农民按着土地的等级授地，可以免去征役。《地官·旅师》说：

> 凡新甿之治皆听之，使无征役，以地之嫩恶为之等。

在春秋末以及战国时代，各国君主都希望招徕新的农民，增加他们的劳动力，增加他们剥削的对象。《孟子·滕文公上》说许行"自楚之滕，踵门而告文公曰：'……愿受一廛而为氓'"。《吕氏春秋·高义》也说："墨子于越，欲自比于宾萌。""宾萌"是客户的意思，也就是"新甿"。"甿"或者叫做"野民"，除了耕田以外，还要担任许多力役，如战争和打猎，《地官·县正》说：

> 若将用野民，师田行役，移执事，则帅而至，治其政令。

"野民"就是住在田野的农民，他们的地位高出于奴隶，在《周礼》中往往把"夫家"（农民）放在"人民"（奴隶）的上面，《地官·县师》说：

> 县师掌邦国都鄙稍甸郊里之地域，而辨其夫家、人民、田莱之数，及其六畜、车辇之稽。

"夫家"，《周礼》注疏认为指"男女"说，既然放在"人民"的上面，可以解释"夫家"的地位比奴隶高。有什么证据可以说明"夫家"是农民？《地官·遂大夫》说：

> 遂大夫各掌其遂之政令，以岁时稽其夫家之众寡，……以教稼穑。

遂大夫稽查"夫家"数目的多少而教以稼穑，那么一定是农民了。这些"夫家"全是授田的对象，《地官·遂人》说：

> 辨其野之土：上地、中地、下地，以颁田里。上地夫一廛，田百亩，莱五十亩；余夫亦如之。中地夫一廛，田百亩，莱百亩；余夫亦如之。下地夫一廛，田百亩，莱二百

亩；余夫亦如之。

这上面的"夫"是指有妇的男子说，代表独立的一家；或称作"家"，《地官·大司徒》说：

> 凡造都鄙，制其地域而封沟之，以其室数制之。不易之
> 地家百亩，一易之地家二百亩，再易之地家三百亩。

这是以"家"作单位。由此可以知道，无论是"夫"是"家"是"夫家"，全指农民说。这些农民以耕田为生而没有土地，要领主们授给他。这些农民的行动是不自由的，假使他们要徙于他乡，必须"为之旌节而行之"，没有旌节的，关上便须呵问，查出来是要下狱的（见《地官·比长》）。而孟子却把这种情形说成农民的美德，他说：

> 死徙无出乡，乡田同井，出入相友，守望相助，疾病相
> 扶持（《孟子·滕文公上》）。

这说明了农村自耕农民的农奴化，束缚在领主的土地上没有人身自由了。

《周礼》中关于田制的记载共有 4 处（《考工记》除外），计为：《大司徒》、《小司徒》、《遂人》及《大司马》。《大司徒》和《遂人》原文已如上引，《小司徒》说：

> 乃均土地，以稽其人民，而周知其数。上地家七人，可
> 任也者家三人；中地家六人，可任也者二家五人；下地家五
> 人，可任也者家二人。

又《夏官·大司马》说：

> 上地食者参之二，其民可用者家三人；中地食者半，其
> 民可用者二家五人；下地食者参之一，其民可用者家二人。

以上 4 处记载，就内容来说，可以分作两类，《大司徒》和《遂人》是记载授田的数目；《小司徒》和《大司马》是一类，记载着每一家可供力役的人。据《大司徒》的规定，地有不易、一

易、再易的分别；据《遂人》的规定，田有上、中、下和莱的差异。所谓不易就是年年耕作而地力不衰，等于上地；一易是一年耕种、一年休息，等于中地；再易是二年休息、一年耕种，等于下地；"莱"，据郑注是"休不耕者"。两种记载比较，《遂人》一夫上地田 100 亩莱 50 亩是和"不易之地家百亩"有差异的，但就上下全文来通盘考虑，是可以解释的。《大司徒》一开头就说，"凡造都鄙"，可见所指是都鄙田制。都鄙，据各家注疏，全是说公卿大夫的采邑。就上下文来看，上面说建邦国封诸侯、下面说到设置采邑，也是合理的。《遂人》所说是六遂的制度。为什么《遂人》中上地 100 亩外，还有 50 亩莱？原文没有说明，这可能在乡遂首先实行了三圃制耕种法。此外在《遂人》中有关于余夫的规定，"余夫"的解释虽然有种种不同，但惠栋以为"余子"（余夫）就是庶子的说法，最为正确；解释为一家已有正夫受田，尚有余子娶妇也可以受田，是讲得通的。亩数多少据原文应当是同于正夫，但孟子说余夫受田 25 亩，所以有人解释《周礼》中的"余夫"也应是 25 亩，不然与正夫相同，在许多方面不好解释。

说到都鄙，说到六遂，在王畿内还没有说到六乡。郑玄注《周礼·小司徒》以为六乡的制度与六遂同，那么王畿内的田制都说到了，侯国的制度是不是同于王畿？依照《周礼》封建诸侯的制度，其内部组织，大体是王畿千里的缩小，中央是封君的都城，周围近者为乡，乡的外围为遂，五等封的规模是：

公国，方 500 里，有三乡三遂；

侯国，方 400 里，有二乡二遂；

伯国，方 300 里，有二乡二遂；

子国，方 200 里，有一乡一遂；

男国，方 100 里，有一乡一遂。

乡遂以外当然也有卿大夫的采邑，每一个诸侯全是一个具体而微的王国，所以它的井田制度也是相同的。

井田制度有完备的沟洫系统，专门讲求水利设施。《小司徒》记载道：

> 乃经土地而井牧其田野，九夫为井，四井为邑；四邑为丘，四丘为甸；四甸为县，四县为都。

这上面说到井田与地方制度的规划而没有说到沟洫制度，《考工记·匠人》道：

> 九夫为井，井间广四尺深四尺，谓之沟。

这可以补充《小司徒》的记载，但与《遂人》的说法不同，《遂人》说：

> 凡治野：夫间有遂，遂上有径；十夫有沟，沟上有畛；百夫有洫，洫上有涂；千夫有浍，浍上有道；万夫有川，川上有路，以达于畿。

郑玄对于这不同的记载，解释一为采地井田，一为乡遂井田。然而这乡遂的沟洫制度就形式论不成其为井田，程瑶田就曾经这样说过，因为10夫受田千亩，不能成方。那么乡遂和采地的田制是否在形式和内容上有所不同？我以为乡遂基本上是自由农民居住，不行助法，而采地是农奴居住，要实行劳役地租。沟洫制度，固然可以排除水患，也可以用来灌溉，增加农业上的收获。

这些农民有了自己的份地；有了比较完备的水利系统，生产会很发达吧？但他们一无耕牛，二无铁器，生产工具是很原始的，因之生产力水平很低。《地官·里宰》有道：

> 以岁时合耦于锄，以治稼穑，趋其耕耨。

所谓"合耦于锄"，即两人相助而耦耕。《论语》："长沮、桀溺耦而耕。"和《诗经·周颂》："亦服尔耕，十千维耦。""其耕泽泽，千耦其耘。"全是耦耕。一人的力量有限，必得两人合粗而耕，这是没有牛耕的证明。《周礼》中也曾有利用牛的地方，比如《秋官·罪隶》：

> 凡封国若家，牛助为牵傍。

这是指利用牛从事运输，而没有说到牛耕。《地官·牛人》关于牛的用途有较详细的说明道：

> 牛人掌养国之公牛，以待国之政令。凡祭祀，共其享牛求牛，以授职人而刍之。凡宾客之事，共其牢礼积膳之牛。餐食宾射，共其膳羞之牛。军事，共其犒牛。丧事，共其奠牛。凡会同、军旅、行役，共其兵车之牛与其牵傍，以载公任器。凡祭祀共其牛牲之互与其盆簝以待事。

这里面的牛有3种用途：一是作为祭祀的牺牲；一是作为肉食；一是驾车。《诗·小雅·黍苗》："我任我辇，我车我牛。"《书·酒诰》："肇牵车牛远服贾。"也是说用牛来驾车。贾公彦的《周礼正义》就说《周礼》中没有谈到牛耕（原文是说周时没有牛耕，他以为《周礼》是周朝的作品）。

《周礼》中也没有关于铁器的记载，《地官·卝人下》说：

> 掌金玉锡石之地，而为之厉禁以守之；若以时取之，则物其地图而授之。

《卝人》和《秋官·职金》联事，《职金下》说：

> 职金掌凡金玉锡石丹青之戒令，受其入征者，辨其物之媺恶与其数量，揭而玺之，入其金锡于为兵器之府，入其玉石丹青于守藏之府。

全是以金玉锡石并称而没有铁。关于"金"，依《说文解字》的解释，固然可以说作五金，然而这是汉人的说法。《周礼》以金、锡并列，正是青铜器时代的铜与锡。《周礼》中的"金"，解释为铜，没有丝毫困难，而没有铁的痕迹。春秋末年已经发现用铁，如鲁昭公二十九年晋国铸铁刑鼎，是很有名的故事。春秋末年也曾经有过牛耕，比如孔子弟子冉伯牛名耕，司马耕字子牛，全是很好的证据。在春秋末年已经发现的事，《周礼》中还没有踪迹，这意味着一种事实，《周礼》的作者至少对于这两件事还不熟习。

农民的负担，就是说领主们对于他们的剥削程度如何，据《天官·大宰》的记载道：

> 以九赋敛财贿：一曰邦中之赋，二曰四郊之赋，三曰邦甸之赋，四曰家削之赋，五曰邦县之赋，六曰邦都之赋，七曰关市之赋，八曰山泽之赋，九曰币余之赋。

9 种赋敛大体上可以分作两类，从"邦中之赋"到"邦都之赋"，全是田赋。"邦中"指城郭以内说；"四郊"指近郊远郊说，距王城 100 里以内；"邦甸"是六遂所在，距王城 100 里到 200 里地带；"家削"指距王城 200 里到 300 里地带，有公邑和采地；"邦县"指 300 里到 400 里地带，有公邑和采地；"邦都"指 400 里到 500 里地带，也有公邑和采地。其余 3 种赋在性质上有些不同。"关市之赋"是"司市"、"司关"所敛的财贿。"山泽之赋"是山林川泽的地征，由"山虞"、"泽虞"、"川衡"、"林衡"来收敛。"币余之赋"是政府机关法定用款的余额，由职币来收敛。赋税的比率，据《地官·载师》说：

> 凡任地，国宅无征，园廛二十而一，近郊十一，远郊二十而三，甸削县都皆无过十二，唯其漆林之征，二十而五。

以上共分 6 级。国即城，国宅据郑玄说指官家宫室及官吏治所而言，不收赋税；"园廛"指城中与近郊的民居及场圃而言；"近郊"、"远郊"同属"六乡"；"甸、削、县、都"就是指"邦甸"、"家削"、"邦县"、"邦都"说；"漆林"的税率最重，因为它是天然长成，用力少而所得的利益多。这段说明了乡遂等区的自由农民比以外的农奴负担较轻。

综合起来说，这税率是重的，领主贵族们完全是剥削者，他们不出任何赋税，"国宅无征"的国宅，也包括领主贵族的私人住宅在内，是不出赋税的。孙诒让《周礼正义》引沈彤的话道：

> 国谓城中宅，即公卿大夫士之所居也。……言所以无征者，于贵者优之也。

贵者本来贵了，还要优待，这是封建社会最不合理的制度之一。其余除了园廛的二十而一以外，主要税收对象从近郊的十分之一到邦都的十分之二，税率是很重的。《汉书·食货志》引魏文侯时李悝的话，计算战国初年农民的生活情形，说农夫一家5口，耕田100亩，一年得粟150石。除租税15石，余135石。一人每月食一石半，5人每年共食90石，余45石，每石卖钱30，得钱1350。除祭祀赛会用钱300，余钱1050，每人衣服用钱300，5人共1500，不足450。疾病、死伤、天灾、赋敛等意外费用，都还不算在内。这是战国初年的情形，十分之一的租税，农民们已经负担不了，假使是二十分之三，或者是十分之二，负担加倍，农民的困苦又将如何。况且实际税率还不止此！

由以上的叙述，我们知道农民是《周礼》中讲到的主要生产者，是领主贵族生活的担当者。《周礼》中统共讲到哪些贵族？他们中间分成多少等级？他们彼此间的关系如何？在《周礼》中除了周天子和他的卿大夫以外还有许多封建诸侯，诸侯的名称是：公、侯、伯、子、男。名称有五，是不是分成五等？讨论这些问题，要牵涉到王莽、刘歆和康有为。《汉书·王莽传》有这样的话：

> 莽乃上奏曰："明圣之室，国多贤人，故唐虞之时，可比屋而封。……今制礼作乐，实考周爵五等地四等，有明文。殷爵三等，有其说，无明文。孔子曰：'周监于二代，郁郁乎文哉，吾从周。'臣请诸将帅当受爵邑者爵五等，地

四等。"奏可。

康有为在《王莽传辨伪》内说：

> 用歆《周官》说也。按孔子之礼，则公侯百里，伯七
> 十里，子男五十里；分土唯三。《孟子》、《王制》俱同。
> 《春秋公羊》说，则伯子男同等，爵三等而已。

康有为这些话，在好多地方有问题，他最疏忽的地方，是王莽的
"爵五等、地四等"的制度，根本和《周礼》不相干，而康有为
说他是本于《周礼》。《周礼》记载诸侯封土有两处，一处说：

> 凡建邦国：以土圭土其地而制其域。诸公之地，封疆方
> 五百里，其食者半。诸侯之地，封疆方四百里，其食者参之
> 一。诸伯之地，封疆方三百里，其食者参之一。诸子之地，
> 封疆方二百里，其食者四之一。诸男之地，封疆方百里，其
> 食者四之一（《地官·大司徒》）。

这明明是封地五等。另一处说：

> 凡邦国千里，封公以方五百里则四公，方四百里则六
> 侯，方三百里则七伯，方二百里则二十五子，方百里则百男
> （《夏官·职方》）。

这也同样的是封地五等。全部《周礼》内并没有周爵五等地四
等的记载，想不到康有为这样疏忽。在《周礼》内不特是封
爵五等地四等而且是封爵三等地五等。《公羊》的爵三等是公一
位，侯一位，伯、子、男同一位。《周礼》不同，它以公为一
位，侯、伯为一位，子、男为一位。《周礼》中关于诸侯的等
位，莫不以此为标准，如《春官·典命》云：

> 上公九命为伯，其国家官室车骑衣服礼仪，皆以九为
> 节。侯、伯七命，其国家官室车骑衣服礼仪，皆以七为节。
> 子、男五命，其国家官室车骑衣服礼仪，皆以五为节。

《周礼》中的所谓"命"，等于魏晋以后的"品"。那么，公为

九命，侯伯七命，子男五命，正是爵名五而三等。此外关于诸侯的礼仪，也莫不等别为三。过去也曾经有人看到这一点，《周礼正义》引陈君举的话道：

> ……虽周亦三等也。……大抵公一位，侯伯一位，子男一位。司服有公之服，侯伯之服，子男之服。掌客有公之礼，侯伯之礼，子男之礼。行人叙诸伯，则曰如诸侯，诸男则曰如诸子。而司仪赞见，公于上等，侯伯于中等，子男于下等；则亦三等，校然著见矣。

据此，《周礼》中的爵分三等，是没有疑问的了。其中诸侯等级就表面上看，唯一可以区别为五的地方是《春官·典瑞》：

> 公执桓圭，侯执信圭，伯执躬圭，……子执谷圭，男执蒲圭。

关于此，《周礼正义》卷三十五引易氏的话道：

> 上公九命，故桓圭九寸；侯伯七命，故信圭躬圭七寸；子男五命，故谷璧蒲璧五寸；皆命数也。

以圭璧与命数相配合，见于《周礼·秋官·大行人》原文，易氏的话是正确的；这依然是爵三等，并没有例外。因此我以为新莽分封爵土是本于《孟子》和《王制》，全是封爵五等，地四等；虽然《孟子》、《王制》和新莽的制度大同而有小异，是可以解释得通的。

以上这些诸侯全是领主，有支配其封内土地和农民的权力，虽然在政治上要接受周天子的制裁，在经济上对周天子有纳贡的义务。关于纳贡，《秋官·小行人》记载道：

> 令诸侯春入贡，秋献功，王亲受之，各以其国之藉礼之。

贡物的种类在大宰和大行人中有较详细的记载。朝贡以外，正常的赋税，直接从农民身上剥削得来的劳动果实，天子和诸侯又如何分配？《地官·大司徒》道：

> 诸公之地，……其食者半；诸侯之地，……其食者参之
> 一；诸伯之地，……其食者参之一；诸子之地，……其食者
> 四之一；诸男之地，……其食者四之一。

这是有关于赋税的处理也分作三级，据郑众的意见，"其食者半"，
是"公所食租税，得其半耳"。余以此类推。而郑玄则以为，"大
国贡重，小国贡轻"，"其食者"云云，是指周天子说。先后两郑
的意见，正好相反。清代的江永赞成郑众的意见，他说：

> 先郑（郑众）谓其食者为诸侯，后郑（郑玄）谓其食
> 者为天子。以文势言之，"土其地"、"制其域"凡云"其"
> 者，皆指侯国，则"其食"亦当指侯国，先郑之义为长
> （孙诒让《周礼正义》引）。

孙诒让也赞成江永的说法。其实这种说法也没有什么证据，只是
就文法构造上立说。而《左传》昭公十三年说：

> 昔天子班贡，轻重以列，列尊贡重，周之制也。

列尊者贡重，相反，列卑者贡应薄，正和后郑的意见相同。顾颉
刚先生曾经对春秋时代的职贡有很好的说明道：

> 春秋之世，王纲解纽，齐、楚、晋、秦、吴、越各争为
> 伯主，其所以争者，非特以会盟执牛耳为荣也，亦以便于榨
> 取弱小。襄二十九年《传》记晋女叔侯之语曰："鲁之于晋
> 也，职贡不乏，玩好时至，……史不绝书，府无虚月。"昭
> 十三年《传》记郑子产争于晋曰："行理之命无月不至，贡
> 之无艺，……贡献无极，亡可待也！"鲁与郑皆服于晋，而
> 不胜晋之诛求，月必有贡，鲁郑贡之无艺，晋人府无虚月，
> 质以《周语》之文，是直以王者待晋而以侯服自待。鲁郑
> 如此，同时他国之服属于伯主者，何莫不然，此伯国之所以
> 日侈而小国小民之所以不堪。襄二十七年弭兵之会，子木谓

向戌"请晋楚之从交相见也"。谓晋所属国亦贡于楚,楚所属国亦贡于晋;易言之,两伯既志在争贡以兴战祸,弱小诸国,惟有双方纳贡以求弭患耳。故是时季武子使谓叔孙以公令曰"视诸滕",杜注:"两事晋楚则贡赋重,故欲比小国。"即据此一事观之,弱小之受经济侵略,其严重宁可言耶!(《浪口村随笔》卷二)

《周礼》中所描绘的天子,高于春秋时代的伯主,那么周天子对于诸侯的榨取情形,诸侯和天子间的经济关系,由此可以得到有力的说明,而当时伯主属国,愿下比而不愿上同,也足见大国贡重之一斑,结合到《周礼》食贡的分配,当以郑玄的说法较为合理。

三　《周礼》中的政法制度

在上一节中,我们研究了《周礼》中的经济制度,适应于这种社会经济制度的上层建筑,政治与法律,是这一节研究的对象。根据上一节研究的结果,这种经济制度和春秋时代的实际情形相当(尤其是齐国)。在春秋末年,因为生产力有了进一步的发展,社会经济制度也起了变化,领主阶级逐渐走向衰亡。这些是《周礼》的作者所不愿意谈到的事;即使是看到了,也不愿意这种情形在《周礼》中出现,在《周礼》中仍然维持着领主阶级的地位。铁器,《周礼》的作者也许知道了,但没有记载;牛耕也在拒绝着。没有土地的买卖,而奴隶的买卖仍然流行。这不是春秋末年以后的情形。虽然我们说过,即使能够证明《周礼》的制度和某一个时代相当,也不能就说它是某一时代的实录,然而明确了它的经济制度,可以帮助我们了解其中的思想体系。作者既然以封建领主制作为基础,那么所描绘的上层建筑,是否适应于这种基础？虽然他也许意识不到一定的上层建筑必须适应一定的基础，毕竟是存在决定了意识，《周礼》的作者被领主封建的社会意识所支配着，在其著作中所表现的思想，和封建领主制不能相违。这就是我们研究了经济制度，继续研究其中政治和法律的原因。

《周礼》中最高统治者是周王，政府中的官制，有所谓天、地、春、夏、秋、冬等六官。六官的长官，有天官冢宰，地官司徒，春官宗伯，夏官司马，秋官司寇，冬官司空。在表面上看，六官好似平列，实则天官地位要高出于五官。《周礼·天官·大宰》称："大宰之职，掌建邦之六典。"这六典是无所不包的。原文说：

> 一曰治典，以经邦国，以治官府，以纪万民。二曰教典，以安邦国，以教官府，以扰万民。三曰礼典，以和邦国，以统百官，以谐万民。四曰政典，以平邦国，以正百官，以均万民。五曰刑典，以诘邦国，以刑百官，以纠万民。六曰事典，以富邦国，以任百官，以生万民。

以上教典即地官职掌，礼典即春官职掌，政典即夏官职掌，刑典即秋官职掌，事典即冬官职掌。六官职掌全统于天官，天官的职务实统辖其余五官。

《周礼》六卿兼军将的职务，《夏官·司马》说：

> 凡制军，万有二千五百人为军，王六军，大国三军，次国二军，小国一军，军将皆命卿。

这里面有两件事可以和春秋时代的制度相印证，一是"军将皆命卿"的制度，与晋国的制度相同，也和齐国《管子》"因内政寄军令"的制度相同。二是王六军、大国三军等制度和《左传》的记载相合。《左传》襄公十四年说：

> 晋侯舍新军，礼也。成国不过半天子之军，周为六军，

诸侯之大者，三军可也。

关于军队的组织形式，《夏官·司马》道：

> 二千有五百人为师，师帅皆中大夫。五百人为旅，旅帅
> 皆下大夫。百人为卒，卒长皆上士。二十有五人为两，两司
> 马皆中士。五人为伍，伍皆有长。

依此类推，则 5 师为军，军 12500 人，6 军共 75000 人。自基层
上数，5 伍为"两"，"两"就是兵车一乘。古代兵车一乘，甲
士 10 人，步卒 15 人，甲士 2 伍，步卒 3 伍。选强壮武勇者为甲
士，又选其尤勇者，居车上 3 人，左持弓矢主射，右持矛主击
刺，中间主御，是为甲首。《左传》所谓"获其……甲首三百"
（桓六年）与"甲首三千以献于公"（哀十一年），甲首就是甲
士之首。其余甲士 7 人，居于车的左右，步卒 15 人在车后。这
25 人为一乘的制度与春秋及春秋以前的制度相合，孙诒让说：

> 以二十五人为一乘，按之诸书皆合。方叔南征，车三千
> 乘，每乘二十五人，三千乘得七万五千人，是王六军之制
> 也。《春秋》襄十一年作三军，明以前无三军。《诗·闵宫》
> 言公徒三万，僖公时止二军也，二军二万五千人，言三万举
> 大数也。……每乘二十五人则千乘适二万五千人，是为二
> 军，并将重车者计之，适三万也。《孟子》言武五虎贲三千
> 人，是甲士三千，每乘车甲士十人，故革车三百两也。《韩
> 非子》言武工素甲三千与纣战，亦一证也。又《左氏》闵
> 二年传云，师车三百乘，甲士三千人；《管子·乘马》云，
> 一乘四马，白徒三十人奉车两，皆无不合（《周礼正义》卷
> 五四）。

周王统辖着一支庞大的武装部队，所以对于诸侯掌握制裁的
大权。这一点和春秋时代的周天子徒拥虚名者不同。《大司马》
所载"九伐之法"，即为对于诸侯的制裁：

> 以九伐之濂正邦国：冯弱犯寡则眚之，贼贤害民则伐之，暴内凌外则坛之，野荒民散则削之，负固不服则侵之，贼杀其亲则正之，放弑其君则残之，犯令凌政则杜之，外内乱，鸟兽行则灭之。

这不是徒拥虚名的天子能够有的权力。为了加强王国与诸侯间的关系，更有朝觐会同等礼仪。《大宗伯》说：

> 春见曰朝，夏见曰宗，秋见曰觐，冬见曰遇，时见曰会，殷见曰同，时聘曰问，殷頫曰视。

四时朝觐是诸侯照例到京都拜见周王的礼仪。四时以外的会同是周王临时的召见。《秋官·大行人》更记载朝觐会同的内容道：

> 春朝诸侯而图天下之事，秋觐以比邦国之功，夏宗以陈天下之谟，冬遇以协诸侯之虑，时会以发四方之禁，殷同以施天下之政。

四时的朝觐主要是布置和检查，时会是战时发布"九伐之法"，殷同是大会诸侯发布政令。朝觐的次数，据《大行人》的记载，依九服距离的远近而有不同。《周礼》中的诸侯，因距王畿远近而有九服的划分。九服或称为九畿，《夏官·大司马》说道：

> 乃以九畿之籍施邦国之政，职方千里曰国畿，其外方五百里曰侯畿，又其外方五百里曰甸畿，又其外方五百里曰男畿，又其外方五百里曰采畿，又其外方五百里曰卫畿，又其外方五百里曰蛮畿，又其外方五百里曰夷畿，又其外方五百里曰镇畿，又其外方五百里曰蕃畿。

这里称作"九畿"，《夏官·职方》则称之曰"九服"。侯服中的国家每岁一见，甸服二岁，男服三岁，采服四岁，卫服五岁，蛮服六岁。除了朝觐以外，周王为了加强统治，尚有巡守，《大行人》记载道：

> 十有二岁，王巡守。

巡守的时候，究竟做些什么事情，没有明白记载，《夏官·职方》说：

> 王将巡守，则戒于四方，曰："各脩平乃守，考乃职事，无敢不教戒，国有大刑。"

这恐怕是一种实地检查，所以先诰诫四方，要注意自己的职守，如果不谨慎，国家是有大刑的。除了巡守以外，每隔一两年王与诸侯间总会有些来往的，在《大行人》中有着详细记载。诸侯对于周王除了朝觐会同，接受制裁，还要纳贡，这在上节中已经有了说明，另外在《天官·冢宰》及《秋官·大行人》中也可以看到关于贡的类别。

以上我们考察了《周礼》中有关政治的制度，并且作了一些说明。《周礼》中的周王不同于春秋时代的天子，那时天子实在等于"告朔之饩羊"，对于封建诸侯不特没有制裁的大权，而且常被强大的诸侯所胁持。战国时候更不成样子，地位等于三等以下的小诸侯了。《周礼》的作者要建立起一个有机体的封建帝国，虽然在九服以内分布着许多大小不同的诸侯，然而这些诸侯在周王的统辖下，他们不是独立国家的君主，一切生杀予夺的大权全操在周王手内。《天官·大宰》说：

> 以八柄诏王驭群臣，一曰爵以驭其贵，二曰禄以驭其富，三曰予以驭其幸，四曰置以驭其行，五曰生以驭其福，六曰夺以驭其贫，七曰废以驭其罪，八曰诛以驭其过。

此所谓"驭群臣"，不仅指王朝的群臣说，诸侯及诸侯国的卿大夫也包括在内。一方面周王有授爵封侯的大权，另一方面也有制驭和诛杀的大权。八柄，归纳起来就是赏罚二柄。《韩非子》的《二柄篇》说："今人主非使赏罚之威利出于己也，听其臣而行赏罚，则一国之人皆畏其臣而易其君，归其臣而去其君矣。"

《周礼》八柄即《韩非子》二柄的前身。在《管子》中有"六秉"的说法,《小匡篇》说:

> 管子曰:"昔者圣王之治其民也,谨用其六秉,如是而民情可得,而百姓可御。"桓公曰:"六秉者何也?"管子曰:"杀生贵贱贫富,此六秉也。"

六秉就是六柄,《国语·齐语》记载这段话就是六柄。从管子起一直到李斯,许多法家都有这种主张。他们提倡中央集权,提倡君主专制,而中央集权的君主专制的国家也就不容许有许多独立侯国存在,这是先秦时代大一统思想的起源。这一种思想,这一种要求,和新兴地主阶级的兴起不可分,这代表了他们的要求,为了商业上的便利,希望全国统一起来;为了巩固既得利益,希望一个强有力的中央政府,当然也希望一个地主阶级中的大地主来作他们的君主。这种统一的要求,是合于大多数人民愿望的,也是合于社会发展规律的。春秋中叶以后的社会发展,正朝着这个方向走,到了秦始皇统一六国,意味着新兴地主阶级的统一要求的实现。这种愿望和这种思想萌芽于春秋,那时新兴地主阶级抬头了。到战国时候,这个阶级的势力越发膨胀起来,这种思想的影响也日益扩大。《周礼》的作者在经济基础上虽然顽固地维持领主制的封建社会,在政治体系上却附合于新兴地主阶级的要求。这是《周礼》本身的矛盾,是过渡时期容易发生的矛盾。是大小领主们组织起来的政府,怎么能够出现强有力的政权?那些大大小小的领主们各有各的军队,各有各的土地和人民,所有的诸侯全会变成独立的王国,哪里会接受周王的制裁?领主阶级崩溃了,新兴地主阶级组织起来的政府,军队统一,兵刑分开,才能够有统一的集权的中央政府。但在《周礼》的经济基础上打算有那样的政府,岂非南辕北辙?

因为《周礼》的作者希望有一个强有力的中央，而中央君主可以掌握制裁的大权，所以在《秋官·司寇》中表现的是一个严刑峻法的国家。那些法律条文，没有一一举出来的必要，我们只是举出它的几个要点来。首先，每年正月大司寇要颁刑法于天下，《大司寇》说：

> 正月之吉，始和，布刑于邦国都鄙，乃县刑象之法于象魏，使万民观刑象，挟日而敛之。

这不是一件平常的事，春秋晚年才开始公布刑法。第一次是公元前535年郑子产铸刑书，第二次是公元前513年晋赵鞅铸刑鼎，都曾引起当时人的反对。在公布刑法之前，是兵刑不分的，用刑就是用兵，每一个诸侯或者采邑主手下有兵就可以用刑。新兴的地主阶级还没有兵权，当然是处于受刑的地位，他们不满于兵刑不分，要求公布刑法，这对于旧的领主是不利的，所以晋大夫叔向说：

> 民知争端矣，将弃礼而徵于书，锥刀之末，将尽争之（《左传》昭公六年）。

孔子也说道：

> 夫晋国将守唐叔之所受法度，以经纬其民，卿大夫以序守之。民是以能尊其贵，贵是以能守其业，贵贱不愆，所谓度也。……今弃是度也，而为刑鼎，民在鼎矣，何以尊贵？贵何业之守？贵贱无序，何以为国？（《左传》昭公二十九年）

这是站在领主的立场说话。在兵刑不分的时代，礼和法也是不分的，非礼就是犯法，犯法就要用刑，用刑就是用兵。兵刑分开，礼法也分开了，这是一件事的两面。《中庸》说："礼仪三百，威仪三千。"礼仪是礼，威仪是刑，所以《吕刑》说："五刑之属三千。"《周礼·秋官·司刑》掌五刑之法二千五百，"墨罪五百，劓罪五百，宫罪五百，刖罪五百，杀罪五百"。依《汉书·刑法志》说，《周礼》五刑二千五百为中典，《吕刑》五刑三千为重典。《周礼》作者是严刑峻法的主张者，解释《周礼》五刑为中典，实在有些牵强。《秋官·大司寇》曾主张"刑乱国用重典"。所谓轻、中、重三典，实指运用说，不是指三种不同的刑法。

此外，由《周礼》所述的刑法中可以看出当时的主要矛盾，其中为了防止农民暴动，规定出许多特殊条文，如《秋官·禁暴氏》职掌：

> 禁庶民之乱暴力正者，挢诬犯禁者，作言语而不信者，以告而诛之。

"乱暴力正"，"挢诬犯禁"，凡是对统治阶级不利的举动，都在重刑禁断之列。农民暴动，的确是领主的心腹之患，要时常加以防备，《地官·族师》道：

> 五家为比，十家为联；五人为伍，十人为联；四闾为族，八闾为联，使之相保相受，刑罚庆赏相及相共，以受邦职，以役国事，以相葬埋。

这是很严格的监视农民制度。《管子·立政》有云："十家为什，五家为伍，罚有罪不独及，赏有功不专与。"和《周礼》的意义相同，同一编户的人员，要彼此共同负责，可赏可罚的举动，大家有分。又《禁藏》云："辅之以什，司之以伍，伍无非其人，人无非其里，里无非其家，故奔亡者无所匿，迁徙者无所容。"这更表现出古代中国专制主义的特色。把农民严密地组织起来，互相监视，他们被束缚于乡里土地，逃亡无所，这是领主对于农奴的统治。同时我们也更会知道，防备农民，是封建时代法律的最大特色。表现在当时的法律面前，领主贵族和农民也是不平等的，《秋官·小司寇》说：

> 凡命夫命妇不躬坐狱讼。

命夫命妇全是贵族，他们可以不受法律的制裁。《小司寇》又说：

> 以八辟丽邦灋，附刑罚。一曰议亲之辟，二曰议故之
> 辟，三曰议贤之辟，四曰议能之辟，五曰议功之辟，六曰议
> 贵之辟，七曰议勤之辟，八曰议宾之辟。

对于这 8 种特殊人物，全有包庇的办法。所谓"亲"、"故"、"贵"、"宾"，全是贵族，其余"贤"、"能"、"功"、"勤"，也是属于贵族阶级的；庶人中的贤、能、功、勤，是很少被人重视的。领主很少有受刑罚的可能，所以说"刑不上大夫"。《周礼》的作者虽然在努力维持旧的阶级秩序，然而旧秩序已经日趋崩溃了。由领主贵族降为庶人或奴隶的史不绝书，《周礼》作者也没法抹杀这种事实，于是他空想出一条不合实际的法律，《秋官·司厉》说：

> 凡有爵者，……不为奴。

这当然不会有效。于是他要求对破坏秩序者处以极刑，这类条文是随处可见的。

四　《周礼》中的学术思想

这一节首先谈的是历法问题。因为农业的进展，要求有更精密的历法，于是在春秋以后有许多新的历法产生。如果我们弄清楚《周礼》中的历法，对于解决《周礼》的著作年代问题，也有莫大的帮助。中国历法发达起来是很早的事，根据甲骨文的记载，殷商历法已经不是创作，渊源所在是可以考索的。在相传古代的历法中，黄帝、夏、殷、周、鲁五术全是承袭周制，托名分化，不是真正的古历。《颛顼历》，根据近人研究，存有占术的成分最多，且与殷代历法有密切关系，本来面目和祖甲以前的历制，大体相合。所不同的地方，不在基本的法制而在于三正问

题，即《颛顼历》用夏正，以建寅月为正月；殷代提前一月，以建丑月为正月；后来的宗周，更提前一月而建子。三正的不同本来无关于历法的基本内容，但"改正朔，易服色"，是封建王朝欺骗人民的手段之一，所以三正问题，也是中国历史上的重要问题，同时也是学术史上纠缠不清的疑问。"三正"最早见于《尚书·甘誓》，原文说：

> 大战于甘，……王曰："……予誓告汝：有扈氏威侮五行，怠弃三正。……"

相传这是夏启征伐有扈的誓词。这三正如果是建子、建丑、建寅三正，顾颉刚先生曾有意见道：

> 五行与三正对举，简直是汉人的易服色改正朔的论调。试问夏为寅正，商才改用丑正，周才改用子正，无论伐有扈的是谁，总是夏王，那时尚没有商周二正，他的誓文中怎么已说了三正呢？就算照了董仲舒的曲解，说建寅、建丑、建子三种历法是夏以前本来有的，夏、商、周不过顺了三统的次序循环沿用，但是夏王用的只是寅正，有扈氏如有不奉正朔之罪，也只能讨罚他的怠弃寅正，怎能说"怠弃三正"呢？而强迫他连过去及未来的丑正，子正也一齐奉守了呢（《五德始终说下的政治和历史》）。

这真正有些费解，所以顾颉刚先生有此论调。梁启超在《阴阳五行说之来历》中不说《甘誓》本身有什么问题，而解释原文为"威侮五种应行之道，怠弃三种正义"。其实"三正"在春秋时代已经成了一专用名词，它代表着通行的3种历法，也意味着3种正确的历法，说有扈氏的罪过"怠弃三正"是讲得通的。不过这不是夏初应有的观念，《甘誓》是后人的追记，把后来的命题放在古代了。至少在春秋时代，社会上盛传三正说，《左传》昭公十七年梓慎说：

火出，于夏为三月，于商为四月，于周为五月。夏数得
天……

这里面各有一月的差异，就因为有三建的不同，孔子也曾经说
过：

颜渊问为邦。子曰："行夏之时，乘殷之辂，服周之
冕，乐则《韶》《舞》，……"（《论语·卫灵公》）

这也同于"夏数得天"的论调。所谓夏历，春秋时代的晋国曾
经实行过，当时宋用殷正，杞用夏正，晋以姬姓国也用夏正。晋
国的历法显然和周、鲁不同，在《左传》及《竹书纪年》中都
可以看到。春秋和春秋以前，因历法本身也不断在发展中，曾经
有过不同的历法是没有问题的。在科学不发达的时代，一方面改
进不能彻底，同时历法也和迷信顽固地结合，以致新的历法有
了，旧的还不能去掉。而且这些历法的产生也有地区的不同，所
以同时可以有几种历法存在。

从春秋往上推，殷周两代改进历法的情形，还可以看得出
来。周文王三十五年之正月，犹奉殷代正朔；武王即位，遂有新
历的制定。我们参考武成月日，在一二月伐纣时所记用殷正，到
殷正三月乃改为周正四月，由此可知他们的月建不同。殷代历法
也曾经根据更古的历法而有所改进，这种更古的历法，实在是后
来传说的《颛顼历》，也就是夏历，这种历法的特点是：

（一）以晨初为一日之始，这是《颛顼历》的特点之一，六
历中黄帝、夏、殷、周、鲁、皆以冬至为岁首，朔旦为月首，夜
半为日首。

（二）以正月合朔立春为历元，黄帝等五历皆以中气冬至为
历元，《颛顼历》独以节气立春为历元，此亦其特点之一。

（三）以无节之日为置闰标准。

（四）闰月置于岁终。

这些特点是《颛顼历》的本来面目，在殷代历法中还可以考出它的痕迹。西周时代，据《逸周书·周月解》的记载，在某些方面也在使用夏历，《周月解》说：

> 越我周王，致伐于商，改正易械，以垂三统，致于敬授民时，巡狩祭享，犹自夏焉。

虽然没有更有力的证据，然而在春秋时代，的确有人在为夏历宣传，或者有的地方在应用它。即以《春秋》经传而论，经所载晋时，每后传两月。《竹书纪年》是三晋的产物，也用夏历，杜预以它和《左传》比较说：

> 庄伯之十一年十一月，鲁隐公之元年正月也，皆用夏正建寅之月为岁首（《春秋经传集解后序》）。

《周礼》中的历法正和《周月解》的记载相同，有夏正和周正同时存在着，《春官·大史》说：

> 正岁年以序事，颁之于官府及都鄙。

据《尔雅》说："夏曰岁，周曰年。"戴东原的意见，以为"夏数得天，故殷周虽改正朔仍兼用夏正，周用夏不用殷，故举岁年不及祀。岁也者夏时也，以建寅为孟春，年也者周以建子为正月也"（《戴东原集》卷一），有正岁和正月的歧异，是因为有建子、建寅两种历法的不同。弄清楚西周以至春秋历法不统一的现象，自然容易解释，然而后来解经的人，对此仍然有不同的意见，归纳起来，有下列几种说法：

（一）正岁是夏正，正月是周正说。这是比较普遍的说法，郑众、郑玄都这样主张，贾公彦疏《宰夫》说："先郑亦以正岁为夏之正月。"

（二）正岁是周正，正月是夏时说。这正和以上的说法相反，《周官心解》卷三《凌人》条说："此经时月皆夏正，《汲书》、《周月解》所谓敬授民时，巡狩祭享，犹自夏者也。唯正岁为周正子月，凡正月皆寅月为夏首春。"

（三）正岁、正月皆周正说。《周礼正义》卷四引吴德芳的话道："郑康成每以正岁为夏正建寅之月，正月之吉为周正建子之月。窃以为不然。周以建子为正，凡事皆用本朝正朔，若知有不可行处，依前参用前代正朔，则不必建子可也。经中言岁终，则继之以正岁为建寅，则岁终非建亥，周家自废其正朔矣。若以岁终为建亥，即始终有接续，无缘住两月也。正月之吉为周正一岁之始无疑，事有非朔日可行，故云正岁，不拘朔日亦可。"

（四）时从夏，月从周说。夏炘在《释周礼时月》文内说："向治《尚书》、《春秋》，雅不喜蔡九峰商人不改月，胡文定夏时冠周月之论，亦不喜刘质夫改月不改时之说。及读《周礼》，凡时皆从夏正，月皆从周正，一似周实改月不改时者。细绎其故，……《周礼》六典，是为礼书，礼非周公独造，皆渊源唐虞二代，朝觐、祭祀、田猎、稼穑之类，古人悉以建寅起数，变从周时，即为不顺。"

（五）夏时、夏月或周时、周月说。毛奇龄《经问》说："问三正递改，宋儒俱谓但改正朔而不改时月。先生谓时月俱改，历引其说于《尚书》、《春秋》诸传中，可谓详且尽矣。"

（六）《周礼》夏时不可信说。万斯大《学春秋随笔》："诸家之周正者，有民俗用夏时之说，多本《汲冢书》所言。……及《周礼》有正月、正岁与周诗时月皆夏时为说。愚谓既改正朔，则普天率土，民俗咸遵，无周民用夏时之理。……《周礼》多伪不足凭。周诗时月皆周正，以为夏时者，后儒之理也。"

以上这6种说法，可以归纳成两项来研究：一个是正岁与正月的问题，一个是时与月的问题。在《周礼》中既然有正岁和正月的分别，当然有它不同的意义。关于这一问题，我同意先后郑的意见，以为正岁是夏正，而正月是周正；这正月和《春秋

经》"春王正月"的意义相同。《周官心解》内蒋载康把它掉转
过来实在牵强得很，他说《周礼》中的时月全是夏正，正月是
建寅的正月，而正岁则是建子的正月，他并且解释道：

> 小宰正岁帅治官之属观治象，则建子之月，在此正月
> 前两月，令官先观於前，而后令民观之，亦一定之次第
> （《周官心解》卷二）。

他根据这么一条不很充分的证据，就下了结论，结果他遭遇到许
多困难，而没法解释。按《周礼》行文的惯例，总是先说正月，
次岁终，次正岁，比如：

> 乡大夫之职，……正月之吉，受教灋於司徒。……岁
> 终，则令六乡之吏，皆会政致事。正岁，令群吏考灋于司徒
> 以退（《地官·乡大夫》）。

> 州长，……正月之吉，各属其州之民而读灋。……岁终
> 则会其州之政令。正岁则读教法如初（《地官·州长》）。

如果正月是建寅，正岁是建子，为什么这样颠倒？岁终如果是亥
月，为什么放在寅月后面？岁终如果是丑月，为什么放在寅月前
面？这些矛盾，他没有方法解决，于是他说有些正岁是刘歆的伪
造，他在《天官·凌人》条说：

> 按正岁二字刘歆所增，当删去。此经时月皆夏正，《汲
> 书》、《周月解》所谓敬授民时，巡狩祭享，犹自夏者也。
> 唯正岁与周正子月，则致伐于商，改正易械，以垂三统之义
> 耳。故此经唯正岁为子月，与《春秋》王正同。……乃刘
> 歆校经妄意周月当准《春秋》，更以正岁为夏正，见此官十
> 二月斩冰，谓周十二月即亥月始冰时，未可以斩，遂肆笔于
> 十有二月上，增窜正岁二字。意谓必如此方是周之丑月，而
> 岂知正为周之亥月乎？迷谬颠倒至此，歆之罪大矣。

这些话说明蒋载康自己的错误，他先有了正岁是建子的前提，于

是说"正岁十有二月"是周的亥月，等于夏历的十月，水始结冰，哪里就能够斩呢？于是他说这是刘歆作鬼，其实是他自己糊涂了。在《地官·大司徒》条他又说：

> 正岁子月，此节二十七字当在岁终十一字之前，断属刘歆妄易。

他因为说《周礼》是夏时、夏月，岁终应当是丑月，丑月不应当在正岁子月的前面，于是只好说是刘歆妄易。在《周官心解》内这种例子很多，非常专断而没有理由。他这样专断，反而可以说明正岁一定是建寅了。因为正月是子月，岁终是丑月，正岁是寅月，所以行文之际，总是"正月、岁终、正岁"这样排下来，上下连贯，是没法更动的。

由于有正月和正岁的不同，使我们知道《周礼》中有两种不同的历法。然而这两种历法是怎样运用的？时与月究竟是从周还是从夏？宋儒有三正递变，但改正朔而不改时月的说法，秦历就是如此，《史记·秦楚之际月表》可以作证。清朝学者则有时从夏，月从周及时月俱改的两种说法，上引夏炘的说法是前一种，而曾钊的《周礼注疏小笺》云：

> 钊谓周初改正朔，实未改时，此经岁终实为夏之季冬，……经言岁终每与正岁相连。又《天府》云："季冬陈玉，以贞来岁之媺恶。"则岁皆为夏名可知。周曰年此曰岁者，正所以别乎周之年也。……《天官·司裘》："中秋献良裘，王乃行羽物。"……《虞书》、《月令》皆用夏时。

这同于夏炘的意见，王引之也有类似的见解，他们全以为《周礼》中的春夏秋冬仍然是根据夏的历法，没有什么改变，比方说夏历一、二、三3个月是春天，《周礼》的春天也是这3个月，春天的中气有惊蛰、春分、清明等。那么《周礼》中的月是什么月？夏炘以为是周月，曾钊没有明说，王引之说：

> 盖周以建子之月为正月，其二月则建丑之月，而夏之岁
> 终，其三月则建寅之月，而夏之正岁也。故正岁、岁终用夏
> 时之名，而先岁终而后正岁，则周月之次序也（《经义述
> 闻》卷八）。

他以建子之月为正月，是一年的开始，同于夏炘的说法。这是有
道理的。假使以夏正岁作为一月，十一月是周正月，十二月是岁
终，排列的次序应当是，正岁→正月→岁终。而这是和《周礼》
的次序不合的，所以我们说这种说法有其道理。然而在周历中有
一条记载却是这种说法的大障碍，《天官·凌人》说：

> 凌人掌冰，正岁十有二月，令斩冰，三其凌。

这所谓十二月是以正岁为首的十二月，换句话说，是夏正的十二
月。《周礼》中既然明白地有夏正十二月，可见《周礼》是夏时
又是夏月。清人的说法是否无一是处？我有另外一种看法，如果
《周礼》中仅有一种历法，通篇是夏时、夏月，《凌人》条尽可
以不必标出"正岁十有二月"来，既然标出，反而证明另有周
月的存在。以此我以为在《周礼》中有两种历法存在，这不同
的历法表现在岁首和月份上有所不同，而不表现在四时的划分
上。完全把《周礼》中的月当作周月或者是夏月，都不合《周
礼》的事实。由于这种不同的历法，也可以证明这是出自春秋
末年或者是战国时期的作品，秦汉以后再没有两种历法并存的时
代，如果出于刘歆、王莽的伪造，他们不会伪造出两种历法来。
春秋战国时代是有这种情形的，《左传》中就有许多例证。《诗·
七月》也有两种历法存在。《周礼》的作者一方面在遵循周的正
朔，一方面又通行夏历，根据事情、内容的不同，历法也随之而
异，比如说斩冰，周正十二月，开始结冰，还不能斩，所以特别
标出夏正十有二月来。我们既然可以证明《周礼》中存在两种历
法，关于清人所主张的时月俱改说，也就不攻自破了。

　　此外，《周礼》中的宗教信仰，也是我们要研究的问题。在氏族社会中已经有了自然宗教的产生，在殷商以后，有了至上神的崇拜，就是说，在阶级社会形成后，反映在宗教上也是不平等的。殷商贵族以为至上神就是他们的始祖，所以天神崇拜也就是祖先崇拜。到了西周，祖先崇拜和上帝崇拜分开了，虽然也崇拜祖先，但祖先只是配享上帝，正如《诗·周颂·思文》所谓："思文后稷，克配彼天。"这在宗教史上是一个很大的变迁。这变迁的原因，在殷商奴隶社会形成后，社会上分为贵族奴隶主、自由民及奴隶等不同的阶级，反映在宗教界也分作这些阶级，贵族的祖先是至上神，自由民的祖先是一般天神，奴隶的祖先就是天神的侍者了。西周封建社会形成后，在这一个庞大的封建国家内包含着许多不同的部族，在这不同的部族内原有不同的信仰，各有各的祖先，也就是说各有各的上帝。如今统一于一个封建国家内，如何来安插这些不同的上帝？作为统治者的周人当然不会说殷人的祖先是他们的上帝，他们也不愿把自己的祖先说成是殷人的上帝。周朝统治者，如何把宗教信仰作为他们统治的工具，如何来改革宗教上的观念以适应新的环境，是颇费斟酌的。从西周初年起，他们已经把祖先崇拜与上帝崇拜分开；这种划分是和大的封建国家之建立不能分的。天上的组织形式不过是人世间国家机器的反映。在战国时代，齐、秦曾一度称为东帝、西帝，社会上也盛传着古代五帝说，以为在夏商以前，曾经有五帝统治人间，于是反映在宗教上也有着五帝存在。上帝是西周原有的，五帝是后来增加的。这五帝和上帝的关系如何？他们是否也是上帝？究竟有几个上帝，是一，是五，是六？曾经引起郑玄和王肃的激辩（不同时的争辩），永远也辩论不出结果来，因为这是毫无依据的事，不过是宗派之争罢了。

　　《周礼》中记载五帝的祭祀共有9处：（一）《天官·大宰》，

（二）《天官·掌次》，（三）《地官，大司徒》，（四）《地官·充人》，（五）《春官·小宗伯》，（六）《春官·司服》，（七）《秋官·大司寇》，（八）《秋官·小司寇》，（九）《秋官·士师》。近代学者有人以为祀五帝的典礼兴于秦，因而说《周礼》的著作年代在秦以后，这是很机械的说法，也可以说为《周礼》的记载在前，而秦的祀典是接受它的影响。我以为五帝的祭祀和五行的观念也有关联，而五行的学说，恰好先盛行于燕、齐一带。《周礼》是齐国的作品（详见下文），它奉行五帝的祀典，不是意外的事。有人以为先有了祭祀五帝的事实，才能够见之于典籍，是片面的说法。如果说秦祀四帝是五帝的起源，那么秦的四帝，又是从哪儿来的？是秦的土著？也是由东方传去的。先秦祀典，或者是《周礼》中的祀典，许多是古代传留下来的自然崇拜与迷信，如《春官·大宗伯》说：

> 以青圭礼东方，以赤璋礼南方，以白琥礼西方，以玄璜礼北方。

这是较为原始的自然崇拜，也是相生的五行说，这就是五方帝的起源。在殷商的甲骨文中，我们已经可以看到五方的观念，如帝乙、帝辛时卜辞说：

> 己巳王卜，贞今岁商受年。王咸（占）曰：吉。
>
> 东土受年；
>
> 南土受年；
>
> 西土受年；
>
> 北土受年（《殷契粹编》九〇七）。

这是有关于东、西、南、北四方受年的记载，也有关于"中商"的记载，武丁时卜辞说：

> 戊寅卜，王，贞受中商年。十月（《殷虚书契前编》八，十，三）。

中商就是商，拿来和东西南北四方并列，使我们知道当时有中、东、南、西、北五方的崇拜。这是五行学说的主要来源之一。在战国时代五行学说的系统中有五方帝说，如《墨子·贵义》说：

> 帝以甲乙杀青龙于东方，以丙丁杀赤龙于南方，以庚辛杀白龙于西方，以壬癸杀黑龙于北方。

这是和五方帝有关的五行神，《史记·封禅书》谈到了五方帝：

> 秦襄公既侯，居西垂。自以为主少皞之神，作西畤，祠白帝。……其后十六年，秦文公东猎汧渭之间，卜居之而吉。文公梦黄蛇自天下属地，其口止于鄜衍。文公问史敦，敦曰："此上帝之征，君其祠之。"于是作鄜畤，用三牲郊祭白帝焉。……作鄜畤后七十八年，秦德公既立，卜居雍，后子孙饮马于河，遂都雍。雍之诸祠自此兴。……其后（德公以后）四年，秦宣公作密畤于渭南，祭青帝。……其后（缪公以后）百余年，秦灵公作吴阳上畤，祭黄帝；作下畤，祭炎帝。……栎阳雨金，秦献公自以为得金瑞，故作畦畤栎阳而祠白帝。

这样已经有了四帝，到汉高祖二年立黑帝，而五帝俱全。这是和东方的影响、方士的宣传分不开的，当然也是秦的社会具备了这种条件。《史记·封禅书》说：

> 邹子之徒论著五德终始之道，及秦帝而齐人奏之，故始皇采用之。

五行学说由于邹子之徒的进献，五帝的祭祀也和五行学派有关。因此我们不以为《周礼》的祀典受有秦人的影响，反过来说，秦人有受了《周礼》影响的可能。

五帝的祭祀既然是由五方的崇拜演变而来，所以祀五帝于四郊是当然的结果。《周礼·春官·小宗伯》说：

> 兆五帝于四郊。

四郊指都城的东、西、南、北郊而言，和《吕氏春秋》的东郊迎春，南郊迎夏，西郊迎秋，北郊迎冬的说法近似，全是和五行学说分不开的。我们不能把五方帝和四郊的祭典分开，而以为分郊祀五帝，除《周官》及《吕氏春秋》有相类似之说外，更无切实可靠的证据，因而说《周礼》是接受秦的影响，说《周礼》祀五帝在秦祀五帝以后。《周礼》除了五帝祀典外，还有"昊天上帝"的祭祀。上帝的崇拜由祖先崇拜游离出来以后，有了至上神的祭典，还有五方帝的祭典。在原始自然宗教的演变上，到阶级社会形成后，反映出至上神的观念，而因为封建国家的成立，封建割据的存在，在上帝外又有五方帝的产生。从思想系统本身的发展来说，五方帝又是和五行的系统分不开的。这在上面已经加以分析。《周礼》中的昊天上帝，或简称曰天，或曰上帝。《春官·大宗伯》说：

　　以禋祀祀昊天上帝。

又《春官·司服》说：

　　祀昊天上帝则服大裘而冕，祀五帝亦如之。

可以知道祀昊天上帝之礼和五帝礼之相同。这是调停两种祀典还没有整理出来新的系统的结果。到秦汉以后这两种是分出高下了。由此也可以说明《周礼》的相对年代。

　　因为《周礼》中存在着两种月建，有两种历法，所以在《周礼》中也有冬至祭和立春祭，这和既祀上帝又祀五帝是同样性质，它一方面接受官家的历法，实行冬至祭，一方面保存民间的习惯，而行立春祭。周人祭天本在冬至，《礼记·郊特牲》云：

　　周之始郊日以至。

这是说冬至祭天。而郑玄注《周礼》还有不同的说法，《春官·典瑞》郑注云：

　　玄谓祭天，夏正郊天也。

《魏书·礼志》又引郑玄的话道：

　　圜丘祭昊天在冬至，南郊祭受命帝在夏正月，二者不
　　同。

此所谓受命帝应指五方帝说，如汉为赤帝子，秦为白帝子等说，
也就是谶纬书中的感生帝。《周礼》在两种月建中实行两种郊天
的大礼。如果说这是《周礼》本身的矛盾，不如说这是客观现
实的反映。由此可以说明它的时代性，也可以说明它不是刘歆、
王莽的伪造，因为在王莽时代，这些问题已经不存在了。

　　除宗教和历法以外，我们再来分析《周礼》中的思想体系。
先从五行学说谈起。过去我以为《周礼》是荀子学派所为，而
荀子这一派是反对五行的，这就遭遇到阻碍。《周礼》中是有五
行学说的，它是齐国的产物，齐国是五行学说的中心地带。我们
研究《周礼》的宗教崇拜时，已经涉及书中的五行思想，在其
他方面也有明显的五行说。五行说的盛行，是战国晚年的事，在
《吕氏春秋》中有完备的五行系统，以前除了邹衍外，有系统的
五行说还不多见。《周礼》是《吕氏春秋》以前的著作，我们在
书中当然找不到有系统的五行学说，因为五行学说本身的发展还
没有达到那一阶段。到王莽、刘歆的时代，五行学说大盛，所以
两汉时代的著作，除非是反五行者，无不侈谈五行。就这一点
说，《周礼》也不会出自歆、莽。在西汉的政治制度上，到处有
五行说的色彩，其体系之完整是远出《周礼》之上的。在《周
礼》的一些制度上没有羼杂许多五行说，正好说明它的时代性。

　　《周礼》中有它的五行说，比如《天官·疾医》有云：

　　以五味五谷五药养其病，以五气五声五色眡其死生。

后来的注疏即完全以五行学说来解释。如上引《疾医》条贾公
彦《正义》说：

> 病由气胜负而生者，谓五行之气，相胜则为病，即五行
> 传五诊之义。

又云：

> 案《月令》，春祭先脾，夏祭先肺，中央土祭先心，秋
> 祭先肝，冬祭先肾。

这种解释是否合乎《周礼》原义，当然有问题，因为早期的五行说还没有这样完备的系统，但《周礼》这一段话不能说没有五行说的意味。我们通盘检查《周礼》中的五行学说，实在是近于《管子》而稍前。如《周礼·春官·大宗伯》云：

> 以苍璧礼天，以黄琮礼地，以青圭礼东方，以赤璋礼南
> 方，以白琥礼西方，以玄璜礼北方。

这上面缺了一个中央黄色，季夏祀中央黄帝的说法，似乎在《周礼》成书时代尚未完成，所以《周礼》作者未及采用。我们拿《管子》中的五行说和《周礼》来比，正好作这样的说明。《管子》中的五行说是早期的一种，就五行说的配合上来说，它好像《十二纪》和《月令》的开创者，全书中和五行有关的篇目是《幼官》、《幼官图》和《五行》等3篇。3篇的内容合在一起，正相当《吕氏春秋·十二纪》或《礼记·月令》的全篇，而组织不完密，系统不分明，如果出自《吕氏春秋》以后，它一定会抄袭得很完善而不会这样了草。但拿来和《周礼》相比，它却比《周礼》的五行说为完备，《管子》已经是以黄后处中央，青后处东方，赤后处南方，白后处西方，黑后处北方；虽然没有五神和五后来配合，但比《周礼》是周密多了。不过《管子》的成书年代究竟和《周礼》相差不远，而且他们也都是齐国的作品，所以它们在五行说和政治制度方面有相同的地方。《管子·五行》篇说：

> 昔者，黄帝得蚩尤而明于天道，得大常而察于地利，得

奢龙而辩于东方，得祝融而辩于南方，得大封而辩于西方，
得后土而辩于北方；黄帝得六相而天地治，神明至。蚩尤明
乎天道，故使为当时；大常察乎地利，故使为廪者；奢龙辩
乎东方，故使为土师；祝融辩乎南方，故使为司徒；大封辩
乎西方，故使为司马；后土辩乎北方，故使为李。是故春者
土师也，夏者司徒也，秋者司马也，冬者李也。

在五行说的系统中而有六相的说法，是较为奇怪的，但以之和
《周礼》相比，却有许多近似的地方。这和《周礼·大宗伯》的
记载相似，《大宗伯》礼天地四方，《管子》也有天地四方之官。
六官好像独立于五行说之外，实际是在五行说中。虽然《管子》
的六官和《周礼》不完全相同，然而时间相近，地方相同，彼
此发生过影响是不成问题的。我的意见，《管子》的出现还应当
稍后于《周礼》。

　　《周礼》也是一部杂家书，它虽然有着五行说，也有法家的
气息，而一般法家是不谈五行的。在前节中我们已经谈过《周
礼》中的严刑峻法，在这里不妨稍作补充。《周礼·地官》、《春
官》、《夏官》、《秋官》屡次讲到关于法令的公布。如《天官·
大宰》：

　　　　正月之吉，始和，布治于邦国都鄙，乃县治象之灋于象
　　魏，使万民观治象，挟日而敛之。

又《地官·大司徒》：

　　　　正月之吉，始和，布教于邦国都鄙，乃县教象之灋于象
　　魏，使万民观教象，挟日而敛之。

又《夏官·大司马》：

　　　　正月之吉，始和，布政于邦国都鄙，乃县政象之灋于象
　　魏，使万民观政象，挟日而敛之。

又《秋官·大司寇》：

> 正月之吉，始和，布刑于邦国都鄙，乃县刑象之灋于象魏，使万民观刑象，挟日而敛之。

不同的机构在正月各自宣布不同的法令，这事在周初如果已经实行，当子产铸刑书、晋人铸刑鼎的时候，就不致引起叔向和孔子的讥评了。因为社会经济的逐渐发展，对于刑法的观念也逐渐在变化中。原来所谓刑法，掌握在领主阶级手里作为他们统治农民的工具，这工具可以随着他们的喜怒而有所变动。在春秋以后，新兴地主阶级出现，当他们逐渐抬头而掌握政权的时候，为了巩固他们的政权，要重新树立刑法的威信，建立起中央集权的专制国家。因之在战国时代有许多"立信"的故事，《吕氏春秋·慎小》篇记载吴起治西河，"欲谕其信于民"而徙表立信，《韩非子·内储说上》篇也记载吴起令民徙一车辕及一石赤菽的故事。不久在秦国便有商鞅徙木立信的故事。吴起、商鞅都是有名的法家，他们知道由于领主贵族之一贯不讲信用，农民对于他们所公布的法，有着不信任的思想，这对于统治阶级来说，是不利的。他们要建立威信，向农民表示他们是言出法随的，不信你来试试！

法令的公布，如上所说，是新兴地主阶级抬头的表现，因为在公布法令以前，他们也受着领主阶级的压迫。他们通过公布法令，取得和贵族平等的地位，而商鞅、吴起变法的本意也正是如此，要剥夺领主贵族的特殊地位。在这一点上，领主阶级和地主阶级是有矛盾的，而且不断地在斗争着。这些变法的提倡者大多是死在领主的手里。地主阶级一方面向领主争取法令上的平等，一方面向农民表示，他们必须信仰法令，遵守法令。这公布了的法令作为新兴地主阶级的统治工具，是再清楚没有了。新兴地主阶级主动公布法令，法令提高了他们的地位，因而他们更加重视法令。这就是法家的主要精神，也就是法家阶级性的表现。

　　虽然《周礼》中有浓厚的法家思想，但这近于荀子学派的思想体系，儒家思想也随处流露出来。《地官·大司徒》说：

　　　　以乡三物教万民而宾兴之。一曰六德：智、仁、圣、义、忠、和。二曰六行：孝、友、睦、姻、任、恤。三曰六艺：礼、乐、射、御、书、数。

所列举的"乡三物"，几乎全是儒家的道德思想。又《天官·大宰》说：

　　　　四曰儒，以道得民。

这上面的"儒"，虽然不一定是儒家的儒，但即使是泛称的儒，和儒家也是有关系的。《周礼》的作者实在是和儒家接近的法家，所以有人以为出于荀子学派，虽然这还有问题，然而学风接近，是没有疑问的。

五　成书的时间与地点

　　自从王莽表彰《周礼》以后，东汉章帝建初八年，《周礼》、《古文尚书》和《毛诗》同置弟子员，以后传授渐广。但今文经师何休之徒，还是竞相排斥，到唐朝赵匡的《五经辨惑》、陆淳的《春秋纂例》并谓《周礼》是后人的附益。宋元诸儒对于《周礼》的意见更多，清代今文家如康有为辈，遂谓《周礼》为歆、莽所伪。江中以为在汉前《周礼》的传授源流皆不能详，所以为诸儒所排斥。实则在东汉以前，《周礼》的传授源流虽然不详，但不是没有人学习并且引用，作为一个很早的证据来说，《大戴礼·朝事》篇说：

　　　　天子为诸侯不行礼义，不修法度，不附于德，不服于义，故使职方氏大行人以其治国，选其能功。

这可能就是本于《周礼·夏官·职方》：

　　　　王设其牧，制其职，各以其所能。

当然有人可以说这是《周礼》抄袭《大戴礼》，正好是《周礼》晚出的证据，然而《史记·封禅书》说：

　　　　诸儒采封禅《尚书》、《周官》、《王制》之望祀射牛事。

这里明明提出《周官》，司马迁的话也不可靠吗？他们说不可靠，崔适的《史记探源》说：

　　　　此书（指《封禅书》）录《汉书·郊祀志》而去其昭、宣以下也。

《史记》不是《史记》而是后来的《汉书》，这是崔适等人片面主观的说法，他们有一种成见，以为西汉前所见的古文经说全是歆、莽以后的伪造，所以《史记》中的古文经说会来自《汉书》。《汉书》中的古文经说就全是伪造吗？比如《汉书》的《郊祀志》记载匡衡的奏疏道：

　　　　臣闻郊柴飨帝之义，扫地而祭，上质也。歌大吕、舞《云门》以竢天神；歌太蔟、舞《咸池》，以竢地祇。

这本于《周礼·春官·大司乐》：

　　　　乃奏黄钟，歌大吕，舞《云门》以祀天神。

　　　　乃奏大蔟，歌应钟，舞《咸池》，以祭地示。

如果说这也不可靠，他们伪造到匡衡的奏疏，似乎太深文周纳了。完全相反，这一系列的证据，正好说明在歆、莽前《周礼》已经出现并且流传着。这是一部记载典章文物的书，为历史学者所推崇，所以它的命运也就同于《左传》，作为历史学派古文经学的重要经典。

　　假使我们相信崔适等人的说法，认为《周礼》出于刘歆、王莽等伪造，则将遭遇到不可克服的困难，因为王莽本人对于《周礼》还有许多误解，假使是他们自己的伪造，他们自己还有不懂的地方，这真是不可解释的矛盾。最显著的有下列几点：

（一）"三孤卿"问题。《周礼·天官·掌次》云："孤卿有邦事，则张幕设案。"这所谓"孤卿"，汉以后注疏，皆以"三孤"来解释，实则《周礼》中并没有说过孤卿 3 人，大家都沿袭了王莽的错误。《周礼》中说到三公时全表明出三的数字来，假使孤卿也有 3 人，也一定会明白说是"三孤"。通考全经说到"孤"的地方共 21 处，没有一处说到"三孤"，可见孤卿不一定3 人。此误始于王莽，《汉书·王莽传》说："置大司马司允，大司徒司直，大司空司若，位皆孤卿。"这是王莽以为孤是"三公之佐"，于是置三公司卿来仿效。班固《汉书》沿袭此误，而以少师、少傅、少保为孤卿。此后《五经异义》、《伪古文尚书》等皆仍此说而未改。假使王莽等人自己伪造了《周礼》，他们不会这样来了解的。

（二）"大合乐"问题。《周礼·春官·大司乐》云："以六律、六同、五声、八音、六舞大合乐，以致鬼神示，以和邦国，以谐万民，以安宾客，以说远人，以作动物。"王莽对于此事的了解也有问题。《汉书·郊祀志》载王莽改祭祀说："《周官》天地之祀，乐有别有合。其合乐曰'以六律，六钟、五声、八音、六舞大合乐'，祀天神，祭地祇，祀四望，祭山川，享先妣先祖。凡六乐，奏六歌，而天地神祇之物皆至。四望，盖谓日月星海也。三光高而不可得亲，海广大无限界，故其乐同。祀天则天文从。祭地则地理从。三光，天文也。山川，地理也。天地合祭，先祖配天，先妣配地，其谊一也。天地合精，夫妇判合。祭天南郊，则以地配，一体之谊也。……此天地合祀，以祖妣配者也。其别乐曰'冬日至，于地上之圜丘奏乐六变，则天神皆降。夏日至，于泽中之方丘奏乐八变，则地祇皆出'。天地有常位，不得常合，此其各特祀者也。"案莽说以大合乐为遍奏六乐，与下文分乐以至六乐六变诸文为一事，并为孟春合祀天地于南郊之乐。这种说法是很有问题的，在礼制上没有天地合祭的道理，所以孙诒让说："说甚不经。"下文分乐诸文，与大合乐也不相干，王莽主观地合在一起，是很荒谬的。

（三）"五等爵"问题。关于《周礼》中的五等爵问题，第二节中已经有所说明，现在可以再作一些补充。考《汉书·王莽传》，王莽关于封爵封地的措施，共有两处：一处是他当摄皇帝时的居摄三年，他说："周爵五等地四等有明文，殷爵三等有其说无其文。……臣请诸将帅当受爵邑者，爵五等，地四等。"康有为针对着这些话而有所论辩，但康有为的话错了，王莽并没有本《周礼》制爵封；另一处是王莽始建国四年莽至明堂，授诸侯茅土，下书曰："州从《禹贡》为九，爵从周氏为五。……诸公一同，有众万户，土方百里。侯伯一国，众户五千，土方七十里。子男一则，众户二千有五百，土方五十里。附城大者食邑九成，众户九百，土方三十里。"仍然是封地四等，而且更加明确了。这种制度不同于《周礼》，而大体同于《礼记·王制》，《王制》说："公侯田方百里，伯七十里，子男五十里；不能五十里者，不合于天子，附于诸侯曰'附庸'。"和新莽制度稍有歧异者是侯的地位及附庸问题，然而和《周礼》比较，则出入颇大。假使《周礼》是王莽伪造出来的政典，不会有这种歧异。

此外关于"屋粟"问题、"夫布"问题，王莽的设施和《周礼》皆有出入。虽然王莽等有误解《周礼》的地方，但不能说他们不重视《周礼》，在许多方面，他们采取了《周礼》的制度，尤其是关于经济方面的设施。我们说《周礼》的制作时代，是新兴地主阶级已经抬头的时代，然而《周礼》的作者却主张维持领主封建制度。事实也是如此，一直到王莽时代，领主阶层和地主阶层还有斗争，王莽改制就是这一种斗争的具体表现。王莽取消了大土地所有制，但他并没有减轻对于农民的剥削；他禁止奴隶的买卖制度，但并没有取消奴隶制度的残余。他是要恢复领主封建制的，所以他尊重《周礼》。但因为《周礼》在过去流传不广，在许多章句问题上，他们还弄不清楚。王莽等人和《周礼》的关系如此而已。

刘歆、王莽既然不可能是《周礼》的作者，那么《周礼》究竟是什么时候、什么地方的作品？根据以上的研究，我们知道它应当是战国中叶前后的作品，可能出于齐国。

第一，就它所反映的社会经济制度来看，具有领主封建社会的特点，这还是封建社会初期，有原始社会制度的残余，有奴隶制度的残余，而以封建所有制的生产关系为主流。这时主要生产者是农民，即所谓氓，领主们分配给农民以土地，但地主阶级已经产生，要求中央集权的专制主义因素有了萌芽，因之表现在《周礼》本身也呈现不可消除的矛盾。这是春秋中叶以后才发生的现象，在《周礼》中得到了反映。此外在宗教崇拜上、在五行说的系统上，全不是战国以后的体系。又因为《周礼》中存在着两种月建，这一方面反映了春秋战国时的真实情况，一方面说明它不可能是秦汉以后的伪造。

第二，《周礼》中有些法令、习惯是战国时风行的，如《秋官·衔枚氏》云：

> 禁嚾呼叹鸣于国中者，行歌哭于国中之道者。

经解家惠学士《礼说》解释道：

> 衔枚氏掌司嚾，嚾则乱，乱则师由失律。……狐援谏齐潛王而不用，出而哭国三日，王谓吏曰："哭国之法若何？"吏曰："斮。"王曰："行之。"明哭国者斮，无道之行，盖起于战国欤？

惠士奇的说法，不足证明这种法令起于战国，但在战国有禁哭国的法令是事实。又《天官·玉府》云：

> 大丧共含玉，复，衣裳角枕角柶。

"复"是招魂，《楚辞》及《礼·士丧礼》皆有招魂的记载，《檀弓》孔疏遂谓招魂是战国时的风俗。《周礼》的记载也是这时的情形，当然这和禁哭国的法令一样，可能在战国以前已经存在，而在战国以后就不流行了。这些全可以帮助我们说明《周礼》的时代性。

第三，根据其中的一些记载，成书的地点应当是齐国，如：（一）《大司寇》说："禁民讼，入束矢于朝，然后听之。……禁民狱，入钧金，……然后听之。"这是齐国的法令，见于《管子》和《国语·齐语》，《齐语》说："管子对曰：'……小罪谪以金分，……索讼者三禁而不可上下，坐成以束矢。'"其后《淮南子》也有类似记载，当亦本于齐法。（二）《小司寇》说："听民之所刺宥，以施上服下服之刑。"又《司刺》："求民情断民中而施上服下服之辠。"这和《吕刑》"上刑适轻，下服；下刑适重，上服；轻重诸罚有权"的意义相合。《吕刑》虽然还不能说出自齐国，但齐、许、申、吕全是姜姓国，彼此有密切的关系。（三）《周礼·司盟》说："盟万民之犯命者，诅其不信者。……有狱讼者，则使之盟诅。"这也是齐俗。《墨子·明鬼下》曾记载一个故事道："昔者齐庄君之臣，有所谓王里国、中里徼者，此二子者，讼三年而狱不断。……乃使之人共一羊，盟齐之神社，二子许诺，……读王里国之辞，既已终矣；读中里徼之辞未半也，羊起而触之，……殪之盟所。……著在齐之《春秋》。"惠士奇《礼说》以为《周礼·司盟》所谓"使之盟诅"之礼如此。我很同意这种说法，这也是齐俗。

以上说明了这部书和齐国的特殊关系，此外，我们还可以看出，《周礼》和《管子》有深厚的渊源，这在上节中，已有论述，今再作补充，比如：

（一）《周礼·地官·族师》有云："五家为比，十家为联；五人为伍，十人为联；四闾为族，八闾为联。使之相保相受，刑罚庆赏，相及相共，以受邦职，以役国事，以相葬埋。"《管子》也有这种记载，《立政》篇云："十家为什，五家为伍，罚有罪不独及，赏有功不专与。"又《禁藏》篇云："辅之以什，司之以伍，伍无非其人，人无非其里，里无非其家；故奔亡者无所匿，迁徙者无所容。"这种组织，在当时来说，还是原始社会的残余。我们研究春秋以及战国的历史，有这样一种认识，齐国的社会和东方各国有所不同，它的原始制度的残余特别浓厚，《管子》和《齐语》中的乡村组织，是由氏族社会遗留下来的，这也许因为它是东夷地区的缘故，在西方各国如三晋，没有这种条件，也没有这种组织。

（二）《周礼·夏官·司马》云："王六军，大国三军，次国二军，小国一军；军将皆命卿。二千有五百人为师，师帅皆中大夫。……五人为伍，伍皆有长。"这实际是"因内政寄军令"的办法，乡遂大夫以下皆为军吏。虽然详细制度和《管子》及《齐语》的记载还有不同，而基本精神是一致的。

（三）《周礼·地官·旅师》云："旅师掌聚野之锄粟、屋粟、间粟而用之。"惠士奇《礼说》以为《管子》相壤定籍，法本《周官》，"上壤者上地不易之田百亩，是为正夫，故曰锄粟。下壤者，下地再易之田三百亩，是为三夫，故曰屋粟。间壤者，中地一易之田二百亩，在上下之间，故壤曰间壤，粟曰间粟。乡遂分上中下授田，故旅师亦分上中下敛粟。"这种解释是有理由的，因而说《管子》和《周礼》有关也是有理由的。

此外凡说到《周礼》的军政，军赋的法令，注疏家往往以之和《管子》相比。在一些字句和琐碎的记载中，《管子》和

《周礼》也有许多相同的地方，都可以说明《周礼》和《管子》的密切关系。《管子》虽然不是管仲的作品，但和齐国有关是可以肯定的。

齐国在春秋初年是一个较为落后的国家。齐地本属于东夷，东夷在社会发展史上说，落后于住居在它以西的部族，当西方各族已经进入封建社会的时候，东夷可能仍然是氏族社会。齐国迁到东方来应当是周公东征以后的事，东迁以后，封建主义在东夷地区内也起了作用，在这个氏族组织内也建立起封建国家，但这是早熟的，以至于齐国到后来一直保存着氏族公社的组织，没有经过成熟的奴隶社会，奴隶制的残余也存在着。《周礼》正是这一种情况的反映。中国古代社会的发展是不平衡的，在西周以后，疆域扩大，包含的部族加多，彼此的历史条件不同，地理环境不同，在社会史的发展上也不一致。我们必须注意到这一点，才能够认识中国古代的社会性质问题，否则会混淆了问题，而得不到解决。《周礼》虽然不是一部实录，然而它反映了春秋时代齐国的现实。当然也有大部分是空想的，不切合实际的，要我们分析批判，使其中真实部分，化为有用史料。

六　小结

原来的经学虽然不分今古，但子思、孟子一派的学说成为今文经学的不祧之宗，他们提倡五行，荀子所谓"子思唱之，孟轲和之"，即指此。稍后邹衍更是五行说的大师，他受有孟子一派的影响，所以他的五行学说是先讲相生而后讲相胜的。相生说的政治主张是儒家的王道政治，这不被时王所重视，于是邹衍改变主义而提倡相胜说，主张暴力，这合乎一般统治者的要求，于是这种学说时兴起来。刘邦自从起事以来就利用了它，他的子孙也一直利用它作为巩固政权的工具。但当某一些人取得了政权而宣称取得"一德"后，他要防备没有得到政权的人正在设法取得另外"一德"而推翻他。西汉自昭、宣以后，人民生活越来越痛苦，要推翻汉家统治者越来越多，没有取得政权的地主阶级也希望浑水摸鱼，于是"汉历将终"的流言越来越盛行。王莽是一个注视着汉家天下的人，他利用着自己的社会地位、政治条件以及汉家天子的幼弱，并且鼓吹着五行学说，从而夺取了政权。

王莽虽然利用今文经学作为夺取政权的工具，但古文经学可以供给他采用的制度，他要以复古作维新，恢复领主封建社会，于是他重视《周礼》。王莽的时代正是农民与地主阶级矛盾尖锐化的时代，为了缓和这种矛盾，王莽采取了限制大地主阶级而加强王室的手段，他仿效《周礼》的井田，实行了王田制，农民全是他的农奴，并禁止奴婢的买卖。古文经学尤其是《周礼》，是在这种情形下兴起来的。自从《周礼》得到表彰以后，这部书的真伪及其成书时代，成了中国学术史上的一个存在问题。解决这一问题，给《周礼》这部书一个适当的评价，我想是应当的。我们先从经济制度说起，在《周礼》内虽然看到奴隶制的存在，但主要生产者是农民，已经不是奴隶社会了。这些农民每人使用一份土地，在他们的上面有层层贵族在统治着、剥削着他们。他们既无耕牛，又无铁器，生产力的水平很低，负担却很重。我们知道在春秋末年已经有牛耕铁器，而《周礼》中没有反映，这不是《周礼》成书时代的一个佐证么？

就学术思想而论，最突出的是《周礼》涉及的历法，其中有两种历法通行。在一个国家内同时通行两种历法，是春秋战国时的特色。在祀典中，它也表现出矛盾，既有昊天上帝的祭祀，又有五帝的祭祀，这说明封建国家内部族的复杂，不能以一族宗神作为全国的上帝。在五行学的系统中，它近于管子学说而时代稍前。这一切全说明它不是战国晚年的作品。《周礼》虽然近于杂家的作品，然而也有它的中心思想，是一部重视刑法而有儒家气息的书，因此有人以为出于荀子学派，这虽然有待证明，它出于齐国有儒家气息的法家是可以肯定的。

总结以上的论述，《周礼》可能是一部战国中叶左右齐国的书，《大戴礼》曾经引用过它，司马迁、匡衡也引用过它，无论如何不是王莽的伪造。其中记载也不完全是理想，而有着现实的反映，它可以帮助我们了解齐国的社会，了解中国古代社会发展不平衡的事实。

（原载《山东大学学报》1954 年第 4 期）

西周金文断代研究中的若干问题

所谓"西周金文断代研究"，即是青铜铭文之研究与传统文献史料相结合而进行的我国古代史研究。这一方面丰富了本来贫乏的文献史料，同时也有利于去伪存真的工作。我不是甲骨金文之专业从事者，但我是研究中国古代史的，我必须注意和采纳这方面的研究成果，取其精华，弃其糟粕。在去取之间，也就发现了这项研究工作中的若干问题，如今提出，请教于方家学者。

一 大师们的才华

近年来，在金文断代研究中成绩最多的是郭沫若先生、唐兰先生，稍后有陈梦家先生，他们的代表作是：《两周金文辞大系图录考释》（郭沫若），《西周青铜器铭文分代史征》（唐兰），《西周铜器断代》（陈梦家）。郭沫若先生是一位天才学者，唐兰先生是于学"无所不窥"的专家，陈先生稍后，也是聪明的学者。他们都已去世，但在过去，我是经常和他们接触的人，相知较深。郭沫若先生自中国科学院历史研究所成立以后就是所长，我是本所的一个研究人员，在他领导下，几十年来所得殊多。郭先生是历史唯物主义者，他理解历史发展规律，这项理解，遂为中国历史研究创造了新视野。郭先生有才有识，因为他有才，所以他既是一位伟大的诗人，又是一位卓越的历史学家。因为他有识，他在接受我国传统文化遗产方面，所得殊多。在清代汉学家中，沫若先生最赞赏孙诒让大师。在我国300年来的汉学发展史上，孙诒让是最后一位大师，也是一位最杰出的大师，章太炎誉之为"三百年绝等双"！在传统汉学中，有许多领域，他的成绩是空前的，他的《周礼正义》，他的《墨子闲诂》，是同类著作中的巅峰。尤其是《墨子闲诂》，《墨经》部分的闲诂，可以说，墨学之得以重生，得力于这部书及稍后高亨教授的《墨经校诠》。孙诒让在甲骨金文学研究上也有惊人的成绩，郭沫若先生最欣赏他的金文识字，偶有误笔，沫若先生也说："贤者难免。"沫若先生口中的"贤者"，绝不是等闲人物，而罗振玉、王国维两位先生对孙的甲骨学却有些轻视，这是不公正的。

沫若先生在金文铭辞的考释中，屡引孙说而使他心悦诚服。比如：

> 《大克鼎》考释："𤔔远能𢾅"，孙诒让谓𤔔即扰之异，𠩺乃声。𢾅乃𢼸之变，当读为埶。《国语·楚语》韦注云"埶近也"。"𤔔远能埶"犹《诗》、《书》言"柔远能迩"，言其安远而善近。[1]

沫若先生接着道：

> 王国维亦同此说，惟谓"𢾅与埶通，《尧典》'格于埶祖'，今文作'假于祖祢'知埶祢同用"。以证𢾅即为迩，

① 《籀膏述林》，七、十二。

微异。其他引证多同。①

又在《召伯毁》的考释中，沫若先生又引孙诒让说：

> "僕鄘"孙诒让云："僕古与附通，鄘古文墉。僕墉土
> 田"犹《诗·鲁颂·闷宫》云："土田附庸"。《左传》定公
> 四年之"土田陪敦"，《说文》土部作培，并声近假借，与
> 此毁借僕为附，例同。②

郭先生又说：

> 王国维亦有此说，云"敦者字之误"。③

我们再看看王国维先生的原文：

> 鄘本古文墉字。……《召伯虎敦》之"僕鄘土田"即
> 《诗·鲁颂》之"土田附庸"，《左传》之"土田陪敦"
> 也。④

王先生本于孙说，文字昭然，沫若先生只是说："王国维亦同此
说"，盖有微意，既引孙说而不注明，在近现代的著述体例中，
未免有所缺欠，我们还不必谈知识产权问题。王国维先生深知此
理，并以此严责于人。在 70 年前关于过去戴东原与赵一清校订
《水经注》，而戴有袭取赵一清的校订成果的嫌疑，王先生严厉
斥责了戴东原，说他滥用了赵一清的著作，并且说："凡此等学
问上可忌可耻之事，东原胥为之而不顾。"⑤ 胡适之先生指出这
篇文章是："一篇严厉的判决书！"所以胡先生后来用了几十年
的工大为东原翻案。戴东原是清代乾嘉学派的大师，是王念孙、

---

①　王文见《观堂古金文考释》中，《本鼎铭考释》郭文见《两周金文辞大系图
录·考释》、《大克鼎考释》。以下郭书简称《大系》。

②　孙说见《古籀余论》三、二十二。

③　见《大系》，毛公鼎考释。

④　《观堂古金文考释》。

⑤　《聚珍本戴校〈水经注〉跋》。

段玉裁诸巨匠的老师，真正是乾嘉学派中"绝等双"的人物，况且他又是超出汉学的哲学家，他不必以校定《水经注》的工作来装饰自己，他不必以校定《水经注》来名家。王先生以"可耻"来责戴东原，这不是学术上的责备，是在辱骂。王先生也在沿用孙诒让的著作，不止一处而不注出处，这和戴东原的做法又有什么不同？我们的传统道德是"躬自厚而薄责于人"，王先生是反其道而行。沫若先生洞悉其曲折，只是说"王国维同于此说"，微言所在是"薄责于人"。

唐兰先生曾在北京大学授中国古文字学，是我们的老师，博学鸿儒，受知王国维先生，王誉之为"于学无所不窥"，但唐先生在《西周青铜器铭文分代史征》中，很少引用王说，而对王的名著《生霸死霸考》持完全否定态度，唐先生说：

> 王国维《生霸死霸考》（《观堂集林》卷一）硬把一个月分为四份；初吉，既生霸。既望、既死霸。每一部分约七八天，既死霸是二十三或二十四日到月底。此说为日本的新城新藏所赞助，而不知与《逸周书·世俘解》的完全牴牾，是完全错误的。①

对于王的名著，唐先生斥之为"完全错误"。唐先生以为"既死霸朔也，既生霸望也"才对。霸（魄）既是朏，每月二日或三日月魄始生，到望为止，是"既生霸（魄）。由望以后，魄开始死，到朔为止，是既死霸，前人多误解。"②

我们合看郭、唐两位先生对于王国维先生金文学的评价，大体相同。王先生是一位国学大师，30 岁以后尽弃少作而从事汉学研究，时间不长而所得颇多。但学在积累，终因时间不长，不

---

① 《史征》卷四，下，《作册矢令簋》注释。
② 《史征》卷三，上，《作册大鼎》注释。

能如孙仲容之博大精深，"三百年绝等双"也。但王先生究为以甲骨文证史之第一人，当时正当古史辨派怀疑古史，不知有夏，遑论其前，王先生起而振聋发聩，重振夏商古史体系，其功甚伟：我们绝对不是贬低王先生，只是指出在评价古人为学方面，应有所止，戴东原不是一位不知耻的小人，王先生未免"躬自薄而厚责于人"。

唐兰先生学识渊博，著作等身。我们以为郭沫若先生以才识胜，遂多石破天惊的议论，而唐先生以博学称，且方法细致深入，所得绵密少失。同时之丁山父先生、徐中舒先生、于省吾先生各有所长，造成古文字学之兴盛时期，稍后之陈梦家先生亦饱学之士。

二　金文断代研究中的误区

金文断代研究乃用以证史，首先必须弄清它记载什么人什么时候发生什么事。但这并非易事而容易走向误区，西周青铜器中，第一件大器是所谓《大丰殷》（应作"天亡殷"，早已定名，改作《大丰殷》误）郭先生曾有释文，是：

> 乙亥，王又有大丰，王凡风三方。王祀祉于天室降，天亡又佑王。衣殷祀祉王不丕显王乍则崔相不丕希王乍则庚，不丕克三衣殷王祀。丁丑、王卿飨大图宜。王降亡助贺爵复橐觵、佳又䏝滕又有庆。每敏玑扬王休祉障白。①

这是西周开国之初，武王时代仅有的铜器之一，但关于此铭的解释却颇有异说，其中关键词是"天亡右王"一句。沫若先生原释为"天无尤王"，这本来错误，而丁山父先生却断作：

---

① 《大系》考释。

> ……王。
>
> 祀于天室、降天、亡尤。

唐兰先生也断作：

> ……王
>
> 祀于天室，降天，亡尤。

丁、唐两位先生断句相同，而于省吾先生断作：

> ……王祀于天室，降，天亡尤。①

断句各有不同，他们都是近代名家，如此歧异，实在使人惶惑不解。"天亡"是人名，刘心源已经断定，所以郭沫若先生也将旧释"天无尤王"改为"天亡右王"。这真是一字之差，谬以千里。但"天亡"这个人是谁，过去都无法指定，只能说是人，而不能指实是谁。他既能"右王"，一定是周初之大人物，历史上的名人，以此我们断定他是西周开国的元勋"太公望"。"天"与"太"古通用，而"亡"是"望"之原体，周初尚无"望"字，即以"亡"代"望"，后来"望"字即由"亡"衍生而来，在西周初只有两位"右王"的人，一个是太公之右武王，一个是周公之右成王，都有明文记载。《左传》襄公二十一年祁奚说：

> 管蔡为戮，周公右王。

周公所右为成王，而天亡所右为武王。"右"就是保佑、辅佐，这是崇高的职位，我们引用《史记》中的有关记载，就足以说明太公望之崇高的地位。《史记·周本纪》有：

> 武王即位，太公望为师，周公旦为辅，召公毕公之徒，
>
> 左右王师，修文王绪业。

而《史记·齐太公世家》更有光辉的叙述：

---

① 以上详见拙作《太公望与天亡簋》。

太公望吕尚者，……以渔钓于周西伯，西伯将出猎，卜之曰："所获非龙非彲，非虎非黑，所获霸王之辅"。……果遇太公于渭之阳，与语大悦曰："……吾太公望子久矣"。故号之曰："太公望"。载与俱归，立为师。

《诗·大雅·大明》也有颂歌道："维师尚父，时维鹰扬"。在当时"右王"者必须具备两个条件：（1）崇高的地位，（2）年龄长于王。周初具有此种条件者只有太公望。所以我们说这句话只能解作"天亡右王"，但几位前辈先生失之。岂料一失再失，以后，他们又失去周公之右成王。

西周青铜器"令彝"，是成王时代的重器，有多家释文，郭沫若先生在《两周金文辞大系图录考释》中断句如下：

佳八月，辰才甲申、王令命周公子明僰尹三事三方、受卿旊事寮。于亥令命矢告彳于周公官。公令命彳出同卿旊寮。佳十月。吉癸未、明公朝朝至彳成周、彳令舍三事令命、众及卿旊寮、众者诸尹、众里君、众百工、众者眔诸侯眔、田甸男、舍三方令命。既咸令命、甲申、明公用牲彳京官、乙酉、用牲彳康官。咸既用牲彳王。明公归自王。……

沫若先生加以解释道：

"周公子明僰"：周公即周公旦，明僰乃鲁公伯禽也。此器上称明僰，下称明公，知明僰即是明公。下《明公殷》上称明公，下称鲁侯，知明公即是鲁侯。周公之子而为鲁侯者伯禽也。得此知伯禽乃字，僰乃名，明者盖封鲁以前之食邑，犹康叔封卫以前称康侯也。……即以本铭而论，明僰受王命在八月甲申，越六十日始至成周，于成周滞留一二日复言"归自王"，则知明公不在王所，而所在地隔成周颇远，此亦足证明僰之必为伯禽，盖伯禽封于鲁复兼任王朝卿士，总摄百揆。……且明僰之名于典籍中亦有征，《左传》定四

年言封鲁公曰"命以《伯禽》而封于少暭之虚"。封康叔曰
"命以《康诰》而封于殷虚"。封唐叔曰"命以《唐诰》而
封于夏虚"。《正义》引刘炫云,《伯禽》犹下"命以《康
诰》,是《伯禽》为命书"。此说至当,今知伯禽名明僳,
乃"伯禽"逸篇之有窜入今《书洛诰》者。其"王若曰、
公、明保,予冲子"一节正是成王呼伯禽名而诰命之辞,
与《康诰》之"王若曰:孟侯朕其弟小子封"为例正
同。……

沫若先生原文最后引铭刻"敢扬明公尹毕室",解释说:"此当
以'明公尹'为一辞,盖王命明公尹三事四方,故称其号复称
其职也。'毕室'厥休,'明公尹厥休'明公尹之休也。"这些解
释,使人惊讶不已,其中还有许多使人困惑的问题,比如:

(1)伯禽乃字,僳乃名,明者盖封鲁以前之食邑,犹
康叔封卫以前称康侯也。

这没有任何证据,无论是在古文献上或者铭辞中,你能发现一位
"明保"曾经封于明?"子明保"三字是一种尊称,与"公明
保"相同。明不是地名,沫若先生只能以"盖然"之辞,作肯
定的结论,这在朴学考据中是不允许的。

(2)明保受王命在八月甲申,越六十日始至成周,于
成周滞留一二日后复言"归自王",则知明公不在王所,而
所在地隔成周颇远,此亦足证明保必为伯禽。盖伯禽封于鲁
复兼任王朝卿士,总摄百揆。

沫若先生以为明保本不在王所,六十日的路程始至成周,可以说
明伯禽即明保,因为他远自鲁来。其实则是错误的估计,如果当
时明公来自鲁地,只需短短几日的时间,当时的鲁,伯禽始封地
就在成周附近。这是傅斯年先生早已证明的问题,因为多种原
因,郭先生不会参考傅先生的著作。傅先生在其名著《大东小

东说　兼论鲁燕齐初在成周东南后乃东迁》①一文内说：

> 伯禽固已前受封，是为鲁公。鲁公伯禽之初受封，之鲁
> 三年，而后报政周公。周公曰"何迟也"？伯禽曰"变世
> 俗，革其礼，丧三年，然后除之，故迟"。……按：今河南
> 有鲁山县，其地当为鲁城之原。《鲁颂·閟官》云……"王
> 曰：'叔父！嘉尔元子，俾侯于鲁，大启尔宇，为周室
> 辅。'"此叙周之原始，以至鲁封。其下乃云："乃命鲁公，
> 俾侯于东。锡之山川，土田附庸"。此则初命伯禽侯于东，
> 文义显然。如无迁徙之事，何劳重复其辞？且许者，历春秋
> 之世，鲁所念念不忘者。《閟官》："居常与许，复周公之
> 宇"！《左传》隐公十一年秋七月，"公会齐侯郑伯伐许。庚
> 辰，傅于许。……壬午，遂入许。……齐侯以许让公。"灭
> 许尽鲁国先有之，鲁于许有如何关系，固已可疑。春秋只对
> 许宿二国称男，男者，"侯田男"也，……然则男实为附
> 庸。宿介于齐鲁之间，……此当为鲁之附庸。许在春秋称
> 男，亦当以其本为鲁附庸。……成周东南既有以鲁为称之
> 邑，其东南则为"周公之宇"，鲁之本在此地无疑也。

我以为傅先生的考证，非常正确，周灭商纣后，并没有征服所有
殷商后方的雄厚力量，沫若先生在《大系》、《明公毁》的考释
中，曾引用《史记·鲁世家》之"伯禽即位之后，有管蔡反也，
淮夷徐戎亦并兴反，于是伯禽率师伐之，于肹作《肹誓》"，用
以证明《明公簋》所记载之"明公遣三族伐东国，鲁侯有功"
之记载中的明公即鲁侯。其实这是误解，在《鲁世家》中此前
已经有：

> 管蔡武庚等，果率淮夷而反，周公乃奉成王命，兴师东伐，

---

①　见《傅斯年全集》第3册。

作《大诰》，遂诛管叔，杀武庚，放蔡叔。……宁淮夷东
土，二年而毕定。

这是在"伯禽代就封于鲁"以后的事，虽封于鲁，但不能去奄，
东方仍有反叛，于是周公东征，伯禽随之，《明公簋》所记与
《鲁世家》并不矛盾，而《逸周书·作洛解》也有：

周公立，相天子，三叔及殷东徐奄及熊盈以略。……凡
所征熊盈族十有七国。

这和《鲁世家》、《明公簋》的记载完全符合，不能以《明公
簋》中的明公为鲁侯伯禽。这时的鲁侯还居留在成周附近，未
能东去，来往需六十日的路程是指周公自宗周来。来自宗周的路
经过崤函，是有名的艰险之地，其详可看拙著《宗周社会与礼
乐文明》有关章节。还有《令彝》中的"归自王"，"王"不是
周王，是成周附近的王城，王城和成周是双星城，相去很近。总
之我以为沫若先生这篇铭文考释，实在粗疏，未免是智者千虑之
一失，因之我有《〈令彝〉考释中的几个问题》一文发表在《历
史研究》上（1959 年第 4 期），在文章里我首先提出"明保"
的定位问题，如果定错了人，将一切皆非，周初历史，只好改
写。

"明保"如何解释是一个老问题，《洛诰》中也有：

王若曰：公明保，予冲子。

这句话，自《伪孔传》以来，不得其解。《伪孔传》解作：

成王顺周公意，请留之自辅，言公当明安我童子，不可
去之。

唐宋经解以至清人疏证大体沿此线索，以"明保"作为动词，
牵强附会，解释不通。他们所以这样注解的原因，一来是在周初
找不到一位叫"明保"的人；二来是解作人名和下文的"予冲
子"又联系不起来，两个名词在一起，下面没有承接起来的动

词。后来罗振玉又引用《多方》的辞句作证，好像"明保"之解作动词，是铁证如山了（罗文见郭书引）。但事实不然，铜器中数见"明保"都是人名，沫若先生曾以之驳斥罗说。以此"明保"之为人名是可以肯定的。进一步要问他是谁了。沫若先生说已见前引，他以为"明保"是周公子伯禽，但有困难，先生又说：

> 然不幸鲁公伯禽别号明公名保之说，为历来所未闻。

而《洛诰》中又明指"明保"是周公，互相矛盾，因此，沫若先生以为《洛诰》有错简，他说：

> 其自周公曰"王肇称殷礼祀于新邑"以下，直至"王若曰公明保予冲子……夙夜瑟祀"一节，间插在王周公对话之间，与上下文义了不相属。……余谓此等辞句均周公教导伯禽之语也。……更有进者《周书》中有佚篇名《旅獒》，余以为当即《鲁诰》之讹变。①

在《大系》《令彝》的考释中，先生又说：

> 今知伯禽名明保，乃知《伯禽》逸篇之有窜入今书《洛诰》者。其"王若曰：公，明保，予冲子"一节正是成王呼伯禽名而诰命之之辞，与《康诰》之"王若曰：孟侯，朕其弟，小子封"为例正同。

成王与伯禽为兄弟行，居然称之曰：

> 公、明保，予冲子。

这是什么语气？

《尚书·洛诰》是比较凌乱难懂的一篇古文献，其中可能有错简，宋朱子也曾经说过其中有些话不知何所指。因此，宋元诸儒以至清人对之用力最勤，经过他们的大力疏通证明，这篇文献

---

① 《令彝令毁与其他诸器物之综合研究》。

的大意是可以了解的。根据金文《尚书》以及周初史实，我以为"明保"是周公本人，非他莫属，今具体疏证如下：

《洛诰》文，经过疏解，还可以说是上下文义相属。开头是讲周公相洛卜洛及和成王互相勉励的话。曾有人以为《康诰》之"惟三月哉生魄，周公初基，作新大邑于东国洛，……乃洪大诰治"等48字是《洛诰》一篇开始的脱简，有一定的道理。下面是周公请成王举行殷礼，改元宅洛而表示了自己退休的志愿；后来成王报道周公的功勋，请他居洛而自己回到宗周。如果把其中大段成王周公对话说成《鲁诰》，也没法解释"王若曰：公明保予冲子"这句话的含义，既不是周公诰伯禽，解作成王诰伯禽，也有问题。成王对伯禽不会称他"予冲子"，"予冲子"是自称而不是称人。沫若先生曾以之与《康诰》之"王若曰：孟侯，朕其弟，小子封"相比，而说"为例正同"。《康诰》本身问题很多，我们且不谈，只是就"孟侯，朕其弟，小子封"而论，这是主人对"小子封"说话，不是自称。"公明保、予冲子"是自称，对长者谦称自己是"予冲子"。如果是他称，成王对伯禽不会称他为"予冲子"，也不会自称为"予冲子"，他们本为兄弟行，对"公明保"这位摄政的周公才可能这样说。

《令彝》是"王令周公子明保尹三事三方，受卿旟寮"，这也就是总摄全国大事，当时伯禽没有这么高的地位，他只是职事于鲁。《左传》定公四年有云：

> 昔武王克商，成王定之，选建明德以藩屏周，故周公相
> 王室以尹天下，于周为睦。

这段记载是《令彝》与《洛诰》的最好注解，"尹天下"的是周公，在成王时只有他具有这种资格，在成王当政前，周公摄政；成王当政后，周公又"尹天下"。以下我们详细地谈"尹三事四方"及有关年代问题。

《令彝》开头说："佳八月，辰在甲申，王令周公子明保尹三事四方，……丁亥令矢告于周公宫……佳十月，月吉、癸未，明公朝至于成周出令。舍三事令，众卿旟寮，……众百工。众诸侯侯田男，舍四方令"。这是说明周公"尹三事四方"后，对三事四方，下了两道命令。"三事"是对百僚臣工说，"四方"是对众诸侯说。沫若先生曾经说"三事"，以为是任人、准夫与牧，而不同意旧说以为是司徒、司马、司空。这是正确的，但沫若先生对"四方"无论。我们以为《三事令》就是《尚书》中的《立政》，而《四方令》就是《多方》。这是周公执政后，成王八年的事，是周公"相王室以尹天下"的具体安排。过去是周公当政代行国王职，如今成王"孺子王矣"。又请他总摄政事，也就是"尹三事四方"，又一次公布"安民告示"就是《三事令》与《四方令》。这都见于今存《尚书》内。《尚书》中的《周书》年代有几篇是很清楚的。比如《召诰》、《洛诰》可以肯定在成王七年，因为《洛诰》中明白地说："惟周公诞保文武受命，惟七年。"《召诰》年代，据太史公的意见也在七年，是成王年长，周公反政时的文献。① 自来推算周初长历的人是把它们放在周公摄政之第七年。虽然在推算到具体日月上有许多问题，这是因为古历粗放，没法解决的。沫若先生很少作周初长历的推算，这是最明智不过的事。《立政》、《多方》是《召诰》、《洛诰》以后一年的文献，即成王八年。清人成蓉镜曾经把《多方》放在这一年。②《立政》一篇虽然没有明确的年月记载，但其中有："周公若曰，……嗣天子王矣"，并两次有"孺子王矣"的话，可见是周公执政后的事。在《多方》中有"惟五月丁亥，

---

① 《史记·周本纪》。
② 《尚书·历谱》二。

王来自奄，至于宗周"等文句，据用三统术推算，这和《令彝》中的日历是有矛盾的，因为五月有丁亥，没法安排《令彝》八月甲申以后一系列日月。王鸣盛也曾经说，自刘歆以来认为成王七年闰九月，这是不对的，因为古代"归余于终，闰月皆在十二月后，据刘歆则在闰九月，非也。"① 这本来是古历上的常识，因之他的意见是对的。同时我以为《多方》开头"惟五月丁亥，王自来奄，至于宗周"一句不是《多方》的原文，可能是别篇的错简。第一，《四方令》不是在宗周发出的，它主要是对殷侯殷士说的话，他们都在东方，不应在宗周发布命令，应在成周，而成周此时已经是政治中心。第二，第一段开篇的说明与后面的本文没有任何联系。这种安排和《周诰》各篇不相类，所以可以说，即使在长历安排上，《令彝》与《多方》、《立政》也许没有矛盾。这两篇文告开头都是"周公曰"，可知是周公奉王命出令而不是伯禽，这也可以说明《令彝》中的"予明保"是周公本人，而不是周公的儿子明保。

在《多方》中值得注意的问题是它两次提到"五年"，如：

　　天惟五年须暇之子孙。

　　今尔奔走臣我监五祀。

两句都是指周灭武庚，在东方建立侯卫后，殷侯殷士已臣服于周五年了。武王灭纣时，殷商在东方的势力并没有根除，周公摄政之第四年克殷践奄，在东方建立侯卫。② 此后到成王亲政，周公出"三事、四方令"正好五年。从周公摄政之第四年起，到第五年，正好是成王八年，所以我认为《多方》即《令彝》中《四方令》的本文，它也称《四国多方》，全称或者是：《四国多

---

① 《尚书·后案》十九，《洛诰》。
② 《尚书·大传》。

方令》简称《四方令》。

《三事令》应即《立政》。除《书立政》外，《诗经》中也多见"三事"。"三事"是指3种职事，即常伯、常任与准人；也称为牧、任人和准夫。常伯司民事，是牧民官，所以也称为牧；常任是简选官员的官，所以也称为任人；准夫是司法官，古代法讲中正，所以要准。这是重要的3种职守，儒家经典还以这3种职事作为教育人民的教条，归纳之为："大学之道，在明明德，在亲民，在止于至善。""明明德"是常任的职责；"亲民"是常伯职责；而"止于至善"是准夫的职责。司法要求中正，而刚健中正是儒家传统的道德内容，《诗·周颂·烈文》所谓："无竞维人，四方其训之；丕显维德，百辟其刑之。"前者即《四方令》，后者即《三事令》。《烈文》诗序说："成王即政，诸侯助祭也。"时间正好相当。

我们虽然分析了《令彝》中的记载与相关文献，不同意沫若先生的某些解释，但沫若先生是古文字学大师，在识字方面，在断代方面有许多不可磨灭的贡献。把"周公子明保"有关诸铜器断在成王周公时就是一种贡献，而大师唐兰先生却把它们都断在昭王时，真正是"时代既错，面目全非"。昭王时不存在"尹三事四方"的人和事，无论在识字方面唐先生有多少长处，但时间上的误差，以致空间不会准确，时间、空间决定历史的进程，是不能错过的。

谈到识字是研究甲骨金文的任务，不识字等于文盲，还谈什么铭文与历史的结合研究；在这方面上述诸位大师都有值得骄傲的所在，没有他们的贡献，我们很难在这方面作深入研究，但有一个关键字"爽"在几年前始终未得其解，隶定不准，形、音、义都在推敲中，我曾经试图解此难题，也是几经周折。后来王贵

民先生写出《甲骨文"奭"字新解》,① 我以为他正确地解决了此一难题,是值得重视的。今简要地引用他的原文如下:

> 奭字绝大多数用于甲骨文第二五期中的周祭卜辞,祭祀直系女性祖先的场合. 从祭祀"示壬奭妣庚"一直到"康丁奭妣辛",和《戊辰彝》"妣戊武乙奭"。这种称谓是一个固定的词组,意思是指示壬的配偶妣庚,祖丁的配偶妣辛;而"妣戊武乙奭",只是把妣名提前,后面还是指她是"武乙奭",含义不变。……所以男女祖名之间的"奭"字是配偶的含义,就完全可以确定下来。

> "奭"字在殷虚卜辞里,还有一种用法,即第一期"黄奭"、三四期"伊奭"的称谓,它们也是被祭祀的对象,我们认为这是对商汤的辅弼重臣伊尹的尊称。……伊尹被称作"黄奭"、"伊奭",和周初的召公被称作"君奭"、"召公奭"应该是一类,他们都是王的辅弼;因此,"奭"的这一用法就是辅弼的含义,辅弼与配偶,音义自是相通。

> 历来考释这个字的诸家,……解说多方,却是都围绕着这一配偶,妃匹和辅弼的音义周旋,分歧在于这个字究竟相当于后来文献里哪一个汉字,……很多不同的说法都从这里产生,……郭沫若以为是两个乳房,字形和《说文》"无"字原篆相似。……认作古母字。……张政烺先生则认为,这两个符号并非一定的具体物件,"盖取二物相俪为偶,……释作'奭'就是'仇'或'逑',都有匹配义"。……

> 后来,杨向奎先生认为,这还是文献中的"奭"字,他分析偏旁和罗氏不同,人两侧的"百"当由"凵"的原形变来,他也没有拘泥于这个符号是什么物件,只是构成一

---

① 见《殷都学刊》1991 年第 3 期。

种辅弼的意象，"爽"在《说文》里又写作"弻"，就是由正面人形变为侧面人形，又由侧面人形讹变作"弓"，两旁的符号并列为"百百"就是"爽""弻"所得的字音。这样解释，都可以读通甲骨金文和文献中出现的"爽"字。笔者信从这个考释，在解说"黄爽"、"伊爽"时加以运用。窃以为这是甲骨文这个字长期以来考索的一个结果。……

"爽"字的释定还不是问题的最终解决，它的人形两侧的符号是不是就只表示辅弼匹配的抽象意义，是还存在着某一种物件的本义，即经由这种物象的本义，而引申为上述抽象意义呢？

杨向奎先生继续对这个字加以探索，近来同笔者进行了充分的讨论，搜集了许多例证，我们都认为这个字应是古代"蔽膝"的这一衣饰。这里就语义训诂、名物形制、纹饰、色彩和有关蔽物以及语音变异等项，一一疏证……。

饰物在长期的实际使用过程中，不断改变形制，……而文字因之也随着变化，……早期的象意字也在变化。推测"爽"字是两腿上各有蔽膝，而"弻"是两腿共一蔽膝，其所以双"弓"无疑是由人形讹变，"百"由那些物形里面常见的种讹变而来。

王贵民先生是一位语言文字专家，这篇文章在字形字音字义各方面都作了绵密的说明，这是近年在古文字考释方面难得的好文章，他虽然在文章中两次提到我，但主要问题是由他解决的。我最钦佩的地方是召公名"爽"问题，这是对召公的尊称，一如"黄爽"；而且也解决了《令彝》中的：

爽眷左右于乃寮目与乃友事。

这一难解的文句。沫若先生以为"爽"（爽）当读为"敏"，我想这并没有解释清楚原文，如果解作：

　　　　　辅弼左右寮友等事。

也就完全明白了。

　　郭沫若先生是才华横溢的大师，在这种类似破译密码的工作
中不免有失。我们尊敬的唐兰先生也是如此。唐先生长于识字，
但在某些字的解释上却使人困惑。比如在西周铭文中常见的
"蒡"字，是地名，有时称作"蒡京"。从形、音、义各方面看，
都容易得出这就是西周的"丰京"，唐先生却始终不这样说。郭
沫若先生在《臣辰盉》的考释中说：

　　　　宗周即镐京，蒡京即丰京。蒡字从艹分声，当即旁之古
　　字，蒡则旁之籀文也。……蒡丰古同纽，而音亦近。且彝铭
　　中所见之蒡京与宗周比邻，是则蒡京即丰京矣。①

沫若先生并指出唐先生释文的错误道：

　　　　蒡京即丰京，此与宗周相距仅一日。……丰镐相距甚
　　近。故可崇朝而至。近时唐兰又谓蒡京是齴，本铭即其反
　　证，盖齴距宗周亦甚远也。②

此后唐兰先生似乎放弃了"蒡"为"齴"说，但再也没有指实
一个地点，比如在唐先生的《西周青铜器铭文分代史征》中
"奢簋"的注释中说：

　　　　蒡字从艹分声，分当从今，今即金字，那么，分即钫
　　字，等于把蒪称为镐京。蒡京的名字在铭文中初见，疑是康
　　王时所创。③

"分"本来是一个字，不能把"亼"抽出作"今"而以为是
"金"。"钫"更和"蒡"无涉，《说文》有这个字，它只能读作

　　①　《大系考释》六册，第33页。
　　②　《大系麦尊考释》六册，第41页。
　　③　唐兰：《西周青铜器铭文分代史征》，第193页。

"方"又和"丰"音同，但唐先生不这样说，只是说：

　　这个蒡京是和镐京在一起的，是宗周的一部分。①

"和镐京在一起是宗周一部分"只有丰京而不是幽，但唐先生绝不说"丰"。在此《尊》的另一条注释中，先生又说："镐"和方是一地，所以铜器铭文一般称为蒡京。② "方"就是镐，变两地为一，而蒡绝不是镐，是相距甚近的两地。唐先生学识渊博，识字绵密细致，解决了古文字中许多难题，是近代中国文字学大师之一。在类似破译的工作中，任何人也不能保证万无一失！

三　难关与出路

　　在铜器铭文的考释中有许多难关，以致古文字学大师也出现错误。在难关中第一关还是释字问题，不能释字，不能准确地隶定，则不能走向下一步；走也是错误。我国汉字的发展程序可以分作三阶，就是：

　　1. 象形字。2. 形声字。3. 会意字。

唐兰先生在他的《中国文字学》一书中，道出了文字的发展系统：

　　1. 象形文字，2. 象意文字，3. 形声文字。我以为会意文字应放在后面，"意"很难"象"，还是"会意"好。象形文字根据物形定音定义，在历史的长河中，物形在变，有的物或已消失。那么你对象形字识别起来就困难重重。如上面所说的"蔽膝"。植物形变化不大，认识较易，但象形不是写生，你认

---

①　唐兰：《作册麦方尊注释》，第 251 页。
②　同上。

为驴他说是马，认识起来遂有误差、偏离，最明显的例子是关于"天鼋"两字的考释。在青铜铭文中多见：

等形体字，过去多作文字画解释而不能隶定。郭沫若先生乃释作"天鼋"以为即黄帝之号轩辕，这真是石破天惊的解释，他解决了许多中国古史问题，因为《国语·周语》有：

> 我姬氏出自天鼋。

周夏都以黄帝为祖，天鼋是他们的族徽。而夏之族徽是玄鼋，《国语·郑语》有关于褒姒的故事，褒，姒姓夏裔，而有玄鼋的故事，我曾根据《金文编》下列图形字：

定为玄鼋，是夏族的族徽，而玄鼋更近于轩辕。黄帝号玄鼋（轩辕）又号有熊，有熊是炎帝后裔族徽。炎黄两系合流后，遂有黄帝之双号，而《天问》中之：

> 焉有虬龙，负熊以游。

遂得其解，虬即玄鼋也。但唐兰先生等以"天鼋"为"大鼋"，这我在《宗周社会与礼乐文明》中有专节驳辩。即以释字论，"天鼋"绝对不能隶定作"大鼋"。首先"天"不是"大"，"天"在商周铜器中作：

而"大"作：

绝不能含糊。而"黿"作"灾"等形已见上。"黾"作

等形，两者绝不能相混。作"天黿"有其历史上的重要意义；释作"大黾"毫无意义，而且就字形论完全错误。（释为"大黾"者有说，我曾有驳辨）

象形字据形隶定犹有偏离，形声字更难，古代音宽，又同音字都可假借，甚至意义相反的字亦可通用，更加深了难度。比如《大盂鼎》中两见"灋"字，当即"法"之繁文，但在下文中：

> 天异翼临子、灋（废）保先王

及：

> 王曰：……勿灋（废）朕令。

沫若先生说："文中两灋字均读为废，唯义有别。上之'灋保先王'乃'大保先王'。废大也。下之'勿灋朕令'即'勿废朕命'。"③ 都是音同相假，而意义不同。这种文字用法，实在索解

------

① 高明：《古文字类编》，第28页。
② 同上。
③ 《大系》，原铭考释。

为难。

会意字更难断定，"意"可以理解为思想意识，个人的思想不表达出来，别人无法知晓。所以庄子与惠施游于濠梁之上，当庄子说游鱼之乐时，惠子说：

> 子非鱼，安知鱼乐？

庄子答道：

> 子非我，安知我不知鱼之乐？[①]

他们说得对，个人的想法别人没法知道，除非他自己说出。会意字只能借上下文义，作合乎逻辑的判断。比如在金文中有："蔑曆"与"虪圛"等词，前者在铭文中多见，后者见于《叔向父簠》等器中，这是很难解释的两个词组。沫若先生《大系小臣謰毀》的考释中云：

> "蔑曆"字彝铭习见，有二字连用者，有以人名或代名词介于二字间者。……"蔑"字或作"穣"，"曆"字或作"瞀"。凡有此二字之铭多纪军事，且多功成受赏之语。……由有军事性质推之，余读"蔑"为免，读"禹"为函，免函犹言解甲也，引申之为免除兵役。[②]

因为读音之不同，各家解释有歧义，大多倾向于"嘉奖""褒勋"及"勉励"之义，与郭先生说法虽不一致，但并无相违背处。出现分歧，就是大家推断文意，理解不同所致。这只能搜集所有此类铭文作概率推断。

沫若先生对"虪圛"两字考釋道：

> 虪圛亦见《番生毀）与《毛公鼎》，乃联绵字，虪即缠，

---

① 《庄子·秋水篇》。

② 《大系》六，第 24 页。

圐乃古"貌"字，囗象形，豹声，豹貌同组，幽宵音亦相近。缫即绸缪。古从周声之字多与东部为韵……故缫绸可通，貌缪双声且近叠韵。又两均联绵字，其为古今字无疑……①

先生的语气非常坚定，以为自己的考释，正确"无疑"。其实全篇都是"概率"，豹貌并非同组，相距稍远；又不同韵，通假较难。这个词组隶定有许多困难，在形音义三方面值得推敲地方太多。即使义同"绸缪"，原文"用绸缪奠保我邦家"意义也模糊不清。我曾经有意重释，也许可以找到满意的答案。（我以为是"踌躇"的假借，因为音同，即"反复考虑"之义。）

这些都说明在铭文考释中有许多难关。我们不是在向过去的大师们求全责备，而是说明没有他们的努力，闯过重重难关，后人更无从下手了。我们归纳已有大师们的成绩，觉得做这项工作能取得成绩的原因是：

1. 必须具有渊博的学识，他们是文字学家、经学家和历史学家。

2. 必须通晓古代的典章制度，不通晓古代典章制度，就没法使铭文中的记载，与古典制度"就位"。

3. 最重要的一条是要通晓社会发展规律，一个历史阶段有一个阶段的特色，也就是社会性质规定了各种制度的产生。这是历史的必然，不是偶然如此的。

我国近代历史上两位天才型人物，郭沫若先生与胡适之先生他们都从事中国史研究。但郭先生的成绩，大家有目共睹，而胡先生对中国史却摸不到边际（郭先生如是说），主要原因，郭先

---

① 《大系》七，第133页。

生是历史唯物论者，而胡先生不是。

以上都是常谈，没有新奇的事，但我觉得过去的大师们都具备这些条件。除去第三条。

（曾载《杨向奎学术文选》）

墨子的思想与墨者集团

一　墨子的身世

关于墨子的国别和年代都曾经有过争论①，他的原籍是宋国，后来长时期住在鲁国。宋国有墨台氏，《通志·氏族略》引《元和姓纂》说：

> 墨氏……本墨台氏，……后改为墨氏。……战国时，宋人墨翟著书号墨子。

这一种说法有道理，一直到南北朝时还有墨台氏。《史记·殷本纪》载殷后有目夷氏，《广韵》"夷"字注，以为是宋公子目夷后，"目夷"也作"墨夷"，而"翟"与"夷"古音可以通假，因之我颇疑"墨翟"即"目夷"的别写，《史记·孟荀列传》也曾经说：

> 墨翟，宋之大夫。

_____

① 《史记·孟荀列传》云："或曰并孔子时，或曰在其后。"又，《汉书·艺文志》说墨子在孔子后。又，《后汉书·张衡传》云："公输班与墨翟并当子思时，出孔子后。"孙诒让的《墨子年表》也说："墨子当与子思并时，而生年尚在其后，当生于周定王之初年而卒于安王之季，盖八九十岁，亦寿考矣。"与时人所考不相远。

也许他是没落的大夫，所以他的学说曾被认为"贱人"的学说，《墨子·贵义篇》说：

> 子墨子南游于楚，见楚惠王，献书，惠王受而读之曰："良书也。"不用，以老辞。穆贺见子墨子，子墨子说穆贺。穆贺大说，谓子墨子曰："子之言则诚善矣，而君王天下之大王也，毋乃曰'贱人'之所为而不用乎？"

楚王因为是"贱人之所为而不用"，那么墨子是被目为"贱人"了。在《墨子》中"贱人"和"君子"是对立的两个阶级，一个治于人，一个治人；一个"从事"，一个"听治"。《非乐》上有这样的话：

> 是故子墨子曰："为乐非也，……与君子听之，废君子听治；与贱人听之，废贱人之从事。"

"耕稼树艺"和"纺绩织纴"全属于"从事"的范围。这"听治"的君子也可以称作在上的人；"从事"的贱人，也可以称作在下的人。墨子说：

> 又以命为有，贫富寿夭，治乱安危，有极矣，不可损益也。为上者行之，必不听治矣；为下者行之，必不从事矣（《墨子·公孟》）。

但墨家实在是一些"从事"的"下者"，他们是一个不脱离劳动生产的集团，他们也提倡没有人不劳动的社会。《庄子·天下篇》曾经指出：

> 墨子称道曰："昔者禹之湮洪水，决江河而通四夷九州也，名山三百，支川三千，小者无数。禹亲自操橐耜而九杂天下之川，腓无胈，胫无毛，沐甚风，栉疾雨，置万国。禹，大圣也而形劳天下也如此。"使后世之墨者多以裘褐为衣，以跂蹻为服，日夜不休，以自苦为极。曰："不能如此，非禹之道也，不足谓墨。"

因此知道，墨家是参加劳动的，"不能如此，非禹之道，不足谓墨"。他们对于不劳动的"君子"，有过普遍的非难，认为他们徒托空言，知小而不知大。如：

> 今天下之士君子，居处言语皆尚贤，逮至其临众发政而治民，莫知尚贤而使能，我以此知天下之士君子，明小而不明于大也（《墨子·尚贤下》）。

又：

> 今天下之士君子之书，不可胜数，言语不可尽计，上说诸侯，下说列士，其于仁义则大相远也（《墨子·天志上》）。

这些"士君子"都是能言不能行的人。而儒家更是"倍本弃事而安怠傲，贪于饮食，惰于作务"的人，他批评道：

> 且夫繁饰礼乐以淫人，久丧伪哀以谩亲，立命缓贫而高浩居，倍本弃事而安怠傲，贪于饮食，惰于作务，陷于饥寒，危于冻馁，无以违之，是若人气，鼵鼠藏而羝羊视，贲彘起。……夫夏乞麦禾，五谷既收，大丧是随，子姓皆从，得厌饮食，毕治数丧，足以至矣。……特人之野以为尊，富人有丧，乃大说喜曰："此衣食之端也"（《墨子·非儒下》）。

他们形容不劳而食的儒家如同犬豕，虽然未免过分，也可以看出墨家对于劳动的态度。赵纪彬教授曾经比较墨家和《论语》中之所谓"小人"，认为两者的地位相近：

> 墨家虽未尝以"小人"自称，但与《论语》所说"小人"则颇多相同之点。此等客观符合的条件，实不容忽视，兹为简明起见，列表对照如次：

喻于利	狎大人	不知天命而不畏	学稼学圃——劳力	《论语》所说小人
极端功利主义	将王公大人士君子作为一类而批评之	非命	赖其力者生，不赖其力者不生	墨家言行主张

此外，"君子"崇敬礼乐，墨家非礼非乐；"君子"述而不作，墨家循而且作；"君子"古言古服，墨家摩顶放踵。《贵义篇》载穆贺说墨子的主张是"贱人之所为"，《荀子》的《王霸篇》斥墨子的学说是"役夫之道"；而"贱人"与"役夫"也均和"小人"的涵义相近。总此种种证据，我们就有理由认墨家是"小人"学派（《古代儒家哲学批判》第 36 页）。

这种说法是正确的，虽然关于"小人"的含义和我所了解的还有出入，但他们属于次于"君子"而贵于"民"的一个等级，则没有疑义。

墨者有自己的集团，有他们自己的首领和法律，他们的首领叫作"巨子"，《庄子·天下篇》说：

> 以巨子为圣人，皆愿为之尸，冀得为其后世。

弟子对于巨子是要绝对服从的，《淮南子·泰族训》说：

> 墨子服役者百八十人，皆可使赴火蹈刃，死不旋踵。

《吕氏春秋·孟春纪·去私》更说明他们的家法之严，如：

> 墨者有巨子腹䵍居秦，其子杀人。秦惠王曰："先生之年长矣，非有它子也，寡人已令吏弗诛矣，先生之以此听寡人也"。腹䵍对曰："墨者之法曰：'杀人者死，伤人者刑。'此所以禁杀伤人也。夫禁杀伤人者，天下之大义也，王虽为之赐，而令吏弗诛，腹䵍不可不行墨者之法。"不许惠王而遂杀之。

这是有组织有纪律的学术集团。然而在战国以后，他们的学派没有传下来，由显学变成绝学。究竟他们是一个属于劳动者的自由民学派，而这个阶层在当时处在分化的阶段，上升者变作地主或者是贵族的附庸，下降者变为农奴。当他们没有脱离劳动，和劳动人民有着广泛联系的时候，他们站在劳动人民的立场，并且能够发展科学，是一个有生命力的强大学派。但后来其中有些人变质，成为当时贵族的附庸，和劳动人民分离了，《吕氏春秋》记载的两则故事，都可以说明这种事实：

> 墨者有田鸠，欲见秦惠王，留秦三年而弗得见。客有言之于楚王者，往见楚王，楚王说之，与将军之节以如秦，至因见惠王。告人曰："之秦之道乃之楚乎?"固有近之而远，远之而近者（《孝行览·首时》）。

这些行为和作风和墨子不相类，完全是战国时的策士作风。又如：

> 东方之墨者谢子将西见秦惠王，惠王问秦之墨者唐姑果，唐姑果恐王之亲谢子贤于己也，对曰："谢子东方之辩士也，其为人甚险，将奋于说以取少主也"（《先识览·去宥》）。

墨者逐渐脱离了劳动，脱离了劳动人民，人民也就忘掉了他们。

二　墨子的宗教思想

墨子所处的时代是变动剧烈的时代，旧的阶级秩序已经崩溃，任何维持旧秩序的企图都无效了，社会各阶级间的关系有了新的变化。儒家在产生新的学派，墨家更有不同于儒家的思想内容。

墨子是一个有神论者，他对于上帝和鬼神的看法与儒家不同，与战国时其他学派也不相同，关于这一点，时人对墨子颇有不同的评价。郭沫若先生以为孔子否定传统的鬼神，而墨子则坚决肯定传统的鬼神，认为它们有意志有作为，主宰着自然界和人世间的一切。墨子之所谓"天志"，即天老爷的意思。天老爷的存在是地上国王的投影。大奴隶主成为地上的统治者，握有无上的王权，为了巩固王权，使人不敢侵犯，除了用有形的赏罚来支配人的肉体之外，还要造出无形的赏罚来支配人的精神（参考郭沫若《十批判书·孔墨的批判》）。吕振羽先生则以为墨子"天"意的基本方向是"欲人之兼爱交相利"。然而，他怎么知道"天"有这种意志呢？实际他不过以自己的意志假托为"天"的意志来说明，所以墨翟谓其自己的意志，是完全符合"天"的意志的。这样，他自己便无异握有"天"的意志的权能，品定人类的生活是否合乎天意。在这里，墨翟从其生活实践上，获得对农民阶级意识之特征的认识，因而不能不借宗教运动去推动其政治运动，他便使自己作为一个宗教领袖的姿态而出现（见吕振羽《中国政治思想史》第五篇第一章）。

这是相反的两种说法：一是否定，一是肯定。虽然还有其他诸家的说法，但不外乎肯定或者否定。其实，这种或是或否的意见，全不能说明墨子的宗教思想的全貌，两种意见全是强调了其中的某一点，而忽视了另外一点。墨子的"天"实在是一个有意志有人格的上帝，他可以赏善罚恶，成为地上的最高统治者，墨子曾经说：

> 昔三代圣王，禹汤文武，此顺天意而得赏也。昔三代之暴王桀纣幽厉，此反天意而得罚者也。然则禹汤文武，其得赏何以也？子墨子言曰："其事上尊天，中事鬼神，下爱人，故天意曰：'此之我所爱，兼而爱之，我所利，兼而利之，……'故使贵为天子，富有天下，……至今称之，谓之圣王。"然则桀纣幽厉，得其罚何以也？子墨子言曰："其事上诟天，中诟鬼，下贼人，故天意曰：'此之我所爱，别而恶之；我所利，交而贼之，……'故使不得终其寿，不殁其世，至今毁之，谓之暴王"（《墨子·天志上》）。

天有喜怒有赏罚，而且天子也不能违背天意，郭沫若先生的话是

有道理的。吕振羽先生的主张也有它的根据，因为《墨子》中
还有这些话：

> 爱人利人者，天必福之；恶人贼人者，天必祸之（《墨
> 子·法仪》）。

> 顺天意者兼相爱，交相利，必得赏；反天意者，别相
> 爱，交相贼，必得罚（《墨子·天志上》）。

他说能够实行"兼爱"和"交利"的人一定会得到上帝的赏赐，
反之一定会得到刑罚，这样就可以证明上帝是赏罚分明的。这种
赏罚分明的原则，墨子是理解的，因而他也可以掌握它，所以说：

> 我有天志，譬若轮人之有规，匠人之有矩，轮匠执其规
> 矩以度天下之方圆曰："中者是也，不中者非也"（《墨子·
> 天志上》）。

我之掌握天志，犹轮人匠人执其规矩以度天下之方圆的法则，是
找到"中心"，而可以度方圆。吕先生的话并不是主观的想象。
由此知以上两说，各有所见，但都没有能够全面地考虑问题。墨
子处于从春秋走向战国的时代，社会处在变革中，许多旧领主贵
族没落了，也有许多新兴的地主抬头，而在这种新旧交替的时
代，战争频繁，人民的生活越发痛苦。墨子没有把当时的社会倒
退到西周去的愿望，他要求安定，没有战争，这样既有利于人
民，也合乎天意。天意是没有彼此分别的，"兼爱"是天的意
志，而许多痛苦是由"交别"而来。这样墨子的"天"并不是
站在贵族的立场向人民开刀，向人民开刀的贵族反而要受上帝的
惩罚。那么是否墨子有意组织一个宗教集团，借宗教的力量来推
动农民起义？这又是估计过高了。当然无论中外，封建社会里的
农民起义有时会和宗教结合，素朴的宗教信仰有时也起过一些组
织和推动农民起义的作用，比如恩格斯在分析德国农民战争时就
曾经说："闵采尔的政治理论是和他的革命的宗教观点紧密相连

的；……这个纲领要求立即在地上建立天国"（《德国农民战
争》，《马克思恩格斯全集》第七卷，第413—414页）。吕振羽
先生估计墨子的宗教学说显然是和德国的闵采尔派相比拟，但墨
子实在没有这种意图，更没有这种行动。他是反对农民起义的
人，他说：

> 又与今人之贼人，执其兵刃毒药水火，以交相亏贼，此
> 又天下之害也（《墨子·兼爱下》）。

这样我们就没法说他，"获得对农民阶级意识之特征的认识，因
而不能不借宗教运动去推动其政治运动"（见吕振羽《中国政治
思想史》第五篇第一章）。

在墨子的宗教信仰中有上帝鬼神，这些上帝鬼神的性质和过
去的传统信仰有许多相同的地方，同是有意志有人格的存在，但
这些上帝鬼神并不完全为统治阶级服务，它们是社会上的法仪，
可以作为衡量是非的尺度，所以说：

> 子墨子之有天之意也，上将以度天下之王公大人为刑政
> 也，下将以量天下之万民为文学出言谈也。观其行顺天之
> 意，谓之善意；行反天之意，谓之不善意。……观其刑政，
> 顺天之意，谓之善刑政；反天之意，谓之不善刑政（《墨
> 子·天志中》）。

在这种尺度之下是没有阶级区别的，王公大人以及万民百姓全是
他衡量的对象，有利于人们的行为是善，否则是恶。一种并不完
全为统治阶级服务的宗教信仰，很难简单地给他一种历史上的评
价。恩格斯曾经有这样的话：

> 工人比起资产阶级来，讲的是另一种习惯语，有另一套
> 思想和观念，另一套风俗和道德原则，另一种宗教和政治
> （《英国工人阶级状况》，《马克思恩格斯全集》第二卷，第
> 410页）。

不同的阶级有不同的信仰，墨子属于一个可上可下的阶层，又处在一个错综复杂的时代，只能说他的宗教信仰并不单纯，有应当批判的地方，但在当时究竟起了什么作用，要作具体分析。

墨子又和其他思想家不同，他的"上帝"并不和宿命的观念结合在一起，上帝是他崇拜的对象，但他又有"非命"的学说。相信"命"的人，认为那是一种先天的决定，人力是没法抗衡的，而这样无论对于社会国家全是不利的，他说：

> 执有命者之言曰：命富则富，命贫则贫，命众则众，命寡则寡，命治则治，命乱则乱，命寿则寿，命夭则夭。命虽强劲何益哉（《墨子·非命上》）。

一切由命运来决定，人的努力是徒劳的，结果是：

> 王公大人蚤，若信有命而致行之，则必怠乎听狱治政矣，卿大夫必怠乎治官府矣，农夫必怠乎耕稼树艺矣，妇人必怠乎纺绩织纴矣。王公大人怠乎听狱治政，卿大夫怠乎治官府，则我以为天下必乱矣。农夫怠乎耕稼树艺，妇人怠乎纺绩织纴，则我以为天下衣食之财，将必不足矣（《墨子·非命下》）。

必须批判这种命定思想，人们才能发挥主动性努力向上，他说：

> 强必富，不强必贫；强必暖，不强必寒，故不敢怠倦（《墨子·非命下》）。

贫富寒暖由于人们的主观努力，不是由上帝决定，也不是由命运来决定。可知墨子是强调主观努力的人，通过主观努力，可以掌握天意，可以不信命运。

三　政治思想

墨子处在一个错综变化的时代，旧的阶级秩序逐渐紊乱，新的阶级秩序还没有树立起来，政治上和道德上的新标准也没有树立起来，墨子曾经描述这种情况道：

> 方今之时，复古之民始生，未有正长之时，盖其语曰："天下之人异义。"是以一人一义，十人十义，百人百义，其人数兹众，其所谓义者亦兹众。是以人是其义，而非人之义，故相交非也。内之父子兄弟作怨仇，皆有离散之心，不能相和合。……天下之乱也，至如禽兽然，无君臣上下长幼之节，父子兄弟之礼，是以天下乱焉。明乎民之无正长，以一同天下之义而天下乱也。是故选择天下贤良圣知辩慧之人，立以为天子，使从事乎一同天下之义（《墨子·尚同中》）。

他说，在古代还没有国家政府时代，社会上是这种乱纷纷的样子，没有是非标准，以致天下大乱，他希望选择一个贤良的天子，树立一个是非的标准。在中国古代封建社会，贵族地主当权的时候，而提倡"选择天下贤良圣知辩慧之人，立以为天子"，这是绝对不可能的，然而墨子始终这样主张着。他好像是在追述历史，其实是以理想的政治体制作为他的政治学说。

墨子的"尚同"主张是和他的"尚贤"学说分不开的，因为"天子三公都是天下之贤可者，国君乡长里长也都是国乡里的仁人，所以人民应该上同而不下比"（见《禅让传说起于墨家考》，《古史辨》第七册）。这些贤人是从哪里来的呢？在春秋和春秋以前全是"内姓选于亲，外姓选于旧"（见《左传》宣公十二年）。如果是"贱妨贵，少陵长，远间亲，新间旧"（《左传》隐公三年），都是所谓"逆"。到孔子的时代情况已经变了，虽然孔子还是主张"天下有道，则庶人不议"（《论语·季氏》）。但究竟阻挡不住"处士横议"的潮流，有时他也说"举贤才"的话（见《论语·子路》），又曾经称赞他的门弟子仲弓道："雍也可使南面"（《论语·雍也》）。仲弓至多不过是大贵族的家臣，孔子竟说他可以南面为君，这和"陪臣执国命"有什么区别？他如果不是春秋末年的人，也就不会有这种前后自相矛盾的话。孔子虽然透漏出"选贤"的消息，但这还没有构成孔子的思想主流，在紧要关头，他还是主张："君子学道则爱人，小人学道则易使也"（《论语·阳货》）。君子和小人的含义，在上一节中我们已经说得很清楚，小人虽可以学道，还是只供驱使，孔子不是一个主张打破阶级界限而选贤的人。

墨子和孔子不同，他认为即使是农夫工匠，只要有才能，就可以选举出来担当国政，所以他说：

> 虽在农与工肆之人，有能则举之，高予之爵，重予之禄，任之以事，断予之令。……故官无常贵，而民无终贱，有能则举之，无能则下之（《墨子·尚贤上》）。

这样进行选举就会有"不义不富，不义不贵，不义不亲，不义不近"的结果，富贵亲近的全是尚义的人而不是贵族，这对于任何人都是一种鼓励：

> 逮至远鄙郊外之臣，门庭庶子，国中之众，四鄙之萌人，闻之皆竞为义（《墨子·尚贤上》）。

这样人人为义，自上而下，自下而上全是为义的人，当然就可以"尚同"。在上位的全是经过选择的贤人，他们是靠得住的人，自然应该是"上同而不下比"，因而有这样的政治制度：

> 选天下之贤可者，立以为天子。天子立，以其力为未足，又选择天下之贤可者，置立之以为三公。……画分万国，立诸侯国君，……又选择其国之贤可者，置立之以为正长（《墨子·尚同上》）。

"民选政府"的结果是：

> 里长者，里之仁人也；……乡长者，乡之仁人也；……

国君者，国之仁人也（《墨子·尚同上》）。

从里长到国君都是仁人，都是经过选举，这在领主封建制下是不能想象的，但墨子以为中国古代曾经有过这种制度：

> 尧举舜于服泽之阳，授之政，天下平；禹举益于阴方之中，授之政，九州成；汤举伊尹于庖厨之中，授之政，其谋得；文王举闳夭、泰颠于置罔之中，授之政，西土服（《墨子·尚贤上》）。

墨子把中国氏族社会的选举制度理想化了，加以渲染，作为他鼓吹选贤任能学说的根据。

如果我们以为墨子主张"尚贤"、"尚同"，并且主张打破阶级的局限，就认为他完全站在劳动人民的立场反对统治阶级，也是不符合实际情形的，他并不主张推翻封建领主，不如法家之主张地主封建制，取消领主。他虽然理想"饥者得食，寒者得衣，乱者得治"，但不排斥封建贵族，他还是主张维持旧的统治秩序的。"天下之乱也，至如禽兽然，无君臣上下长幼之节，父子兄弟之礼"（《墨子·尚同中》），这是他所反对的。他主张君臣上下长幼之间，国与国之间，家与家之间，彼此相安而不相侵陵，比如：

> 若使天下兼相爱，国与国不相攻，家与家不相乱，盗贼无有，君臣父子皆能孝慈，若此则天下治（《墨子·兼爱上》）。

因之他以相互侵陵破坏秩序为天下之大害：

> 然当今之时，天下之害孰为大？曰：若大国之攻小国也，大家之乱小家也，强之劫弱，众之暴寡，诈之谋愚，贵之敖贱，此天下之害也（《墨子·兼爱下》）。

他特别指出"贵之敖贱"也是天下之大害。但他同时又说：

> 又与今之贱人，执其兵刃毒药水火，以交相亏贼，此又

天下之害也（《墨子·兼爱下》）。

贵敖贱是大害，贱人对上造反也是大害，从这里看出墨子的政治立场，他认为王公大人有王公大人的职责，农夫有农夫的职责，各尽其职都是分内事，他说：

> 王公大人，蚤朝晏退，听狱治政，此其分事也。士君子竭股肱之力，亶其思虑之智，内治官府，外收敛关市山林泽梁之利，以实仓廪府库，此其分事也。农夫蚤出暮入，耕稼树艺，多聚叔粟，此其分事也。妇人夙兴夜寐，纺绩织纴，多治麻丝葛绪捆布缲，此其分事也（《墨子·非乐上》）。

墨子给封建等级制度的存在以理论上的根据，其实这种理论与"劳心者治人，劳力者治于人"的说法是相似的，在这一点上，他和正统派儒家的思想接近，他在政治上追求的目标，是对于天下国家有利。孟子说"摩顶放踵，利天下而为之"（《孟子·尽心上》），正是墨子的本色。墨子之所谓"利"也就是"义"，儒家虽然有"义利之辨"，而墨子是把"义"、"利"结合在一起的，"义"就是"利"。《经上》说：

> 义，利也。

凡对于人们有好处的事是有利于人，也就是义，所以儿女事亲孝，也是"利亲"，《经上》说：

> 孝，利亲也。

"利"的具体意义，《经上》说：

> 利，所得而喜也。

必须有所得而使人高兴才是"利"，而有利于人民的行为也就是有功，《经上》说：

> 功，利民也。

我们说墨子是一个功利主义者，同时也是一个积极提倡行义的人。有利于国家人民的才可以称作"良宝"，像"和氏之璧，隋

侯之珠，三棘六异，不可以利人"，是不能称作"良宝"的
（《墨子·耕柱》）。在社会上最不利于国家人民的是战争，那是
"上不利于天，中不利于鬼，下不利于人"的勾当，实在是天下
的"巨害"，所以墨子提倡"非攻"。一方面是"良宝"，一方
面是"巨害"，人们应当有所选择。为什么会有"巨害"发生
呢？由于人们之互不相爱，他说：

> 今若国之与国之相攻，家之与家之相篡，人之与人之相
> 贼，君臣不惠忠，父子不慈孝，兄弟不和调，此则天下之害
> 也。然则察此害亦何用生哉，以不相爱生邪？（《墨子·兼
> 爱中》）

不相爱可以生天下之害，欲免此害，唯有"以兼相爱，交相利
之法易之"。"兼爱"和"交利"实在是同义语。可以说他的政
治主张是以"利"为中心，任何无利于人们的行为，全是他所
反对的，所以他说：

> 凡费财劳力，不加利者，不为也（《墨子·辞过》）。

又说：

> 诸加费不加于民利者，圣王弗为（《墨子·节用中》）。

他认为统治者奢侈浪费、厚葬、玩弄音乐，都是"加费不加于
民利者"，因此有节用、节葬、非乐等主张。

四　墨子的认识论及逻辑思想

墨子是一个注重实践的人，他认为一切言论必须有实践的价
值，否则是"荡口"，他说：

> 言足以复行者常之，不足以举行者勿常；不足以举行而
> 常之，是"荡口"也（《墨子·耕柱》）。

不能够实践的言论最好不说，那么用什么方法检验言论之有无实

践的价值呢？他归纳出一种尺度来，凡不合于这种尺度的，也就
是行不通的，这种尺度叫作"仪"。《墨子·非命上》：

> 必立仪。言而毋仪，譬犹运钧之上而立朝夕者也，是非
> 利害之辨不可得而明知也。

《明鬼下》也说：

> 必以众之耳目之实，知有与亡为仪者也。

"仪"是法则，是尺度，没有尺度标准的言论，好像在制造陶器
的转轮上测量早晚的日影一样，那是搞不清楚是非利害的区别
的。"仪"共有三种，或称作"三表"，或称作"三法"；"表"
或"法"的意义同于"仪"，《左传》文公六年有云："引之表
仪。""表"、"仪"并列，可以作证。"三表"的次序是：

> 有本之者，有原之者，有用之者（《墨子·非命上》）。

其详细内容是：

> 于何本之？上本之于古者圣王之事。于何原之？下原察
> 百姓耳目之实。于何用之？废以为刑政，观其中国家百姓人
> 民之利。此所谓言有三表也（《墨子·非命上》）。

墨子的"三表法"是和他的"非命"学说同时提出来的。在当
时的社会上泛滥着"命定"的言论，墨子就以"三表法"作为
武器批判他们，如果你承认有"命"，那么"于何本之"？在历
史上并不存在"命定"的事实，不信你看：

> 古者桀之所乱，汤受而治之；纣之所乱，武王受而治
> 之。此世未易，民未渝，在于桀纣，则天下乱；在于汤武，
> 则天下治，岂可谓有命哉？（《墨子·非命上》）

同在一个时期而一乱一治，可见"命定"之说之无据，在历史
上无据，那就是无所本。历史上的事实究竟是过去的事，墨子还
是注意当世的是非的，他曾经要求他的弟子们"揣曲直"而不
必读书，因为读书也不过帮助我们树立"所本"而已。所以他

的"本"、"原"可以结合在一起,比如在"兼爱"下就多言"本原","原"就是"下原察百姓耳目之实"。而"百姓耳目之实"是"非命"的,他说:

> 今也农夫之所以早出暮入,强乎耕稼树艺,多聚升粟,而不敢怠倦者,何也?曰:彼以为强必富,不强必贫;强必饱,不强必饥,故不敢怠倦(《墨子·非命下》)。

虽然墨子之"所本"是"古者圣王之事",而其"所原"是"百姓耳目之实",也就是说无论上下的行为都是"非命"的。没有坐在家里等待命运到来的可能。第三表是"有用之者",这是"三表"中重要的一环,凡一切行为看它是不是对于百姓人民有利,所以说:

> 于何用之,废(发)以为刑政,观其中国家百姓人民之利(《墨子·非命上》)。

墨子的"三表法"是从历史上和从当时社会上实际通行的事例中归纳出来的,其中许多是从实践中得来的知识,言论和认识不能脱离开人民的生活,生活是判断是非的标准,也是道德标准。墨子说:

> 非兼者之言,犹未止也。曰:"即善矣,虽然,岂可用哉?"子墨子曰:"用而不可,虽我亦将非之,且焉有善而不可用者!"(《墨子·兼爱下》)

"不可用"和"善"在墨子的思想中是矛盾的概念,也就是说不可用的言论和知识在道德上也是不善的,所以墨子以为必须言行一致,他说:

> 言必信,行必果,使言行之合,犹合符节也(《墨子·兼爱下》)。

如果言行不一,当政也会乱国,墨子说:"政者,口言之,身必行之"(《墨子·公孟》)。注意言行一致的人,也会注意到名实问题，名实混淆，也不会有言行一致，也不能分辨是非。这一种思潮的产生和当时社会的具体情况分不开，随着生产发达，社会繁荣，人们的知识增加了，表达事物的语汇也丰富了，这样，表现在认识上、思想方法上、名实关系上，容易发生混乱，于是名辩之学产生，而名辩之学和墨家是分不开的，墨家是其中的大宗。

名辩之学在《墨子》中统称曰"辩"，不过《韩非子》中有一段话说墨子"言多而不辩"：

> 楚王问田鸠曰："墨子者，显学也。其身体则可，其言多而不辩，何也？"（《韩非子·外储说左上》）

这和墨子的善于辩正好相反。为什么有这种论调？楚王之所谓"辩"是富于文采的意思，因为墨家文笔谨严，少夸张修饰，所以楚王谓其"不辩"。而墨子之所谓"辩"，《小取篇》说：

> 夫辩者，将以明是非之分，审治乱之纪，明同异之处，察名实之理，处利害，决嫌疑焉。摹略万物之然，论求群言之比。以名举实，以辞抒意，以说出故。以类取，以类予。有诸己，不非诸人；无诸己，不求诸人。

"摹略万物之然"，是说以名言给万物一个适当形容；"论求群言之比"，是指繁夥的名言应有类比安排。名言可以代表事物，也可以代表自己的思想，这样以思想分辩事物而可以明是非，别同异，处利害，决嫌疑。这是他们的思想方法，是他们的逻辑学。这种方法的核心内容是类比推论，所谓"大取"、"小取"也就是以类取予。在先秦思想界，这是一种普遍流行的方法，《左传》中的"方以类聚，物以群分"和"不可方物"，都是在运用类比逻辑的方法。"方物"就是譬喻，譬喻必以其类，墨子常说：

> 子未察吾言之类（《墨子·非攻下》）。

义不杀少而杀众，不可谓知类（《墨子·公输》）。

在类比推理中他们常用"譬"、"侔"、"援"、"推"4个方法，具体内容见于《小取》内。沈有鼎教授于此曾经有过周密的研究。这是形式逻辑中的"类比法"，基本上属于演绎推理，就已知的结论，推广到前题中所没有的对象，并且从对象的已知属性，推广到对象的未知属性。"譬"就是比喻，相当于逻辑学上所谓类比式的论证。"侔"是间接的直接推论，其中也含有三段论法的方式，但在本质上仍然是直接推论，不过其中新的判断是由两个以上的前提推出来的。"援"是援引对方所说的话作类比推论的前提。"援"和"譬"都是类比推论，它们的区别只在"譬"所用的前提是以众所周知的事实为内容的主方自己的话，而"援"所用的前提则是对方说过的话，或某人说过的话而为对方所赞成的。"推"也是一种类比推论，根据对方的语言，而推论出对方也不能接受的结论（参看沈有鼎先生《墨辩的逻辑学》，刊于《光明日报》1954年5、6、7月《哲学研究》副刊5、6、7、8、9、10等期）。

墨家讲的虽然是演绎逻辑推理，但他们很注意这种假言判断的真实性问题，比如墨家主张"兼爱"，这是一种对人类普遍的爱，其中不存在任何区别与差别，但"人类"如果是无限的话，也就是对于无限的人们能否实现"兼爱"的问题。墨家是言行一致的，"爱"人必须有爱的表现，不能徒托空言，否则流于一种空泛的口号，不符合墨家的宗旨。但这里面就出现了一个逻辑上的问题，如果人无限而你主张"兼爱"，那么你这种提法是不真实的，因为对无限的人是没法实行"兼爱"的，而"兼爱"是墨家坚定不移的主张，那么人一定不是无限的，对于有限的人是可以"兼爱"的，《墨经》中对此曾经有过论述：

无穷不害兼，说在盈否（《墨子·经下》）。

> 人若不盈无穷，则人有穷也，尽有穷无难。盈无穷则无
> 穷尽也。尽有穷无难（《墨子·经说下》）。

在逻辑上对于无穷是没法全称肯定的，因为你没法使"兼爱"
无穷人的理论真实化，也就是"兼爱"无穷是不可能的。但宇
宙无穷而人有穷，"兼爱"有穷的人是可以的，关键问题是无穷
宇宙是否有无穷的人，所以《经》云："说在盈否。"人不盈于
宇宙，故可"兼爱"。这种判断是真实的，所以可以成立。墨子
的方法论是为他的思想体系服务的。

五　墨者集团

在孔子以后私人授徒最大的集团是墨家，《淮南子》中说为
墨子服役者180人，皆可使赴火蹈刃，死不旋踵。墨子自己也曾
经说过：

> 臣之弟子禽滑厘等三百人，已持臣守圉之器，在宋城上
> 而待楚寇矣，虽杀臣不能绝也（《墨子·公输》）。

因为有这样多的弟子，所以一直到战国末年还在称道"孔墨显
学"，《吕氏春秋》曾经一再说：

> 徒属弥众，弟子弥丰，充满天下（《吕氏春秋·当
> 染》）。

> 孔墨之后学，显荣于天下者众矣，不可胜数（《吕氏春
> 秋·当染》）。

孔墨虽然并称，但孔门弟子多可考，而墨子后学则无从知其姓
名。孙诒让据《墨子》及其他著述，撰有《墨子传授考》一文，
凡得墨子弟子15人（附存3人），再传弟子3人，三传弟子1
人，治墨术而不详其传授系次者13人，杂家4人，大体不过30
余人。

因为有关墨家的文献不足，他们的学说著作也没有保存下来，所以至今关于墨者集团的成员还有争论。一是宋钘是否墨者问题，一是惠施、公孙龙是否属于墨学问题。《荀子·非十二子》曾把墨翟与宋钘并列而加以批评道：

> 不知壹天下建国家之权称，上功用，大俭约而慢差等，曾不足以容辩异县君臣。然而其持之有故，其言之成理，足以欺惑愚众，是墨翟、宋钘也。

关于宋钘的学术思想，我们所知甚少，不过相信荀子不是无的放矢。《汉书·艺文志》有"《宋子》十八篇"，归小说家，原注云："孙卿道宋子，其言黄老意。"此应指宋钘言，但以之入于小说家，可见汉人所见《宋子》已少墨家色彩，不过我们根据《庄子·天下篇》的记载还可以看出宋钘的学术片段，原文说：

> 不累于俗，不饰于物，不苟于人，不忮于众，愿天下之安宁以活民命，人我之养，毕足而止，以此白心，古之道术有在于是者。宋钘、尹文闻其风而悦之，作为华山之冠以自表，接万物以别宥为始；语心之容，命之曰心之行，以聏合欢，以调海内，请欲置之以为主。见侮不辱，救民之斗，禁攻寝兵，救世之战。以此周行天下，上说下教，虽天下不取，强聒而不舍者也，故曰上下见厌而强见也。虽然其为人太多，其自为太少，曰："请欲固置五升之饭足矣。"先生恐不得饱，弟子虽饥，不忘天下，日夜不休曰："我必得活哉，图傲乎救世之士哉。"曰："君子不为苛察，不以身假物。"以为无益于天下者，明之不如己也。以禁攻寝兵为外，以情欲寡浅为内，其大小精粗，其行适至是而止。

这一段文字的句读，根据唐钺先生的校订有些错误（见《清华学报》四卷一期《尹文和尹文子》），比如，"请欲置之"4字是"情欲寡少"的传写错误，这样前后接连起来是"情欲寡少以为主，见侮不辱，救民之斗，禁攻寝兵，救世之战"。正好把尹文、宋钘学说的精华道出。而"图傲乎"3字也应连上句读，"我必得活哉，图傲乎？"意思是说我们求生活，并不是要以富侈骄人，所以享用欲寡不欲多，"人我之养，毕足而止"。

根据《庄子·天下篇》的记载，唐钺先生认为宋钘、尹文的学说有5个要点：

（一）"接万物以别宥为始"；

（二）"情欲寡浅"；

（三）"见侮不辱"；

（四）"禁攻寝兵"；

（五）"愿天下之安宁，以活民命，人我之养，毕足而止"。

这是正确的分析。唐先生又把《孟子》、《荀子》、《韩非子》和《庄子》等书内的宋钘学说勾勒出来，加以比较研究，而认为"见侮不辱"是这一学派的重要标志，所以《庄子》、《荀子》、《韩非子》和《吕氏春秋》都沿用这4个字。然而，如果人人被社会习俗或个人偏见所拘囿，他们就不能有这种体会，因此他们又提出"接万物以别宥为始"的主张。假使去掉人们的拘宥，天下就可以太平，人们也就可以安闲过活了。

唐先生的分析是精密的，但他的结论值得商讨，他不以为宋钘、尹文属于墨家，虽然他也承认他们的学说有类似之处。我们则认为《荀子·非十二子》以宋、尹两人作为一组来评论，凡是一组的成员，如：它嚣、魏牟；陈仲，史鳅；墨翟、宋钘；惠施、邓析；子思、孟轲；仲尼、子弓等，都属于同一学派的思想家，我们没有理由把他们强行分开。《庄子·天下篇》自墨子开始论述他们学说的时候，衡量的尺度是这些学派关于"物"的态度，它提到墨子时说：

> 不侈于后世，不靡于万物，不晖于数度，以绳墨自矫，

而备世之急，古之道术有在于是者，墨翟、禽滑厘闻其风而说之。

提到宋钘、尹文时说：

> 不累于俗，不饰于物，不苟于人，不忮于众，愿天下之安宁，以活民命，人我之养，毕足而止，以此白心。古之道术有在于是者，宋鈃、尹文闻其风而悦之，……接万物以别宥为始。

提到彭蒙、田骈、慎到时说：

> 公而不当，易而无私，决然无主，趣物而不两，不顾于虑，不谋于知，于物无择，与之俱往，古之道术有在于是者。彭蒙、田骈、慎到闻其风而悦之，齐万物以为首，曰："天能覆之而不能载之，地能载之而不能覆之，大道能包之而不能辩之，知万物皆有所可，有所不可。故曰选则不偏，救则不至，道则无遗者矣。"

提到关尹、老聃时说：

> 以本为精，以物为粗，以有积为不足，澹然独与神明居。古之道术有在于是者。关尹、老聃闻其风而悦之，建之以常无有，主之以太一，……

提到庄周时说：

> 芴漠无形，变化无常，死与生与，天地并与，神明往与？芒乎何之，忽乎何适？万物毕罗，莫足以归。古之道术有在于是者，庄周闻其风而悦之。……上与造物者游，而下与外死生无终始者为友。……

末后，它提到惠施、公孙龙等人说：

> 惠施多方，其书五车，其道舛驳，其言也不中。历物之意，曰："至大无外，谓之大一；至小无内，谓之小一。……"……惠施以此为大观于天下而晓辩者，天下之

辩者相与乐之。……桓团、公孙龙，辩者之徒，饰人之心，易人之意，能胜人之口，不能服人之心，辩者之囿也。……南方有倚人焉曰黄缭，问天地所以不坠不陷，风雨雷霆之故。惠施不辞而应，不虑而对，遍为万物说，说而不休，多而无已，……弱于德，强于物，其涂隩矣。……其于物也何庸。……惠施不能以此自宁，散于万物而不厌，卒以善辩为名。惜乎惠施之才，骀荡而不得，逐万物而不反，……

上文所谓墨子的"不靡于万物"和宋钘、尹文的"不饰于物"相近，都是说他们能够不为外物所囿。而墨者"相里勤之弟子五侯之徒，南方之墨者苦获、已齿、邓陵子之属，俱诵《墨经》，而倍谲不同，相谓别墨；以坚白同异之辩相訾，以觭偶不仵之辞相应"。穷于名相的分辩，遂不免为外物所累，这是墨家之走入歧途者，所以墨家与名家互相訾应。而"墨翟、禽滑厘之意则是，其行则非也。将使后世之墨者必自苦，以腓无胈，胫无毛，相进而已矣"（《庄子·天下篇》）。这种区别是正确的，墨子是一个科学的哲学家，他在数学、物理等方面都有很高成就，他不能远于物，但他们自奉甚苦，以致"腓无胈，胫无毛"而不为外物所囿。宋钘、尹文也是"不累于俗，不饰于物，不苟于人，不忮于众，愿天下之安宁，以活民命，人我之养，毕足而止"的人，然而他们还不如彭蒙、田骈和慎到，这些人对于外物的态度是"皆有所可，有所不可"，持可不可之说而"齐万物以为首"，慎到之徒可能是《齐物论》的作者，这已经和庄子本人的思想相同了。关尹、老聃更远于物，他们在排遣着物，而"以本为精，以物为粗"。然而他们最理想的人物还是庄周，他"上与造物者游，而下与外死生无终始者为友"。物是庄周所鄙弃的。因为他能够与"造物者游"。他们最鄙视惠施，因为他历物之意而遍为万物说，他是"逐万物而不返"的人，这等于

"形与影竞走"，是一种可悲的现象。

《天下篇》的作者论述了墨、道两家，而以对于物的态度为准绳，远于物者为道，囿于物者为名墨，並通过彭蒙等3人而把这两派的思想衔接起来。如果我们借用佛家的术语来分析的话，名、墨之学正好是以"分析名相"开始，而道家齐物两可之说，正好是以"排遣名相"告终。墨家与名家互相嘗应，他们都是"遍为万物说，说而不休"的人。分析名相是他们的专长。墨家虽然有宗教色彩，但他们都是科学家，在当时的中国以及世界的科学史上他们都是作出重要贡献的人。

（原载《文史哲》1958年第3期）

《公羊传》中的历史学说

刘师培是我国近代的一位古文经师，他的著作很多，有经学大师之称。虽然他的作品中有许多问题，他的《公羊荀子相通考》还是有见解的。因为，照我看来，《荀子》和《公羊》本来属于一派，所以思想体系有相通处。他的文章开头说："昔汪容甫先生作《荀卿子通论》谓《荀子·大略篇》言《春秋》，贤穆公善胥命，以证卿为《公羊春秋》之学。又惠定宇《七经古谊》亦引《荀子》周公东征西征之文以证《公羊》之说，则《荀子》一书多《公羊》之大义，彰彰明矣。"他自己又补充了一些事例来说明这一问题，比如：《公羊》讥世卿，而《荀子》中亦有许多类似思想，如"尚贤使能，则等位不遗"。又如：《公羊》倡大一统，荀子也倡大一统，如《王制》"四海之内若一家"。这些都是正确的看法，有力的说明；但也有一些比附，不能说明什么问题。

我向来认为《公羊》和荀子属于一个学派，他们是儒家而接近法家。在政治理论上他们都主张改制，但提出的办法并不彻底，因此他们一方面主张改制，一方面又提倡复古，未免进退失据而不能自圆其说。在《荀子》中，我们曾经看到这种思想体系上的矛盾；在《公羊》中，同样可以看到类似的矛盾。他们一方面要维护诸侯割据的旧制度，一方面提倡中央集权的大一统，这是没法调和的矛盾，因为这不同的主张代表着新旧地主阶级的不同利益，而《公羊》则调停两者之间，创立"实与而文不与"的义法。社会的发展，在当时是趋向天下一统，新兴的地主阶级要建立大一统的天下以取代诸侯割据称雄的局面，《公羊》代表了这种新兴的理想，也充分肯定了这种理想，但它又没有忘掉那些旧的封建领主和旧的封建秩序，这历史的传统还在发生影响，于是《公羊》也首施两端，表现在义法上遂有"实与而文不与"，比如《公羊》僖公元年有：

> 齐师、宋师、曹师次于聂北救邢。救不言次，此其言次何？不及事也。不及事者何？邢已亡矣。孰亡之？盖狄灭之。曷为不言狄灭之？为桓公讳也。曷为为桓公讳？上无天子，下无方伯，天下诸侯有相灭亡者，桓公不能救，则桓公耻之。曷为先言次而后言救？君也。君则其称师何？不与诸侯专封也。曷为不与？实与而文不与。文曷为不与？诸侯之义，不得专封也。诸侯之义不得专封，则其曰实与之何？上无天子，下无方伯，天下诸侯有相灭亡者，力能救之，则救之可也。

僖公二年也有类似记载，狄灭卫，齐桓公城楚丘，封卫，而《春秋》讳言之。《公羊》发挥道："桓公城之，曷为不言桓公城之？不与诸侯专封也。曷为不与？实与而文不与。文曷为不与？诸侯之义，不得专封。……上无天子，下无方伯，天下诸侯有相灭亡者，力能救之则救之可也。"此类事例尚见于僖公十四年、文公十四年、宣公十一年、定公元年《传》。我们比较《春秋》三传中的记载，《左传》于诸侯救邢迁夷仪也是肯定的，说："夏，邢迁于夷仪，诸侯城之，救患也。凡侯伯救患分灾讨罪，礼也"(《左传》僖公元年)。这是"实与而文亦与之"。《穀梁》也完全肯定"齐师、宋师、曹师城邢,是向之师也,使之如改事然,美齐侯之功也"。在这里不存在"实与而文不与"的问题。于僖公二年则有部分同于《公羊》的议论,而措辞不同。"其不言卫之迁焉,何也? 不与齐侯专封也。……故非天子不得专封诸侯。诸侯不得专封诸侯,虽通其仁,以义而不与也。故曰:'仁不胜道'"(《穀梁》僖公二年)。这是与其仁而不与其义。为什么有这种自相矛盾的议论呢? 这是反映了过渡时代的新旧之争。《公羊》的理想是天下一统,在这个"大一统"的局面中,虽然也建立诸侯,但诸侯上统于天子,而不得割据专封,不得互相吞并,夷狄而灭诸夏,更不能允许。但发生这种灭国、割据、南夷与北狄交侵的局面后,齐桓公出,能够北伐山戎、南伐楚,代行天子、方伯的职责,"天下诸侯,有相灭亡者,力能救之则救之可也"。《穀梁》以为桓公虽通于仁,但不合于义,而《公羊》则实际赞成这种举动,也就是说它希望维持一个一统的局面,当然希望有这样作为的人,但这个人是诸侯,诸侯是不得专封的,诸侯专封仍然是割据,所以在文字上不能肯定这种行为,所以"文不与而实与"。这种理论说明在过渡时代,一方面由于诸侯兼并而逐渐统一,一方面是旧势力的没落而新兴力量强大。这种局面反映了统治阶级内部矛盾加深,但新生力量的成长,大一统的局面逐渐形成,于是《公羊》对之加以肯定,虽然在文字上还有保留。

又,《公羊》文公十四年有云:

晋人纳接菑于邾娄,弗克纳。纳者何? 入辞也。其言弗克纳何? 大其弗克纳也。何大乎其弗克纳? 晋郤缺帅师革车八百乘以纳接菑于邾娄,力沛若有余而纳之。……郤缺曰:"非吾力不能纳也,义实不尔克也。"引师而去之。故君子

> 大其弗克纳也。此晋郤缺也，其称人何？贬。曷为贬？不与
> 大夫专废置君也。曷为不与？实与而文不与。文曷为不与？
> 大夫之义不得专废置君也。

诸侯已不得专废置，何况大夫？但大夫有实力可以专废置，可以专废置却引师去。《公羊》"大其弗克纳"是在文字上维护旧秩序，而在实际上是肯定新秩序，遂构成《公羊传》的"实与而文不与"；这"实"与"文"的矛盾，即新与旧的矛盾，依儒家的道德标准言即经与权的矛盾，"文不与"是经，而"实与"是权。《公羊》认为在某种情况下是可以行权的，虽然权不合于经。《公羊》桓公十一年传许祭仲以知权。祭仲为了保存郑国，能够自贬损以行权，因而《公羊》称赞道：

> 古之人有权者，祭仲之权是也。权者何？权者反于经，
> 然后有善者也。权之所设，舍死亡无所设。行权有道，自贬
> 损以行权，不害人以行权。杀人以自生，亡人以自存，君子
> 不为也。

权反于经，因之行权亦必有道，自贬损以行权，不害人以行权。杀人自生，亡人自存，既反于经又不合于权，君子所不为。儒家经典，除《公羊》外，无肯定行权者，因为它违背了传统的道德准则。但在不同的社会发展阶段存在着不同的道德标准，"文不与而实与"也是行权而反于经，实际上这时"经"只能是空文，它已经脱离了社会实际，而"实"才是实际。

《公羊》产生的时代是新过程产生的时代，旧过程的主要矛盾将让位于新过程中的矛盾。中国封建社会的第一阶段，也就是宗法领主封建制的阶段，已经完成并走向没落，将转入第二阶段，也就是地主封建制的阶段，正如毛泽东同志在《矛盾论》中所指出的：

> 新过程的发生是什么呢？这是旧的统一和组成此统一的

对立成分让位于新的统一和组成此统一的对立成分，于是新过程就代替旧过程而发生。旧过程完结了，新过程发生了。新过程又包含着新矛盾，开始它自己的矛盾发展史（《毛泽东选集》第一卷，第282页）。

公羊学产生的战国时代，正是新旧过程交替的时代，现象比较复杂，有时使人摸不透事情的真相。有时就表面现象言，它好像和新过程相反而实际上是相成。比如定公十二年鲁"堕三都"的事件，《左传》、《穀梁》于此无评，而《公羊》对之颇有议论：

> 季孙斯、仲孙何忌帅师堕费。曷为帅师堕郈、帅师堕费？孔子行乎季孙，三月不违，曰："家不藏甲，邑无百雉之城。"于是帅师堕郈、帅师堕费。

以上"孔子曰"，不见它书，由《公羊》传出，正好代表公羊学派的看法。邑有百雉之城，是新兴力量在膨胀，也就是说新过程在酝酿着，当时阳虎专季氏，季氏专鲁国。表面看起来都是分裂力量，是和大一统的要求不相容的；其实新的一统是建筑在新生力量的基础上。旧的贵族是地方割据的力量，新生的力量才是新的大一统的负荷者。

《公羊》主张大一统，反对分裂，因之主张"堕三都"，但"堕三都"是违反社会发展趋势的，如前所述，新的一统不能建立在旧过程的基础上，这新的分裂正好为新的一统建立基础，没有"三家分晋"、"田氏代齐"这一系列新生事物发生，不会有后来的大一统，对鲁国的"禄去公室，政在大夫"也应作如是观，不过鲁的旧势力强大，新的萌芽成长不起来。

《公羊》和《周礼》虽然在经学上分为今古，这只是经学上的问题，实际上两书的思想内容没有根本不同，都有大一统的要求，也都是要在旧的基础上建立新的一统，这样也就必然陷于自相矛盾而无法解脱。比如《公羊》"讥三军"，襄公十一年有云：

> 作三军，何以书？讥。何讥乎？古者上卿、下卿，上士、下士。

鲁为次国，本无中军，只有上下二军。又，昭公五年有云：

> 五年春，王正月，舍中军。舍中军者何？复古也。

公然肯定复古，是自相矛盾了。在"立子"的问题上，《公羊》的见解也是保守的，隐公元年云：

> 隐长又贤，何以不宜立？立适以长不以贤，立子以贵不以长。

立贤立嫡，立长立贵的争论，和当时"尚贤"的理论是不协调的，和《公羊》本身"讥世卿"的思想也不相容，《公羊》一再"讥世卿"，如隐公三年"讥世卿，世卿非礼也"，宣公十年有同样记载。世卿和立嫡立贵的制度密切相关，而《公羊》"讥世卿"，也不免自相矛盾；"讥世卿"则应当"尚贤"，否则卿自何而来？

《公羊》要建立一个大一统的国家，这是进步的积极的主张，但它并不要求这新的一统建立在新的基础上，而是在旧基础上建立新的一统，这可以称之为"以复古作维新"，正统派儒家就是这样主张的。这也是当时政治现实的反映，旧贵族的势力仍然强大，而且新贵族很多是旧贵族转化来的，新兴的地主阶级还不能取而代之，于是《公羊》就首施两端，当时的法家则比他们彻底，所以我们说《公羊》是法家的右翼。

我们之所以把前期封建制称为宗法封建制，因为这时的宗法制还非常浓厚，后来这种制度逐渐削弱，但在《公羊》上仍然保存着这古老的血缘关系，具体表现在"讳灭同姓"及"大复仇"两个问题上。《公羊》庄公八年及僖公二十五年都有讳灭同姓的议论，《穀梁》也有类似议论，但不鲜明。《左传》则具有相反论调。讳灭同姓只能说是宗法血缘制的表现，而《公羊》

最为突出。"大复仇"的观点，也是以《公羊》为最突出。《公羊》庄公四年有：

> 纪侯大去其国，大去者何？灭也。孰灭之？齐灭之。曷为不言齐灭之？为襄公讳也。《春秋》为贤者讳，何贤乎襄公？复仇也。何仇尔？远祖也。……远祖者，几世乎？九世矣。九世犹可以复仇乎？虽百世可也。

百世而可以复仇，这是"大复仇"，这当然是血族复仇，是野蛮的落后行为，《公羊》本来具有进步的历史观，但又提倡百世复仇，岂非咄咄怪事？

因为《公羊》具有进步的历史观，所以它能适当地反映时代要求，反映新兴地主阶级的要求，最主要的一点是强调大一统，在过去也曾经有一统的局面，但春秋以来这统一的局面逐渐瓦解，诸侯由割据而兼并，由兼并而新的一统逐渐形成，这新的一统也是历史发展的必然。这时割据的力量被消灭，"夷狄而进于爵"是大一统的局面了。《公羊》及时地反映了这种要求，《公羊》隐公元年首先强调了"大一统"：

> 元年春，王正月。元年者何？君之始年也。……王者孰谓？谓文王也。曷为先言王而后言正月？王正月也。何言乎王正月？大一统也。

这时还不存在"大一统"的局面，而《公羊》强调了"大一统"，也可以说是"实不一统而文一统"。依后来的公羊家说，这是孔子为新王立法。当周之世，作新王之法，权假文王，而实际以《春秋》当新王。《春秋》何以当新王？于是又有孔子为汉立法之说。汉朝确是大一统的天下，《公羊》的理想到此实现了，尤其是汉武帝时代真正完成了这大一统的事业，但如何使这一统的天下大起来，是汉武帝最为关心的问题，于是有董仲舒的"天人三策"。

《公羊》的大一统，是要天下统一于周，《公羊》文公十三年云：

> 然则周公之鲁乎？曰，不之鲁也。封鲁公以为周公主。
> 然则周公曷为不之鲁？欲天下之一乎周也。

"欲天下之一乎周"也仅是一种愿望，实际上仍然是诸侯割据，南夷与北狄交侵，王室之不坠若线。

理想的一统是"王者无外"（见《公羊》隐公元年），但这时表现在《公羊》中仍然是"中国"与诸夏有别，诸夏与夷狄有别，《公羊》成公十五年云：

> 曷为殊会吴？外吴也。曷为外也？《春秋》内其国而外
> 诸夏，内诸夏而外夷狄。

这是《公羊》的主要义法，在"据乱世"，"中国"、诸夏、夷狄有别；在"太平世"才能是"王者无外而夷狄进于爵"。《公羊》产生的时代还是诸侯割据的乱世，而它的理想却是一统太平，这种矛盾在《公羊》的理论中并没有解释清楚，以致出现许多"非常异义可怪之论"，后来公羊学在它的长期发展中才澄清了一些难于索解的问题。

《公羊》记载的是春秋史事，春秋时阶级矛盾与民族矛盾交织，这时的夷狄要问鼎中原了，在中原统治者看来这是危险的局面，能够抵御这种入侵的，就被誉为贤者，保卫"中国"才是"大一统"的先决条件，以"中国"为中心而诸夏而夷狄而完成"大一统"的事业。又《公羊》僖公四年云：

> 楚屈完来盟于师，盟于召陵。……其言盟于师，盟于召
> 陵何？师在召陵也。师在召陵则曷为再言盟？喜服楚也。何
> 言乎喜服楚？楚有王者则后服，无王者则先叛。夷狄也而亟
> 病中国，南夷与北狄交，中国不绝若线。桓公救中国而攘夷
> 狄，卒怗荆，以此为王者之事也。

"南夷与北狄交，中国不绝若线"这是大一统中的首要问题，不能解决这个问题，就是时无王者，而齐桓公此时北伐山戎、南伐楚，是王者事，能行王者之事即大一统的事业。以此《公羊》于桓公北伐山戎虽有微辞，但实际给予肯定的评价。庄公三十年云：

> 齐人伐山戎。此齐侯也，其称人何？贬。曷为贬？子司马子曰："盖以操之为已蹙矣。"此盖战也，何以不言战？《春秋》敌者言战，桓公之与戎狄驱之耳。

桓公之于山戎，不必言战，直言驱之可也。这是"大"桓公的评论，虽然因为他"操之为已蹙"而被贬称为"人"。这时凡是抵御夷狄入侵，《公羊》都给予肯定的评价，如庄公十八年云：

> 夏，公追戎于济西。此未有言伐者，其言追何？大其为中国追也。此未有伐中国者，则其言为中国追何？大其未至而豫御之也。其言于济西何？大之也。

当夷狄未进于爵时，还只能严夷夏之别而"大其为中国追"。又如庄公十年云：

> 秋九月，荆败蔡师于莘，以蔡侯献舞归。荆者何？州名也。州不若国，国不若氏，氏不若人，人不若名，名不若字，字不若子。蔡侯献舞何以名？绝。曷为绝之？获也。曷为不言其获？不与夷狄之获中国也。

楚为"夷"，蔡为"中国"，楚获蔡侯，是"夷狄之获中国"，这是《公羊春秋》所不许，于是获者、被获者都遭贬绝。

"不与夷狄之获中国"，是反对夷狄侵凌"中国"。但"不与夷狄之主中国"，有时是"文不与而实与"，因为《公羊》的夷夏之分不是种族上的概念，而是政治上的分野，夷狄而入主"中国"如有利于大一统也加以肯定，如哀公十二年云：

> 公会晋侯及吴子于黄池。吴何以称子？吴主会也。吴主

> 会则曷为先言晋侯？不与夷狄之主中国也。其言及吴子何？
> 会两伯之辞也。不与夷狄之主中国则曷为以会两伯之辞言
> 之？重吴也。曷为重吴？吴在是，则天下诸侯莫敢不至也。

"不与夷狄之主中国"而重吴，也就是说夷狄而入主"中国"是
《公羊》所不允许的，但因吴主"中国"而"天下诸侯莫敢不
至"，这是一个一统的局面，即使还不是真正的大一统，有此趋
势，《公羊》也加以肯定，于是乎重吴亦即重视大一统，因为大
一统的时候，已经是"王者无外"，这是《公羊》之最可取处。

前面已经指出，《公羊》中的"中国"、"夷"、"夏"，不是
种族或民族概念而是政治或者伦理上的概念，"夷狄"可以进为
"中国"，"诸夏"可以退为"夷狄"，所以在《公羊》中"许夷
狄"者有多处，如昭公二十三年有云：

> 戊辰，吴败顿、胡、沈、蔡、陈、许之师于鸡父。胡子
> 髡、沈子楹灭，获陈夏啮。此偏战也，曷为以诈战之辞言
> 之？不与夷狄之主中国也。然则曷为不使中国主之？中国亦
> 新夷狄也。

于此何休《解诂》云：

> 中国所以异乎夷狄者，以其能尊尊也。王室乱，莫肯
> 救，君臣上下败坏，亦新有夷狄之行，故不使主之。

何休的注解符合《公羊》原义，"中国"而有"夷狄"之行亦
"新夷狄"也。反之如果"夷狄"能够入主"中国"而一统，
"夷狄"亦"中国"也。这种理论对于促进中国的一统，以及民
族的团结与融合都起了积极的作用。

《公羊》虽然不属于儒家的正统学派，但在"夷狄"与"中
国"以及"大一统"的问题上，它可能发挥了孔子的原始学说，
《论语》肯定桓公与管仲，主要是他们为一统尽力，比如说：

> 子曰："桓公九合诸侯，不以兵车，管仲之力也，如其

仁，如其仁！"

　　子曰："管仲相桓公霸诸侯，一匡天下，民到于今受其
　赐。微管仲，吾其被发左衽矣。岂若匹夫匹妇之为谅也，自
　经于沟渎而莫之知也？"（《论语·宪问》）
孔子从维护大一统的角度，从维护当时的社会秩序着眼，他认为
管仲辅佐桓公"一匡天下"，"民到于今受其赐"，因而称赞管仲
"如其仁，如其仁"。《公羊》承袭了这种思想而又向前发展了一
步。他们没有强调"被发左衽"的问题，否则会陷入狭隘的民
族主义思想中。

　　一统而排斥"夷狄"只能是小一统。《公羊》中称许"夷
狄"者有好多处，贬"中国"者亦有好多处，不存在狭隘的民
族思想，这是进步史观，这种史观有助于中国的统一。我们说这
种思想有助于中国的统一，是当时的中国还不统一，于是《公
羊》只能说是为后王立法，《公羊》哀公十四年云：

　　《春秋》何以始乎隐？祖之所逮闻也。所见异辞，所闻
　异辞，所传闻异辞。何以终乎哀十四年？曰，备矣。君子曷
　为为《春秋》？拨乱世，反诸正，莫近诸《春秋》。……制
　《春秋》之义，以俟后圣。以君子之为，亦有乐乎此也。
"制《春秋》之义，以俟后圣"，也就是为后王立法，所以何休
《解诂》说，"待圣汉之王以为法"，指明后圣即汉王。的确，
《公羊》大一统的理想没有落空，汉武帝时代真正出现了大一
统，《公羊》的理想实现了。但实现了的理想并不等于出现了一
个理想的现实，这个新现实仍然存在着许多问题，一个公羊学者
董仲舒，曾经提出粉饰这个新现实的理论，但粉饰的理论也不是
现实，于是《公羊》的理想还是部分落空。

　　　　　　　　　　　　　　　（曾载《绎史斋学术文集》）

论刘歆与班固

一

把刘歆和班固放在一起论述，也许会被讥为老子与韩非同传，不伦不类；其实不然。刘歆所受的教育是今文经学，在思想体系上他属于今文学派，但在经学上他又提倡古文经，不过当时还不存在古文经学学派的思想体系。晚清的今文学派，为了政治上的原因，他们鼓吹说，王莽之所以取得政权，在思想领域制造舆论方面，和古文经学分不开。康有为以斥责的口吻说，王莽以伪行篡汉朝，刘歆以伪经篡孔学，二者同篡，二者同伪。他们说刘歆曾经编伪群经而以《左氏》及《周礼》为主，然后伪诸经以作佐证。这些，过去学者讨论已多，今不详述。其实，刘歆、王莽所利用的都是今文经学，他们予取予求，不假旁索。

刘歆来自经学世家，他父亲刘向治《易》，刘歆也治《易》；刘向作《洪范五行传》，刘歆因之作《三统历谱》，这些都属于今文经学的体系，他们的思想体系能够发挥作用的地方也在此而不在彼。《汉书·律历志》有下列叙述：

> 至孝成世，刘向总六历，列是非，作《五纪论》，向子

歆究其微眇，作《三统历》及《谱》以说《春秋》，推法
密要，故述焉。夫《历春秋》者，天时也，列人事而目以
天时。《传》曰："民受天地之中以生，所谓命也。……"
《经》元一以统始，《易》太极之首也。《春秋》二以目岁，
《易》两仪之中也。于春每月书王，　《易》三极之统
也。……故《易》与《春秋》，天人之道也。

以上刘向之《五纪论》即《洪范五行传》，向子歆曾经"究其微
眇"，而作《三统历》及《谱》。因为《三统历谱》本来用以说
《春秋》，所以也可名之曰《春秋历》；这是刘向、歆父子的天人
之学，而天人之学不外《易》与《春秋》，所以他们父子治
《易》与《春秋》，而刘歆之治《春秋》实在是以今文义法讲古
文经——《左传》，但他并没有篡改古文经，更谈不到"伪学"。

班固的《汉书》，在史实方面有许多抄自《史记》，而在思
想体系方面则来自刘歆，今文学家便说《汉书》实出自刘歆。
班固不是一个独树一帜的学者，他的学问都有本有源，有名的
《汉书》十志多本刘歆，齐召南说：

案：班书十志，半取裒于刘歆，惟下行志时纠刘歆之失
（《汉书·五行志补注》引）。

他说《汉书》十志半取于刘歆，其实何止"半取"，有些是全部
来自刘歆，大家所熟习的《律历志》、《天文志》和《艺文志》
都是。《五行》下志虽有纠刘处，也只是细节，在基本体系上仍
来自刘歆。没有司马迁和刘歆的著作，《汉书》很难成书。

二

刘歆是以今文义法解释古文经的人，这种学风实在是东汉经
师混合今古文的开端，他的《三统历》以历说《春秋》，多引

《左氏》是事实，但也不排斥今文，不排斥《公羊》，比如说：

> 元典历始日"元"。《传》曰："元，善之长也。"共养
> 三德为善。又曰："元，体之长也。"合三体而为之原，故
> 日元。于春三月，每月书王，元之三统也（《汉书·律历
> 志》）。

何休《公羊解诂》云："二月、三月皆有王者，二月殷之正月
也，三月夏之正月也。王者存二王之后，使统其正朔，服其服
色，行其礼乐，所以尊先圣，通三统，师法之义，恭让之礼，于
是可得而观之。"何休虽然晚于刘歆，然而以三统解《春秋》，
是《公羊》正统。《左氏》无三统说，所以刘歆解《春秋》于
此亦用公羊义法。由此足见西汉晚年，经今古之分尚无绝对樊
篱。又《律历志》云："于四时虽亡事必书时月，《易》四象之
节也。"此义亦见于隐公六年《公羊传》："秋七月，此无事何以
书？《春秋》虽无事，首时过则书。首时过则何以书？《春秋》
编年，四时具然后为年。"两者相比，《汉书》以《易》解《春
秋》，而两者义法从同，此亦《易》与《公羊》结合，天人学之
传统。《左氏》于此无说，而杜预云："虽无事而书首月，具四
时以成岁也。"亦缘《公羊》立说。在《三统历》中也多有
《今文尚书》本义，有时且不免今古杂糅，以致进退失据。如
《汉书·律历志》有："文王受命九年而崩，再期，在大祥而伐
纣，故《书序》曰：'惟十有一年，武王伐纣，作《太誓》。'
八百诸侯会。还归二年，乃遂伐纣克殷，以箕子归，十三年
也。"此说前后矛盾，前人多有考证。王先谦在《补注》中说：
"案《书序》，惟十有一年，武王伐殷，一月戊午师渡孟津作
《太誓》。《周本纪》诗人道西伯，盖受命之年称王而断虞芮之
讼，后七年崩。九年武王观兵至盟津渡河，会八百诸侯，还师
归。后二年闻纣暴虐滋甚，乃伐纣。十一年十二月戊午师毕渡孟

津。二月甲子昧爽，武王至牧野，乃誓。已克殷后二年，问箕子。案《书序》云，一月戊午；《史记》云，十二月戊午者，殷之十二月，周之一月。《古文书序》据周正言，《史记》用今文说，仍据殷正，非有异说。戊午距甲子七日，不得悬隔两月。古文以戊午为一月，则甲子为二月；今文以戊午为十二月，则甲子为正月也。文王受命七年崩，又二年为九年，故云九年而崩。以武王再期观兵为十一年，还归伐纣为十三年，即于是年访箕子；此《古文》说。惟既以《书序》十一年伐纣为观兵，复引《序》一月戊午师渡孟津，与《牧誓》甲子昧爽之文牵连推算，似有未合。"这个矛盾好像是不同记载中的年代学问题，其实是今古学系统的传授问题，因为两个年代统系关涉到古代典籍两种不同的来源，因为传授来源不同，所以今古文《尚书》在章句、篇章和训诂各方面有种种不同。《律历志》年代基本上是古文系统，但"十一年一月戊午渡孟津作《太誓》"乃今文系统的年代，刘歆既以十一年为观兵，又与《牧誓》"甲子昧爽"之文牵连，不免混淆今古，以致进退失据。

我们不能简单地认为刘歆鼓吹古文经，所以他的思想体系属于古文学派。他接受的是传统的今文教育，他的经学思想基本上还是今文的体系，后来他提倡古文经，但他并没有抛弃今文。今文经学表现在西汉，尤其是西汉中叶以后是阴阳图谶之学，在这方面，向、歆父子的表现绝不输于任何今文经师。《汉书·五行志》中曾经列举董仲舒、刘向、刘歆等人对于灾异的看法和解释，虽然彼此论调不同，但其为灾异学说则一。在《世经》中刘歆更是以五行解释历史，其中有一个完整的古史系统，这个系统是依照五行说排列下来的，可以说《世经》中的历史观是五行学的历史观。我的老师顾颉刚先生对于《世经》和其中的古史系统有过比较详细的研究，在他著名的《五德终始说下的政治和历史》一文中，曾经重点谈到《世经》问题。他认为，《世经》是西汉末年的书，刘歆作《三统历》时曾经引用，但这部书在别的地方没有出现过，只见于刘歆的《三统历》，以当时的学风而论，伪书曾大批出现，刘歆又是制造伪书的宗师，则此书颇有出于刘歆的可能，话说得宽一点，也有出于刘歆学派的可能。我则以为《世经》是一部真书，它不是一部伪书。所谓伪书当指原书已佚，后人假名重作谓之伪，或者是冒名顶替的作品也可以称作伪书。《世经》过去并无此书，也没有别人造《世经》而刘歆攘其名，因此关于《世经》无所谓伪。《世经》本出于刘歆不待推论，因为《世经》就是《三统历谱》的异名，《汉书·律历志》谓：

> 至孝成世，刘向总六历，列是非，作《五纪论》。而子歆究其微眇，作《三统历》及《谱》以说《春秋》，推法密要，……

刘歆有《三统历》，这是《汉书·律历志》所本，那么什么是《三统历谱》？《历》与《历谱》是两书部，而且《历谱》是用以说《春秋》，而在《三统历》中我们看不到其中有说《春秋》的内容，它只是历书，和《春秋》关系不大，虽然在序言中谈到《春秋》，但也谈到《易》，那本来是他们的天人之学，不是在说《春秋》。而《世经》却是说《春秋》的专书，它也正好是《历谱》，用历以证史，又用事实以证历，重点是说《春秋》，它真正是"历"又是"史"。因为它以历说史，所以叫做《历谱》；因为它不仅限于《春秋》，所以又叫做《世经》。《世经》的含义正是《历春秋》，《汉书·律历志》说："夫历春秋者，天时也，列人事而目以天时。"《世经》也正好是"列人事而目以天时"，"人事"是史，"天时"是历，两者结合起来是"历史"，也就是《世经》，也就是《历春秋》，也就是《三统历谱》。

　　《世经》的作者问题本来已经解决了，但颉刚先生在谈到另一段古史问题时仍然不主张《世经》出自刘歆。班固说："刘向父子以为帝出于《震》，故包羲氏始受木德，其后以母传子，终而复始。自神农、黄帝下历唐、虞三代而汉得火焉。故高祖始起，神母夜号，著赤帝之符，旗章遂赤，自得天统矣"（《汉书·郊祀志》赞）。又，荀悦《汉纪·高祖纪》也说："及至刘向父子乃推五行之运，以子承母，始自伏羲，以迄于汉，宜为火德。其序之也，以为《易》称'帝出乎《震》'，故太皞始出乎《震》为木德，号曰伏羲氏。"顾先生于此指出：上述两段，"他们都明白指出，创造这个新的历史系统的是刘向父子，刘向父子所持的理由是《易传》上的'帝出乎《震》'；这比我们以前知道的五德终始说差异了多少？《汉书·律历志》有云：'至孝成世，刘向总六历，列是非，作《五纪论》，而子歆究其微眇，作《三统历》及《谱》。'可惜《五纪论》现在不传，不知道刘向对于这个问题的见解究竟怎样。《三统历》则因班固收入《律历志》之故，我们还能够看见里面所引用的《世经》，证实了班固和荀悦的两段记载"（《五德终始说下的政治和历史》，《古史辨》第五册下）。颉刚先生于此提出了两个问题：一个是《五纪论》现在看不到，不知道刘向的原来说法如何；一个是《世经》可以证实班固和荀悦的说法。其实《五纪论》就是《洪范五行传》，在后来的《大衍历议》中即称之为《洪范传》。《五行》和《五纪》都是以五为纪，含义相同。而由《世经》可以证《汉书》和《汉纪》，也就证明了《世经》出自刘歆，因为这种说法本来出自刘歆。以此，我们说，关于《世经》的著者，既有本证，又有旁证，都可以证明它出自刘歆。

　　颉刚先生曾经惊诧《世经》中的古史系统，因为它的五德终始说和以前的五德终始说有很大的不同，因而颉刚先生说：

"我们比较这两个图（即五德相生及相胜图），可以知道，《世经》的系统，第一是不遵守五德相胜的次序，第二是把朝代伸展了两倍。因此，本来以'土木金火水'为次的，现在改以'木火土金水'为次了，本来到秦代刚凑满五德之数的，现在到周代已经是第三次终始了。这个系统是从什么地方出来的呢？大家不知道，然而大家都沿用，无论作古史的和作通史的都依照着它。我们现在看到的历史书，从皇甫谧的《帝王世纪》直到吴乘权的《纲鉴易知录》没有不这样写的，也没有敢不这样写的。它是成了正统了！它成了偶像了！它是成了大权威者了"（《五德终始说下的政治和历史》，《古史辨》第五册下）。为什么《世经》的系统不遵守"五德相胜"的次序呢？顾先生以为是由于政治上的需要，是为了王莽篡位，刘歆为了替王莽在历史上找到取得政权的先天的根据，于是他改造了五行说，也改造了古史系统，因而伪造《世经》。顾先生这一成系统的古史理论是他的《古史辨》中两个主要论点之一，这是一个头绪纷纭的学术问题，也是一个政治史上的重要问题；但其中值得商讨的问题颇多，最使人们难于接受的是刘歆改"五行相胜"为"相生"说。其实这两种说法都来自邹衍，他曾经有《主运》一书，《史记集解》引如淳的话道："今其书有《主运》，五行相次转用事，随方面为服。"只有"五行相生说"才能有"五行相次转用事"，而"相胜说"是"五行相逆"不是"相次"。况且邹衍是受有孟轲影响的人，因此他的五行说，最初，也只能是"相生"而不是"相胜"，于此还有几点理由可以提出：

一、邹衍的五行说，是"止乎仁义节俭"，这正和"言忠孝传诸五行"的说法相同，是相生说的产物。

二、"五行相次，随方面为服"的说法和《月令》等内容相似，而《月令》等书内容中的五行是相生说。

三、原始的五行说是相生的体系，五方和四时的排列都是相生的系统。

四、子思、孟子的天道观是机械的宿命论，"五百年必有王者兴"的理论，和相胜的体系不相容。

五、"仲尼门人，言羞称乎五霸"，不主张相胜说，因为那是主张暴力的理论。

六、郑玄注《周礼·夏官·司爟》引鄹子语是相生说。原文云："郑司农说以鄹子曰：'春取榆柳之火，夏取枣杏之火，季夏取桑柘之火，秋取柞楢之火，冬取槐檀之火。'"这种五时取火的记载同于《十二纪》和《月令》，都是相生说的体系。何晏解《论语·阳货》"钻燧改火"云："马〔融〕云：'《周书·月令》有更火之文，春取榆柳之火，夏取枣杏之火，季夏取桑柘之火，秋取柞楢之火，冬取槐檀之火，一年之中，钻火各异木。'故曰：'改火'也。"这和邹衍的说法相同，又皇侃疏亦同此说。顾颉刚先生因为主张邹衍提倡五行相胜说，所以不信较早的皇侃疏而引贾公彦的说法："言春取榆柳之等，旧师皆以为取五方之色同，故用之。今案：枣杏虽赤，榆柳不青，槐檀不黑，其义未闻。"今案：如以今日常识说五行，不可解处甚多，岂特树木的颜色，即以颜色论，榆柳未尝不青，槐檀颇近于黑。贾氏之说亦皮相者。

以上诸证都可以说明"五行相生说"先于"相胜说"而存在，"相生说"绝对不出于刘歆的伪造。而且在刘歆以前，《春秋繁露》中讲五行，第五十八为《五行相生》，第五十九为《五行相胜》，一如双生。在《五行相生》里指出东方木，南方火，中央土，西方金，北方水，"天地之气，判为四时，列为五行"。这是因袭《吕览》等旧说，原书具在，不能说是刘歆伪造。

颉刚先生又以为汉为火德是刘歆提倡五行相生说以后的事。因为《汉书·郊祀志》的《赞》说："高祖……著赤帝之符，旗章遂赤。"为本纪中所未有。而《史记·封禅书》的记载："因以十月为年首，而色尚赤。……于是夏四月，文帝始郊见雍五畤祠，衣皆上赤。"和下文武帝元鼎元年"衣上黄"，元封元年"农尚黄"的记载有矛盾，而断定汉初尚赤之为伪。这种说法也有问题，汉初尚赤的记载，所在多有，非刘歆所能一手遮天。《史记·高祖本纪》中有两处赤帝子斩白帝子的记载，《汉书·高帝纪》相同；这些固然也可以说是伪窜，但《史记·淮阴侯传》云："选轻骑二千人，人持一赤帜，从间道萆山而望赵军，诫曰：'赵见我走，必空壁逐我，若疾入赵壁，拔赵帜，立汉赤帜。'"由此知道，汉初旗色即尚赤。《汉书·韩信传》的记载相同，这都不可能出于后人的伪造。此外《汉书·刘屈牦传》云："初，汉节纯赤，以太子持赤节，故更为黄旄加上以相别。"这更明确地指出"初汉节纯赤"，武帝因戾太子之乱，临时加黄旄以相区别，直到霍光当政，昌邑王才又有一度更改（见《汉书·霍光传》）。赤节上的黄旄本为刘屈牦战戾太子时所加，而昌邑王把它去掉，也算是罪状之一。这一连串的历史故事，息息相关，不是改动一、二字就能掩人耳目的。那么，汉初尚赤，本无可疑，可疑倒是不同的说法了。

在封建领主时代，贵族世袭，平民的儿子不配作皇帝。秦末宗法的权威虽然衰减，但这种残余意识仍然存在，于是刘邦只好说是龙种。后来的纬书为了配合汉是火德的说法，便说他是赤龙之后。这些故事都是伪造，但前于刘歆，而且"尚赤"的来源更早（参看拙作《西汉经学与政治》）。

因此我们说，《世经》出于刘歆，但不必说是伪造，老实说他还不具有伪造这种体系的水平。他只是利用了固有的五行相生说以论述古代历史的演变源流，因之也可以说这五行相生的历史法则是他的历史哲学。我们再看看《世经》的原文：

《春秋》昭公十七年"郯子来朝"，《传》曰："昭子问少昊氏鸟名何故？对曰：'吾祖也，我知之矣。昔者，黄帝氏以云纪，故为云师而云名；炎帝氏以火纪，故为火师而火名；共工氏以水纪，故为水师而水名；太昊氏以龙纪，故为龙师而龙名。我高祖少昊挚之立也，凤鸟适至，故纪于鸟，为鸟师而鸟名。'"言郯子据少昊受黄帝，黄帝受炎帝，炎帝受共工，共工受太昊，故先言黄帝，上及太昊。稽之于《易》，炮牺、神农、黄帝相继之世可知。

太昊帝　《易》曰："炮牺氏之王天下也。"言炮牺继天而王，为百王先，首德始于木，故为帝太昊。作罔罟以田渔，取牺牲，故天下号曰"炮牺氏"。《祭典》曰："共工氏伯九域。"言虽有水德，在火、木之间，非其序也。……故伯而不王。秦以水德，在周、汉木火之间。周人迁其行序，故《易》不载。

炎帝　《易》曰："炮牺氏没，神农氏作。"……以火承木，故为炎帝。教民耕农，故天下号曰"神农氏"。

黄帝　《易》曰："神农氏没，黄帝氏作。"火生土，故为土德。与炎帝之后战于阪泉，遂王天下。……有轩冕之服，故天下号曰"轩辕氏"。

少昊帝　《考德》曰少昊曰清。清者，黄帝之子青阳也，……土生金，故为金德，天下号曰金天氏。周迁其乐，故《易》不载，序于行。

颛顼帝　《春秋外传》曰，少昊之衰，九黎乱德，颛顼受之，……苍林昌意之子也。金生水，故为水德。天下号曰高阳氏。周迁其乐，故《易》不载，序于行。

帝喾　《春秋外传》曰，颛顼之所建，帝喾受之。清阳玄嚣之孙也。水生木，故为木德。天下号曰高辛氏。……周迁其乐，故《易》不载，周人禘之。

唐帝　《帝系》曰，帝喾四妃，陈丰生帝尧，封于唐。……木生火，故为火德。天下号曰陶唐氏。让天下于虞，……

虞帝　《帝系》曰，颛顼生穷蝉，五世而生瞽叟，瞽叟生帝舜，……尧嬗以天下。火生土，故为土德。天下号曰有虞氏。让天下于禹，……

伯禹　《帝系》曰，颛顼五世而生鲧，鲧生禹，虞舜嬗以天下。土生金，故为金德。天下号曰夏后氏。继世十七王，四百三十二岁。

成汤　《书经·汤誓》汤伐夏桀。金生水，故为水德。天下号曰商，后曰殷。……凡殷世继嗣三十一王，六百二十九岁。

武王　《书经·牧誓》武王伐商纣。水生木，故为木德。天下号曰周室。……周凡三十六王，八百六十七岁。

秦伯　……凡秦伯五世，四十九岁。

汉高祖皇帝　著《纪》，伐秦继周。木生火，故为火德。天下号曰汉（《汉书·律历志》）。

这是刘歆以五行相生说来解释中国历史，这种理论来自邹衍，邹衍以五行说解历史，"先序今以上至黄帝"，刘歆则是先序今以上至太昊。我们说刘歆先序今，是说他先肯定了汉为火德，然后依五行相生说向上推，推到太昊应为木德，于是以"帝出于《震》"为炮牺始受木德作证，这样他的古史系统和五行相胜说不同。

我们不同意刘歆伪造古文经以助王莽取得政权的说法，但并不反对刘歆曾为新莽政权作舆论鼓吹的说法，这种鼓吹是他先利用了今文学派的理论，后来又抬出古文经"以明因监"。今文经学为他提供了五行相生说，这种学说正好是为禅让说作舆论准备：历史是按五行相生说作循环的，因此王莽可以作汉代合法的继承者。这里用不着伪造，现成的说法俯仰即是，他只是需要《周礼》提供具体的政治措施了。

三

司马迁的《史记》和班固的《汉书》同为中国史学名著。他们一个是西汉人，一个是东汉人，这两位大史学家都与公羊学派有关，但公羊学派的思想在变，因为时代在变。我曾经提出司马迁的"两立"：为后王立法而主张大一统；为后人立法而赞扬农民起义之反对强暴。刘向父子已逐渐失去这"两立"的精神，班固更是如此，而且有时反对司马迁的"两立"了。班固是《白虎通义》的撰集者，《白虎通义》首先抛弃了大一统，不过不能把《白虎通义》写在班固一个人的账上，现在我们只谈他的《汉书》。东汉以后讨论《史》、《汉》优劣论者，繁不胜数，唐代史论名家刘知几却是每抑《史记》而扬《汉书》，他说：

> 寻《史记》疆宇辽阔，年月遐长，而分以纪传，散以书表。每论家国一政，而胡、越相悬；叙君臣一时，而参商是隔。此其为体之失者也。兼其所载，多聚旧记，时采杂言，故使览之者事罕异闻，而语饶重出。此撰录之烦者也。……如《汉书》者，究西都之首末，穷刘氏之废兴，包举一代，撰成一书，言皆精练，事甚该密，故学者寻讨，易为其功。自尔迄今，无改斯道（《史通·六家篇》）。

这些话都是就修史的体裁和技术而言，即使是以上两者，班书亦来自马史。《史记》是通史，《汉书》是断代史，自能"包举一代"，何待繁言。如就史学、史识，或者是文学、思想而言，班书都难望马史的项背，更无论并驾而驰。刘知几虽有《史通》，实于史有所不通，但率尔操觚，徒作唐言。现代史学史著作亦有采取其说者，比如金毓黻先生说："盖创始者难免殊略，继起者易于该密，《汉书》之优于《史记》，其势然也"（见金著《中国史学史》）。其实不能下如此结论，金先生或亦千虑一失。

我们现在不是在比较《史》、《汉》优劣，因为两者无法相比，我们只是在探讨他们的历史哲学。《史记》的观点，我们已经知道，它支持新生事物；为后王立法而提倡大一统；为后人立法而反对强暴统治，鼓吹农民起义。有此三者自足千秋。《汉书》又如何？究竟它肯定了什么？否定了什么？爱什么？恨什么？这些都有关于班固的历史哲学，是史家最根本处，不能忽视。首先我们看他对农民起义的评论，毛泽东同志曾经指出：

> 在中国封建社会里，只有这种农民的阶级斗争，农民的起义和农民的战争，才是历史发展的真正动力（《中国革命和中国共产党》，《毛泽东选集》第二卷，第 588 页）。

那么，谁在历史上肯定农民起义，谁就是具有卓识的历史学家；否则，只能是庸俗的历史唯心主义者。在探讨司马迁的思想时我曾经提出，历史学者必须对陈胜、吴广的起义提出自己的看法，这是非同小可的大事，开中国历史上两千年来新局面的不是秦皇、汉武，而是起于垄亩之间的陈胜、吴广（见拙作《司马迁的历史哲学》）。他们是打开封建贵族垄断政权的首难者，他们把颠倒了的历史颠倒过来。司马迁充分认识到这一点，所以他说："桀、纣失其道而汤、武作，周失其道而《春秋》作，秦失其政而陈涉发迹，……卒亡秦族。天下之端，自涉发难"（《史记·太史公自序》）。把陈胜和汤、武、《春秋》并举，跻之于圣王与圣人之列。而班固却说："上嫚下暴，惟盗是伐，胜、广标起，梁、籍扇烈。赫赫炎炎，遂焚咸阳。宰割诸夏，命立侯王。诛婴放怀，诈虐以亡"（《汉书·叙传》）。"上嫚下暴，惟盗是伐"，引自《易·系辞》"上嫚下暴，盗思伐之矣"。秦失其政引起陈胜、吴广等"群盗"蜂起，这种评论和司马迁的赞语比较起来，有天渊之别，一个比之作圣王，一个比之作盗贼，这种差异充分说明他们之间思想认识的差别。班固的时代，新的世族地主阶级已经形成，这个世族地主阶级把持中国封建政权数百年，他们残酷地镇压农民起义，也最怕农民起义和农民战争。陈胜、吴广打击的对象正好是他们的前身，班固作为世族地主的代言人，所以他具有上述观点。此后在所谓正史中，对于农民起义的评价真是"每下愈况"，《旧唐书》把黄巢列于列传而比之于安禄山和朱泚，以为唐之"三大盗"；《新唐书》列传末为《奸臣》，《奸臣》下为《叛臣》，《叛臣》下为《逆臣》，黄巢则列于《逆臣传》；《明史》以李自成、张献忠列于《流贼列传》，而《流贼》在《佞幸》、《奸臣》下，这个厉阶是班固开的。

农民起义推动了社会生产的发展，西汉的社会生产发展了，这种发展是应当肯定的，但历史家对之有不同的评价。司马迁完全肯定了这种发展，比如，他说："'仓廪实而知礼节，衣食足而知荣辱。'礼生于有而废于无。故君子富，好行其德；小人富，以适其力。渊深而鱼生之，山深而兽往之，人富而仁义附焉。……故曰：'天下熙熙，皆为利来；天下壤壤，皆为利往'"（《史记·货殖列传》）。他强调了物质生产，强调了物质生活对于人们的重要性，强调了物质生活对于道德、情操、精神生活的重要性，这是进步的历史观。司马迁把人们对于生活利益的要求放在第一位，实质上是在反对那些荒淫无耻、唯利是图，而又"口不言利"的人。他公开宣称封建统治者和被统治者都是一样

为了"利"。"利"在阶级社会里是有它的阶级内容的。司马迁
同情人民，比较关心人民的物质利益，而班固则说：

> 是以欲寡而事节，财足而不争。于是在民上者，道之以
> 德，齐之以礼，故民有耻而且敬，贵谊而贱利，此三代之所
> 以直道而行，不严而治之大略也。及周室衰，礼法堕，……
> 其流至乎士庶人，莫不离制而弃本，……至乎桓、文之后，
> 礼谊大坏，上下相冒，……于是商通难得之货，工作亡用之
> 器，士设反道之行，以追时好而取世资。伪民背实而要名，
> 奸夫犯害而求利，……礼谊不足以拘君子，刑戮不足以威小
> 人（《汉书·货殖传》）。

这种议论是和司马迁的议论针锋相对的，和"正其谊不谋其利"
的论调如出一辙，都是主张"贵谊而贱利"，极力反对工商业的
发展。手工业、商业的发展是当时社会经济发展的一个重要标
志，在封建领主时期"工商在官"，因此长期停滞。战国以来，
尤其西汉文、景以来，"工商在官"的制度已经破坏，加以社会
比较稳定，于是农业、手工业和商业都蓬勃发展起来，这本末并
茂的生产事业，有利于社会国家，也有利于人民的物质生活。对
此，司马迁高唱赞歌，而班固则顽固地反对，这不是个人的好恶
问题，而是由他们的世界观和历史观所决定的。

司马迁还歌颂了游侠，因之也关联到道德的评价问题。阶级
社会的道德是有阶级性的，一个阶级有一个阶级的道德标准。封
建主以禹、汤、文、武为圣王，而盗跖、庄跷，其徒亦颂义无
穷。"窃钩者诛，窃国者侯"，而"侯之门，仁义存"，"仁义"
与"窃国"竟是并行不悖的，所以"鄙人有言：'何知仁义，已
飨其利者为有德。'"拥有了物质财富，也就赋有了仁义道德，
这是鄙人揭发出来的真理。而当时的游侠，却是冲击这种封建道
德的在野力量，司马迁赞扬他们，而班固反对他们，认为郭解等

人罪不容诛：

> 于是背公死党之议成，守职奉上之义废矣。及至汉兴，禁网疏阔，未之匡改也。……非明王在上，亲之以好恶，齐之以礼法，民曷繇知禁而反正乎！古之正法：五伯，三王之罪人也；而六国，五伯之罪人也。夫四豪者，又六国之罪人也。况以郭解之伦，以匹夫之细，窃杀生之权，其罪已不容于诛矣（《汉书·游侠传》）。

班固是《白虎通义》的撰集者。《白虎通义》虽然是今古文经杂糅，但以今文经为主，它代表了今文经学思想的衰退时期，放弃了今文经的某些优良传统，例如它宣称"明天下非一家之有"（《白虎通义·三正》），这是公然鼓吹封建割据，与大一统的思想背道而驰。因此我们说班固是一个历史编纂者，在体例方面，在整齐故事方面，在典章制度以及文字表达等方面都有他的可取处，但他不是一位思想家，更不是一位具有先进思想的历史学家。他的《汉书》，有许多采自《史记》，有许多来自刘歆，但他抛弃了司马迁的进步史观，也没有充分吸取刘歆的长处。就此而论，《汉书》之不及《史记》是显而易见的。可以说，班固是以种种努力去维护旧事物使它免于死亡的历史学者。

（曾载《绎史斋学术文集》）

《白虎通义》的思想体系

　　东汉时期，当政的世族地主为了使西汉以来争论不休的今古文经更好地为他们的政权服务，需要对经学重新作出总结。建初四年（公元 79 年），章帝诏经师丁鸿"与广平王羡及诸儒楼望、成封、桓郁、贾逵等，论定五经同异于北宫白虎观，使五官中郎将魏应主承制问难，侍中淳于恭奏上，帝亲称制临决"（《后汉书·桓荣丁鸿列传》）。这次在白虎观举行的经学讨论会，"帝亲称制临决"，目的是使经书成为钦定的封建教科书，此后经书便取得了更为崇高的地位。参与讨论的诸儒，虽然多属今文经学派，但是今文经学已逐渐凝固化，缺乏初期多变的生命力，尽管在形式上成为官学，其实徒具形式，不能完全适应封建统治阶级的需要。当时的世族豪门地主把宗族和亲朋团聚在一起，拥有大量土地，役使千百家农民，他们初步具有"割据自雄"的物质力量，这是使中央集权削弱的因素，是使大一统局面削弱的因素，是封建帝王最为担心的事，但这种局面终于来临了。宦官、外戚在朝廷中争权夺利，世族豪强则掌握了地方上的实权，这时的阶级矛盾日益尖锐化，正当所谓"太平盛世"的时候，也是流民问题最为严重的时候。于是统治阶级更加寄希望于儒家的思想权威，企图使儒家思想宗教化，利用宗教的力量来强化思想统治。作为白虎观会议书面总结的《白虎通义》，正是这种情况下的产物。

西汉中叶以后，谶纬学产生，儒家思想逐渐宗教化。到东汉章帝举行白虎观会议的时候，这种趋势更加显著。在我国历史上，《白虎通义》首先提出"教"以代替过去的所谓"道"，《白虎通义》说：

> 王者设三教者何？承衰救弊，欲民反正道也。三正之有失，故立三教以相指受。夏人之王教以忠，其失野，救野之失莫如敬；殷人之王教以敬，其失鬼，救鬼之失莫如文；周人之王教以文，其失薄，救薄之失莫如忠（《三教》）。

此处所谓"教"的含义和宗教的教义当然还有不同，但《白虎通义》的全部内容是使儒家更进一步宗教化，他们把已经宗教化的儒家理论结集起来、凝固起来，更把这些结集起来的条文公布于天下，成为天下共同遵守的条文，在本质上这也是一种宗教教义。虽然儒家始终没有正式变成宗教——这是今文经学的企图，后来的今文图谶和传统的迷信行为相结合，便发展成为道教。

《白虎通义》曾经给"教"下定义道：

> 教者何谓也？教者效也。上为之，下效之，民有质朴，不教不成（《三教》）。

此所谓"教"，好像有教育的含义，并不是宗教。但首先肯定农民愚昧无知，待教之而后善，因此对农民的所谓"教"，实际上是宗教教育，而不是知识教育，他们是用"教"来麻醉人民，而不是来开导人民。传统儒家的政治思想教育是从伦理学入手的，因此伦理学和政治学混为一体，他们通过伦理来稳定人与人之间的关系，也就巩固了封建秩序。这是伦理学，又是道德学，

也是政治学。"三纲"、"六纪"的教条,始终是束缚劳动人民的枷锁,这种教条的肯定下来始于《白虎通义》,其中有云:

> 三纲者,何谓也,谓君臣、父子、夫妇也。六纪者,谓诸父、兄弟、族人、诸舅、师长、朋友也。故《含文嘉》曰:"君为臣纲,父为子纲,夫为妻纲。"又曰:"敬诸父兄,六纪道行;诸舅有义,族人有序,昆弟有亲,师长有尊,朋友有旧。"何谓纲纪?纲者张也,纪者理也。大者为纲,小者为纪,所以,张理上下,整齐人道也。人皆怀五常之性,有亲爱之心,是以纲纪为化,若罗网之有纪纲而万目张也(《三纲六纪》)。

董仲舒的《春秋繁露》,曾以君臣、父子、夫妇为"王道之三纲"(《春秋繁露·基义》);《汉书·贾谊传》中也有"六纪"的提法。这些提法由今文经师继承下来,披上神秘的外衣,而由谶纬书加以发挥,到东汉的《白虎通义》,遂以总结的方式固定下来。这是教义,是天地间的纲纪,在长期的封建社会内它始终发挥着束缚人民的作用。这也说明早期具有进步意义的今文经学已变成一股逆流,公羊学派所具有的一些积极因素消失了。

《白虎通义》无疑反映了当时豪门大族的意识形态,而豪门大族的存在也就是地方割据势力的存在,于是《白虎通义》中也有"天下非一家之有"的说法。如:

> 王者所以存二王之后,何也?所以尊先王,通天下之三统也。明天下非一家之有,谨敬谦让之至也(《三正》)。

王者存二王之后,与本朝为三,所以通三统,这是《公羊》古义,但"明天下非一家之有"却是新说。传统的儒家与经学都是说"天下一家",都是说"溥天之下,莫非王土;率土之滨,莫非王臣",如今却提出"天下非一家之有",这说明《白虎通义》不遵循《公羊》古义大一统的理论,而提倡诸侯对于天子有"不纯臣"的关系：

> 王者不纯臣诸侯何？尊重之，以其列土传子孙，世世称
> 君，南面而治，……异于众臣也（《王者不臣》）。

其实在东汉并不存在强大的诸侯，列侯虽然享受优厚的待遇，但
不许他们参与政治。建武二十四年（公元48年）刘秀曾下诏重
申"阿附蕃王法"，凡附益诸侯王者都要受到严厉的处分。以后
又下诏逮捕王侯宾客，牵连致死者8000人。这样的案件说明一
个事实，列侯虽受限制，但具有强大的分裂力量，不过当时具有
强大物质力量的并不是这些名义上的列侯，而是素封之家的豪门
大族，后来取得割据地位的也往往是这些豪门大族。

　　意识形态是客观现实的反映，既然拥有割据的物质力量，就
会有反映这种现实的思想意识。天子既然不是一尊，天下并非一
家，于是"天子"这一名称也不过是普通爵称之一。《白虎通
义》开宗明义指出：

> 天子者，爵称也（《爵》）。

本来相传殷爵三等，周爵五等，而今明确说"天子"亦"爵
称"，不过是几种爵称中的一种而已，这不是天子的升级而是贬
低了。在汉章帝亲自主持下作出天子为爵称的论断，这是值得注
意的问题。这是重新调整阶级关系的时候，在重新调整中，豪门
大族的地位提高，而天子的地位贬低。天子之子亦称"士"，士
就是士族、世族、豪门大族的简称，《白虎通义》说：

> 王者太子亦称"士"何？举从下升，以为人无生得贵
> 者，莫不由士起。是以舜时称为天子，必先试于士。《礼·
> 士冠经》曰："天子之元子，士也"（《爵》）。

天子不是超士或超人，亦得由士起，这是指出天子也不过士族中的
一员而已，帝室也不过是士族中的一家，他们是贵族，但并不高于
其他贵族。这一切都说明当时的豪门大族要和天子平起平坐了。

到了魏晋时代，豪门世族和寒门地主有了严格的区别，虽然他们同属于地主阶级，但在政治上寒门地主是受排挤的，这种情况，东汉已开其端，《白虎通义》云：

> 刑不上大夫何？尊大夫。礼不下庶人，欲勉民使至于士。故礼为有知制，刑为无知设也（《五刑》）。

"欲勉民使至于士"的说法，在过去是不曾有过的，因为这是不能沟通的两个阶级。在东汉虽然他们之间还不能沟通，但士族正在形成，庶族地主勉强可以上升为士，否则庶人之子虽有千金，也不能以士礼相待。庶族可以升为士族，商人地主属于庶族，但士族地主也有经营商业的，因之《白虎通义》对于商贾有适当肯定：

> 商贾何谓也？商之为言商也。商其远近，度其有亡，通四方之物，故谓之商也。贾之为言固也，固其有用之物以待民来，以求其利者也。行曰商，止曰贾。《易》曰："先王以至日闭关，商旅不行，后不省方"（《商贾》）。

这种肯定商贾的议论，在中国封建社会是少见的，这只能说随着商人地主力量的强大，他们的社会地位在上升中。

因为这是一个社会转变时期，阶级关系在调整中，所以代表阶级关系的一些名词、称谓也在调整中而重新给予定义，比如：

> 或称君子者何？道德之称也。君之为言群也。子者丈夫之通称也。……何以知其通称也？以天子至于民，故《诗》云："恺悌君子，民之父母。"《论语》曰："君子哉若人。"此谓弟子，弟子者民也（《号》）。

"君子"在战国以前是贵族的称谓，但随着社会的发展，阶级关系在改变中，旧贵族没落了，作为旧贵族通称的"君子"也失去其原有的意义，于是君子由具有阶级涵义的称谓变作具有道德意味的称呼。在阶级社会中，道德是有阶级性的，"已飨其利者为有德"，所以阶级的称谓和道德的符号可以互换。

这个新的时代是豪门大族登上统治地位的时代，他们是大族，通过宗族宾客、门生故吏、部曲徒附而构成盘根错节的势力，宗族的势力也引人注意了，于是《白虎通义》也给宗法以定义：

> 宗者何谓也？宗者尊也，为先祖主者，宗人所尊也。……古者所以必有宗何也？所以长和睦。大宗能率小宗，小宗能率群弟，通其有无，所以纪理族人者也。宗其为始祖后者为大宗，此百世之所宗也；宗其为高祖后者，五世而迁者也（《宗族》）。

必有大宗，以大宗统率小宗，小宗附隶于大宗，上下辐凑，形成一种政治上经济上的强大力量，这个集团也称之曰"族"。所以《白虎通义》说：

> 族者何也？族者凑也、聚也，谓恩爱相流凑也。上凑高祖，下凑元孙。一家有吉，百家聚之，合而为亲，生相亲爱，死相哀痛，有会聚之道，故谓之族（《宗族》）。

封建和宗法始终结有不解之缘，虽然在某一个时期它为农民起义所冲刷，但是根深蒂固，大宗保护小宗，小宗支持大宗，连绵不绝。所以又说："大宗不可绝，同宗则可以为后。为人作子何？明小宗可绝，大宗不可绝，故舍己之后，往为后于大宗，所以尊祖，重不绝大宗也"（《白虎通义·封公侯》）。这本来是领主封建时的制度，如今重新搬出来，封建社会本来就是这样循环前进。以后讲述这种宗法关系的，遂有所谓谱牒之学。

封建宗法制度本来是用以维护封建势力的组织，但当新兴地主阶级起而代替旧贵族的时候，旧的宗法制度自然也受到冲击；但当新兴地主阶级发展成为豪门大族的时候，因为他们是新的士族，于是旧的宗法又复出现。这些士族又以贵族自居，他们不同于庶民，于是在贵族中用礼、在庶人中用刑的理论又复出现：

> 朝廷之礼，贵不让贱，所以明尊卑也。乡党之礼，长不
> 让幼，所以明有年也。宗庙之礼，亲不让疏，所以明有亲
> 也。此三者行，然后王道得，王道得，然后万物成（《白虎
> 通义·礼乐》）。

"礼"以别贵贱、长幼、亲疏，故"礼为有知制，刑为无知设"
（《白虎通义·五刑》）。所谓"有知"指士族，"无知"即指劳
动人民。这样"礼"、"刑"对立，使人们又想到春秋以前的宗
法封建制。

《白虎通义》又是一部讲"礼"的书，它具备了繁文缛礼，
这是士族间的行为准则，是士族间的等级关系的表现，而"刑"
是他们对待劳动人民的手段，士族和劳动人民之间当然无"礼"
可言。所以东汉以后"礼"与"律"都是显学，是这种现实的
反映。新兴地主变成士族地主，新兴地主阶级的"大一统"理
想，也被他们抛弃。原来在"大一统"的理论内，"中国"、夷
狄都是政治上的界限或者是文化上的界限，"中国"可以退为夷
狄，夷狄可以进为"中国"，如今在《白虎通义》中夷狄为君子
所不臣，比如：

> 夷狄者与"中国"绝域异俗，非中和气所生，非礼义
> 所能化，故不臣也。《春秋传》曰："夷狄相诱，君子不
> 疾。"《尚书大传》曰："正朔所不加，即君子所不臣也"
> （《白虎通义·王者不臣》）。

这是一种狭隘的民族主义思想，本来在公羊学体系内，夷狄、诸
夏与"中国"已经跳出民族或种族的界限，如今又退回到种族
的概念中，站在大汉族立场，以为夷狄"非中和气所生，非礼
义所能化，故不臣也"。这违背了《公羊》义法，违背了"大一
统"的含义，《白虎通义》走上了绝路。又说：

> 王者制夷狄乐，不制夷狄礼何？以为礼者身当履而行
> 之。夷狄之人不能行礼乐者，圣人作为以乐之耳，故有夷狄
> 乐也（《白虎通义·礼乐》）。

这些理论都和原来的《公羊》乖忤，《公羊》的理论是"王者无外"，所以《公羊》中"许夷狄"者不一而足，如《公羊》昭公二十三年云：

> "中国"亦新夷狄也。

可见"中国"与夷狄是可以互相转化的，他们之间不是种族不同，而是由他们的行为来判断。但《白虎通义》却把他们绝对化了，夷狄被摈于大一统之外，这也说明"大一统"的思想被抛弃了。

这时之所以抛弃"大一统"的思想，是因为这时的王朝已无力维护这大一统的局面：士族地主逐渐形成割据力量，在地主阶级内部削弱了大一统；这时的少数民族，有的也已强大起来。在这种情况下，《白虎通义》没法维持公羊学派的理想，于是抛弃了其中有积极意义的内容。今文经学只能与谶纬结合而走向宗教化，但儒家与经学本身并不具备宗教化的条件，于是谶纬与民间迷信结合而形成道教。公羊学另一次有意义的总结却来自东汉末年的经师何休，他保存了前期公羊学派的传统，这是后来公羊学终于能够发皇起来的根源之一。

（曾载《绎史斋学术文集》）

论 何 休

一

何休，东汉末年人，是公羊学派的经师。何休生活的时代和公羊学诞生的时代已经有很大的不同。东汉时代地主阶级更加强大，而且出现了世族豪门，农民则更加贫困，更加处于依附的地位，阶级矛盾尖锐化，大规模农民起义正在酝酿中；统治阶级的内部矛盾也在加深，强大的世族地主越发膨胀而逐渐出现割据的局面；少数民族逐渐兴起，他们的社会经济也日趋发展，他们逐渐由被压迫的地位解脱出来，他们也要"问鼎中原"了。这正是阶级矛盾与民族矛盾交织，东汉统一政权眼看陷于土崩瓦解的时代。

公羊学派原是随着先秦新兴地主阶级的产生而产生的。它随着地主阶级的壮大而凝固，失去原有的进取精神，为世族豪门效劳，违背自己原有的学说而走向反面，《白虎通义》正好是这方面的代表作。但在汉末，世族地主的统治地位不是公羊学派的鼓吹可以维护得住的，世族地主的地位岌岌可危，于是公羊学逐渐变成脱离实际的空谈，它失去任何现实意义，这时既不存在公羊理想的大一统，也不存在公羊学之近于法家的中央集权。公羊学不发生实际作用了，是需要重新作总结的时候了，依公羊说作出新的总结也就是为新的后王立法。在当时来说这是一个脱离实际的纸上空谈。因为是脱离当时实际的空谈，所以它仍然可以保存原来公羊派的理想，由这些理想凝固成的理论，经何休总结出来，到中国封建社会末期的晚清时期还发挥了应有的作用。

何休的《公羊传解诂》是比较完备的公羊学派义法的总结，此后既然失去了公羊派所以产生的社会基础，它不能发挥作用，也就没有人注意它，于是它处于"长眠"的状态中。一直到鸦片战争前夕，古老的中国封建社会处于解体的前夕，而凶狠的资本主义侵略势力正在叩关，封建政权处于危急的时候，地主阶级中的开明分子感觉到有变的必要了，有改变这古老的封建制度以应急的必要了，于是他们想到这古老的地主阶级的应变哲学——公羊，于是公羊学复出。

何休在序《公羊传解诂》时有云：

传《春秋》者非一，本据乱而作，其中多非常异义可怪之论。

传《春秋》者不只一家，而"非常异义可怪之论"只集中在《公羊传》一家，何休的《公羊传解诂》于"非常异义可怪之论"更多所发挥。我们说过，公羊学是历史学派，它通过自己所理解的历史法则来解释历史，影响政治，而它的政治理论来源于它的历史学说，它不属于儒家的道德学派，没有发挥儒家正统派的道德学。儒家正统派的政治理论是和他们的道德学一致的，而他们的道德学又是和他们的世界观一致的，这又是一种"天人之学"。属于儒家的道德学派和历史学派都讲究"天人之学"，但历史学派很少涉及道德学说，一直到清朝的常州学派才改变传统，使道德学与历史学结合，而道德学派的历史学说是言必称

"先王"的复古派。

《公羊传解诂》中有许多"非常异义可怪"的历史学说，这些历史学说又集中在何休的《春秋文谥例》中，他曾经归纳《春秋》的文例说：

> 此《春秋》五始、三科、九旨、七等、六辅、二赞之义，以矫枉拨乱为受命品道之端，正德之纪也。

在以上文例中"三科九旨"又是主旨所在，何休说："三科九旨者，新周故宋，以《春秋》当新王，此一科三旨也。所见异辞，所闻异辞，所传闻异辞，二科六旨也。内其国而外诸夏，内诸夏而外夷狄，是三科九旨也。"这是由何休总结出来的《公羊》中的历史理论，也是政治理论。这些理论有他因袭的传统，也有他自己的创见。他把历史分作3个阶段，即所谓：所见异辞阶段，所闻异辞阶段，所传闻异辞阶段。或者说这就是他的上古史、中古史和近代史阶段。他以为传闻之世，也就是上古史阶段，还是衰乱的阶段。由衰乱到升平到太平是他的机械的发展史观。他把理想的太平世放在现代而不是托之远古，这是和正统派儒家的历史观完全不同的地方。这种观点也不同于法家，法家具有发展史观。公羊学派历史观是一种机械的和带有循环色彩的发展史观，因为它究竟是向前看，因而也具有一定的积极意义，它并非以古代为黄金世界的复古派，也不是向后看齐的倒退的政治理论。

正统派儒家的历史观也经过变化，孔子曾经希望当时逐渐崩溃的封建领主制度能够稳定下来，最好是恢复到西周的模样，因为西周初年做到了"大一统"，他把这种局面当做一个理想的时代，所以他说："周监于二代，郁郁乎文哉，吾从周"（《论语·八佾》）。其实这也只能是一种理想，社会总是在发展，东周虽然不统一了，但社会经济文化还是在前进着，所以"郁郁乎文哉"是东周而不是西周。不过他判断西周胜过夏、商两代的理论，还是正确的，这给公羊学派以启发，公羊的"三世说"受了这种说法的影响，它也是何休"三世说"的不祧之祖。

三世说究竟是一种机械的历史发展史观，也是矛盾百出的历史学说。他们虽然把理想的太平世界放到未来，但又呆板地结合到某一代历史上，而且把历史的发展归纳为直线性的不能改变的三世说，这既不符合历史发展的事实，又有矛盾。比如他们一方面鼓吹"张三世"，一方面又强调"复古"。《公羊》有云："舍中军者何？复古也"（《公羊传》昭公五年）。舍中军为复古，因为过去诸侯无中军。何休在《解诂》中也说："善复古也。"何休也在"善复古"，但在他的历史理论中以古为"据乱世"，而善其复古，岂非自相矛盾？公羊学派就是这样徘徊于"复古"与"法今"之间，先秦法家向前看，是今而非古；顽固的儒生是古而非今，荀子一派则提倡"法后王"而理想的社会还是先王，所以我们说公羊近于荀学。公羊与荀学在历史观上都有他们的弱点，是今就不能复古，复古就排斥是今，这本身在逻辑上是"二律背反"，不能两立的。我们也曾经说公羊徘徊于儒法之间，自相矛盾，这种矛盾在公羊学派内始终保留着。清末今文学派的大师康有为还是如此，他一方面鼓吹变法，一方面主张保皇。这种矛盾的主张和他们的传统历史哲学分不开，他们向前看但又频频回顾，历史哲学决定他们的政治理论，而政治理论又支配他们的具体措施。

封建领主逐渐为封建地主阶级所代替，是公羊学派发生、发展的阶级基础，因之它具有过渡时期过渡学派的特点，在它的思想体系中既有新的萌芽也有旧的因素，这是自相矛盾的思想体系。新兴的地主阶级已经掌握政权，阶级地位逐渐巩固以后，部分地主逐渐变成世族豪门，他们是当政者，是既得利益者，他们失去了原先的生气，正在走下坡路，《白虎通义》的出现代表当时的公羊学。何休的时代——东汉末年，大一统的局面逐渐难于维持，世族豪门进行割据的准备，这时而总结公羊派的义法，只能是纸上空谈，作不结合实际的书面总结了。

关于"三科九旨"的具体内容，何休曾经有过详细发挥，《解诂》中有云：

> 所见者，谓昭、定、哀，己与父时事也。所闻者，谓文、宣、成、襄，王父时事也。所传闻者，谓隐、桓、庄、闵、僖，高祖、曾祖时事也。异辞者，见恩有厚薄，义有深浅。时恩衰义缺，将以理人伦，序人类，因制治乱之法。……于所传闻之世，见治起于衰乱之中，用心尚粗觕，故内其国而外诸夏，先详内而后治外，录大略小，内小恶书，外小恶不书。大国有大夫，小国略称人，内离会书，外离会不书，是也。于所闻之世，见治升平，内诸夏而外夷狄，书外离会，小国有大夫。……至所见之世，著治大平，夷狄进至于爵，天下远近小大若一，用心尤深而详，故崇仁义，讥二名，……所以三世者，礼为父母三年，为祖父母期，为曾祖父母齐衰三月。立爱自亲始，故《春秋》据哀录隐，上治祖祢，所以二百四十二年者，取法十二公，天数备足，著治法式，又因周道始坏，绝于惠隐之际（隐公元年）。

以上所谓"三世"，是把春秋时鲁昭公、定公、哀公作为"所见世"；文公、宣公、成公、襄公作为"所闻世"；隐公、桓公、庄公、闵公、僖公作为"所传闻世"。所见世作为太平世，所闻世作为升平世，所传闻世作为衰乱世。衰乱世的时候，诸侯割据，未能一统，表现在《公羊春秋》的义法上是"内其国而外诸夏"，只能是以鲁国为主体。升平之世，逐渐华夏一统，于是进一步而"内诸夏而外夷狄"。太平世界则是天下大一统，"夷狄进至于爵，天下远近小大若一"。这虽然是发展史观，但却是理想的发展史观，因为不存在这种历史事实，《春秋》240年的历史也并非如此。但即使是一种空想的机械史观，它也具有积极意义，因为它抛弃了《白虎通义》中"夷狄者……非中和气所生，非礼义所能化，故不臣也"的狭隘大汉族主义论调，这种论调不是公羊的原有义，公羊原义诸夏与夷狄是可以互相转化的。何休没有因袭《白虎通义》，这是他的卓越处。

公羊三世说与史实矛盾，这是何休所理解的，比如说昭、定、哀之际是太平世，而太平世必须是大一统，但这正好是日趋分裂的时候，他理解这种矛盾，于是指出，昭、定、哀的时候也并不太平，说它是"太平世"，也只是"文致太平"而已。《解诂》有云：

> 《春秋》定哀之间，文致太平，欲见王者治定，无所复为讥，唯有二名，故讥之。此《春秋》之制也（定公六年）。

他是在"欲见王者治定"，无复为讥，吹毛求疵，只讥二名，不过理想与事实乖违，只能是"文致太平"。这是把理想世界放在后来的结果，他认为历史是在发展，但他机械地形式地来理解这种发展，以致形成矛盾。今文学派把《春秋》当作一种政治纲领，他们说这部书代表着新王太平之治，《公羊传》宣公十六年说："成周宣榭灾何以书？记灾也。外灾不书，此何以书？新周也。"何休的《解诂》说：

> 孔子以《春秋》当新王，上黜杞，下新周而故宋。因天灾，中兴之乐器，示周不复兴，故系宣榭于成周，使若国文，黜而新之，从为王者后记灾也。

这是以周为三恪之一，杞是夏后，宋是殷后，周虽新，但为"胜国"之余，将来的王不是周而是《春秋》，即所谓"以《春

秋》当新王",而《春秋》非王,故又说"为新王立法"。《春秋》虽不是人王,但具备人王的条件,《解诂》有云:

> 《春秋》有改周受命之制(隐公二年)。

《春秋》可以改周受命,是以《春秋》当新王,因为只有新王才可以改制受命。但《春秋》只是一部书而不是人或国,于是又以鲁当新王,以鲁作为新受命的王,《解诂》有云:

> 不言公,言君之始年者,王者诸侯皆称君,所以通其义于王者,惟王者然后改元立号。《春秋》托新王受命于鲁,故因以录即位。明王者当继天奉元,养成万物(隐公元年)。

以鲁作新王也就是以《春秋》当新王,亦即"《春秋》托新王受命于鲁"的确解。以鲁当新王,而以鲁昭、定、哀之世为太平世,并且以大一统的国王看待鲁君,所以说"明王者当继天奉元,养成万物"。其实这只是一种书面上的要求,是"文致太平",实际上当时并不太平,鲁君不过是面临灭亡的小诸侯。

何休把《春秋》当作一部理想的政治典范,太平、升平、据乱等世都有模型,但他并没有具体地描绘出太平世界的景象。什么才是太平世?如何才可以达到太平世?公羊学派以至何休还是心中无数的。何休不是一位政治家,他是一位善于作书面总结的历史哲学家,他可以归纳一些脱离实际的公式,指出历史发展的三阶段,但不具有这三个阶段的具体内容,他的公式也只能是一种空想。

二

公羊学派的历史哲学决定他们的政治态度,如今我们分析他们政治态度中的几个问题。公羊学最主要的理想是"大一统",

这在《公羊传》及其学派中有许多发挥，但何休对此没有进一步的解说，他只是强调了"一法度，尊天子"（《公羊传解诂》隐公元年）。这是因为时代变了，东汉末年，大一统的天下正面临瓦解，阶级矛盾与民族矛盾交织，天子不尊，法令不一，诸侯割据的局面逐渐形成，于是他有"一法度，尊天子"的呼声，同时他也在讥世卿而赞扬孔子的"隳三都"。何休时代的世族可以比于古代的世卿。公羊学派站在新兴地主阶级立场讥世卿，何休站在"尊天子"的立场也讥世卿；这前后世卿都是独立的割据力量，他们的存在威胁着天下一统。《公羊传》隐公三年"讥世卿"，何休《解诂》说：

> 礼，公卿大夫士皆选贤而用之。卿大夫任重职大，不当世为，其秉政久，恩德广大，小人居之，必夺君之威权。……君子疾其末则正其本。

"公卿大夫士皆选贤而用之"，代表先秦新兴地主阶级的要求，是后来科举制度的理论根据。这和世袭贵族的传统是不协调的，而且何休时代新的世族正在兴起，这种选贤的办法也逐渐行不通了。

"隳三都"是《公羊传》所肯定的一件大事，关于此事的历史意义前文已经有过分析，这里我们来分析何休的议论。事见于定公十二年传，从孔子的维护一统的角度看，三都的建立是"非常异义可怪"的现象，所以他主张"隳三都"。我们也知道孔子的思想和公羊学派的政治思想不完全一致，公羊学派的思想徘徊于正统派的儒家与法家之间，它的大一统理论也不同于孔子，这新的大一统的阶级基础和西周式的一统并不一致，而何休的时代又不同于公羊的时代。"大一统"对何休来说，不成问题又成问题。因为秦汉已经统一数百年，可以说公羊学派的理想已经实现了，所以这不成问题。但何休的时代又出现新的情况，新的不统一的因素萌芽了，世族强大，少数民族崛起，阶级矛盾尖锐化，出现了割据和分裂的苗头，统一的封建王朝摇摇欲坠了。何休鼓吹"隳三都"，弱臣势，不能不反映这种具体情况，他在《解诂》中说：

> 郈，叔孙氏所食邑；费，季氏所食邑。二大夫宰吏数叛，患之，以问孔子。孔子曰："陪臣执国命，采长数叛者，坐邑有城池之固，家有甲兵之藏故也。"季氏说其言而堕之。……书者，善定公任大圣，复古制，弱臣势也（定公十二年）。

虽然《公羊传》与何休的议论相同，但出发点并不一致。他们也都不理解，三都强大，陪臣执国命是社会发展的必然结果，新兴的统治者从陪臣执国命开始，新的大一统也自此萌芽，没有新兴的力量，没有新兴的阶级，不会有新的大一统事业。何休的时代与公羊学派产生的时代不同，那时的新兴地主阶级这时有些已转化为世族地主，所以何休的时代和公羊学派产生的时代有类似的问题存在，过去是领主贵族妨碍了大一统，如今是世族地主打算割据，分裂这大一统，不同时代遭遇到相同的问题，但应有其不同的解决方案，何休对此是不理解的。

三

汉代经师一般都讲谶纬，讲阴阳灾异，在何休的著作中也讲谶纬灾异，我们在这里不想讨论这些问题，值得注意的是何休与郑玄的争论。他们都是经师，但学派不同，学风不同。何休是一个典型的今文经师，而郑玄是一个杂糅今古文经的学者，因此他们的观点有相同处，比如他们都讲灾异，不废谶纬。但郑玄因为也继承了古文经学的传统，他注意训诂，尊重史实，树立了古文学派比较朴实的学风，为所谓汉学或者是朴学奠立下基础，当然不止他一人，服虔、贾逵、马融、郑兴、郑众、许慎等都是。

何休坚守今文经的堡垒，曾著有《公羊墨守》、《左氏膏肓》、《穀梁废疾》等书，用以表扬《公羊》，而排斥《左》、《穀》。郑玄批判了何休而著有《发墨守》、《箴膏肓》、《起废疾》等书。何休看到这些著作后叹息道："康成入吾室，操吾戈，以伐我乎"（《后汉书·郑玄传》）。这是一场针锋相对的论争，服虔也曾经加入这一论争，因为他们的学派不同，学风不同，重点不同，彼此之间缺乏共同关心的问题，因而论争侧重于考辨史事。公羊学虽然是历史学派，但他们主要发挥历史哲学而不注意史实，他们不免曲解史实以附会他们的理论。郑玄则是一个渊博的学者，因为学识渊博所以在争论中可以左右逢源，他反对曲解史实的学风，何休遭遇到学术上的劲敌，以致他有"入室操戈"之叹。

在《左氏膏肓》中，何休曾经抨击《左传》隐公元年"春王周正月，不书即位，摄也"的理论，他说：

> 古制诸侯幼弱，天子命贤大夫辅相为政，无摄代之义。昔周公居摄，死不记崩。今隐公生称侯、死称薨，何因得为摄者？

何休反对鲁隐公居摄说，以为《公羊》无居摄义，因为隐公"生称侯、死称薨"，乃正式即位非居摄者。郑玄针对何休的议论，加以驳斥，说："周公摄政，仍以成王为主，直摄其政事而已，所有大事，禀王命以行之，致政之后乃死，故卒称薨，不记崩。隐公所摄，则位亦摄之，以桓为太子，所有大事，皆专命以行。摄位被杀，在君位而死，故生称公，死称薨，是与周公异也。且《公羊》以为诸侯无摄，宋穆公云：'吾立乎此，摄也。'以此言之，安得非《左氏》"（《箴膏肓》）。他举出几点理由：

（一）周公摄政，仍以成王为主，摄政而不摄位；鲁隐公摄政亦摄位，所有大事皆专命以行。（二）周公致政而后死，不死于摄政，所以卒称薨不记崩；隐公在君位而死，故生称公，死称薨。（三）诸侯有居摄义，宋穆公云云可以为证。上述两说比较，何休是以史实牵就《公羊》的义例，未免曲解。郑玄的说法在各方面都说得通，所以何休对之有"入室操戈"之叹。

何休还有曲解史实的例子，比如关于季武子作三军，《左传》襄公十一年春云："季武子将作三军，……三分公室两各有其一。"这是当时的大事，等于后来的"三家分晋"，虽然他们还没有废除鲁君。这是卑公室而不是尊公室，《左传》也没有说这是"尊公室"。但何休说：

> 《左氏》说云"尊公室"，休以为与"舍中军"义同，于义《左氏》为短（《箴膏肓》引）。

这完全不是事实，所以郑玄驳斥说："《左氏传》云：'作三军，三分公室，各有其一。'谓三家始专兵甲，卑公室。云《左氏》说者'尊公室'，失《左氏》义远矣"（《箴膏肓》）。郑玄即以《左氏》原文作证，指出这是何休的曲解。又《公羊传》桓公十一年有"古者郑国处于留"的记载，郑玄说：

> 郑始封君曰桓公者，周宣王之母弟，国在宗周畿内，今京兆郑县是也。桓公生武公，武公生庄公，迁易东周畿内，国在虢邻之间，今河南新郑是也。武公生庄公，因其国焉。留乃在陈守之东，郑受封至此适三世，安得古者郑国处于留，祭仲将往省留之事乎？（《发墨守》）

这是相当精彩的小考据，虽然结论错误，但方法可取，为后来的朴学建立下基础，清代汉学家盛称"许郑"或"服郑"是有原因的。何休一派的微言大义在史事方面，有时是曲解的，一直到康有为粗枝大叶的学风，还是如此。因此我们说，公羊学派的理论，尤其是通过何休总结出来的理论，有时是建立在主观想象、曲解史事上的。历史学派而不顾史实，所以他们的历史哲学有精华也有糟粕。他们具有一定的发展史观，但也回头看。郑玄的抨击，使何休无法作答，何休实际上也结束了早期的公羊学派。

四

何休是为公羊学作总结的人，如今我们给何休的公羊总结作总结。自战国到汉末，公羊学有了许多发展和变化，积累了许多公式和义法。但后来的公羊学随着社会的演变和发展，违背了过去的义法，过去的义法也脱离了当时的现实，何休有时未免进退失据，因而歪曲事实，曲解历史。

先秦的公羊学本来是新兴地主阶级意识形态的反映，而新兴地主阶级和原来的宗法贵族有着千丝万缕的关系，因此公羊学派的历史观接近法家，能够向前看，但也没有完全脱离正统派儒家的法先王，它徘徊于两者之间，虽然是以前者为主，所以说公羊接近荀学。西汉社会的现实，适当地解决了公羊学派的矛盾观点，这时实现了它所提倡的大一统，而事实上也就是经今文学派取得了儒家的正统地位。至东汉社会发展到一个更新的阶段，世族地主出现了。他们的思想不同于过去的新兴地主阶级，原来新兴地主阶级所强调的，比如说大一统，这时有被抛弃的危险，因之早期的公羊学与社会现实脱节，而新的公羊理论以不同于早期的公羊理论出现，所以有《白虎通义》的结集，公羊学走上了背叛自己的路。

早期公羊学脱离了社会实际，它处于日暮途穷的境地，何休就是在这种情况下作公羊学的理论总结的。因为它脱离社会实际，所以这种总结只能是纸上空谈。不过它究竟保存了公羊学原有的义法和理论。这是新兴地主阶级的历史哲学，同时也寄托了他们的政治理想。在后来长期的中国封建社会内，当地主阶级走投无路的时候，他们又想到公羊学，清中叶以后公羊学之所以复兴的根本原因在此，他们找到了《公羊》，找到了何休的总结——《公羊传解诂》，以此我们说何休的总结还是有积极意义的。

（原载《兰州大学学报》哲学社会科学版，1979 年第一期）

谈乾嘉学派

一

历来谈乾嘉学派的,总是说这一个学派有所谓吴派、皖派之分。其实,与其这样按地域来划分,还不如从发展上来看它前后的不同,倒可以看出它的实质。

乾嘉考据学派往往被认为脱离政治,没有思想内容,为考据而考据。其实,考据学派的奠基者顾炎武,正好和这种学风相反。他关心政治,反对理学,是以考据作为工具以明"经",一方面"通经致用",一方面阐明"经学即是理学"。

顾炎武的主要著作是《日知录》和《音学五书》。《日知录》的前七卷是书中的主要部分,他的"拨乱世而返之正"的"大经大法"和他的"经学即理学"的理论,在这些篇章中都有所论述。虽然我们不能完全肯定顾炎武这些思想和主张,但必须指出,《日知录》绝不是单纯考据论文集,而有它很明显的政治、思想内容,抛开这些内容而论《日知录》,那真是七宝楼台,拆下来不成片段。但后来的乾嘉学派却正是这样来衡量它的。

顾炎武是一个笃实学者，也是极端自信的人，他相信《日知录》是不朽著作，也相信《音学五书》，他以为三代"六经"之音久失其传，因而后人有改经之病，经而可改，则难语乎通经。他以为《音学五书》出，"则俗韵不攻而自绌，所谓一变而至鲁也。又从是而进之五经三代之书，而知秦汉以下，至于齐梁，历代迁流之失，而三百五篇之诗，可弦而歌之矣，所谓一变而至道也"（《亭林文集》）卷四，《答李子德书》）。这些话如果仅是单纯的比喻，以为通古音后等于一变而至于道，也有些比拟不伦。而且他的意思还不是单纯的比拟，他以为读古经必须通古经的训读，否则无法通经，无法通经则不能致用，更无法拨乱世而返之正。

古音学是乾嘉学派的核心，抽去古音学就不成其为乾嘉学派，但顾炎武之治古音却是为了"治国平天下"！

阎若璩是与顾炎武同时而稍后的人，也是清朝考据学派奠基者之一。他博贯群书而又精于考据，代表性著作有《尚书古文疏证》、《四书释地》、《潜邱札记》等书。在这些书中没有政治思想。他没有顾炎武"天下兴亡，匹夫有责"的精神，也没有远大理想，他只是当时权贵的食客。但在他的著作中还可以看到一些反王学的内容。在《尚书古文疏证》里，他曾经不断地抨击王学，而主张于孔庙中"近罢阳明，远罢象山"（《疏证》八）。反对理学或者王学本来是考据学派兴起的原因之一，顾炎武之提倡"经学即理学"，事实上否定了理学；阎若璩虽然没有这种明确的主张，但他反对空疏的王学而鼓吹朴实的汉学，仍然保持有考据学派的思想内容。

这一种思想内容在惠栋和戴震的时代更得到进一步发展。

二

顾炎武、阎若璩之后，惠栋、戴震被尊为考据学派的大师。清代考据学派的正统，本来是通过古字古音以明古训，明古训然后明经。此风由顾炎武肇其端，惠、戴畅其流，至段、王而大成。惠栋治《易》，喜以所谓古字易俗字，遵古文经的体系，却又采取今文家说，多阴阳谶纬之学，因之也谈"天人之道"。可以说，惠栋治经，纯宗"汉儒"，就此而论，它不仅没有积极的意义，而应当是批判的对象。但清初汉学家是反对理学的，惠栋的著作中仍然保持有这种内容。自顾炎武开始，提倡"经学即理学"，从而否定了理学；惠栋继起，在这方面又前进了一步。他曾经在两方面抨击理学：一是反对"先天"、"无极"等说；一是对于"理"字有新的理解。他引用先秦法家的学说解释"理"字而有所发挥。他说"理"有兼两的意义，好、恶都是理，好、恶得其正即是天理，也是人性。他反对理学家要求复尽天理而灭绝人欲的主张，这是有积极意义的。

惠栋是汉学大师，他有考据的著作，也有反理学的思想内容，但和顾炎武相比，他没有那种爱国主义的热情，没有积极的政治思想。《明堂大道录》中虽然可以看出他的朦胧的政治主张，然而腐朽糊涂，实在不成样子。戴震起遂干脆丢掉了政治主张，于是清初考据学派3种内容——政治思想、反理学、考据，变成两种了。这样正好符合清朝统治者的要求，统治者要求这批士大夫不过问政治来为他们的政治服务。

戴震是有名的考据学者，也是有名的唯物主义思想家，他发展了汉学，也发展了汉学家反理学的传统。他批判了程、朱，其实他也批判了孟子。在《孟子字义疏证》中，他名义上是疏证

《孟子》，其实是在发挥自己的学说。戴震除了批判"理"为生物之本的说法外，也批判"理、气"和"理、欲"的二本说。他以为不是在气禀以外，别有一义理之性，也不能于事物之外，别寻理义。有物有则，以其则正其物，是谓理义。他是以一元论的见解，反对程、朱的二元论，并以之解释孟子的一元论。但孟子的一元论是唯心主义的一元论，而戴震是唯物主义者，他们正好是"同床异梦"。

戴震批判陆、王一派更甚于程、朱。他以为程、朱一派不过就老、释所指者转其说以言理，不是撮儒入释，是误以老、释之言杂入于儒。陆、王一派则以理实老、释所指，乃强儒以入于释。独张载不然。戴震对于张载有充分的认识，因此也可以看出戴震思想之唯物的本质。

戴震在学术研究上有比较突出的成就。汉学家必须精通训诂考据，而精通训诂考据必须精通古音。在古音学的研究上，他和江永同一路数，审音和考古兼长。对于学术的见解，戴震以为"天下有义理之源，有考核之源，有文章之源，而吾于三者皆庶得其源"。后来又说："义理即考核、文章二者之源也，义理又何源哉"（《东原先生年谱》）。义理、文章、考核三者的分法本来是宋儒的说法，而戴震以为义理为二者之本源，其意以为二者皆为义理服务，考核、文章本身不是目的。后来汉学末流止于考据，繁琐饾饤，不仅非戴震之风，非顾炎武之风，也非阎若璩与惠栋之风。

三

论乾嘉学派者群推戴（震）、段（玉裁）、二王（念孙、引之）为祭酒，段、王皆出戴震之门，但段、王而下，学风已变，他们既不谈政治，也不反对理学，只是考据，清初以来的汉学遂逐渐失去精华，形成一个偏枯的学派。

段玉裁在音韵、文字、训诂各方面都有成就。《说文解字注》虽有缺点，但其功不可没，在注解中也时常触及理学思想问题，不过他没有形成自己的思想体系，捉襟见肘，因而有时遵守戴震的学说，有时违反戴震的说法，不知所止。《说文解字》出自东汉许慎，许慎是一位经师，具有汉代经师思想的特色，所以在《说文解字》中也可以看出许慎的思想体系。注解此书，对于这些表现思想的文字也必须有明确交待，但段氏不足以语此。就此而论，《说文解字注》实在是不成体系的书。

高邮王氏父子在清代汉学领域内的成就，被推为登峰造极，阮元说："高邮王氏一家之学，海内无匹"（《王石臞先生墓志铭》）。王念孙曾从戴震学，是清代汉学家中的正统派传人。从顾炎武到王念孙父子，虽然学术成就各有不同，但他们治学基本信念之一，通过古音以求经义，是前后汉学家所共同遵守的。200多年，古音学之所以有突出的成就，是和这种看法分不开的。王念孙在古音学方面也有很好的成就。

王念孙父子是乾嘉学派的代表人物，但在他们的学术领域内，著名的《王氏四种》中，都没有反理学的内容，也没有政治思想，这违背了清初以来的汉学传统。然而他们正是以这样的方式为统治阶级服务，看起来是消极的方法，但同样有积极的效果。统治者鼓励他们作脱离政治的考据，正是安定统治阶级内部秩序的有效办法。明清之际有着强烈民族思想的爱国主义思想家，对于清朝来说不是一个小的威胁，而理学也是统治者需要的工具，当然不希望有人反对。通过收买、镇压种种手段来消灭这种思想，遂使部分士大夫埋头考据，他们忘掉了现实世界，现实世界也忘掉了他们。这就是他们积极为统治者服务的地方。

汉学派前后的变化，正如唐代歌谣说："黄台瓜，瓜熟子离离，一摘令瓜好，再摘令瓜稀，三摘犹自可，四摘抱蔓归。"汉学派的内容，一摘再摘的结果，偏枯了，形成没有目的的考据。但事情在变化着，道光以后，这腐朽的王朝摇摇欲坠，加之资本主义国家的人侵，封建社会逐渐变成半殖民地半封建社会，士大夫也不能以不问政治来巩固王朝统治，于是学风又变，即使是出自段玉裁亲手培植的龚自珍，也在明"西京之学"而治《公羊春秋》，他们舍弃文字训诂而从事"经邦济世"之学了。

（原载《新建设》1964 年 7 月号）

清代的今文经学

西汉以后，今文经学（公羊学）若潜流于地下，默默无闻。清乾、嘉时代，当朴学发皇垄断一时的时候，公羊经学若奇峰突起，晚清康有为大张其帜，枝叶扶疏，倡变法以图强，今文经学又家喻户晓。溯源导流，清代公羊学的首倡者当推庄存与。

一　庄存与

庄存与（公元1719—1788年），字方耕，江苏武进人。他是中国封建社会末期"公羊学"的首倡者，此后这一学派中的重要人物几乎都受他的影响，著名者有门人孔广森、外孙刘逢禄等。他生存的时代，正是中国封建社会遭受危机的时代，内部的资本主义萌芽正在滋长，表现在农业生产和租佃制度上是富农式的经营出现，庄头从地主手中承佃土地而转佃给贫苦农民。这种情况最早发现在南方各地区，比如广东。在北方，比如河北，在旗地众多的地区，庄头取得了二地主的地位。这也使农民和地主的关系出现隔离。当时的奏议有云："……直隶一省，旗民居多，若任业主以董庄田，任庄头以率散田，其为力尤易，而为法尤简"(《皇清奏议》卷四四，赵青藜乾隆十二年疏）。"任庄头以率散田"，是庄头代地主为散田主而取得二地主的地位。新的农业经营方式的出现，意味着古老的土地制度趋于没落，相伴而来的是佃农和地主之间关系的逐渐松弛，人身依附关系的削弱。这对于封建地主来说，不是兴旺的象征，而是他们的末路了。

另一方面的趋势与上述情况相辅而行，这就是土地兼并更加剧烈，大多数农民被迫为佃农而衣食不济，比如"旧时有田之人，今俱为田耕之庄，每岁收入难敷一家口食，必须买米接济，而富庄登场之后，非得贵价，莫肯轻售，实操粮价低昂之权"（《皇清奏议》卷四四，杨锡绂乾隆十三年疏）。地主阶级卡住农民的喉咙，掌握着他们的生存命脉。这本来是老问题，但愈演愈烈，阶级矛盾更加尖锐，农民起义和农民战争的风暴久而不息，波澜壮阔的太平天国随之而起。一方面是地主和农民间的隶属关系松弛，一方面是地主和农民间的阶级关系紧张，这都是促使封建社会走向崩溃的原因。而在这一张一弛之间，资本主义的因素随之萌芽，它一是表现在土地经营上，一是表现在手工业和商业的发展上。在乾隆时代，商贾的力量较快地加强而成为政治经济领域中的重要力量，农民一不如地主，二不如商贾，以致地主阶级也在谈论："农民最为苦，无田可耕则力佃人田，无资无佃，则力佣自活，……以苟免饥寒，即为乐岁。……此等民人自以为上不如有田之户得蒙恩免地丁钱粮之惠，次不如服贾之家得被恩免关津米豆之税。……夫同为圣世之民而有田之户与服贾之家得受国家蠲免之泽"（《皇清奏议》卷四五，刘方蔼乾隆十四年疏）。在中国的封建社会内商贾是受排挤的，如今地位突出，几乎和地主等齐，政治上的身份，说明他们的经济力量；这新兴的力量要和封建主进行较量了，也就是资本主义萌芽要脱颖而出了。商业资本虽然还不是资本主义的资本，但是它的前身，是资本最初的表现形式，马克思指出说：

> 商品流通的这个最后产物是资本的最初的表现形式。资本在历史上起初到处是以货币形式，作为货币财产，作为商人资本和高利贷资本，与地产相对立（《资本论》第一卷，《马克思恩格斯全集》第二三卷，第167页）。

"作为商人资本和高利贷资本，与地产相对立"，正说明乾隆时代的对立情形，而商人资本孕育着资本主义的萌芽。在封建社会的早期、中期也曾经出现过商人资本，但那时的资本不是和地产相对立而是和地产相结合，使商人变为商人地主，使资本消融在土地中。

现象比较复杂，引起的社会矛盾也是复杂的：地主和农民间的人身隶属关系出现松弛，同时他们之间的矛盾又形激化，在这一张一弛的夹缝中商业资本有了发展，形成了资本主义的萌芽，这萌芽是要发展、壮大成为最终埋葬封建社会的主要力量，因之地主和商人之间存在着矛盾。对于地主阶级来说，他们有大祸临头的感觉，他们觉得自己的社会地位倾危，于是他们来一次自救运动而求助于多变的公羊学。从前期公羊学的发展中，我们知道地主阶级运用公羊学以自救的方式有二：一是世族地主阶级为了巩固原有的阶级地位而强调公羊学中的专制主义；一是新兴地主阶级为了争取新的统治秩序而运用公羊学中的改制思想。庄存与的时代是旧有的地主阶级感觉到自己处于危亡的时代，他们要进行自救，要巩固这固有的阶级秩序，但他们还不具有改制的要求。要等到资本主义势力有了进一步发展时，才能出现政治上的改制要求。

庄存与是一个经师，而不是一个变法图强的政治家，因此他直接牵涉到政治问题的理论很少，但在他的思想中，要求巩固旧有的阶级秩序的愿望是强烈的。原来公羊学派的历史观点和政治理论相结合，他们的历史观进退于先王、后王之间，所以他们的改制理论并不彻底，即使是要建立地主阶级的新秩序也抛不下旧有的世族地主。庄存与的时代变了，他自己也不是一个有见识的历史学家，他用以和政治理论相结合的不是传统的公羊学史观，而引进了宋代理学。这混淆了学统，比如在《春秋正辞》的《奉天辞》中他引用二程的话道："人理灭矣，天运乖矣，阴阳失序，岁功不成矣，故不具四时。"以理学解《春秋》，这是新的"天人之学"，前所未闻。这混淆了学统，混淆了汉、宋，所以后人在《清儒学案·方耕学案》的案语中说："方耕于六经皆有撰述，深造自得，不斤斤分别汉、宋，但期融通圣奥，归诸至当，在乾隆诸儒中，实别为一派。"

　　这位别为一派的经师不仅是混淆汉、宋，而且是不分今古。在传统的学术流派中，汉学和宋学本来是互相水火，彼此抨击，庄方耕能够兼容并包，这一方面说明他的学风，一方面也是适应当时社会的需要。为了巩固这旧的阶级秩序，他使用两道堤防。同是经学，今文经和古文经一向互为水火，在公羊学派看古文经更不能相容，因之今文《公羊》排斥古文《周礼》。但庄存与却以《周礼》济《公羊》之穷，这也可以说是刘歆的传统，他是以今文学派的世家而提倡古文经。这也许是他们的不得已。公羊学在政治上只能是理论方面的发挥，它是一部历史哲学，不是一部政治纲领，它不具备可运用的典章制度，只是空洞议论，因之要借用《周礼》"以明因监"。庄存与虽然一不主张改制，二不提倡变法，但即使是希望巩固原有的阶级秩序，也要有可借鉴的典章制度，于是他也想到《周礼》，在《周官记》中他说："古先圣王之所以导其民者，先务于农民。农非徒为地利也，贵其志也。民农则朴，朴则易用，易用则边境安，主位尊。民农则重，重则少私义，少私义则公法立，力专一。民农则其产复，其产复则重徙，重徙则死其处而无二虑。民舍本而事末则不令，不令则不可以守，不可以战。民舍本而事末则其产约，其产约则轻迁徙，轻迁徙则国家有患。皆有远志，无有居心。民舍本而事末则好智，好智则多诈，多诈则巧法令，以是为非，以非为是。"齐民务农与否的问题，对于封建国家来说有三利三不利，这些话和先秦法家尤其是商鞅的学说，非常相近，重农轻商，他们认为是富国强兵之本。我们可以说，公羊学是儒家之左翼而法家之保守派。公羊学是沟通儒、法两家的桥梁，以此公羊与荀卿近，所以我们曾说公羊属于荀学。

庄存与在《春秋正辞·内辞第三·土功》条中也谈到这一问题："王事惟农是务，无有求利于其官，以于农工，谷不可胜，由此道也。"所谓"农工"即"农民之工"。先秦法家之鼓吹农战，把农民束缚在土地上，从事农业生产，供他们剥削，战时从军，作他们的卫士，这是巩固封建地主政权的上策，所以庄存与以经师而谈政治，由公羊出发，以《周礼》为鉴，与法家正殊途而同归。《周礼》也尚法重农，和法家不二，公羊学而讲《周礼》，重农尊法，更接近法家；那么《公羊》与《周礼》不存在无法逾越的鸿沟。庄存与重新疏通二者之间的关系实在具有卓识。晚清康有为出，鼓吹《公羊》而排斥《周礼》，在二者之间又筑起鸿沟，这是因为时代变了，康有为要改制不必借镜于《周礼》，他要向资本主义社会迈进，不需要导向巩固封建秩序的《周礼》了。

庄存与理想一个大一统的天下，这是公羊学千古不绝的伟大传统。他所处的时代正是新的"南夷与北狄交，王室不绝若线"的时代。在南方，英国资本主义势力正在叩关，他们的鸦片烟船停泊以待；在北方，沙皇俄国得寸进尺，蚕食而鲸吞。这不是"夷狄"进于中国的太平世界，而是如何抵抗"夷狄"的问题，

所以他的"大一统"不能和"张三世"的理论结合，而止于
"内诸夏而外夷狄"。在《天子辞·大规天子》条，他发挥道：
"周公欲天下之一乎周也，二之以晋制则不可，其不可于是始，
君子谨而致之，欲天下之一乎周也。"他没有进一步说明"夷
狄"进而为中国的道理，"欲天下之一乎周"，在当时来说也就
是"欲天下之一乎清"。"欲天下之一乎周"而不可得，他转而
肯定"二伯"，因为齐桓、晋文是能够抵抗四夷，维持当时统治
秩序的人。他指出："诸侯无伯，亦《春秋》之所恶也。则其不
主晋何？曰：诸侯之无伯也，晋襄公始为之也，不主晋于是始而
王道行矣。桓文作而《春秋》有伯辞，实与而文不与也"（《春
秋正辞·诸夏辞第五》）。

"实与而文不与"是公羊义法之不得已！"实与"是实质上
赞许其维护当时的阶级秩序，"文不与"是不能公开地称道这以
伯代王。在《二伯辞》中他又发挥道："未有言同盟者，其言同
盟于幽何？齐桓自是为诸侯正也。……齐主命则其言同盟何？夺
其为正之辞也。……曷为夺之？有天子存在，则诸侯不得主诸侯
命也。……盖自是礼乐征伐自诸侯出，天下且见为当然，而相率
以安之矣"（《春秋正辞第四》）。礼乐征伐是王者事，不能自诸
侯出，有之，仍然是不能公开赞许的事！

"大一统"的天下是能够维护旧阶级秩序的天下，而不是在
改制后，成立一个新秩序的天下。维护旧的阶级秩序和成立一个
新的阶级秩序是公羊学在不同阶段不同时期中的不同主张。庄存
与处在清代公羊学派中的前期，他的时代仍要求他维护这即将崩
溃的旧社会，而不是通过改制来建立一个新社会——资本主义社
会。所以他要以道德学济公羊之穷而引进理学。理学和公羊结合
的结果，使今文经学增添了新的内容，这新内容不仅使《春秋》
为后王立法，并为后王立道德规范。在《诛乱辞》中他说道：

"《春秋》礼义之大宗也，治有司者也。法可穷，《春秋》之道则不穷。""法可穷"，因为法有时代的局限性，而《春秋》之道无穷，道是不变的。这仍然是董仲舒"天不变，道亦不变"的传统，而董仲舒也是理学宗师。

正如我们所指出的，庄存与所处的时代，是一个新社会正在萌芽的时代，新的社会力量萌芽，新经济因素萌芽，新的意识形态也在萌芽。这些新萌芽在冲击着旧有的统治秩序、旧有的经济关系、旧有的思想作风，因之道德标准也在变换着。庄存与作为多变的公羊学者本来应当适应或者推动这种变换，但也如我们曾经指出的，他是巩固旧秩序的公羊学家，打算以变来维护不变，所以他说："乱天下之大防者晋也。诸侯以晋为正，实以力为正，自时厥后，苟有力其从之。何知仁义，以享其利者为有德。其机在此，此谓大恶"（《春秋正辞·诸夏辞第五》）。晋为春秋时强有力的大国，公羊学虽然肯定晋文之伯业，但庄存与仍然以为自时厥后，屡乱天下之大防，而诸侯以之为正。所谓"乱天下之大防"即乱旧的统治秩序，旧的秩序被扰乱，于是而有新的道德规范。在过去，比如西汉，因为新兴地主阶级出现，司马迁曾经说："何知仁义，以享其利者为有德。"事过千余年，庄存与又重复这个问题，这意味着更新的阶级在萌芽，新的事物在萌芽，旧道德将被扬弃，所以他也说："何知仁义，以享其利者为有德。"在《外辞》中他又提出"窃钩者诛，窃国者为诸侯"。这也是司马迁强调的道德学说。阶级关系不是永久不变的，新的阶级在日渐强大，他们有他们的价值观，他们有他们的道德标准。恩格斯在批判杜林的时候指出：

　　一切已往的道德论归根到底都是当时的社会经济状况的产物。而社会直到现在还是在阶级对立中运动的，所以道德始终是阶级的道德；它或者为统治阶级的统治和利益辩护，或者当被压迫阶级变得足够强大时，代表被压迫者对这个统治的反抗和他们的未来利益（《反杜林论》，《马克思恩格斯选集》第三卷，人民出版社1972年版，第134页）。

"何知仁义，以享其利者为有德"，既可解释为统治阶级的利益辩护，也可以解释为新的社会力量的未来利益辩护。稍后，当太平天国起义前夕，龚自珍遂有歌颂"私"的文章，这是一种新的消息，有如春雷，在前资本主义社会，"私有制"是不完备的概念，在资本主义社会"私有"才是不可侵犯的。这正如恩格斯所指出的，每个阶级都是"从他们进行生产和交换的经济关系中，吸取自己的道德观念"。龚自珍的"私"，只能在进行生产和交换的经济关系中去寻找它的道德观念。

如果庄存与在维护旧秩序的理论上，只是提倡旧的而压抑新生事物的萌芽，这并不是公羊学的传统，公羊学是地主阶级的应变哲学，在地主阶级走投无路的时代，也有人在打算变，在不变基础上的变，谋求改变一些制度来巩固这已有裂痕的基础，只能是在基础不变的情况下来谈变，所以庄存与也在"讥世卿"，这是向世族地主挑战了。他说："公羊子曰：讥世卿。世卿非礼也。其圣人之志乎？制《春秋》以俟后圣。后世之变，害家凶国，不皆以世卿，故圣人明其忧患与故，岂不知之，则何以必讥？告为民上者，知天人之本，笃君臣之义也。告哀公曰：义者宜也，尊贤为大。……非故非贤不可以为卿。君不尊贤则失其所以为君，彼世卿者，失贤之路，蔽贤之蠹也。……世卿非文王之典也，无故无新，惟仁之视，尊贤养贤之家法也"（《春秋正辞·天子辞》）。庄存与的时代，世卿是满人贵族，他们掌握政权，非满人贵族不得居高位，非满人贵族不得据要津，于是新人被抑，而庄存与遂鼓吹尚贤。当社会处于变革的前夕，贤人多属未来的阶级，于是他在"讥世卿"。"讥世卿"本来是前期公羊学者站在新兴地主阶级的立场对世族地主的抨击。当然不能说庄存与可以站在未来阶级的立场上，只能说他对旧贵族政权表示了不满，这不满的意识将随着新兴阶级的产生而越来越明确和强烈。就庄存与而言，我们还看不出他有改制或变法的决心，他只是想望如何用贤人以巩固原有的秩序，不能以旧补旧，这时贤人往往是新人。这是公羊学派固有的矛盾之一，他们想变，又不想彻底地变，变而不变，所以他们多微言大义，多非常异义可怪之论。

庄存与是中国封建社会后期公羊学派的创始人。汉以后公羊学派沉沦已千余年，然而它是一种地主阶级的应变哲学，当中国封建社会崩溃的前夕，地主阶级中的"开明"之士又感到有变的必要了，所以庄存与鼓吹公羊学，这是千余年不绝若线的"绝学"，它的复兴不是没有阶级基础的。但在乾隆时期，还不是封建社会崩溃的时期，而是前夕，一切新因素都在萌芽，对于封建地主阶级来说，内外交困的时代还在未来，因此他们还要维护这将倾的古厦，而不是根本铲除它，建立新的社会。以此庄存与之鼓吹公羊也只是作维护旧基础的打算而缺乏崭新的内容。但时代在变，所有新萌芽都在苗壮发展，而外来的侵略势力恣肆张狂，封建社会和它的政权，越来越不稳定，这大厦将倾，于是他们越发向往于多变的公羊学，此后一直到清代末期公羊学始终在活跃着。

二　孔广森

阮元序《方耕经说》云："通其学者门人邵学士、孔检讨及子孙数人而已。"邵学士不以今文经名家，而孔广森虽讲公羊，但宗旨与庄存与不合，一语而两失，亦足见公羊学之不为人所知。孔广森（公元1752—1786年），字众仲，号𢢰轩，山东曲阜人，是"袭封衍圣公"孔传铎之孙，长于音韵小学，治经殆非所长，以此其公羊学亦卑卑无高论。他是孔门裔孙，而孔氏一家自汉以来是世袭贵族地主，到清乾隆年间还是鼎盛时期，孔家在政治、经济上需要王朝的封赠和支持，而封建王朝则需要孔氏的道德学和精神力量，千百年来他们彼此之间就是这样结合在一起的；但他们之间也存在着矛盾，这主要表现在土地兼并和依附农民问题上。封建王朝当然保护地主阶级土地所有制，不过世族地主的过度膨胀，对于当时的朝廷来说又形成一种对抗的力量。大土地所有者既有土地又有农民，而且土地可以隐瞒，农民可以挂漏，对于封建王朝既不纳税，又不出徭，这就形成一种独立的力量。当时的王朝，有力压制这庞大的力量使世族地主就范，就可以维持一个强盛的统一局面；不能做到这一点，世族地主可以变作强藩，形成一种分散或割据的力量，从而削弱王朝的集权统治。

清初，曲阜孔家的地位如故，他们和王朝间的勾结及矛盾也继续下来。在中国历史上，每当旧王朝趋于瓦解，或者是新王朝初建的时候，社会秩序动荡，科徭繁重，大批自耕农民以至小地主托庇在大地主庄园下，于是朝廷失去税粮和差丁，矛盾更加突出。明末如此，这是旧王朝趋于瓦解的时候；清初如此，这是新王朝初建的时候，朝廷和孔家互争土地和农民，纠葛迭起。一直到乾隆年间，乾隆要解决这棘手的问题，要和衍圣公作面对面的斗争了。当时的衍圣公孔昭焕以为地方官额外差徭过多，例应优免差徭的庙户（即孔家的依附农民）也得不到免除，于是他悻悻然地说："请将现存户丁酌留五十户，其余户丁，改归民籍，交地方官编审，与民籍一体当差。"这是违反心愿的话，因为本应免徭而加派，所以他表示不满。乾隆则加以呵斥说，根本不存在繁重的科徭问题，有些水利事业，本为民办，不得谓之差徭。

并此等民差亦不应承，一以委之乡中贫农，使依托孔氏的农户得逍遥于一切差徭外，是没有道理的。当时山东巡抚白钟山也公开说："有粮之家，依托庙户，影射居奇"（《清朝文献通考》卷二五《职役考》五）。这是指中小地主也在依托孔家而逃避税丁。世族地主的这种膨胀的行径影响当时朝廷的地位，朝廷不会容忍这种行为。衍圣公究竟不是教皇，他只是"文章道德圣人家"，于是孔昭焕遭到议处。乾隆朝还是清朝的有力时代，虽然已经中干，但和一个世族地主斗法的话，还是有余裕的。如果朝廷制服不了这种膨胀的势力，势必出现分裂的局面，所以我们说，贵族地主阶级的膨胀是一种分散的力量。

乾隆也只是稍抑贵族地主的势焰，使他们一时收敛而已，并没有根本解决问题，因为在封建社会，孔家是"与天并老"的，他们的庙、佃两户仍然继续得到优免，地方徭役也没有能够均平。孔广森是处于这个时代、这种环境中的一个经师，存在决定了他的意识，那么他讲《公羊》，在这多变的体系中，他将吸取什么，发挥什么？早期公羊学派的中心思想是：（一）鼓吹"大一统"；（二）把理想世界放到现在和未来。在庄存与的公羊学中已经失掉了这种中心思想，在孔广森的思想体系中同样找不到这种思想。不过他在《春秋公羊通义》的开端却作了如下的发挥："天子诸侯通称'君'，古者诸侯分土而守，分民而治，有不纯臣之义，故各得纪元于其境内，而何劭公猥谓，唯王者然后改元立号，《经》书'元年'为托王于鲁。则自蹈所云'反传违戾之失'矣。"这不是在鼓吹大一统，是在鼓吹分裂了，这是自有公羊学以来不曾有过的义法，也是不可能有的义法。《公羊传》隐公元年首先发挥"大一统"的理论，它说："元年者何？君之始年也。春者何？岁之始也。王者孰谓？谓文王也。曷为先言王而后言正月？王正月也。何言乎王正月？大一统也。"后来封建王朝之所谓"奉正朔"，即以之作为"大一统"的象征。而孔广森避此而不谈，以为古者诸侯分土而守，分民而治，各得纪元于其境内。这不是公羊学原有义。孔所云云是古代历史的真实情况，而《公羊》是历史哲学，他们是就历史记载（《春秋》）发挥自己的历史学说。不是何劭公曲解，而是孔广森自蹈"反传违戾之失"，而且这种不纯臣的现象到乾隆时已不存在，如果说还有类似典型的话，当时的曲阜孔家是一个，清初的三藩也还类似，三藩已不存在，而孔家还在和朝廷争夺土地和人民，这是分土而守，分民而治，而且有不纯臣之义。存在决定意识，孔广森为自己的贵族地主地位作辩护。

公羊学的政治理想和他们的历史观分不开，公羊学的历史观近于荀子的法后王，而把理想的社会放在后来，但孔广森于此毫无发挥，他似乎不理解公羊学派的"三世说"，"三世说"是公羊学"三科九旨"的主要内容之一。这在何休的《春秋文谥例》中曾有明确交待，一直到清末的公羊学家都集中到"三科九旨"上加以发挥，但孔广森却驳斥何休，以为他是"志通《公羊》，而往往还为《公羊》疾病者也"。他说："《公羊》者旧有新周故宋之说，新周虽出此传，实非如注解。故宋传绝无文，唯《穀梁》有之，然意犹不相涉。是以晋儒王祖游讥何氏'黜周王鲁，大体乖硋，志通《公羊》，而往往还为《公羊》疾病者也'"（《春秋公羊通义》定公十六年）。他不相信何劭公的"三科九旨"，而另立自己的"三科九旨"，道：

> 夫周纲解弛，鲁道陵迟，攻战相寻，彝伦或燬，以为虽有继周王者，犹不能以三皇之象刑，二帝之干羽，议可坐而化也。必将因衰世之宜，定新国之典，宽于劝贤而峻于治不肖，庶几风俗可渐更，仁义可渐明，政权可渐兴。乌乎托之？托之《春秋》。《春秋》之为书也，上本天道，中用王

法，而下理人情。不奉天道，王法不正；不合人情，王法不
行。天道者，一曰时，二曰月，三曰日。王法者，一曰讥，
二曰贬，三曰绝。人情者，一曰尊，二曰亲，三曰贤。此三
科九旨既布，而壹裁以内外之异例，远近之异辞。错综酌
剂，相须成体。凡传《春秋》者三家，粤惟《公羊》有是
说焉（《春秋公羊通义序》）。

以上所谓时、月、日之例，讥、贬、绝之辞，尊、亲、贤三议都
是公羊学原有义，但以之为《公羊》中的"三科九旨"，却是以
小作大，不能发挥《公羊》在政治和历史上应有的影响和作用。
我们所谓公羊学是指自公羊学开始直到东汉何休。何休之总结
《公羊》虽然和当时的社会具体情况脱节，但却是公羊派应有的
总结，这种总结保存了公羊学丰富的内容，也保存了公羊学优良
的传统。这种总结在清朝末年康有为的变法运动中发挥了应有的
作用。孔广森的《通义》，是以朴学精神治《公羊》，不本何休，
而出自他本人的归纳，这是一种平凡的归纳，缺乏公羊学原有的
闳肆见解和富于理想的开阔议论。虽然他就《公羊》而论《公
羊》，免于"反传违戾之失"，但无与于学术思想的发挥。

《公羊通义序》是孔广森系统的发挥《公羊》义理的文章，
他认为《公羊》与《孟子》相合，孟子是最善言《春秋》的，
他说：

东汉时帝者号称以经术治天下，而博士弟子因瑞献谀
妄，言西狩获麟，是庶姓刘季之瑞，圣人应符为汉制作，黜
周王鲁，以《春秋》当新王云云之说，皆绝不见本传，重
自诬其师以召二家之纠摘矣。然而孟子有言，《春秋》天子
之事也。《经》有变周之文，从殷之质，非天子之因革耶？
甸服之君三等，蕃卫之君七等。大夫不世，小国大夫不以名
氏通，非天子之爵禄耶？上抑杞，下存宋，褒滕薛邾娄仪

父，贱谷邓而贵盛郜，非天子之黜陟耶？内其国而外诸夏，内诸夏而外四裔，殆所谓天下之本在国，国之本在家者与？愚以为公羊学家独有合于孟子。乃若对齐宣王言小事大，则纪季之所以为善，对滕文公言效死勿志，则莱侯之所以为正，其论异姓之卿，则曹羁之所以为贤，论贵戚之卿又实本于不言剿立以恶衎之义。……故孟子最善言《春秋》。岂徒见税亩、伯于阳两传文句之偶合哉"（《春秋公羊通义序》）。

这是《孟子》与《公羊》相通考，《孟子》、《公羊》思想体系绝不相同，也没法相通。其实仅摘录文句，《左传》、《穀梁》都有与《孟子》相通处，这种作法和后来的刘师培论《孟子》与三传相合的论文相似，都不能说明任何问题。我们曾经批评刘师培这样作法不妥，今于孔广森亦然。虽然他们一今一古，但都长于朴学，因之以朴学的方法从事排比的工作。即以《孟子》、《公羊》相通而论，他们之间不相合之处甚多。比如《左传》宣公四年有云："凡杀君称君，君无道也；称臣，臣之罪也。"这是《左传》五十凡之一凡例，《左氏》中之大法，是一种纲领，但这最为《公》、《穀》所讥，因为它违反了传统的道德伦理，但孟子却说：

> 齐宣王问曰："汤伐桀，武王伐纣，有诸？"孟子对曰："于传有之。"曰："臣弑其君可乎？"曰："贼仁者谓之贼，贼义者谓之残，残贼之人，谓之一夫。闻诛一夫纣矣，未闻弑君也"（《孟子·梁惠王下》）。

以上是《孟子》与《左传》相通而不同于《公羊》。所以我们说类似的相通说，不说明任何问题。

孔广森有他自己的"三科九旨"，实际与传统的三科九旨不同而目的是维护旧的统治秩序，他不倡大一统，也不倡法后王，但主张世族地主可以割据称王。因为孔家是世族大地主，是既得利益者，"已享其利者为有德"，于是他们自称是"文章道德圣人家"，他们用全力来巩固这种局面。但《公羊》是讲"变"的书，原有的"三科九旨"都在讲变，也就是说他们认为社会在发展，历史在前进，这是他们的可取处，虽然他们主要还是为了地主阶级的利益立言。每当地主阶级处于困境的时候，公羊学往往应运而出，地主阶级中的不同阶层遂于其中各取所需。世族地主主张巩固这旧有的阶级秩序，而新兴的地主阶级则希望取而代之，封建社会后期的商业资本的持有者则向往着未来，向往资本主义社会；因而他们对于《公羊》的需要也各有不同，他们可能都鼓吹改制，而所走的方向不同。孔广森是世族大地主，他的公羊学和他的社会地位未曾脱离，以此他要求于公羊学中的思想是如何来巩固这世族地主的地位，他在鼓吹"分土而守，分民而治，有不纯臣之义"，他在向往着教皇的地位。他学自庄存与，但他向后倒退的步伐，比庄存与更显著了。

虽然公羊学有反动的一面，但公羊究竟接近法家，处于变革之际的阶级秩序，不是儒家的伦理道德能够发挥作用的，于是孔广森有所求于法家，他曾经提倡法家的刑赏二柄说：

> 天下者大柄有二：曰威，曰福。二柄举则天下治矣，一有失矣，不以沦亡，则以败乱。下或擅之，小则以霸，大则以王。然威之为用，足以制人而已，王者之末也。福者积微以为用，以晦而彰，以柔而强，及其至也，威不足以言之，是王道之本也。何谓福？恩惠是也；何谓威？甲兵是也。先王经世有赐诸侯弓矢得专征伐之威，未与臣下得私恩惠之福，故礼家施不及国者，不与大夫得作福于国也。《诗》戒诸侯专封者，不与有国者得作福于天下也。……有威可畏，有惠可怀，此文王之所以造周也（《春秋公羊通义》）。

"二柄"说出自法家，《管子》有"六秉"说，《韩非子》有

"二柄"说。"二柄"即刑、赏，孔广森称之为威、福二柄，意义相同。《公羊》而有法家的学说，本非意外，但这样公开地提倡刑、赏二柄，在经师中还不多见。孔广森又多引《荀子》说《公羊》，这是他有见识处。

虽然他以法家解《公羊》是有见识，但他在《公羊》义法上少创见，而且谈不上墨守。他究竟是有名的训诂学家，当他以朴学讲《公羊》的时候，却有所长，比如隐公"五年春，公观鱼于棠"。《公羊》云："公曷为远而观鱼，登来之也。""登来"两字，颇难索解，于是孔广森曰："登来之者，犹言得之也。齐鲁之间无人声，呼得声如'登来'之合。郑司农注《大学》引《春秋传》云'登戾之'即此文也。来古音狸，又转为戾。故《易》曰，'震索索中未得也，虽凶无咎，畏邻戒也。'……彼'得'字以'登戾'反读之，乃正协韵"（《春秋公羊通义》）。这是一篇精致的音韵训诂，在公羊学中为仅见。又如他解《公羊传》隐公十五年"百金之鱼"时指出："本缘黄金方一寸重一斤，谓之一金，或可凡物以斤计者亦通言金，百金之鱼盖大鱼重百斤者与"（《春秋公羊通义》）。这都是以朴学讲《公羊》，虽非《公羊》传统，但关于索解字义究有所长，东汉末年的汉学家，本来结合今古，寓义法于朴学之中，此所以何劭公有"入室操戈"之叹。孔广森的作风犹是汉学的传统，但不是乾嘉学派的正统，正统乾嘉不谈义理，谈亦捉襟见肘，此于段玉裁的著作中可见。

孔广森的公羊学可称道者仅此而已。在他以前的庄存与是清代公羊学的开创者，虽少发挥，但处于变革的前夕，新的萌芽在冲击着旧的阶级基础，于是庄存与强调以道德济王法之穷，同时而有讥世卿的理论，这本来是进退于新旧之间，未免矛盾。孔广森和庄存与同时，他们的身份地位却不相同，因之表现在思想意识上也不相同。孔广森是大世族地主，他鼓吹世卿世禄而且进一步主张分土而守，分民而治，不提倡加强王室的大一统。公羊学而不强调"大一统"反而提出"有不纯臣之义"，这不是公羊学，但孔广森又使《公羊》与法家结合，吸取法家思想讲《公羊》，以刑赏二柄济儒家之穷，这又是公羊学的传统。出入主奴，随心所欲，都说明处在过渡时代的矛盾状态。"二柄"是为了巩固旧有的秩序，而旧有的秩序应当是贵族"有不纯臣之义"，因而使他的学说陷入不可解脱的矛盾中。

孔广森本来擅长朴学，义理非其所长，如果他以朴学解《公羊》，可能有较好的成就。但《公羊》不同于《左传》，非历史书，训诂与义理的结合是阮元一派所向往，非所求于公羊学者。

三　刘逢禄

清代中叶的公羊学者对后来最有影响的是刘逢禄。刘逢禄（公元 1776—1829 年），江苏武进人，他是庄存与的外孙。他的时代已经是鸦片战争的前夕，也是中国面临半殖民地半封建社会的前夕，这正是《公羊》所谓"南夷与北狄交，王室之不绝若线"的时代，也正是地主阶级感觉到危亡非变不可的时代，于是已经萌芽的公羊学越发具有发育的土壤。庄存与、孔广森虽然发现了公羊学，发现公羊学是地主阶级感觉到恐慌的征兆，但他们还没有从《公羊》中找到解脱的方案，也就是说清代前期的公羊学家还在摸索，他们还没有找到公羊学的关键所在。

刘逢禄是继续寻找这关键所在的人。其实这关键就是何劭公经过 17 年的探索而总结出来的"微言大义"。何休的总结和他的时代还是息息相关的，东汉末年也是一个危机四伏的时代，可惜他不是一个政治家，他不能用《公羊》来解脱当时的危机，只能是一个"书面总结"，没有发生实际效果。但他的总结仍然具有历史意义，在后来产生了巨大影响。社会在发展，虽然封建社会发展缓慢，但可以应用于昨日的药方，不可能用于今日或明日，因此医疗方案也应当发展。庄存与和孔广森还没有找到有效的旧方案，更谈不到新发展，刘逢禄找到了原有的旧方案，公羊学中心思想，就此而论，他已经前进了一步，因为他探索的是核心问题，庄与孔并没有找到这核心所在。

刘逢禄是发现何休《公羊》总结的一个人，他适当地评价了这个总结，而且有他自己的理解，有了他自己的理解就有了新的内容。此后，公羊学逐步和历史实际相结合而有所发展。鸦片战争后，公羊派风起云涌，谈改制，谈变法，都是在《公羊》中找方案，刘逢禄是提供方案的人。我们曾经指出，在公羊学的思想体系中，"大一统"和"张三世"是它的核心所在。他们鼓吹一个大一统的天下，这大一统是理想也是事实，因为中国自三代以来始终一统；是理想，因为在王朝的季世有时分裂，所以他们把希望放在未来，未来的世界应当是大一统。庄存与没有意识到这一点，孔广森更不理会这大一统，他的"三科九旨"完全和上述主题无关。刘逢禄出而局面为之一变。

刘逢禄论大一统：

> 自王纲不振，小雅尽废，强大兼并，君臣放弑，诸侯奔走，不得保其社稷者不可胜数。极于中国微灭，吴楚狎主，而三代之彝伦法制斁坏，简弃无复存者。盖夏商之末失以强，而周之末失以弱。……厉幽之亡，不生孔子，天将以《春秋》之制统三正而正万世也。周之衰也，始则礼乐征伐自诸侯出而专封专讨，天子不能问也。继则自大夫出而擅作威福，君若赘旒，下至陪臣效尤，而皂隶舆台，启假威坐床

之矗，外至四夷乘便，而文身左衽，张僭号争长之心。……夫子遂为之极其义曰："臣弑其君，子弑其父，非一朝一夕之故，其所由来者渐矣，由辨之不早辨也。"……然犹以为托之空言，不如见诸行事之深切著明，于是受命制作，取百二十国之宝书，断二百四十二年之行事，上诛平王而下及于庶人，内诛鲁公而外及于吴楚，虽冒万世之罪而不敢避。……夫医者之治疾也，不攻其病之已然，而攻其受病之处。《小雅》尽废，乱贼所以横行也。《春秋》欲攘蛮荆，先正诸夏，欲正诸夏，先正京师，欲正士庶，先正大夫，……欲正诸侯，先正天子京师，天子之不可正则托王于鲁以正之（《公羊何氏释例·诛绝例第九》）。

刘逢禄没有正面提出"大一统"，但"王鲁"之义，主要是扶持一个强有力的天子发号施令，以期王纲之不坠。理想的大一统是四夷进于诸夏，但在乱世，臣弑其君，子弑其父，政自大夫，王若赘旒，浸假而皂隶舆台假威坐床，四夷乘便文身左衽，这本来是社会发展之必然，阶级矛盾与民族矛盾交织，王纲之不坠若线。清代乾嘉以来，道光年间又出现了类似局面，这当然不是历史的重演，这时有这时的内忧，这时有这时的外患，而这种内忧外患将迫使这古老的社会崩溃，使这文明古国沦亡，这不是使四夷进于中国的大同世界，而是拥护天子以攘夷的乱世。周天子不可得，于是他有所望于新王，希望有一个新局面来维持这即将紊乱的社会秩序。于是由维护一统而立新王，由立新王而有变法改制的主张，这是由公羊旧义可以引申的新义，所以我们说：《公羊》多变。但在刘逢禄的思想体系中不存在一个新社会的理想，也就是说在他的思想中不具有资本主义社会的萌芽。这种新社会的理想在稍后的龚自珍的思想中可以望见端倪，在康有为的著作中已经是呼之欲出了。而刘逢禄只是要求一个"新王"，他一再

鼓吹"王鲁":

> "王鲁"者即所谓以《春秋》当新王也。夫子受命制
> 作,以为托诸空言,不如行事博深切明,故引《史记》而
> 加乎王心焉。孟子曰:"《春秋》者天子之事也。"夫制新王
> 之法,以俟后圣,何以必乎鲁?曰:因具史文之文,避制作之
> 僭,祖之所逮闻,惟鲁为近,故据以为京师,张治本也。圣
> 人在位如日之丽乎天,万国幽隐,莫不毕照,庶物蠢蠢,咸
> 得系命,尧舜禹汤文武是也。圣人不得位,如火之丽乎地,
> 非假薪蒸之属,不能舒其光,究其用。天不生仲尼,万古如
> 长夜,故曰:归明于西,而以火继之,尧舜禹汤文武之没而
> 以《春秋》治之,虽百世可知也(《公羊何氏释例·王鲁例
> 第十一》)。

他进一步说明"王鲁"即以《春秋》当新王,《春秋》乃史书
而可以当新王,是《春秋》为新王立法,后来遂落实为汉立法,
其中心思想都是在要求一个新局面,一个新的大一统局面。秦虽
统一,但不足以当之。至西汉,今文经盛行,于是遂以《春秋》
为汉立法,孔子而可以为汉立法,是孔子可以前知,于是在今文
谶纬书中孔子被立为宗教主,为教皇,董仲舒遂有造神运动而使
孔子神化。后来康有为倡素王说而自号"长素"亦此意。根据
《公羊》三世义,以《春秋》当新王,上黜杞,下新周而故宋。
以《春秋》当新王即以未来的新局面为王,旧王周王已经成了
新被灭亡的朝代,所以称之为"新周",这"新周"是"故周"
的别解,"故宋"是古老的王朝,于是有"三恪"说。这是发展
的历史观,不同于保守的儒家言必称先王,他们却鼓吹新王,这
新王也恰好是后王,于是我们说公羊学近于法家。

周不可兴而王鲁,而新王之法具于《春秋》,具于《公羊春
秋》,《公羊春秋》理想的社会是大一统的社会。但理想与现实

乖违，理想的大一统是四夷进于中国，现实的《春秋》时代是四夷狎主中国，这不能是攘夷的时代，而只能是进四夷于中国的时代，于是他肯定四夷狎盟的现象而有《秦楚吴进黜表》：

> 余览《春秋》进黜吴楚之末，未尝不叹圣人驭外之意至深且密也。昔圣人序东周之《书》，唯存《文侯之命》及《秦誓》，著其盛衰大旨。其于删《诗》，则列秦于《风》。序《蒹葭》曰："未能用周礼。"序《终南》曰："能取周地。"然则代周而改周法者，断自秦始，何其辞之博深切明也。秦始小国辟远，诸夏摈之，比于戎狄，然其地为周之旧，有文武贞信之教，无放僻骄侈之志，亦无淫佚昏惰之风，故于《诗》为夏声，其在《春秋》无僭王猾夏之行，亦无君臣篡弑之祸，故《春秋》以小国治之，内之也。吴通上国最后，而其强也最骤，故亡也忽焉。秦强于内治，败狄于后，不勤远略，故兴也勃焉。楚之长驾远取强于秦，而其内治亦强于吴，故秦灭国而终覆秦者楚也。圣人以中外狎主承天之运而反之于礼义，所以财成辅相天地之道而不过乎物，故于楚庄、秦穆之贤而予之，卒以为中国无桓文则文归之矣，何待定哀之末而后京师楚哉。于吴光之败陈许，几以中国听之，慨然深思其故曰：中国亦新夷狄也。……故观于《诗》、《书》，知代周者秦，而周法之坏，虽圣人不可复也。观于《春秋》知天之以秦楚狎主中国而进黜之义，虽百世不可易也（《公羊何氏释例》）。

《春秋》"于楚庄、秦穆之贤而予之，卒以为中国无桓文则文归之矣"。又于"吴光之败陈许，几以中国听之"。《春秋》大义，于据乱世本来是内中国而外诸夏，而今进夷狄于中国，以当时中国衰乱，"中国亦新夷狄也"。这种演变，孔子知之，是以孔子已能前知，这是今文学的传统，当孔子删诗、书时已经知道

"代周而改周法者，断自秦始"。秦本来是西方小国，远于诸夏，诸夏之国摈弃之而比于戎狄，但其地为周旧，有良好的传统而没有淫佚昏惰的风俗，所以《春秋》内之。楚也是有深厚基础的国家，所以在秦统一后而楚代秦。秦楚狎主中国而《春秋》许之，因为这时的中国无异于夷狄，旧的王朝已经不能维持，新王朝的产生已经是不可避免了。

公羊派之肯定新王朝的出现，说明他们的历史观是向前看而不是法先王，以此我们说他们的学说近于法家，而刘逢禄也曾经使儒家的礼义和法家的刑法互相结合。本来董仲舒曾经认为《春秋》是礼义之大宗，因为这《春秋》是公羊学派的《春秋》，所以关于礼义的涵义也就不同于其他学派。刘逢禄说：

> 或称《春秋》为圣人之刑书，又云五经之有《春秋》犹法律之有断令。而温城董君独以为礼义之大宗何哉？盖礼者刑之精华也，失乎礼即入乎刑，无中立之道，故刑者礼之科条也。《春秋》之道始于元，终于麟，绝于夏之冬而犹系于周之春，威厉而不试，刑措而不用，此亦太平之极轨也。若乃意深于拨乱，故制刑常用重典，无变三代之实而有异文武之文，然其原心诛意，禁于未然，其立法严，其行法恕，匪用为教，覆用为虐，则秋荼也。曲学阿世，缘经文奸，岂非罪哉！抑又闻之董生，《春秋》显微隐权，先德而后刑，其道盖原于天。……夫刑反德而顺于德，亦权之类矣。……矫枉者弗过其正则不能直，故权必反乎经，然后可与适道（《公羊何氏释例·律意轻重例第十》）。

以上论"礼者刑之精华也，失乎礼即入乎刑，无中立之道，故刑者礼之科条也"。这不同于正统派儒家关于礼的定义，不同于封建社会初期礼刑分别用于不同阶级的传统，所谓"刑不上大夫，礼不下庶人"是这种传统，而今谓礼是刑之精华，刑是礼之科条，不入于礼即入于刑，无中立之道。这几句解释体现了公羊派是儒家左派的传统，体现了公羊派的多变精神。"无中立之道"更是对于正统派儒家的革命，所谓孔孟之道，从一点上说，即"中庸之道"，他们以为过犹不及而严守中庸，如今说"无中立之道"是反乎中庸，反乎中庸即反孔孟之道，无论刘逢禄意识与否，这是一种崭新的精神，是新儒家的口号。儒家而反对中庸，是儒家而反对儒家，所以我们称之为新儒家。本来公羊—荀卿学派就是新儒家，至此这新儒家还在发展他们的学说。刘逢禄的议论颇有辩证的意味，他说："刑反德而顺于德，亦权之类矣。……矫枉者弗过其正则不能直，故权必反乎经，然后可与适道。"刑反于德而顺于德，权反于经而适于道，使刑与德、权与道都处于对立统一的地位，这样才会有发展的前途。这种崭新的议论是有他的阶级基础的，说明阶级关系在变换中，一切价值的概念也在变换中，礼与刑的概念在变换中，它们不再是不同阶级的所有物。新的阶级在出现，对于他们是用礼还是用刑？他们不是地主，也不是农奴，礼与刑都不适用，于是变更礼与刑的定义，礼与刑不再是隔绝的了，它们对立地统一起来，于是资产阶级强调法，刘逢禄也说："五经之有《春秋》，犹法律之有断令。"法律统一了礼、刑，礼与刑都丧失其原有地位而为法律所取代。

公羊学派始终和法家接近，但他们缺少法家的治国方案，所以今文经不得不借古文经以济其穷，刘歆、王莽如此，王安石如此，刘逢禄而欲改革亦应如此，可惜他摒弃了这种作法而排斥古文经，这是扬弃了今文学派的优良传统，以致重新引起今古文之争，愈演愈烈，清末康有为和章太炎遂各代表今古而进行了持久的火并。刘逢禄重新严格今文、古文的界限，而以《周礼》为"战国阴谋渎乱不验之书"（《公羊何氏释例·朝聘会盟例第十

五》）。这种意见来自东汉何休，如今重新提起，这也说明以古
文经为治国方案的时代过去了，时代变了，条件变了，不是对于
封建社会修修补补的时代，是如何适应新社会发展的时代，古文
经完全无能为力，所以刘逢禄也就弃之如遗。

刘逢禄对于另一部古文经《左传》也进行抨击，作了全部
否定，以为其中的义法凡例出自刘歆伪造，他有《左氏春秋考
证》一书，认为《左氏春秋》犹如《晏子春秋》、《吕氏春秋》。
直称《春秋》是太史公所据旧名，冒名的《春秋左氏传》乃是
东汉以后的以讹传讹，而其始作俑者实为刘歆。《左氏》本不传
《春秋》，刘歆乃效法《公羊》，缘饰书法、凡例、"君子曰"等
于《左传》，一似《左氏》本传《春秋》者，他说：

> 余年十二读《左氏春秋》，疑其书法是非多失大义。继
> 读《公羊》及董子书乃恍然于《春秋》非记事之书，不必
> 待左氏而明。左氏为战国时人，故其书终三家分晋，而续经
> 乃刘歆妄作也（《左氏春秋考证》）。

这里指出《左传》书法多失大意，而以为《春秋》非记事书，
不必待左氏而后明，并认为三家分晋以后续经乃刘歆妄作。他并
且具体地指出左氏书法之不当处，如"元年春王正月，不书即
位，摄也"。以为"此类皆袭《公羊》而昧其义例，增'周'
字亦不辞"。对于《左传》中的"君子曰"，他也曾经指出，
"君子曰，颍考叔纯孝也"之不辞：

> 考叔于庄公君臣也，不可云"施及"，亦不可云"尔
> 类"，不辞甚矣。凡引"君子"之云，多出后人附益，朱子
> 亦尝辨之（《左氏春秋考证》）。

由《左传》书法及于"君子曰"，以为出于后人的附益，并引朱
子的话以为证。朱熹宋理学家，非东汉朴学，其学近于今文，以
此庄存与可引二程语录，至此刘逢禄进而引用朱熹。此与道统论

者自董仲舒而及韩愈以及宋代理学一脉相传者若合符节。《左传》中又有"五十凡"，他也加以抨击道：

> 凡例以称人而执为执有罪，固不可通矣。郑自受盟于蒲，《经》未著其背中国，故执之，非伯讨也。作伪者以其例不可通，遂诬为受赂而与楚会，又许子重救郑。不知楚自盟蜀之后，恃其强暴，再驾伐郑，后复溃莒入运，岂以重赂求郑者哉！（《左氏春秋考证》）

此以凡例为不通。《左传》如去掉书法、凡例"君子曰"及一切解《经》语，当不成其为传《经》书。他并且以《史记》证《左氏》，发现《左氏》记载有不同于《史记》者，遂以为后人的附益。比如《左传》有"惠公元妃孟子"，刘逢禄曰：

> 此篇非《左氏》旧文，比附《公羊》家言，桓为右媵子，隐为桓立之文而作也。《鲁世家》云："惠公适夫人无子，公贱妾声子生子息，息长，为取于宋，宋女至而好，惠公夺而自妻之，生子允，登宋女为夫人，以允为太子。"《年表》桓公母宋武公女，生手文为"鲁夫人"，亦不云仲子，盖太史公所见《左氏》旧文如此。刘歆等改《左氏》为传《春秋》之书，而未及兼改《史记》，往往可以发蒙（《左氏春秋考证》）。

以上是一些站不住的议论，是一些武断的说法，这种鲁莽灭裂的理论至康有为、崔适而集其大成。而崔适的说法正可以抵消刘逢禄的说法，刘逢禄尚以为刘歆"未及兼改《史记》，往往可以发蒙"，崔适则以为刘歆曾经编伪《史记》，以证《左氏》之为传《经》书，因而有《史记探原》一书。康有为则又和当时的政治联系在一起说刘歆窜改《左氏》的原因是：

> 所以翼成王莽居摄而篡位者也（《史记经说足证伪经考》）。

学术斗争结合政治斗争，以致有章太炎之驳康氏而认为刘歆之功超过孔丘，都是闭门造车，不顾客观事实，我曾经对于康、崔诸人说有过批判，但亦不直太炎说，太炎长于音韵小学，而短于经。我以为《左传》中的书法、凡例是《左传》原编者取当时流行的议论夹杂于记事中，《小戴礼记》中多有类似《左传》凡例的文句，这种体裁实为当时谈礼者共有公式，而《左传》凡例最初见引于《尚书大传》，这不可能是后人所伪造。

《左传》中之"君子曰"，先秦古籍中多有之，散见于诸子及《国语》、《国策》诸书内，其性质均大体相同，乃原作者对于某事某人所作的论断。这种论断或为其本人所有，或为取自他人的议论，在当时固能代表一部分人的看法，而事过境迁，在前人以为公平议论者，后人或认为荒谬不通，此《左传》中"君子曰"乃后人附益说的起因。其实《国语》中亦多"君子曰"，如《晋语》一、二、四、六各卷都有，其中和《左氏》"君子曰"相似者有《晋语》二荀息死节一段。因此我们说这种议论的体裁是先秦史家所共有，一如今之"编者案"。然而今文学派不止于此，又说《左传》、《国语》本是一书，"君子曰"既然可以加之于《左传》，未尝不能加之于《国语》。但我们知道，《国语》中的"君子曰"都在《晋语》，这给我们一种启示，作为发表议论的"君子曰"是晋国史家所习用，一如《资治通鉴》之习用"臣光曰"。《左传》一书本来出自三晋，习用"君子曰"毫不足怪，而且还有另外的证据足可以证成此说，有些在《左传》中作君子如何如何者，在《国语·鲁语》中则改作某某人曰，因此我们知道这是《左传》原编者变某人曰为"君子曰"。如果说《晋语》中"君子曰"也出自后人的附益，那么在《韩非子》及《史记》中的记载又足破其说，因为这些书都引用了"君子曰"或者还有评论；这些都排斥了"君子曰"是后人附益的可能。

由于以上的说明，我们说《左传》原来传《经》，加罪于刘歆，并谓刘歆篡经以佐王莽篡国政更说不通。但此后今、古文之争，因政争而更加剧烈，刘歆之罪在今文家看来是罪不容诛；古文家则以为刘歆之功，功不在孔子下。刘逢禄反对古文经除罪刘歆，并对郑玄之混淆今文、古文因而对于何休"入室操戈"深致不满。何休稍长于郑玄，郑玄曾就其书加以抨击，以致何休有"入室操戈"之叹。刘逢禄遂代何休反击，比如郑玄《发墨守》中有关于郑居留的考证，结论虽有问题，但方法可取，开后来朴学之风，刘逢禄摘拾小疵加以批驳，非干是非乃学派之争。

总之，刘逢禄对于《公羊》义法有所发挥，庄存与后，他开始发挥了前期公羊学的传统，鼓吹"三科九旨"大体依何而有所创造，以《春秋》为刑书，而以刑为礼之科条，不同于儒家关于礼刑的定义，不入于刑即入于礼，无中立之道，因而反乎中庸，都是崭新的议论，这崭新的议论导致礼与刑的结合而法令的观念出。可以说礼与刑的对峙是前资本主义社会的上层建筑，而礼与刑的结合，法的出现是资产阶级的要求，因为他们不属于礼的范畴，更不属于刑的行列。因之我们说刘逢禄的议论代表了一种新的呼声，虽然他的本意是要挽救这即将倾圮的封建古厦，但他的呼声预示了一种新的先进的意识，对于封建社会倒是一种挽歌了。

四　凌曙与陈立

《清儒学案·晓楼学案》有云："乾隆嘉庆之际治公羊学者以颙轩孔氏、申受刘氏为大师，皆谨守何氏之说，详义例而略典礼训诂。晓楼盖亦好刘氏学者，而溯其源于董子，既为《繁露》

撰注，又别为《公羊礼疏》、《礼说》、《问答》等书，实为何徐功臣。卓人传其师说，钩稽贯串，撰《义疏》一书，遂集《公羊》之大成矣。"今案：《清儒学案》编者椎埋无文，鲜通学术，不治《公羊》，孔广森实非《公羊》大师，谈"三科"迷途，论"九旨"失路，刘申受始续劻公之业，注意到《公羊》义法而略于典礼训诂，此所谓"贤者识其大"也。凌曙（公元1775—1829年），字晓楼，与刘逢禄同时。喜好《公羊》，但改变了刘申受的学风而注意于《公羊》的礼制，多卑微不足道，可谓"不贤者识其小"。原《公羊》中的礼制或寓有褒贬义，但殊难发挥；"三科九旨"之言枝叶扶疏，寓历史变化于三世之中，盖调停先王、后王之折衷论者，在保守的儒家学派中亦新奇可喜，影响大而变化多端。舍其大而逐其小，是凌、陈学风，但陈立的《公羊义疏》用力勤而取材丰富，在清人的义疏中，论材料之丰富可称上选，但缺乏断制工夫，以致獭祭而无所适从，更谈不到"集《公羊》之大成"。

陈立（公元1809—1869年），师凌曙。当时中国已属半殖民地半封建时代，各种矛盾加深，而资本主义势力方长驱直入，蚕食鲸吞，中国处于危亡的边缘。中华民族处于危亡的边缘。于是大规模的农民起义屡仆屡起，前有太平天国，后有捻军及义和团，这是大规模的农民革命战争，他们的矛头指向封建地主政权，指向资本主义侵略势力，而贪残无耻的封建地主阶级遂向外来的侵略势力投降，以图压迫揭竿而起的劳动人民。这时的公羊学又变作"开明"地主们的自救良方，于是在同、光时代，遂家家"公羊"，户户"三世"矣！陈立虽然对于《公羊》的义理茫然，但在这种气氛下亦忙于《公羊》材料的收集，忙于材料必然走上朴学一途，于是陈立在有关材料的训诂考据上，仍然作出了成绩。

凌曙则无论在材料上、训诂上以至义理的发挥上都少成绩可言，他没有吸取公羊学派的历史观而形成自己的历史学说，他也没有自己的政治观点。既不能以《公羊》结合政治，又不能用朴学治《公羊》，非义理，非考证，又不长于文辞，势必无所适从。比如他在《公羊礼疏》中注隐公"元年春王正月"、"惟王者然后改元立号"时说："万氏斯大《学春秋随笔》曰：君曰元首，臣曰股肱，天子为天下共主，五等诸侯，出作屏藩，入为卿士，依然臣也。一统天下，咸奉正朔，同轨同文，安有诸侯改元之理，即曰国自有史，亦必大书天子之年而分系其事。何休曰：'必天子然后改元。'此说是也。"这是《公羊春秋》中的大事，因为它涉及形式上的大一统问题，何休以为"必天子然后改元"，孔广森则以为诸侯可以改元立号有不纯臣之义，他们各自有自己的立场，不能轻轻带过，那么凌曙对于"元年春王正月"的含义必须有自己的发挥，有自己的交待，而他只是说：

何休曰："必天子然后改元。"此说是也。

为什么"是也"，应有解释，不能人云亦云。在许多关键问题上，比如关于大一统、"法后王"等他都没有自己的解释，有解释也是敷衍成文，不中要害。关于"讥世卿"，他说：

《白虎通》，大夫不世位何？股肱之臣任事者也，为其专权擅势，倾覆国家。……《春秋公羊传》曰："讥世卿，世卿非礼也。"……《春秋左氏》说，卿大夫得世禄，不得世位。父为大夫死，子得食其故采地，而有贤才，则复升父故位。《后汉书·乐恢传》："夫政在大夫，孔子所疾；世卿持禄权，《春秋》以戒。圣人恳恻，不虚言也"（《公羊礼疏》一）。

"讥世卿"反映了社会发展到一个新阶段的事实，在宗法贵族当权专政时代，无卿不世，有禄皆世，当新的地主阶级兴起，他们要取而代之，于是提倡以贤代亲，于是有"讥世卿"，虽然我们不能从社会发展史的角度来责备凌曙，但公羊学家应当有变的概念，有结合到政治上而发表自己见解的明确概念，否则也应当具有纯义理的今文学的发挥，如今他一引《左氏》，二引《汉书》不伦不类，论义理无发挥，论考据不精辟，论材料不丰富，唯唯诺诺，虚应故事，很难说他是及格的公羊学家。

《公羊》书法中有"实与而文不与"，《春秋繁露》中有"诛意不诛辞"，都表明了在一个变革的时代，政论家或者史学家对于某些事物的看法和评论，他们可能同意某种事物但不能公开用文字赞成，遂变更其叙事方法，有所谓"实与而文不与"，他们不同意某种事物，但不便公开反对，于是也变更其叙事方法，有所谓"诛意不诛辞"，这都是公羊学中的关键所在，或者称之曰"非常异义可怪之论"，公羊学者对之必须有彻底了解，否则何所取于《公羊》？凌曙既不能使《公羊》和当时的社会问题相结合进而解决社会问题，也不能脱离社会问题而作纯理论上的发挥，他只是朦胧地研究《公羊》而不知所以，因而有时陷于陋，比如宣公六年关于古帝王感生说，他说：

> 异义，《诗》齐、鲁、韩，《春秋公羊》说，圣人皆无父感天而生。《左氏》说，圣人皆有父。谨案：《尧典》："以亲九族。"即尧母庆都感赤龙而生尧，尧可得九族而亲之。《谶》云："唐五庙。"知不感天而生。驳曰：元之闻也，诸言感生得无父，有父则不感生，此皆偏见之说也。《商颂》曰："天命玄鸟，降而生商。"谓娀简吞鳦子生契。是圣人感生见于"经"之明文。刘媪是汉太上皇之妻感赤龙而生高祖，是非有父感神而生者耶？……况乎天气，因人之精，就而神之，反不使子贤圣乎？是则然矣，又何多怪（《公羊礼疏》六）。

感生说的来源本来是封建地主阶级为了神化自己，抬高自己，以巩固他们自己的地位，而把他们说成是天神的儿子，以证实这"天子"的由来，两汉谶纬说出遂多附会其说而使经书变作圣经，今文经本多异义可怪之论，它们之间的结合，遂使儒家宗教化，而孔丘变作教主，不过这已经是两千年前的往事了。凌曙的时代应当理解这种说法之不合理，但他要维护这种说法而加以发挥，说："况乎天气，因人之精，就而神之，反不使子贤圣乎？"非驴非马，不知所云。他自己也不清楚他说的是些什么，真是以其昏昏，当然不能使人昭昭了。后来康有为为了政治目的，也曾经有一次造神运动而神化孔子，但他自己清楚，他是在造神，而凌曙以不清楚的理论，作含糊的发挥，非康有为俦也。

在义理方面，凌曙不是内行，在典章制度方面他也是外行。他的著作既云《礼疏》，对于所疏应当占有材料，明晰训诂，但他不能疏清任何问题，撮拾成说而无选择的能力。比如关于"初税亩"，这是中国史上的大事，从任何观点看这也是应当重视的问题，或讥或贬，或同意或否定，都应当有明确的交待，而他在《公羊礼疏》内只是杂乱无章地撮录一些有关井田的旧说，于问题本身却少触及，我们引用一段足以窥豹一斑：

> 《公羊》十一年税，远近无差，改制收租，田有上、中、下，与《周礼》同义。注，庐舍二亩半，凡为田一顷十二亩半，八家而九顷，共为一井。故曰：井田庐舍在内，贵人也；公田次之，重公也；私田在外，贱私也。井田之义，一曰无泄地气，二曰无费一家，三曰同风俗，四曰合巧拙，五曰通财货。因井田以为市，故俗曰"市井"。（《公羊礼疏》六）。

以上对于所疏并无补助，而引《公羊》注井田之义，一曰"无泄地气"云云，完全不知井田为何物，何谓"无泄地气"，凌曙自己亦不知所云。

陈立的成就高于凌曙，在材料及训诂方面，他都超过了凌曙。虽然他也是罗列材料，一如《集解》而不是《义疏》。既言《义疏》，应当对义理有疏，凌曙不足语此，陈立亦不足语此。我们曾经指出何休是东汉末为《公羊》作总结的人，陈立则是清末试图为《公羊》作总结的人。《公羊》不同于《左传》，不是记事书，何休因之总结《公羊》的义理，虽不免"非常异义可怪之论"，但在以后发挥了作用，这是公羊学应有的传统。陈立虽然没有"非常异义可怪之论"，但无发挥无判断，因之我们说他没有本领为《公羊》作总结。但他有比较丰富的材料，如果我们要翻检有关《公羊》的材料，他的书可以提供方便，仅此而已；然而即此已经超过凌曙的成就了。

在《公羊》的微言大义方面，陈立虽然没有发挥，但他并没有遗漏这方面的材料，比如关于"三科九旨"，他说：

旧疏问曰：《春秋说》云：《春秋》设三科九旨，其义如何？答曰：何氏之意，以为三科九旨，正是一物，若总言之，谓之三科，科者段也。析而言之，谓之九旨，旨者意也。故何氏作"文谥例"云：三科九旨者，新周，故宋，以《春秋》当新王，此一科三旨也。又云：所见异辞，所闻异辞，所传闻异辞，二科六旨也。又，内其国而外诸夏，内诸夏而外四夷，是三科九旨也。问曰：宋氏之注《春秋说》三科者：一曰张三世，二曰存三统，三曰风外内，是三科也。九旨者，一曰时，二曰日，三曰月，四曰王，五曰天王，六曰天子，七曰讥，八曰贬，九曰绝。时与日月，详略之旨也；王与天王天子，是录远近亲疏之旨也；讥与贬绝则轻重之旨也。旧疏引"文谥例"又云：此《春秋》五始、三科、九旨、七等、六辅、二类之义，以矫枉拨乱，为受命品道之端，正德之纪也（《公羊义疏》一）。

陈立也曾经引用旧说以解"五始"、"六辅"以及"七缺"之义。孔广森之所谓"三科九旨"与何休不同，其实是杂采《春秋说》宋氏注。3 种"三科九旨"，陈立都罗列在一起，但这些科旨意味着什么，什么是他自己的"三科九旨"，他都没有说明。罗列材料而不知其究竟，只能是獭祭。关于大一统他也采集了一些材料，比如：

> 《汉书·王阳传》："王阳曰：'春秋所以大一统者，六合同风，九州共贯也。'"《礼记·坊记》曰："天无二日，土无二王，国无二君，家无二尊，以一治之也。"即大一统之义也。《解诂笺》云："大一统者，通三统为一统，周监夏商而建天统，教以文，制尚文。《春秋》监商周而建人统，教以忠，制尚贤也"（《公羊义疏》一）。

大一统是《公羊》的理想，这是他们要强调的中心问题，这种理论在后来中国的政治实际上发挥了积极作用，只能一统，不能分裂，是我们的历史传统。陈立既然在疏《公羊》，于此应当有重点发挥，但他也只是獭祭鱼，罗列众说而已。大一统应当是"太平世"的当然结果，什么是《春秋》的太平世？陈立以为：

> 内其国而外诸夏，所传闻世也；内诸夏而外夷狄，谓所闻世也。至所见世，则著治太平，夷狄进至于爵，天下远近大小若一矣（《公羊义疏》五四）。

"天下远近大小若一"就是大一统，但这和所见世有什么关系？两者的有机联系是什么？春秋昭、定、哀是所见世，而事实上这是最不一统的"世"，为什么公羊学家认为"太平"？为什么不把太平世放在所闻或者是所传闻？如果那样倒是正统派儒家的传统。如今一反传统而颠之倒之，把太平世放在后来，这是历史观的改变，历史观的改变决定着他们政治主张的改变，他们把希望放在后来，这是法后王的别解。把理想的世界放在后来，但后来的周天子已经不具备这"新王"的资格，于是《公羊》以鲁当新王，鲁是小国，其实不足以当新王，于是以《春秋》当新王，《春秋》是政治上的大权威，因为他为新王立法，后来遂落实为汉立法，为汉立法，所以汉代完成大一统的事业，汉武帝正是大一统事业的完成者，所以也是公羊学最发皇的时代。这都是一些互相关联的问题，公羊学者于此必须有透彻的理解，否则如何义疏，但陈立于此茫然，为什么要以《春秋》当新王，他只是杂采众说而无所适从。没有别择的力量，人云亦云，是他的特点。

我们不是要求陈立必须对《公羊》有新的发挥，但《公羊》是一种历史哲学，对于这类书的义疏，必须是对义理作疏，而不能侧重于疏解典章制度。义理、辞章、考据在清人的心目中还是泾渭分明的。义理不明则关于《公羊》的根本宗旨不清，不清楚它的根本宗旨，你还在义疏什么？我们也不是完全抹杀陈立的功绩，我们屡次指出，在有关材料的收集上，《公羊义疏》仍然是一部有用的书。我们曾经说过《公羊》和荀子的政治主张有共同点，因之对于刘师培的《公羊荀子相通考》应当有适当的评价。类似的说法在《公羊义疏》中也可以得到证明，比如《公羊》僖公四年传有云：

古者周公东征则西国怨，西征则东国怨。

《荀子·王制》有同样的记载：

周公南征而北国怨曰："何独不来也？"东征而西国怨曰："何独我后也？"

除文字少异外，内容相同。又《公羊》文公十二年有"秦无大夫，此何以书？贤缪公也。何贤乎缪公？以为能变也"。《荀子·大略》篇有"《易》曰：'复自道，何其咎？'《春秋》贤穆公，以为能变也"。又《公羊》定公三年有云："王者必以其祖配。"《荀子·礼论》有云："故礼上事天，下事地，尊先祖而隆君师，是礼之三本也。故王者天太祖。"注谓"以祖配天也"。这些都说明《公羊》、《荀子》两者相通。此外在零星字句上两者相同处尚多，都可以说明两者间的关系。这也不仅是字句间相同的问题，而是说明它们之间的思想体系有相通处，虽然陈立还不能充分理解这一点，但他提供了这方面的材料，提供研究《公羊》和《荀子》之间关系的线索，还是有用的。

虽然陈立收罗了比较丰富的材料是有用的，但在材料的使用上也需要许多专门知识，否则虽有材料也不能解决问题，因而不起什么作用。比如有关春秋时的历法问题、日食问题、失闰问题、告朔问题，虽然他也都注意到，因为他不具备这方面的专门知识，因而不能解决任何问题。比如文公六年《春秋》经文有"闰月不告月，犹朝于庙"的记载，《公羊传》云：

> 不告月者何？不告朔也。

又，文公十六年《经》有"夏五月公四不视朔"，《公羊传》云：

> 公曷为四不视朔？公有疾也。何言乎公有疾不视朔？自是公无疾不视朔也。

"告朔"是当时的重要典礼，天子诸侯而不告朔、视朔是反常的现象，何况连续"四不视朔"。当时的统治者每月以朔日告于神谓之"告朔"，《论语》有所谓"告朔之饩羊"即指此事。于此时听治此月朔之事，谓之听朔，《礼·玉藻》中曾有这方面的记载。"听朔"又谓之"视朔"，文公之四不视朔即指此。告朔又谓之告月，即文公六年所谓"闰月不告月"。此礼，天子行于明堂，诸侯行于太祖庙，毕，然后祭于诸庙，谓之朝享，又谓之朝庙，又谓之朝正，又谓之月祭。陈立虽然罗列许多材料来说明告朔典礼的重要性，但他不能进一步说明文公为什么不告朔。文公有疾不视朔，以后无疾亦不视朔，究竟因为什么？是他故意忽视，还是另有原因？义疏应有说明。不能作出解释而只是罗列材料，只能是獭祭了。

根据近代天文学者的研究结果，知道春秋文公时代正处在历法的变更时期，以此时为界，春秋的历法可以分作前后两期，在前期大体上是以冬至后一个月为正月，到后期则是以冬至为正月始。同时前期的置闰法是不规则的，后期规则化了。这种变化始于文公时代，当时对于天文历法的观察方法可能有重大的改变，因此也产生了重要的结果。所谓观察方法的改变即采用了土圭测影法，这种方法见于《周礼》。以土圭测量日影，因日影的最长最短而定出冬至、夏至。在稍后的《墨经》中对此曾经有所发挥，《墨经》中关于光学记载有许多条，其中至少有两条谈立竿测影法，重差勾股的算法即由此产生。西汉《周髀算经》出而此法盛行，有更加精密的观测技术，不过仍然存在不科学的地方，后来唐一行等人的实地测量才把错误改正过来。

因观测方法的改革而引起了历法的改变，这是一种进步，鲁文公四不视朔，不是他个人的疏忽，当时不容许有这种疏忽，各方面都在监督，只能说这是历法在改变中。当时的天文历法专家也许存在着方法上的分歧，意见不一，因而不能班朔，也就不能视朔、听朔。这虽然是科学史上的专门问题，不能要求人人精通，但到陈立时代对此研究已有成果，他应当知道而且应有理解，但他似乎对此毫无理解，似乎茫然！

另一些重要礼制问题，比如田制和赋税，也是《公羊义疏》应当作重点说明的地方，陈立于此也不内行，宣公十五年《经》云："初税亩。"《公羊传》云：

初者何？始也。税亩者何？履亩而税也。初税亩，何以书？讥。何讥尔？讥始履亩而税也。何讥乎始履亩而税？古者什一而藉。

这是一件大事，牵涉到赋税制度的改革，牵涉到土地制度的改革，是社会历史变革的大问题。这种变革比当时的历法改变更加重要。中国封建社会初期实行井田制，土地在名义上属于天子或诸侯所有，而由井田农民共耕，8 家为井置有公田，农民服劳役租。在国中（京师附近）则 10 夫为井，并无公田，耕者属于士的阶层，他们是贵族的最下级。这时国家和地主还不能分开，所以地租和赋税也还不能分开。到春秋时代生产力有所提高，生产比过去发达，土地开垦多了，在井田外又出现私亩，其初，私亩并没有地租或者是地税，如今开始税亩，这是历史上的大事，但陈立只是说：

> 郑注云：藉之言借也，借民力治公田，美恶取于此，不税民之所自治也。《说文》殷人七十而耡，耡，耤税也。……助与藉古音同声。……藉者借也，犹人相借力助之也。……自鲁宣公因其旧法而倍收之，是为什而税二矣（《公羊义疏》四八）。

他收集了许多材料，有关这方面的材料，他没有什么遗漏，但未能解决实质性问题。我们也不是要求他通过此疏说明历史变化的过程，他在收集大量材料加以整理后，应当得出自己的结论，但没有他的结论。对于藉助等税法的理解，他还不如东汉的郑玄。

陈立义疏《公羊》没有把重点放在义理上而是放在训诂、考据上，但他的训诂没有解决重要典章制度问题。我们也不是完全否定他的成绩，他收集了许多有用的材料，也间有可取的见解，比如关于"龟三卜"的问题，郭沫若同志在《卜辞通纂·别录一》中有云："《书金縢》'乃卜三龟，一习吉'。……《论衡·知实篇》及《死伪篇》皆云：'卜乃三龟，三龟皆吉。'疑古人以三龟为一习，每卜用三龟（《洪范》"三人占"亦一证据）。一卜不吉，则再用三龟，其用骨者当亦同然。言'习一卜'、'习二卜'者疑前后共卜六骨也。"以上论断非常正确，后来在《安阳新出土的牛胛骨及其刻辞》（《考古》1972 年第 2 期）中，已经得到证实。陈立在《义疏》中曾经多次接触到这个问题，也搜集了一些材料，足以证成此说。比如庄公三十一年《经》云："夏四月四卜郊不从，乃免牲。"《公羊传》云：

　　曷为或言三卜，或言四卜。三卜礼也，四卜非礼也。

此外，襄公十一年《经》又有："夏四月四卜郊，不从，乃不郊。"而成公十年有五卜的记载，《经》云："夏四月五卜郊，不从，乃不郊。"三卜合礼，四卜、五卜为不合礼，定公十五年《义疏》有云：

　　旧疏云：……僖三十一年传，三卜礼也。三卜何以礼？求吉之道三。彼注云：三卜吉凶，必有相奇者可以决疑，故求吉必三卜也，是其得二吉乃可为事之义。今此五月而郊，故知得二吉也。胡氏匡衷《仪礼·释官》云：卜筮古者贵贱并用三兆三易。《洪范》立时人作卜筮，三人占则从二人之言。郑注：卜筮各三人，大卜掌三兆三易。是郑意卜则掌三兆者各一人，筮则掌三易者各一人，故《金縢》乃卜三龟。"士丧礼"占者三人，注以为掌玉兆、瓦兆、原兆是也。……盖或卜或筮得一兆三人共占之，其从多者为吉，所谓二吉也（《公羊义疏》七二）。

于此陈立收集了许多材料，当然有助于我们对于古代风俗制度的了解。所谓"一习吉"、"习一卜"、"习二卜"的习字系卜筮专用字。《易·乾卦》有"不习无不利"句，又《坎卦》有"习坎"。《经典释文》以为"习，重也"。又伪《尚书·大禹谟》有"卜不习吉"，伪《孔传》有"习，因也"。归纳这些用法都可以说明"习吉"、"习卜"的原义。

在音韵学方面，陈立也不外行，比如《公羊》宣公十五年《经》云："公孙归父帅师伐邾娄取蘱。"《义疏》云：

> 《左氏》、《穀梁》作"绎"。按"蘱"字《广韵》在十八队，队为脂、微等部之去声。绎《广韵》在二十二昔，为鱼、摸等部之入声。古韵不同部，不得通假，必有一误（《公羊义疏》四七）。

由《广韵》求古音是一个门径，可见陈立具有音韵学的根柢，不通音韵没法作训诂工作。在收集材料方面他下的工夫很多，《公羊》桓公十一年《传》有"实何以名？挈乎祭仲也"。他引《墨子·经说》云："挈，有力也；引，无力也。"《墨经》成为绝学已千余年，清乾隆年间开始有人注意，他居然引用，说明他的博学。

因为他的博学，提供了许多有用的材料，这些材料对于研究中国古代史，研究古代典章制度都有用处，比如僖公十八年《经》云："秋八月丁亥葬齐桓公。"他说：

> 《皇览》曰：桓公冢在临淄城南十七里所畜水南。《正义》引《括地志》云：齐桓公墓在临蒥县南二十一里牛山上，亦名鼎足山，一名牛首堈，一所二坟。晋永嘉末人发之，初得版，次得小银池，有气不得入。经数日乃牵犬入中，得金蚕数十薄，珠襦玉匣缯彩军器不可胜数，又以人殉葬，骸骨狼藉也（《公羊义疏》三二）。

这些有助于我们了解古代防腐的方法，在考古学上是有用处的。

我们试图给《公羊义疏》一个比较全面的评价，所以论及各方面。《清儒学案》曾经评价他"于《公羊》用力尤深。……近人如曲阜孔氏，武进刘氏，谨守何氏之说，详义例而略典礼训诂。先生乃博稽载籍，凡唐以前《公羊》大义及有清诸儒说《公羊》者左右采获，择精语详，草创三十年，长编甫具，南归后乃整齐排比，融会贯通，成《公羊义疏》七十六卷"。以上有适当处，有过誉处。材料是丰富的，但不能说他对于材料能够融会贯通，而且《公羊》不是历史书，以考据训诂治《公羊》，未免用力多而收功少。可以说陈立于考据并非所长，而于义例乃其所短，材料丰富是可取处，以后这部书没有发挥什么作用，原因就在于此。

五　龚自珍

清代从庄存与到陈立这一批公羊学者中，可以称作思想家者当推龚自珍。《清儒学案》曾经指出："定盦学出金坛段氏，后从武进刘氏受《公羊春秋》遂大明西京之学。其见于文字者，推究治学本原，洞认周以前家法。同光学者喜治《公羊》，托于微言大义，穿凿附会，寖致恣肆，此则末流之失，未可以议前人也"（《清儒学案·定盦学案》）。为学之道，譬如积薪，总是后来居上。如果公羊学者拘于西京家法而无所发挥，那仍然是西京之学，不是晚清之学。晚清有晚清的社会问题，公羊学者结合当时的问题发挥公羊学的作用，这是他们的传统。《学案》编者所谓"托于微言大义，穿凿附会，寖致恣肆，此则末流之失"，一来不知《公羊》，二来这代表了清末保守派的观点。他们反对进步，反对革新。毛泽东同志就曾经指出这一"末流"中的康有为是寻找真理的先进人物：

> 洪秀全、康有为、严复和孙中山，代表了在中国共产党出世以前向西方寻找真理的一派人物（《论人民民主专政》，《毛泽东选集》第四卷，第 1474 页）。

康有为受了西方资产阶级的影响所以向西方寻求"真理"，同时他又是一个公羊学家，他使西方"真理"和中国传统的经学结合起来。而前此的龚自珍则是一位对同光公羊学派影响最大的人，后来的许多论点来自龚自珍。

龚自珍（公元 1792—1841 年），字璱人，号定盦，生当中国封建社会走向半殖民地半封建社会的开端。这是中国处于危亡的边缘，地主政权正在摇摇欲坠的时候，地主阶级中的知识分子为了挽救封建国家的危亡，巩固地主阶级的政权，他们急于改革，急于向各方寻求真理，他们虽然已经接触到西方，但他们不了解西方，还没有向西方寻求真理的企图，他们面对虎狼的西方资本主义势力，还在作"攘夷"的打算。龚自珍是一位有思想的公羊学家，他曾经探讨过世界观、人生观、基础和上层建筑各方面的哲学问题。但他没有形成一个完整的思想体系，有时自相矛盾，还有许多渣滓必须加以批判，比如关于神灭、神不灭的争论，这是判别一个人的思想体系究竟属于哪个阵营的根本问题。龚自珍曾经说：

> 神不灭者，敢问谁氏之言欤？"精气游魂"，吾闻之《大易》；"于昭在上"，又闻之《诗》；"魂升魄降"，又闻之《礼》。儒家者流，莫不肆《易》，莫不肆《诗》，莫不肆《礼》；顾儒者曰："神不灭，佛之言也。吾儒不然，此身存即存，此身灭即灭。"则吾壹不知儒之于《易》、于《诗》、于《礼》，尽若是其莽莽耶？尽若是其墨墨耶？尽若是其熟视如无睹耶？抑违中之佞耶？（《定盦文集补编》卷二，《最录神不灭论》）

他以为神不灭论本来出自儒家经典，"精气游魂"出自《大易》，"于昭在上"闻之于《诗》，"魂升魄降"闻之于《礼》，但儒家者流反而说神不灭出自佛家，而以为儒家主张"身存神存，身灭神灭"，是他们没有读《易》、《诗》、《礼》呢，还是糊涂？龚自珍不是在反对神不灭论，他是引用儒家经典的话来申明自己的主张。其实儒家中有作神灭论者，也有作神不灭论者，这不是学派之争而是唯物主义和唯心主义之间的论争，于此他陷入唯心主义的泥淖中。但龚自珍并不是一个彻头彻尾的唯心主义者，在世界万物的生长生成问题上他却有唯物主义的观点，比如说：

> 古人之世，儵而为今之世；今人之世，儵而为后之世。旋转簸荡而不已，万状而无状，万形而无形，风之本义也有然。……
>
> 从虫之义，可得闻乎？曰：不从虫，则余无以知之矣。且吾与子何物？固曰：倮虫。文积虫曰虫。天地至顽也，得倮虫而灵；天地至凝也，得倮虫而散；然而天地至老寿也，得倮虫而死；天地犹旋转簸荡于虫，矧虫之自为旋转而簸荡者哉。……
>
> 谓天地之有死，疑者半焉；谓天地古今之续为虫之为，平心察之弗夺矣。许慎曰：风生百虫，故从虫。……道家者流，又言无形么虫万亿，昼夜啮人肤，肤觉者亿之一耳，是故有老死病。是说也，予亦信之。要皆臣仆吾说《定盦文集》卷七，《释风》）。

这是一篇内容很丰富的哲学小品，首先他指出世界在变动发展中，古之世儵而为今之世，今之世儵而为后之世，变化不已，如风之旋转簸荡，万状而无状，万形而无形，这是风之本义，它说明了客观世界的变化与发展。"风"一方面说明了变化的世界，一方面说明了唯物的世界。"风"从"虫"，虫是一切生命的渊泉，人类由虫而生，人类由虫而死；天地至顽由倮虫而灵，天地至凝由倮虫而散，天地至老寿由倮虫而死亡。没有倮虫，天地是没有生气的天地，是一个寂灭的天地。是天地簸荡旋转于虫，而虫之作用无穷。许慎以为风生百虫，故风从虫。总之无风无虫则没有现世界，这些议论不是因袭前人而是出自个人的观察，没有风虫还有什么世界？

这不是一种形而上学唯心主义世界观，但它不同于古希腊的原子说，不同于印度的四大以及中国古代的五行。原子、四大和五行都属于唯物主义世界观，但风虫说是有机的发展的唯物主义，风说明了世界在发展中，而风从虫，虫是一切生命的渊泉，但这种理论又和他的神不灭论相互矛盾。试问：神既不灭，虫与神的关系如何？虫可以使人生死老寿，可以使世界老寿死亡；虫起决定作用，又将置神于何地？这是不协调的理论，使虫死而神不灭，是神在继续，那么神与风的关系如何？龚自珍虑不及此，所以我们说他不具备一个完备的思想体系，不是一个彻底的唯物主义者。

在方法论上他也有值得称道的地方，他具有辩证的观点，比如：

> 万物之数括于三：初异中，中异终，终不异初。一匏三变，一枣三变，一枣核亦三变。大人用万物之数，或用其有，或用其空，或用其有名，或用其无名，或用其收，或用其弃。大人收者一而弃者九也，不以收易弃也。亶，弃之积也。……哀乐爱憎相承，人之反也；寒暑昼夜相承，天之反也。万物一而立，再而反，三而如初。

> 天用顺教，圣人用逆教。逆犹往也，顺犹来也。生民，顺也。报本始，逆也。冬夏，顺也。冬不益之冰为之裘，夏不益之火为之葛，逆也。乱，顺也。治乱，逆也。庖牺氏之《易》，逆数也。礼逆而情肃，乐逆而声灵（《定盦续集》卷二，《壬癸之际胎观第五》）。

他从万物之数谈起，万物之数也就是万物发生发展的规律，这规律依之于数，就是初、中、始。万物都具有初中始三变，在三变中，初与中不同，中与终不同，而终不异于初，这不是循环论，他的发展概念是：

> 一而立，再而反，三而如初。

用我们的术语来说，它也许接近于"正、反、合"的逻辑发展概念，"三而如初"，三并不就是初。他又谈到顺逆问题，这是辩证法的核心问题，有"有"、有"空"，有"收"、有"弃"，有"有名"、有"无名"，这是对立统一的问题。顺逆相承，天用顺教，冬寒而益之冰，夏热而益之火；圣人用逆教，圣人不因冬寒益之冰而为之裘，不因夏热而益之火而为之葛，这都是以逆承顺。天顺而圣人亦顺是无为，圣人有为，是以乱顺也而治乱为逆，庖牺氏之《易》，后世圣人之制礼作乐都是逆。顺犹来而逆犹往，一来一往遂构成一个发展的世界，这生动发展的世界，如风之旋转簸荡。

在方法论上他也主张"正名"。公羊学家主张正名本非意外，但他的正名不同于先秦的名家，也不同于荀子，渊源却来自清代的汉学家，以考据的方法正名，这却是他外祖段玉裁所传授的了。他认为名实本末皆正而天下太平，他说：

> 孔子曰："吾道一以贯之。"故《记》曰："黄帝正名百物以明民共财。"告仲由曰："名不正则言不顺，言不顺则事不成，礼乐不兴，刑罚不中。"子游曰："有始有卒者，其惟圣人乎？"古者八岁入小学，教之数与方名，与其洒扫进退之节。保氏掌国子之教，有书有数。六书九数，皆谓之小学。由是十五入大学，乃与之言正心诚意，以推极于家国天下。壮而为卿大夫、公侯，天下国家名实本末皆治。后世小学废，……于是君子有忧之，忧上达之无本，忧逃其难者之非正。不由其始者，终不得究物之命。于是黜空谈之聪明，守钝朴之迂回，物物而名名，不使有遁。其所陈说艰难，算师畴人，则积数十年之功始立一术。书师则繁称千

言，始晓一形一声之故（《定盦文集》卷中，《陈硕甫所著书序》）。

他把正名和孔子的"吾道一以贯之"联系在一起，这是他的别解，这是一种有始有终的学问，而核心问题是正名。正名之始始于书数，"古者八岁入小学，教之数与方名与其洒扫进退之节"，六书九数都是小学，由是16岁而入于大学。有大学有小学，大学是治国平天下之道以及正心诚意之言，而小学则是书数与方名。下学而上达，小学是上达之本，后世小学废，是上达之无本，于是"君子忧之"。舍此而弗由则流于空谈，而"不由其始者，终不得究物之命"，于是他要求去掉空谈之聪明，守朴拙之迂回，物物名名不使有遁，所以他又说："古人文学，同驱并进，于一物一名之中，能言其大本大原，而究其所终极；综百氏之所谭，而知其义例，遍入其门径，我从而筦钥之，百物为我隶用"（《定盦文集》卷上，《与人笺一》）。他所谓正名之学实在是他的外祖的训诂之学，通过训诂小学而正名，因正名乃与言正心诚意以推及于家国天下，而达到"天下国家名实本末皆治"。清代汉学始祖顾炎武本具有这种思想，他治古音韵即所以通经，而通经所以致用，他的《日知录》也是通过考据之学以致用，他不是一位脱离实际的小学家，他是由小学以上达。但后来的汉学家包括二王与段玉裁在内并没有这样考虑过，他们买椟还珠，他们擅长于训诂考据，从某一方面说他们是在作正名的工作，但他们并不想下学而上达，他们的小学不能和治国平天下联系在一起，他们使"钝朴"变为"聪明"，使小学变成大学，他们皓首穷经，毕生考据。龚自珍的意见和他们相反，他的方法也不同于顾炎武，但结论相似，可以说"殊途而同归"。

大学中不仅有治国平天下，也有性与天道，龚自珍说：

敢问问学优于尊德性乎？曰：否否。是有文无质也，是因迷起而欲偏绝也。圣人之道，有制度名物以为之表，有穷理尽性以为之里，有诂训实事以为之迹，有知来藏往以为之神，谓学尽于是，是圣人有博无约，有文章而无性与天道也（《定盦续集》卷三，《江子屏所著书叙》）。

"道问学"与"尊德性"的轻重缓急是中国哲学史上有过激烈争论的问题，朱熹、陆九渊于此有截然不同的看法。而龚自珍收拾起这些问题重新评价，他以为"问学"与"德性"是一文一质，一表一里，不能偏弃。"道问学"是文是表，而"尊德性"是质是里，圣人之道有制度名物为之表，有穷理尽性为之里。如果以"道问学"优于"尊德性"，是有博无约，有文章而无性与天道。虽然如此，但他所谓"道问学"就是小学，而小学是上达的根本，自有小学以来未曾有这样的评价，顾炎武外，龚自珍是给小学以这样评价的唯一人物。龚自珍的时代已经是近代自然科学发皇的时代，他所过高估计的小学方法近于自然科学的方法，讲究证据，讲究逻辑归纳，但因为所探讨的对象不同，结果也就大异，这时的小学工夫究竟达不到通过训诂以达到治国平天下的目的。但龚自珍对于知识和学术的起源还是有独到的见解，他说立强记之法，是书之始，有书则有文，有文则有字，而字有声、形、义。立测之法是数之始，数始于一，极于九，是谓算。有算法则能测，测日月星、测地；日月星地既可测则有历。民性能辨而有四方，东西南北都以日之出入为标极，是方位之始（见《定盦续集》卷二，《壬癸之际胎观第二》）。这是朴素的认识论，他认识到文字的源流、数学的源流、天文历法的源流、地理学的源流，在朴学、义理以外，他发现了近代的自然科学。虽然时代已近19世纪中叶，但乾嘉时代的正统派学者还是拒绝这些自然科学，他不仅注意到了而且给予积极的评价，这是有意义的事。

在政治思想方面，因为他出自公羊学派，所以多新奇可喜的议论，比如对于产生私有制的"私"字，他持有不同于流俗的见解：

> 敢问私者何所始也？告之曰：天有闰月以处赢缩之度，气盈朔虚；夏有凉风，冬有燠日，天有私也。地有畸零华离，为附庸闲田，地有私也。日月不照人床闼之内，日月有私也。

> 圣帝哲后，明昭大号，勤劳于在原，咨嗟于在庙，史臣书之。究其所为之实，亦不过曰庇我子孙，保我国家而已。何以不爱他人之国家而爱其国家？何以不庇他人之子孙而庇其子孙？……圣哲之所哀，古今之所懿，史册之所纪，诗歌之所作。……寡妻贞妇何以不公此身于都市？乃私自贞私自葆也。

> 且夫子哙，天下之至公也，以800年之燕，欲予子之。汉哀帝，天下之至公也，高皇帝之艰难，200祀之增功累胙，帝不爱之，欲以予董贤。由斯以谭，此二主者其视文、武、成、康、周公，岂不圣哉？……

> 且夫墨翟，天下之至公无私也，兼爱无差等，孟子以为无父。杨朱，天下之至公无私也，拔一毛利天下不为，岂复有干以私者，岂复舍我而徇人之谒者？孟氏以为无君。且今之大公无私者有杨、墨之贤耶？杨不为墨，墨不为杨，乃今以墨之理，济杨之行；乃宗子哙，肖汉哀；乃议武王、周公，斥孟轲；乃别辟一天地日月以自处《定盦续集》卷一，《论私》）。

他说从天地圣哲到寡妻贞妇无不有私，相反，燕王哙无私以800年之燕让子之，汉哀帝无私以200祀之汉让董贤。就无私而论，子哙、汉哀圣于文、武、成、康、周公。然墨翟无私倡兼爱而孟子斥为无父，杨朱无私拔一毛利天下不为，而孟子斥为无君。是以有私胜于无私，他高度评价了"私"字，因而说："今曰大公无私，则人耶？则禽耶？"私有制的起源，国家、阶级的起源虽然没有和他的尚私论联系起来，但这是相关的问题。在奴隶社会和封建社会，财产主要为奴隶主和封建主所有，虚伪的道德学说掩盖了奴隶主及封建主的私有欲，因而他们讳言"私"，以为这是不道德的代名词。在资本主义社会，资产阶级赤裸裸地提倡"私"字，歌颂私有，以"私"为天下之大公。龚自珍的尚私无疑反映了这种事实，反映了资本主义萌芽时期的私有本质，这也是对过去旧道德学说的挑战。他又说："夫天寒暑风雨露雷必信，则天不高矣。寒暑风雨露雷必不信，则天又不高矣。"天不以信或不信示人以示其高，天且首鼠两端，何况于人，这又是对封建社会旧道德的挑战，他们说"言必信"，其实是一些谎言。龚自珍戳穿了旧道德的虚伪性，是有其积极意义的。

龚自珍是一位善于思考问题的人，章太炎詈之为"僿薄小生"未免失言，对于阶级社会的一系列根本问题，龚自珍都有自己的见解，他说：

> 有天下，更正朔，与天下相见，谓之王。佐王者，谓之宰。天下不可以口耳喻也。载之文字，谓之法，即谓之书，谓之礼，其事谓之史职，以其法载之文字而宣之士民者，谓之太史，谓之卿大夫。天下听从其言语，称为本朝，奉租税焉者，谓之民。民之识立法之意者，谓之士。士能推阐本朝之法意以相诫语者，谓之师儒。王之子孙，大宗继为王者，谓之后王。后王之世之听言语奉租税者，谓之后王之民。王、若宰、若大夫、若民相与以有成者，谓之治，谓之道。若士、若师儒法则先王、先冢宰之书以相讲究者，谓之学。师儒所谓学有载之文者，亦谓之书。是道也，是学也，是治也，则一而已矣（《定盦文集》卷上，《乙丙之际著议第六》）。

他以为得有天下者颁布正朔，是为国王；佐王者谓之宰，而有法律、有文字、有书有礼；有太史、有师儒是为卿大大。奉租税者为民，民之有识之士谓之士。王之子孙大宗者继为后王，王与宰与大夫与士与民相与以有所成就者谓之治、谓之道，道学与治并是一体。这是一系列的重大问题，在清代学者尤其是公羊学者中接触到这种根本问题者他是第一人。虽然他的理论还不是科学的理论，但这具有启蒙思想的意义。他并没有借上帝来说明国王的来源，同是公羊学者，和董仲舒的思想比，董仲舒说："受命之君，天意之所予也"（《春秋繁露·深察名号》），已经相去很远，这是公羊学派本身的发展。而在有关世界的创造问题，他首先归功于人民群众，他说：

> 天地，人所造，众人自造，非圣人所造。圣人也者，与众人对立，与众人为无尽。众人之宰，非道非极，自名曰我。我光造日月，我力造山川，我变造毛羽肖翘，我理造文字言语，我气造天地，我天地又造人，我分别造伦纪。……人也者，人自所造，非圣造，非天地造（《定盦续集》卷二，《壬癸之际胎观第一》）。

这在当时是一声春雷，在思想史上这样强调人和我，是少见的。如果在一个宗教统治的国家内，说"天地，人所造，众人自造，非圣人所造"，岂非大逆不道？因为创造天地一向认为是上帝的职责。龚自珍以为众人无尽，众人之力无尽，圣人与众人对立而无所造。"众人之宰，非道非极"，也就是说，众人的主宰不是超人而是众人自己，名之曰"我"。我光造日月，我力造山川，我理造文化，我气造天地，我天地又造人。人也者，人所自造，非圣人所造，非天地所造。人是天地的主人，人是造物主。人即我，我是天地的主人，我是造物主。这有什么不是？他还没有劳动创造世界的理论，但他也说"我力造山川"。这是一篇向神仙皇帝挑战的檄文，在哲学史上，也是少见的议论。

他虽然论"私"，但他又反对封建统治者之无限私有，因而他提倡"平均"。他说："三代之极其犹水，君取盂焉，臣取勺焉，民取卮焉。降是，则勺者下侵矣，卮者上侵矣。又降，则君取一石，……则不平甚"（《定盦文集》卷上，《平均》）。平均的概念接近于平等，都属于新思潮。当时是一个不平的社会，那么他的理想社会是什么？根据公羊学派的传统，他也鼓吹"三世说"。但在具体问题上，他的政治主张颇近于顾炎武而提出宗法封建制。他说："礼莫初于宗，惟农为初有宗。上古不讳私，百亩之主，必子其子；其没也，百亩之亚旅，必臣其子；馀子必尊其兄，兄必养其馀子。父不私子则不慈，子不业父则不孝，馀子不尊长子则不弟，长子不赡馀子则不义。长子与馀子不别则百亩分，数分则不长久，不能以百亩长久则不智"（《定盦文集》卷上，《农宗》）。顾炎武生于明末，鉴于明末政治之腐败而有意于宗法封建，但他没有谈到井田，如今龚自珍使宗法与井田百亩结合，颇有农业社会主义的味道，这是他的理想社会，不是复古思想。康有为后来结合《礼运》的大同思想而鼓吹变法，龚自珍还没有达到这一步，他只是朦胧地提出一种近似空想社会主义的理想，如何达到，他没有提出，这在公羊学的三世说中可能相当于太平世。

龚自珍有他自己的三世说，他在《五经大义终始答问》9篇中以各种典章制度配三世。又以据乱、升平、太平三世尚可分为大、中、小三世。《答问八》说："通古今可以为三世，春秋首尾亦为三世，大挠作甲子，一日亦用之，一岁亦用之，一章一蔀亦用之。"可惜他没有详细论证，我们无由分析他的历史观。他也和先前的今文学家相似，在公羊学中找不到实际可行的典章制度，于是他也寻向古文经《周礼》，他指出"圣世所用，实是

《周礼》"（《定盦续集》卷二，《保甲正名》）。

至此，可以为龚自珍的思想作一小结。他是清代公羊学者中有创见的思想家，在世界观、认识论以及关于公羊学的本身他都具有自己的见解。他具有唯物主义的世界观，他认为世界在变动发展中，于此他不同于古希腊的原子说，不同于印度的四大以及古代中国的五行说，他认为天地簸荡旋转于虫，而虫之作用无穷，风从虫，风说明了世界在发展变化中。但他又主张神不灭，这是自相矛盾处。在方法论上他也有值得称道的地方，他具有辩证发展观念的雏形，他的发展概念是：一而立，再而反，三而如初。这三而如初不能简单地说是循环论，也许更接近于正、反、合的发展概念。他又提出顺逆相承的问题，以为有"有"、有"空"，有"收"、有"弃"，有"有名"、有"无名"。他也主张正名，他认为名实本末皆正而天下平。

在政治思想方面，他接触到阶级和国家的起源问题，最使人惊奇的是他对于众人的见解，众人创造了世界，众人创造了一切，圣人和众人对立而众人自名曰我，也就是我创造了一切，众人即我，我即众人。他也曾经鼓吹井田和宗法，不过我们不能单纯地说他是复古，他是在看穿了封建社会末期之腐败无前途而提出来的"农业社会主义"，这是一种空想的社会主义，是没法达到的。从庄存与到龚自珍都属于清代前期的公羊学者，他们都没有向西方学习的愿望，他们还没有发现西方，只能在中国古代社会中寄托他们的幽情。康有为出而局势变，他是公羊学者，已经是向西方寻找真理的时候了。"要救国，只有维新，要维新，只有学外国。那时的外国只有西方资本主义国家是进步的，它们成功地建设了资产阶级的现代国家。日本人向西方学习有成效，中国人也想向日本人学"（《论人民民主专政》，《毛泽东选集》第四卷，第1475页）。可见，发现西方，发现西方资本主义国家是进步的也并非易事。前此他们都是在中国古代找出路，顾炎武如此，龚自珍也是如此，虽然他们不是复古，是"托古"，但由"托古"而转向西方，在公羊学派来说，始于康有为。

六 魏源

魏源（公元 1794—1856 年），字默深，湖南邵阳人，与龚自珍同时而友善，同嗜《公羊》而务经世之学，著有《书古微》、《诗古微》、《元史新编》、《圣武记》、《海国图志》、《老子本义》以及《古微堂集》、《古微堂诗集》等。他壮年后已经是清朝的季世，处于鸦片战争丧权辱国后，正如毛泽东同志所指出的，这正是"帝国主义和中国封建主义相结合，把中国变为半殖民地和殖民地的过程，也就是中国人民反抗帝国主义及其走狗的过程"（《中国革命和中国共产党》，《毛泽东选集》第二卷，第 626 页）。在这艰难困苦的过程中，当时知识分子中的公羊学派起了积极的作用。魏源是一个爱国志士，他的今文经学与爱国主义思想相结合，使他有志于经世之学。今文经重微言大义，表现在公羊学中也就是他们的思想与当时的政治相结合；而古文经脱离政治、脱离实际，务为声音训诂之学而无补于国计民生，所以魏源说："今世言学，则必曰东汉之学胜西汉，东汉郑、许之学综六经。呜呼！二君惟六书、《三礼》并视诸经为闳深，故多用今文家法。及郑氏旁释《易》、《诗》、《书》、《春秋》，皆创异门户，左右今古。其后郑学大行，……谶纬盛，经术卑，儒用绌。晏、肃、预、谧、颐之徒始得以清言名理并起持其后，东晋梅颐《伪古文书》遂乘机窜入，并马、郑亦归于沦佚。西京微言大义之学，坠于东京；东京典章制度之学，绝于隋、唐；两汉故训声音之学，熄于魏、晋，其道果孰隆替哉？"（《两汉经师今

古文家法考叙》，《魏源集》上册，中华书局 1976 年版，第
151—152 页）其实谶纬源于今文经学，而清言名理之学与古文
不相干，但谓微言大义绝于东京，诚然，此后所谓"汉学"（东
汉之学）遂成为与义理之学相对立的名词。

西汉有西汉的经学，东汉有东汉的经学，秦以后儒家熄而经
学起，两汉同是经学时代而风尚不同。西汉经学在政治上得势始
于董仲舒，他受有先秦思孟一派的天命论而使他成为儒教的宣传
者，因为儒家宗教化而使经与纬相连；他也接受了荀子一派的思
想体系，而使他有些主张近乎法家。五行说由思孟学派倡始，三
统说则为对抗五行说而产生，因之三统说应当起于公羊学和荀子
学派。荀子之所谓"道不过三代"和"公羊"的三世说，即三
统说的前身，所以董仲舒的改制主张不尚五德而尊三统。于此，
魏源也说：

> 且夫文质再世而必复，天道三微而成一著。今日复古之
> 要，由诂训、声音以进于东京典章制度，此齐一变至鲁也；
> 由典章制度以进于西汉微言大义，贯经术故事文章于一，此
> 鲁一变至道也《两汉经师今古文家法考叙》，《魏源集》上
> 册，中华书局 1976 年版，第 152 页）。

这三世说的另一种解释，齐变至鲁，鲁变至道，也可以说成是据
乱、升平与大同三世。清初顾炎武亦有志于经世之学，他虽治声
音训诂，但由声音训诂以求义理，因而达到政治上的治平，《日
知录》貌似考据实际上有他政治上的含义，《音学五书》亦然。
魏源在《诗古微》的序中也说："盖自四始之例明而后周公制礼
作乐之情得，明乎礼乐而后可以读《雅》、《颂》；自迹熄《诗》
亡之谊明而后夫子《春秋》继《诗》之谊章，明乎《春秋》而
后可以读《国风》。……礼乐者，治平防乱，自质而之文；《春
秋》者，拨乱返质，由文而返质。故《诗》之道，必上明乎礼

乐，下明乎《春秋》，而后古圣忧患天下来世之心，不绝于天下。"上明乎礼乐，下明乎《春秋》，都可以说明文质反复、三统循环的公羊学说。

魏源以为后儒通《春秋》者莫如董仲舒，尤其是《三代改制质文》一篇，可谓穷天人之绝学。董仲舒虽然承袭了正统派儒家的学说而鼓吹"则天法古"，但他还是有"以复古作维新"的打算，这种理论加上《公羊》与荀子学派的历史观，遂有他自己奇特的历史学说。他认为一个新王朝建立后，则过去的王降王位而为皇帝，其子孙则给予小国使续其祖先的奉祀，对于本朝的前两代王，则奉为本朝的国宾，使他们保有原来的服色、礼乐，和本朝共称为三王，所以以周为新王，则夏、殷为二王后，而黄帝、颛顼、帝喾、尧、舜叫做"五帝"；五帝以前的神农则降为"九皇"，九皇以上就下放为民了。如果以《春秋》当新王，则殷、周是二王后，夏就被绌称帝了。这是一种厚今薄古的办法，也是把希望放在未来的历史观，它是从荀子法后王的思想演变而来，和《公羊》的三世说更不可分，这种学说进退于儒法之间。魏源的思想体系也正是如此，他崇西京而贬低东汉，他尊崇董生而贬低何休，以此他治公羊学上祧《解诂》而祖《繁露》。我们本来以为何休是为过去公羊学作总结的人，没有这个总结，不会有后来公羊学的发展。但魏源绌何休而上绍董生，有此偏斜遂使今文经学与理学更加紧密结合，因为西汉董生处于儒家的正统地位中，在道统中他上续孔、孟而下接理学，东汉贾、马、何、郑之流不与焉。东汉之学包括何休在内，训诂也罢，微言大义也罢，都缺乏道德哲学的成分，因此他们缺乏诚意正心以致治国平天下所谓修养工夫，因此所谓汉、宋之分是东汉与两宋之分，西京之学却有与宋儒一脉相通处。

《公羊春秋》主旨为"三科九旨"，无"三科九旨"则无

《公羊》，无《公羊》则无《春秋》，此今文家言。"三科九旨"仅见于何休《解诂》，但魏源以为何休书上本于董生、胡母生，董生之书"三科九旨"大备，是以"抉经之心，执圣之权，冒天下之道生，莫如董生"。尊崇董生的结果势必使公羊进退于儒法之间，势必使西京与两宋结合，他们不具有法家比较彻底的变法精神，也有异于儒家的因循保守，他们主张变法而不轻言变法，他们反对封建但又不完全肯定郡县，他们徘徊进退，修修补补，**魏源**的魄力远不如龚自珍，他说：

> 君子不轻为变法之议，而惟去法外之弊，弊去而法仍复其初矣。不汲汲求立法，而惟求用法之人，得其人自能立法矣"（《默觚下·治篇四》，《魏源集》上册，中华书局1976年版，第46页）。

他也谈变法，但不轻为变法之议，他也讲立法，但不汲汲求立法，而惟求用法之人。本来人治、法治是先秦儒家和法家在政治上的基本区别之一，儒家求人治，以为有治人然后有治法，法家则求治法，一切依之于法。**魏源**则依违其间，在所有《治篇》中的议论，他都是往复徘徊，比如云：

> 三代以上，天皆不同今日之天，地皆不同今日之地，人皆不同今日之人，物皆不同今日之物。……岂独封建之于郡县，井田之于阡陌哉？故气化无一息不变者也，其不变者道而已，势则日变而不可复者也。天有老物，人有老物，文有老物。柞薪之木，传其火而化其火，代嬗之孙，传其祖而化其祖。古乃有古，执古以绳今，是为诬今；执今以律古，是为诬古；诬今不可以为治，诬古不可以语学。……
>
> 是以忠、质、文异尚，子、丑、寅异建，五帝不袭礼，三王不沿乐，况郡县之世而谈封建，阡陌之世而谈井田，笞杖之世而谈肉刑哉。……

　　庄生喜言上古，上古之风必不可复，徒使晋人糠秕礼法
而祸世教；宋儒专言三代，三代井田、封建、选举必不可
复，徒使功利之徒以迂疏病儒术。君子之为治也，无三代以
上之心则必俗，不知三代以下之情势则必迂。读父书者不可
与言兵，守陈案者不可与言律，好剿袭者不可与言文；善琴
弈者不视谱，善相马者不按图，善治民者不泥法：无他，亲
历诸身而已。读黄、农之书，用以杀人，谓之庸医；读周、
孔之书，用以误天下，得不谓之庸儒乎？（《默觚下·治篇
五》，《魏源集》上册，中华书局1976年版，第47—49页）

这是一篇精彩的自然及社会发展史论文。他说在天体上，古有而
今无者若干星；古无而今有者若干星，天差而西，岁差而东，是
古代之天不同于后代的天。黄河决流，淤塞千里，荥泽、巨野塞
为平原；碣石沦于渤海；十薮湮其九，三江阙其二，"高岸为
谷，深谷为陵"，是地不同于后世的地。燕、赵、卫、郑，古代
繁华；齐、鲁、睢、涣，古富绮纨；三楚不复长鬣，勾吴岂有文
身？是人民不同于古代的人民。黍稷是五谷之长，数麻菽而不数
稻，亨葵五菜之主，苣蓼藋而不及菘。布有麻葛而无吉贝，币有
黄金而无白银，今皆反之，是物不同于古代的物。自然在变，社
会也在变，租庸调变而为两税，两税变而为条编，变古愈尽，变
民愈甚，虽圣王复作，必不舍条编而复两税，舍两税而复租庸
调，况郡县之世而谈封建，阡陌之世而谈井田，笞杖之世而谈肉
刑？这种议论是正确的，这是发展史观而不是倒退论。上古之风
必不可复，三代之治必不可有，一切都在变；但他说，还有一个
不变的道，因为他接受董仲舒的传统，所以他说"有变易之易
而后为不易之易"。所谓道，所谓"不易之易"究竟是些什么？
他没有说出明确定义，但应用到现实政治上，这无疑是封建社会
秩序，他没有改变这封建社会的意图。先秦法家的变法是改变领

主封建制为地主封建制，清末的戊戌维新是向资本主义社会过渡，魏源的思想中还没有这资本主义社会的蓝图，所以他主张变，又主张不变。变，当然要改变这封建社会制度，但他没有勇气说向资本主义社会迈进，他虽然提倡"师夷人之长技以御夷"，但也只是坚甲利兵，知己知彼的攻守而已。根本改造这腐朽已极的封建社会，时候到了，所以出现变革的呼声，可是内部的条件不足，因此直到康有为时代还只能"百日维新"。孙中山出而局势变，《公羊》为变法理论根据的时代一去不返，以复古作维新的公羊义法只能是历史的陈迹。但魏源的历史观毕竟还是向前看而不是后退，他说：

> 后世之事，胜于三代者三大端：文帝废肉刑，三代酷而后世仁也；柳子非封建，三代私而后代公也；世族变为贡举，与封建之变为郡县何异？三代用人，世族之弊，贵以袭贵，贱以袭贱，与封建并起于上古，皆不公之大者。虽古人教育有道，其公卿胄子多通六艺，岂能世世皆贤于草野之人？……春秋诸卿，有公族，有世族，其执政之卿，谋国之大夫，无非此二族者。……单寒之子无闻焉。秦人崛起，乃广求异国之人而用之。……由是六国效之，……气运自此将变，不独井田、封建之将为郡县、阡陌而已。孔子得位行道，必蕃有以大变其法，举四科以代豪宗，……秦、汉以后，公族虽更而世族尚不全革，九品中正之弊，至于上品无寒门，下品无世族，……自唐以后，乃仿佛立贤无方之谊，至宋、明而始尽变其辙焉，虽所以教之未尽其道，而其用人之制，则三代私而后代公也（《默觚下·治篇九》，《魏源集》上册，中华书局1976年版，第60—61页）。

他认为后来比古代进步的地方有三：一、汉文帝废肉刑，三代酷而后世仁；二、柳宗元非封建，三代私而后代公；三、三代用人以二族，后来用人以贡举。他并且说"世族之弊，贵以袭贵，贱以袭贱，与封建并起于上古，皆不公之大者"。这些议论，即使出现于中国的 19 世纪也是难能可贵。公羊派属于儒家，魏源更属具有理学传统的儒家，儒家而能说"三代酷而后世仁"、"三代私而后代公"，的确具有卓识。"孔子得位行道，必蕃有以大变其法"，正是为他自己变法的主张找后台，孔子而变法，变法岂非合理之举？袭贵袭贱之说更道出阶级社会的实质，贵贱是划分阶级的概念，在封建社会阶级以贵贱分，那么我们说在魏源的思想中存在着民主思想的萌芽，并不是没有根据。"用人之制，则三代私而后代公也"，是指后来以科举代世族，科举之权虽然掌握在地主阶级手中，但这究竟胜于九品中正制，因而在封建社会史上这是应当肯定的一种进步制度。

但魏源总是在瞻前顾后，分封制和郡县制相比，当然后者具有优越性，但他认为它们互有优劣，他指出："春秋以前，有流民而无流寇；春秋以后，流寇皆起于流民……春秋以后，夷狄与中国为二；春秋以前，夷狄与中国为一。……后世关塞险要，尽属王朝……此郡县之优乎封建者一也。由前三说观之，五伯者，三王之罪人，中夏之功臣；由后一说观之，七雄、嬴秦者，罪在一时，功在万世"（《默觚下·治篇三》，《魏源集》上册，中华书局 1976 年版，第 42—43 页）。以上所谓前三说，一、即春秋以前，井田什一尚存，履亩未税，民困于役而不困于赋；二、春秋以前之诸侯朝聘而已，春秋以后之诸侯攻战而已；三、春秋以前有流民无流寇。他以为春秋以前有此三长，所以说五伯者三王之罪人，中夏之功臣，因为他们捍卫了诸夏而攘夷狄。由后一说观之，七雄、嬴秦罪在一时而功在万世。封建、郡县互有优劣，总起来说，嬴秦之功大于过，罪在一时而功在万世。他总是在退一步进两步，在封建社会他能否不退此一步而进？那是法家的作风非所语于公羊学派，魏源坚持不变之道，不易之易，这给清末统治者之"中学为体，西学为用"建立了理论基础，用魏源自己的话来说，他们是以经术治国而不是以法治国，他说：

> 曷谓道之器？曰礼乐。曷谓道之断？曰兵刑。曷谓道之资？曰食货。道形诸事谓之治；以其事笔之方策，俾天下后世得以求道而制事，谓之经；藏之成均、辟雍，掌以师氏、保氏、大乐正，谓之师儒；师儒所教育，由小学进之国学，由侯国进之王朝，谓之士；士之能九年通经者，以淑其身，以形为事业，则能以《周易》决疑，以《洪范》占变，以《春秋》断事，以《礼》、《乐》服制兴教化，以《周官》致太平，以《禹贡》行河，以《三百五篇》当谏书，以出使专对，谓之以经术为治术。曾有以通经致用为诟厉者乎？以诂训声音蔽小学，以名物器服蔽《三礼》，以象数蔽《易》，以鸟兽草木蔽《诗》，毕生治经，无一言益己，无一事可验诸治者乎！（《默觚上·学篇九》，《魏源集》上册，中华书 1976 年版，第 23—24 页）

有所谓"道之器"、"道之断"、"道之资"，道是不可变的，而器、断与资是可变的。道之形于事谓之治，道之笔于书谓之经，而士 9 年通经后可以《周易》决疑，以《洪范》占变，以《春秋》断事，以《礼》、《乐》服制兴教化，以《周官》致太平，以《禹贡》行河，以《诗》当谏书，以出使专对。这是通经以致用，大有别于训诂考据，而《周官》可以致太平，也是西汉经学的传统，东汉后，《周官》古文经甚至被诬为伪书，不可能是致太平书。魏源究竟是一个公羊学家，他有时接近法家，有时则退转到正统派儒家的立场，但先秦的儒家、法家都主张中国统一，公羊学派更是鼓吹大一统，三世说的核心问题是造成一个大一统的理想天下，魏源于此也继承了古代的传统，在对待资本主义国家的入侵问题上，他主张抵抗，在鸦片战争的问题上，他是禁烟派的代表人物，他坚决支持林则徐等人的抵抗斗争，但在抗英的问题上他有不同于林则徐的看法，他评论说：

> 《春秋》之义，治内详，安外略。外洋流毒，历载养痈。林公处横流溃决之余，奋然欲除中国之积患，而卒激沿海之大患。其耳食者争咎于勒敌缴烟，其深悉详情者，则知其不由缴烟而由于闭市。其闭市之故，一由不肯具结，二由不缴洋犯。然货船入官之结，悬赏购犯之示，请待国王谕至之禀，亦足以明其无悖心。且国家律例，蒙古化外人犯法，准其罚牛以赎，而必以化内之法绳之，其求之也过详矣。……
>
> 夫戡天下之大难者，每身陷天下之至危；犯天下之至危者，必预筹天下之至安。古君子非常举事，内审诸己，又必外审诸时。同时人材尽堪艰巨则为之，国家武力有余则为之，事权皆自我操则为之。承平恬嬉，不知修攘为何事，……如此而欲其静镇固守，严断接济，内俟船械之集，外联属国之师，必沿海守臣，皆林公而后可，必当轴秉钧，皆林公而后可。始既以中国之法令望诸外洋，继又以豪杰之猷为望诸庸众，其于救敝，不亦辽乎！（《道光洋艘征抚记》上，《魏源集》上册，中华书局1976年版，第185—187页）

他是在论述鸦片战争的是非得失。他以为林则徐奋然欲除中国之积患而卒激沿海之大患，主要原因在于不了解敌情，英国和中国不同，在各方面考察他们并无"悖心"，也就是他们并没有侵略我们的用心，况且对待外人不能像对待国人那样，清朝对待蒙古，蒙古人犯法准其罚牛以赎，就是照顾到不同情况，对待英人也应当如此。平定天下大难的人，每身陷天下之至危，所以犯天下之至危的人必须预筹天下之至安，当时清廷还没有战胜英人的具体条件，既不能知己也不知彼，既无战备又无人才，是没有希望取得胜利的。评论有是处，当时朝廷对西方事务之茫昧无知，是长期闭关政策的当然结果，但不能把责任委之于林则徐。他是当时比较了解西洋的人，他也曾经编译《四洲志》，他的抗英斗争是得到全国人民支持的；至于"卒激沿海之大患"的结果，当时的腐朽朝廷和颟顸的疆吏应负全责，与林则徐无关。至于说当时英人并无"悖心"的提法，是不了解嗜血成性的资本主义国家的特点，他们就是因侵略掠夺而起家。不过魏源也是比较了解西方的人，他曾经编辑《海国图志》，目的是"为以夷攻夷而作，为师夷长技以制夷而作"，所以他说，"同一御敌，而知其形与不知其形，利害相百焉；同一款敌，而知其情与不知其情，利害相百焉"。据此以驭外人，他以为还是不够的，最根本处还是如明臣所言"欲平海上之倭患，先平人心之积患"。他总是在进退于两者之间，进退于儒法之间，进退于中西之间，进退于体用之间。有可变有不可变，可变者是西洋之法，不可变者是中国之道。自此时起，中国人知道必须效法西洋才能战胜西洋，就主张效法西洋是用，而不变中国的根本是体，这中学为体西学为用的提法，是自信的表现，也是盲目无知的表现。魏源讲求事功，但又究心义理，他注意知行问题，因为自明代以来王阳明良知良能之学横扫一切。这是主观唯心主义的先验论，执此以救中国势必南辕北辙，但魏源的见解是正确的，他说：

　　"及之而后知，履之而后艰"，乌有不行而能知者乎？缮《十四经》之编，无所触发，闻师友一言而终身服膺者，今人益于古人也。耳酣义方之灌，若罔闻知，睹一行之善而中心惕然者，身教亲于言教也。披五岳之图，以为知山，不如樵夫之一足；谈沧溟之广，以为知海，不如估客之一瞥；疏八珍之谱，以为知味，不如庖丁之一啜（《默觚上·

学篇二》,《魏源集》上册,中华书局 1976 年版,第 7 页)。

在这个重要问题上魏源的态度是明确的,知与行,理论与实践的问题在中国哲学史上几次反复,这是判别唯物唯心分野的标识,他认为只有实践才可以获得真理,判断真理。行而后知,"披五岳之图,以为知山,不如樵夫之一足;谈沧溟之广,以为知海,不如估客之一瞥",这是真理,这是唯物主义认识论。然而魏源却主张以心为君,他说:"心为天君,神明出焉。众人以物为君,……以心为使令,故终身役役而不知我之何存。圣人以心为君,……以五官为臣,故外欲不入谓之关,内欲不出谓之扃,终身泰然而不知物之可营,未有天君不居其所而能基道凝道者也"(《默觚上·学篇七》,《魏源集》上册,中华书局 1976 年版,第 18 页)。这是理学与道教徒的混合思想,"神不守舍,物乃为菑,敬除其舍,道将自来",是道教徒的修炼方法,也为理学家所接受。魏源远祖董仲舒,而董仲舒是儒教的鼓吹者,这和理学之结合道教,先后殊途而同归,都是使唯心主义哲学依附于宗教。有宗教则有迷信,于是魏源在提倡堪舆地形之学,他并且把这种地形学提到政治上的高度,他说:"形家阴阳之用,其大者建都立邑,其次立宫室,其次营兆域;见于经者,《公刘》、《楚丘》之诗,《孝经》'卜其宅兆而安厝'之文,其大较也。《周礼》墓大夫之职,'邦墓之地域,为之图,令国民族葬而掌其政令"(《地理纲目序》,《魏源集》上册,中华书局 1976 年版,第 233 页)。这种议论同经世之学是不相应的。

总之,魏源处于一个矛盾百出而没法解脱的时代,他的思想体系也是矛盾百出,他总是在进退徘徊,既没有先秦法家勇往直前的精神,也不具备儒家锲而不舍的坚忍态度,这虽然是公羊学派的特点,但在魏源的思想体系中更加突出。

七　结论

　　清代乾嘉时代和朴学对峙者有公羊学派，首倡者庄存与，常州人，所以这一学派也称作"常州学派"。此后这一学派中的重要人物几乎都受了他的影响，和他本人有接触的是其门人孔广森和外孙刘逢禄。庄存与主要是一个经师，很少直接接触到政治问题，但他有意无意地要求巩固固有的阶级秩序的愿望还是强烈的。原来，公羊学派历史观和政治理论相结合，以致他们的政治理论有某些积极意义，他们的三世说，也就是他们的历史观，把太平世放在未来而以《春秋》当新王，说明他们是向前看，面向未来，而不像正统派儒家的死法先王。可是庄存与扬弃了这种有积极意义的三世学说，却引进了理学，使汉学与宋学结合，本来公羊多变，但变向理学乃前所未闻。

　　庄存与的时代，公羊学沉沦已近千年，长期停滞的封建社会不需要这诡谲多变的公羊，然而当中国封建社会即将崩溃的前夕，地主阶级中的开明人士又感觉到有变的必要了。所以这时公羊派的崛起不是没有社会基础的。乾隆时代，对于封建统治者来说是危机四伏，内部的资本主义萌芽正在滋长着，而外部有资本主义强大势力叩关，虽然在表面上这还是繁荣的太平盛世。公羊学派本来是地主阶级为了适应时代的变化而应变的政治学派，他们的政治主张动摇于儒法之间，因而他们的政治理论可儒可法。当他们采取办法以图巩固这地主阶级旧有秩序的时候，他们走向正统派儒家的道路；当他们采取办法以图适应新形势的时候，他们也就接近法家而要求改制。庄存与走的是前一条道路。

　　孔广森曾从戴东原治朴学，但亦谈《公羊》，他和庄存与同时，但他们的身份地位不同。孔广森是世族大地主家族成员，孔家是"同天并老"的世袭贵族，存在决定意识，因此他主张世禄，他说："天子诸侯通称'君'，古者诸侯分土而守，分民而治，有不纯臣之义。"他们可以与诸侯比，他们有爵——公爵，有土——祀田，因此他不鼓吹加强王室的大一统，他的"三科九旨"也不同于传统的"三科九旨"，他没有变的观念，只有不变的想法以维护这"文章道德圣人家"的大公国。不鼓吹大一统而强烈维护旧的阶级秩序，于是他使公羊学与法家结合。庄存与曾引进理学与公羊结合，用道德济王法之穷；孔广森则引进荀、韩，以法家的刑赏二柄济伦理之穷。本来公羊接近法家，我们曾经主张公羊属于荀学，以此，孔广森还是发挥了公羊学的传统。

　　稍后，刘逢禄出而公羊学为之一振。庄存与和孔广森虽然发现了公羊学，发现公羊学是地主阶级自救运动的方案，但并没有从公羊学中找到自救的方案，他们在前期公羊学派的思想体系中还无所适从，还没有找到关键所在。刘逢禄是找到这种关键的人，这种关键也就是经过东汉何休多年摸索总结出来的"微言大义"。何休的总结和当时的实际并没有联系起来，我们只能说这是一种纯书面总结，没有联系实际的总结。但这个总结仍然具有历史意义，他总结了几百年来的公羊学，这是儒法结合的产儿，本来属于荀学而多变。由于这个总结，使公羊学变作地主阶级自救运动的理论宝库，对于后世产生了巨大的影响，每当社会处于变革的前夕，地主阶级总是在公羊学中寻取应变的理论根据而在古文经中找具体的方案，这在历史上称作"外儒内法"。公羊学是表面的儒家骨子里的法家，儒法并没有不可结合的鸿沟。

　　我们说庄存与和孔广森还没有发现公羊学派的关键所在，是说他们还没有找到何休的总结，或者说他们还不理解何休的总结。这是一个具有非常异义可怪之论的总结，而刘逢禄发现了它。他对这个总结有自己的理解，有了他自己的理解就有了新内容。在原来的公羊学派中，"大一统"和"张三世"是其中的核心思想，法家鼓吹一统而儒家中的公羊学鼓吹大一统，这大一统的理论深入人心掌握了群众，在中国历史上发挥了无比的作用；而张三世结合到发展的历史观使公羊学派和法后王的理论合流。何休主要总结了这些内容，而刘逢禄恰好注意了这些内容，而这些正是庄存与所没有发现的，也正是孔广森所歪曲了的内容。刘逢禄所处的时代是清朝嘉庆、道光年间，这正是阶级矛盾和民族矛盾日趋激化的时代，这是使这古老的封建社会趋于解体而沦于半殖民地半封建社会的前夕。如何来应付这种新局面，如何来维护这原有的大一统？于是公羊学派搬出了他们的古老总结，在他们的古老总结中最引人注意的是以《春秋》当新王，需要一个新的权威来充当新王以维护一统。在刘逢禄的思想体系中，这新王所统辖的新社会面貌还不明确，也就是说他还没有建立资本主义社会的想法，一直到稍后的龚自珍才跳出封建社会的樊笼，他的思想体系引入了一个崭新的境界。

在清朝的公羊学者中，凌曙和陈立的学风可以说是"不贤者识其小"，他们买椟还珠，舍义例而谈训诂。对于所谓"微言大义"，他们都是对面不相识，虽然陈立在训诂上、在材料收集上有所长，但《公羊》非记事史书，材料、训诂对之将无用武之地，他们的工作没有解决任何问题，也可以说没有发生任何影响。和他们相反，在理论上、在思想体系上能够发挥重大作用的是龚自珍。

龚自珍的思想不能囿于今文经学，他是清代有数的思想家之一，在他的思想体系中，我们可以找到近代思想家的色彩，也就是说他的思想超出了他的时代，他歌颂了封建社会还不存在的实体。他具有唯物主义世界观，他认为世界永远在发展变化中。他也具有辩证逻辑的观点，他的辩证观点是：一而立，再而反，三而如初。这三而如初不能简单地说是循环论，如初究竟不是归于初。他也提出顺逆相承的问题，顺逆相承正好接触到辩证法的核心——对立统一的问题。而龚自珍思想中最使人惊奇的还是他对于人民群众的见解，在中国思想家中他是发现人民群众、发现人民群众创造一切的第一人。他说众人创造了世界，众人创造了天地光明，人也者，人所自造，非圣人所造，圣人是和众人对立的。众人无尽，众人的主宰不是道不是极，也就是说主宰众人的不是上帝而是群众自己，这自己就是我，是我创造了天地，创造了山川日月又创造了人。是我和圣人对立，是我和上帝对立，我就是众人，众人就是我。这是一篇向神仙皇帝挑战的檄文，也是一篇向旧权威挑战的檄文。他歌颂"私"字。越是在私有制社会越讳言私，这就很好地说明了阶级社会道德的虚伪性，而阶级社会的资本主义时代不讳言私，资产阶级说私有神圣，要保护私有。龚自珍以为天地圣哲无不有私，相反，燕王哙无私以天下让子之，汉哀帝无私以天下让董贤，墨翟无私倡兼爱而孟子斥为无父，杨朱无私拔一毛利天下不为而孟子斥为无君；因此他高度评价了"私"字，说："今日大公无私，则人耶？则禽耶？"

龚自珍是善于思考的人，对于国家的起源他也有见地。他说，得有天下者颁布正朔是为国王，佐王者谓之宰，而有法律有文字，有书有礼，有太史有师儒是为卿大夫。奉租税者为民，民之有识之士谓之士，王之子孙大宗者相继为王。王与宰与大夫与士与民相与以有所成就者谓之治谓之道，道、学与治并是一体。在清代公羊学者中接触到这些根本问题者他是第一人，虽然他的理论还不是科学的理论，但他意识到这类大问题，这是一些具有启蒙意义的理论，振聩发聋，龚自珍的确是一位启蒙人物。

和龚自珍同时的魏源却不如龚的果决，他的思想体系矛盾百出，他总是在进退徘徊，他不具有先秦法家的勇决精神，也不具备儒家锲而不舍的坚忍态度，这可以说是公羊派的特点在魏源的思想体系中更加突出。但魏源还是有贡献的，比如他的行而后知的学说却是唯物主义的认识论。

此后，中国完全进入半殖民地半封建社会。公羊学作为一种意识形态，从面貌到性质都不能不随着社会性质的变化而发生重大的变化。但这是后话，需作专文论述，在这里就不多涉及了。

（原载《清史论丛》1979 年第 1 期）

论"古史辨派"

一 前言

从 1926 年《古史辨》第一册结集出版到 1941 年《古史辨》第七册结集出版，先后共 15 年的光景，参加中国古代史讨论者有许多人，而主将始终是顾颉刚先生。后期，《古史辨》第七册的主编是童书业教授，他是颉刚先生古史学说的发挥者。笔者在大学读书时从颉刚先生学，选读他的"尚书研究"，喜今文家言，也参加古史讨论。但在参加辩论的过程中，又怀疑今文家言，对于康有为学风之粗枝大叶，有所不满，所谓刘歆编伪《左传》、《周礼》之说，不过是又一次的"托古改制"而已，于是以当时的大部时间研究《左传》，《周礼》，力图为刘歆翻案而说明两书之不伪，如果两书不伪，则"古史辨派"的理论根据在许多方面将发生动摇，于是在古史系统上与颉刚先生的看法不同，而与童书业教授"同室操戈"矣。在《古史辨》上还可以看到童疑与杨守互相辩论的文章；疑即疑传统的古史系统，守即守虞夏商周以来的古史系统，而童疑即童书业教授，杨守即笔者本人。虽然对于古史的看法不同，但对顾先生学术之渊博，文笔之流畅，素所敬仰，非敢如康成之于何劭公"入室操戈"也。

事隔30余年，所论都为往事，后来顾、童两先生都是历史唯物主义者又作出许多宝贵的业绩，此篇所论只是就《古史辨》而论"古史辨派"，关于顾先生童先生在其他方面的成就，都未涉及。此文，除探讨此一学术公案之是非得失外，并用以追怀顾颉刚师及童书业教授！

二 "层累地造成的中国古史说"

顾颉刚先生在辩论古史的过程中，先后提出两种有名的论点：其一是"层累地造成的古史说"；另一个是"五德终始说下的政治和历史"。顾先生虽然没有写成"层累地造成的古史说"的专篇论文，但在前期讨论古史的过程中，这是先生的主要论点，这一论点的主要内容，他在给钱玄同先生的信内说：

> 我很想做一篇"层累地造成的中国古史"，把传说中的古史的经历详细一说。这有三个意思：
>
> 第一，可以说明"时代愈后，传说的古史期愈长。如这封信里说的，周代人心目中最古的人是禹，到孔子时有尧、舜，到战国时有黄帝、神农，到秦有三皇，到汉以后有盘古。第二，可以说明"时代愈后，传说中的中心人物愈放愈大"。如舜，在孔子时只是一个"无为而治"的圣君，到《尧典》就成了一个"家齐而后国治"的圣人，到孟子时就成了一个孝子的模范了。第三，我们在这上，即不能知道某一件事的真确的状况，但可以知道某一件事在传说中的最早的状况。我们即不能知道东周时的东周史，也至少能知道战国时的东周史，我们即不能知道夏商时的夏商史，至少能知道东周时的夏商史（《古史辨》第一册《与钱玄同先生

论古史书》)。

这是"层累地造成的中国古史说"的主要内容,这种理论一经提出,立即得钱玄同先生的"欢喜赞叹",他回答说:

> 先生所说"层累地造成的中国古史"一个意见,真是精当绝伦,举"尧"、"舜"、"禹"、"稷"及"三皇""五帝"、"三代"相承的传说为证,我看了之后,惟有欢喜赞叹,希望先生用这方法,常常考查多多发明,廓清云雾,斩尽葛藤,使后来学子不致再被一切伪史所蒙。我从前以为"尧"、"舜"二人一定是"无是公""乌有先生"。尧,高也;舜借为"俊"大也。……"尧""舜"底意义,就和"圣人""贤人""英雄""豪杰"一样,只是理想的人格之名称而已。(《古史辨》第一册《答顾颉刚先生书》)

他赞叹这种说法是"精当绝伦"而希望顾先生"常常考查多多发明"。以后顾先生继续有许多新说提出来,在他答复刘掞藜和胡董人两先生的辩论中,说明在推翻非信史方面,应当具有几项标准:(一)打破"民族出于一元的观念",他指出自"春秋"以来,大国攻灭小国多了,疆界日益大,民族日益并合,种族观念渐淡而一统的观念渐强,于是许多民族的始祖传说,亦渐渐归划到一条线上,有了先后君臣的关系,《尧典》《五帝德》《世本》诸书就因此出来。中国民族是否出于一元,俟后来地质学及人类学上有确实的发现后,我们再论证它;但现在所有的牵合混缠的传说,我们绝不能承认。我们对于古史应当依照民族的分合为分合,寻出他们的系统的异同状况。(二)打破地域"向来一统的观念",他说中国的统一始于秦,中国人民的希望统一于战国;若战国以前则只有种族观念,并无一统观念。若说黄帝以来就是如此,这步骤就乱了。所以我们对于古史,应当以各时代的地域为地域,不能以战国的 7 国和秦的 40 郡并做古代早就定就的地域。（三）打破"古史人化的观念"，古人对于神和人原没有界限，所谓历史差不多完全是神话。自春秋末期以后，诸子奋兴，人性发达，于是把神话中的古神古人都"人化"了。所以我们对于古史应当依了那时人的想象和祭祀的史为史，考出一部那时的宗教史，而不要希望考出那时以前的政治史，因为宗教是本有的事实，是真的，政治是后出的附会，是假的。（四）打破"古代为黄金世界的观念"。古代的神话中人物"人化"之极，于是古代成了黄金世界。其实古代很快乐的观念为春秋以前的人所没有；所谓"王"只有贵的意思，并无好的意思。自从战国时一班的政治家出来，要依托了古王去压服今王，极力把"王功"与"圣道"合在一起，于是大家看古王的道德功业真是高到极顶，好到极处。我们要懂得五帝、三王的黄金世界原是战国后的学者造出来给君王看样的，庶可不受他们的欺骗（见《文史辨》第一册）。

顾先生在这里又提出4种要打破关于古史的旧观念，是他的"层累地造成的古史"说的进一步发展，有了这4种"打破"，才可以更明确地说明中国古史之层累地造成说。在4个打破中的第一种打破是有见地的，这是一种科学的探讨。中国原来是多民族国家，各民族都各有其自己的历史传统与传说，这不同的民族后来逐渐融合，各不统一的部落也逐渐成为大一统的国家，于是他们各自的历史传统也在结合。结合的结果，不同的民族祖先遂构成一个体系而有先后君臣之别，这是中国古史层累地造成的一个主要原因，但不是出于先秦诸子或者是刘歆的伪造，他们都不能无中生有，他们没有这么大的想象力，他们还不理解社会发展史，他们伪造不出原始社会和阶级社会的差别，但在传说的古代史中是有这种差别的。结合到一个体系上的历史错误在化多元为一元，把不同族的人物化为先后君臣的关系，现在我们可以根据历史唯物主义的原则，分析这体系一元化的过程，分析他们的不同来源，那么我们可以把这经过加工的历史恢复到本来的面目，或者用一句现成话，"把被颠倒过的历史再颠倒过来"。比如有虞氏和夏后氏这是中国古代史的真实，这是中国阶级社会的开端及发展，而有虞氏属于东夷系统，以鸟作图腾，夏后氏属于夏族系统，以龙蛇作图腾。夷夏两族其初都处于黄河下游而地域交错，他们互有交往，互相影响，但并不同族。他们各有各的历史故事，这种故事不完全是后人捏造。有虞氏似乎比夏后氏的历史更古老些，或者我们说有虞氏还处于阶级社会萌芽的阶段，而夏后氏已经是阶级社会了。因此在古史的记载中，比如《尚书》，把《尧典》放在《禹贡》前面还是可以理解的。殷商也属于东夷系统，但在虞夏之后，它已经是成熟的奴隶社会了，时代比虞夏晚，虞夏商周的古史系统不能说是出于后人的安排，但把尧舜禹契都放在一个"朝廷"中而有君臣关系未免是有意的安排。这需要我们用历史唯物主义的方法，社会发展史的眼光去分析研究这些历史记载与传说，而不能完全是"打破"！

颉刚先生着眼在"破"字上，他一连4个"打破"，所以我们说《古史辨》的功劳主要是对于传说中的古史的"破"，这一破对于后来建立科学的真实的古代史是有积极作用的，我们不能把盘古开天当作历史！在当时来说《古史辨》的破的作用还不止此。过去康有为曾经提出造经造史的说法是为了树立今文经学和孔子的权威，以为维新变法的主张找理论上的根据。如今《古史辨》采用了康有为的某些观点，但几个"打破"的结果，不是在树立某些权威，而是在冲击某些权威，它冲击了某些封建权威，某些封建道统的权威，这种权威或多或少地已经是束缚中国人民的枷锁。从这种意义上说，"古史辨派"的破，还有继续"五四"精神的传统，反对封建主义的积极意义，以此我们应当肯定《古史辨》的破的工作。这我们在下面尚有分析。

三 “五德终始说下的政治和历史”

刘歆被说为古文经的制造者和伪古史的制造者，他造经造史的目的是为了“改制”，是为王莽篡汉改制作舆论准备工作。孔子造经造史是为了托古改制，先秦诸子造史也是为了托古改制（参考《孔子改制考》、《新学伪经考》等书）。康有为先生之所以制造这些说法仍然是为了托古改制。“古史辨派”接受了这种理论而系统化。他们进一步为刘歆造经造史说找来了理论根据，这种理论根据就是传统的五行相生说，说刘歆曾经根据五行相生说来整齐中国古代史，刘歆所作所为本来是中国古代相传的《历谱》之学，这是“学贯天人”的事业，一般人作不来，是畴人专业，汉初张苍曾经是这方面的专家，后来的太史公司马谈、迁父子，刘向、歆父子，班彪、固父子都是父子相传的这方面的专家，不仅刘歆在整齐中国古代史，每一个古代史学家都要这样作，用现代话来说，每一个历史学家都在运用当时通行的史学理论作为指导思想来编写中国史。在当时（汉代）这叫作《历谱牒》。顾刚先生的《五德终始说下的政治和历史》（见《古史辨》第五册），也是从这个角度来谈问题的，先生考虑的问题更丰富些，在先生理论中的刘歆不是学者而是一个政客。

作为“古史辨派”的主将，顾颉刚先生提出来的两个主要论点：前期是《层累地造成的古史说》，后期是《五德终始说下的政治和历史》。前说，这层累地造成的中国古代史的形成，是各个时代的人按照自己所处的时代来塑造历史，这种塑造，譬如积薪，后来居上，所以形成层累地造成。后期的《五德终始说下的政治和历史》主要说是出自刘歆的塑造。刘歆不是一个博学的君子，只是一个"心怀叵测"的阴谋家。他塑造历史是为了王莽篡位，为了给王莽的政权在五德终始中的链条中找到一个安身立命的位置，也就是王莽政权之天命的根据了。

顾先生这篇论文很长，流利晓畅是大手笔。这里我们只是从刘歆的《世经》论起。这部书可以肯定出自刘歆。顾先生曾经说，汉朝之为土德王，酝酿于文帝时而实现于武帝太初元年，这件事既然酝酿了70余年，又经当时国家颁为法典，已经十分确定的了。原来自从天地剖判以来，五德终始之序为：

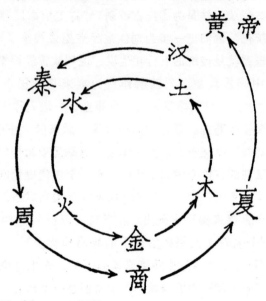

（甲）例：——→相胜

这已经是不可改变的事实了，可是，事情常有出乎意料者，到《世经》出现，这个系统又完全改变了样子。《世经》这部书在别的地方从没有人引用过，在这部书中商汤以上但详世次，商汤以下则以《三统历》说明其年月之数，这里面的五德终始系统和上面所述有根本不同：第一是《世经》并未遵守五德相胜的次序；第二是它把朝代伸展了两倍。因此本来以"土木金火水"为次的五行，现在以"木火土金水"为次了。本来到秦代刚凑满五德之数的，现在到周代已经是第三次终始了，其次序如下：

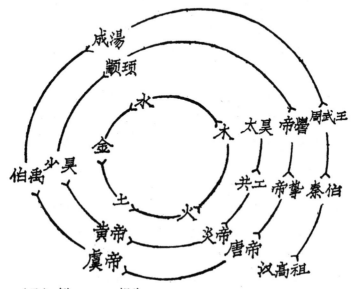

（乙）例：——< 相生

这个次序变作权威了，后来无论是编写古史或通史都依照它，从皇甫谧的《帝王世纪》到吴承权的《纲鉴易知录》没有不这样写的，也没有敢不这样写的，它变成正统，变成偶像，变成大权威体系了。

　　颉刚先生又曾经说，当邹衍创立五德终始说时（甲图），给人们两个暗示：第一个暗示是不可妄冀非分，凡无五德之运的决做不成天子。第二个暗示是天命不永存，此德衰而彼德兴，则易姓受命之事便立刻显现。上一事是对一般人说法，下一事是用以对君主说法。他希望没有人争为天子，天子亦不以"时日曷丧"而暴虐天下。

当邹衍创立五德终始说时，古史系统上至黄帝而止，所以他的五德系统就从黄帝算起。但以后古史系统越来越长，而五德系统固定不变，那就不能使人满意了。只因秦皇汉武已经把它用作国典，未可随了民意改变，没有法子；然而董仲舒作《三代改制质文篇》，三代以上就推出八代，已与《世经》相似。自董仲舒到西汉末约一百年，自然这新的古史系统更确立了，《世经》作者即欲不用亦势不可能了。

历史上的朝代递嬗原有两种公式：一是革命，一是禅让；革命如商、周，禅让如虞、夏。五行相胜的原理可以适用于商周的革命，但不可适用于虞夏的禅让，而且五行相胜的系统和历史系统也不能合拍，于是五行相生说正好可以济其穷。五行相生说始见于董仲舒的《春秋繁露》，后来这种说法又和《易·说卦》传八卦方位说结合在一起，而《说卦》传中有"帝出乎震"的记载，于是刘歆把五行相胜说的历史系统改变为五行相生说的下面去就可利用这一点了。

《世经》就是刘歆作出来，用五行相生说来解释古史的书，其中的古史系统也正是从王莽的自本上出发，而基础是建筑在王氏代刘氏上。古史系统既经《世经》定下来，于是王莽就动手收拾汉家的江山了。在《世经》中已经定下汉为大德尧之后裔，而尧禅位于舜，王莽正好是舜后。《汉书·元后传》说："莽自谓黄帝之后"。其自本曰，"黄帝姓姚氏，八世生虞舜……至周武王封舜后妫满於陈，是为胡公"。王莽有了这样一个高贵的世系，又有种种兴盛的预兆，他就被证明有做皇帝的资格了。他不想用"革命"的办法来夺取政权，只是想用水到渠成的禅让说。根据他的自本，他是黄帝后，黄帝是土德是没有问题的，因为从他的名字上也可以看出，这是永远不变的，所以王莽也应为土德。而且他为舜后，而汉为尧后，舜受尧禅，后人也应当如此，那么汉的江山应当让于舜后王莽是没有问题的了。五德相生的次序又这样定了，王莽还不能做皇帝吗？他不做皇帝，上天也不容许，于是《世经》系统中的人物就一一跳跃而出，各各坐在他们的座位上，古代历史也就为之全部改观了！

这是刘歆为王莽夺权作舆论准备的过程。顾颉刚先生的《五德终始说下的政治和历史》的文章一出，反对者有人，称赞者有人，童书业先生是称赞和拥护最力的一人，他说："顾颉刚先生近年来做了一篇《五德终始说下的政治和历史》，……是当代古史学界一篇最伟大的作品，他把从战国到新代因现实政治造成的各种伪古史系统，和由伪古史说造成的现实政治，整盘清理了一下，详细地说明他发明和经过的情形，其搜证的严密，论断的精确，在在足以表现作者头脑的清晰和目光的锐利"。（《古史辨》第五册《五行说起源的讨论》）过去钱玄同先生曾经说"层累地造成的古史说"是"精当绝伦"，这里童书业先生又说《五德终始说下的政治和历史》一文是"当代古史学界一篇最伟大的作品"！

但我不同意《五德终始说下的政治和历史》一文中的某些观点，在40年代我曾有《西汉经学与政治》一书，比较详细地论述五行学说的源流及其在历史和政治上的影响。我曾经说，刘歆并没有创造五行相生说，顾先生最初曾经有过这样主张，后来说刘歆因董生说而发挥，以五行相生说解释历史始自邹衍，而汉朝是火德也不是后来的事；这些都是不同于颉刚先生理论的主要事实。刘歆为王莽制造夺取天下的理论根据，既然是在"制造"，这里面的任意性很大，他可以利用任何一德为基本，不管是火德是土德。说西汉是火德，尧后，王莽的自本是舜后、土德；反正是五德循环，反正是根据王莽的自本，谁敢说他的自本是伪造？他自造尧后、舜后、禹后都方便得很，何必去变动古史系统，改变五行次序以自造破绽？王莽是狡猾的人，刘歆更是当时的大学者，他们不会这样笨拙，自找麻烦。在我的几篇著作内我都寻本追源地作类似辩解，于此只是提出简单的结论作为我不同意顾颉刚先生这种理论的表示。这是我和顾先生童先生存在着的长久分歧，他们两位都是知道的。

四 童书业教授的《古史的分化演变说》

童书业教授已经逝世，他是一位具有多方面修养的史学家，精于中国古代史，对春秋史造诣尤深，他还研究中国土地制度史、中国手工业商业史、中国历史地理；对于中国绘画、瓷器也有研究。晚年更致力于古代东方史的研究，以致参加中国古史分期的讨论时能够得心应手。早期他曾经写出《礼记考》、《虞书新证》等习作，论证《二戴记》辑于东汉，《尚书》今文诸篇如《虞书》成立较晚，这已经是"古史辨派"的路子。1935 年开始作顾颉刚先生的研究助理，与顾先生合作研究古代史并写作古史论文。在这期间童先生研究方面集中在少康以前古史传说的整理研究上，主要著作有《鲧禹的传说》、《夏史三论》、《帝尧陶唐史名号溯源》、《丹朱与驩兜》、《三皇考序》、《夏史考》、《有仍国考》等，大多收入在《古史辨》第七册中。这些著作是继夏禹问题的讨论之后对于中国古史传说的又一次清理。经过这次清理，说者谓夏以前"三皇五帝"的古史系统，"层累地造成的古史"系统大体查清。我们则以为这种"查清"是根据《古史辨》的理论把它查清了。在这种查清的过程中，童先生在《层累地造成的古史说》的基础上又提出《古史的分化演变说》作为前者的补充和发展。

如上面所论述，顾颉刚先生的古史理论：一是《层累地造

成的古史说》，一是《五德终始说下的政治和历史》，童先生对
于后者评论说它是当代伟大的史学著作，于前者则加以补充，说
它是一种积渐造伪的古史观，因为古史传说固然一大部分不可
信，但有意造作古史的人究竟不多，那么古史传说又是如何层累
地造成呢？童先生以为这应当用分化的演变说去补充它，因为古
史传说越分化越多，越演变越繁，这演变出来的繁多内容又如何
去安插呢？于是就层累起来了。比如春秋以前历史上最高最古的
人物是上帝和禹。到了春秋战国间，禹之上又出来了尧、舜，这
尧、舜便是上帝的分化演变，并不是随意假造的。到了战国时
代，尧、舜之上又出来了黄帝、颛顼、帝喾等人，这些人又都是
尧、舜等的分化演变，也并不是随意伪造的。到了战国末年，五
帝之上又出来了三皇，这三皇的传说又都是黄帝等上帝传说和哲
理中的名词的演变分化，也并不是完全伪造的。大约演化出现愈
后的人物，他们的地位也便愈高愈古，这便产生了"层累地造
成的"现象。所以有了分化说，《层累地造成的古史说》的真实
性就越发显著：分化说是层累说的因，层累说则是分化说的果。
（参考《古史辨》第七册《自序》）

我们如果对于"古史辨派"的理论探本求源，无论是顾颉
刚先生或者是童书业先生，他们的《层累地造成的古史说》也
罢，《古史的分化演变说》也罢，在方法论上都受有清代经今文
学派的影响，他们都是反对古文经的健者。因为谈到中国古代史
不能不想到《左传》与《周礼》，没有《左传》，司马迁的《史
记》很难成书；没有《周礼》，我们就没法研究周朝的土地制度
以及社会经济了。但经今文学家，说这两部书伪自刘歆，伪书的
目的是"奖奸翼篡"，他们造伪书、造伪史，是为王莽夺取政权
服务的。这样的说法也有其事实上的需要，因为这些书中记载的
历史体系与人物事迹和"古史辨派"的主张不相容，一矛一盾，

二者必须有一方面存在；比如《古史辨》要推倒三皇，削平五帝，认为这是战国末年的产物，《左传》如果真的出现在战国以前，那么其中的《三坟五典》如何交待？因为说经者把它们说成是三皇五帝时的书，于是童书业先生并《三坟五典》也在怀疑之列。又如夏代少康中兴的故事，见于《左传》襄公四年及哀公元年传，通过这个故事，我们可以比较详细地知道夏初的历史和夏代的社会性质，尤其是当我们在考古上寻找夏迹的时候，这两段记载提供了许多宝贵材料，它使我们知道夏初的地望在黄河下游，而夏的晚年，至少在夏后皋的时代，夏代已经迁移到今山西南部，河南洛阳以西一带。记载是清楚可靠的，这完全没有后人伪造的可能，刘歆也不可能伪造这一段历史为王莽服务，但童书业先生也不相信，在《夏史三论》以及其他著作中，他坚持这种说法。我虽然喜欢读今文经，欣赏其具有理想的政治思想，但不相信清代今文学派强加给刘歆的许多罪状，这点是我和顾颉刚先生、童书业先生最有分歧的一点。

虽然"古史辨派"在方法论上以及由此方法得出的结果值得商榷，但成绩还是应当肯定的，有些古史是后人的有意安排，这种安排或者是为了政治上的"托古改制"，或者是为了削除历史上民族的畛域。郭沫若同志在《中国古代社会研究》中曾经说："黄帝以后的传统，那性质便稍微不同，那儿有一部分是自然发生的，有一部分依然是人造。例如五帝和三王祖先的诞生都是感天而生，知有母而不知有父，那便是自然发生的现象。那暗射出一个杂交时代或者群婚时代的影子。又如五帝三王是一家，都是黄帝的子孙，那便完全是人为。那是在中国统一的前后（即嬴秦前后）为消除各种民族的畛域起见所生出的大一统的要求。"（见原书第三篇）这种理论和"古史辨派"的说法有相通处，因为两者都指出中国过去相传的古史系统有人为的成分，而且"怀疑"是批判的先导，没有怀疑便不会批判，《古史辨》的疑古是在五四运动后发生反对封建社会的基础上产生的，怀疑封建社会所传说的古代史，本身也就构成反封建之一环！

五　"古史辨派"的方法论

顾颉刚先生在大学读书时读的是哲学系，那是在辛亥革命后不久，社会变动得太剧烈了，使他迷惑而找不到解决社会问题的道路。辛亥革命的潮流既退，袁世凯的暴虐和遗老们的复古空气又嚣张起来，几年前愉快的心情和热烈的希望化作了悲哀的回忆，这使他精神不宁而心情不安，只想在哲学中求得解决。顾先生说自己是一个热情的人，不会向消极方面走去而至信佛求寂灭的，他总想以心理学和社会学为基础而解决人生问题。加以见事较多，感到世界上事物的繁杂离奇而打算明了它们之间的关系，得到一个简单的纲领，把所见的东西理出一个头绪来，当时他以为只有研究哲学才能办到。但他说他的学术野心未免太高了，要整理国故就想用一个人的力量去整理清楚，要认识宇宙和人生就想凭了一时的勇气去寻讨最高的原理，他说他这样鲁莽奔驰了许久，他认识到宇宙的神秘了，知道最高的原理是藏在上帝的柜子里，永远不会公布给人类看的。人之所以为人本只要发展他的内心的感情，理智不过是要求达到情感的需求时的一种帮助，并没有独立的地位。不幸，人类没有求知的力量而有求知的欲望，要勉强做不能做的事情，于是离了情感而言理智，但这仅仅是一种虚妄而已，实际上何曾真能探得宇宙的神秘。用尽了人类的理智，固然足以知道许多事物的真相，但可知道的只有很浅近的一点，绝不是全宇宙。科学家究竟比幻想者高明，科学家凭了实证，以穷年累月之力知道些慊截的真事物。所以我们不作学问则已，如其要做学问，便应当从最小的地方作起。最高的原理是不必费气力去探求的了，只有一粒一粒地播种，一篑一篑地畚土，把自己看做一个农夫或土工而谨慎将事，才是我们的本分事业。这是一种信仰，颉刚先生说他有了这种认识以后，知道过去的哲学基础是建设于玄学上的，其中虽然有许多精美的言论，但实际上只是解颐之语而已，终不能以此为论定。科学的哲学正在发端，也无从预测它的结果。要想有真实的哲学，只有先从科学做起，大家择取一小部分的学问而努力，等到各科平均发展以后，自然会有人出来从事于会通的工作而建设新的哲学。所以我们现在再不当宣传玄想的哲学，以致阻碍了纯正科学的发展。

　　正当颉刚先生从哲学上找不到出路而痛苦的时候，胡适之从美国回来了，他到北大当了哲学教授。教中国哲学史，他不管以前的课业，重编讲义，开头一章是《中国哲学结胎的时代》，用《诗经》作时代的说明，丢开了唐、虞、夏、商，经从周宣王以后讲起，这一改把一班充满三皇五帝的脑筋骤然作了一个重大打击，骇得一堂中舌挢而不能下，但胡的讲学却给颉刚先生带来了史学方法论。那数年中胡适之发表了许多论文，颉刚先生说在这些论文中有许多研究历史的方法，他都理解了而接受下来，并且使他有了信心，以为最合于他的性情的学问乃是史学。民国九年胡适之给《水浒传》作了一篇长序，在这篇长序中找出了《水浒》本事的来历和演变的层次。假使没有这篇考证，这件故事的变迁状况只在若有若无之间，我们便将因其模糊而猜想其简单，哪能知道得如此清楚。自从有了这种启示，他更回想起以前当戏迷时所受的启发，觉得用这种方法，可以讨究的故事真不知有多少，而这些故事的演变都有它的层次，绝不是一朝一夕之故，倘若能像胡适之考证《水浒》一样，把这些层次寻究出来，更加有条不紊的贯穿，看他们是怎样的变化，岂不是一件有意义的工作？同时他又想起胡适之的一些古史论文，比如讲井田的文字，方法和《水浒》的考证一样，可见研究古史也尽可以应用研究故事的方法，因此使他想起戏剧中的故事，薛平贵历尽了穷困和陷害的艰难，从乞丐而将官、而外国驸马以至做到皇帝，不是和舜之历尽了顽父嚣母傲弟的艰难，从匹夫而登庸而尚帝女，以至受了禅让而做皇帝一样？这些事情如果用了史实的眼光去看，实在无一处不谬，但若用了故事的眼光去看，便无一处不合了。又如戏中人的好坏是最容易知道的，因为只要看他们的脸子和鼻子就行。我们只要用了角色的眼光去看古文中的人物，便可以明白尧、舜和桀、纣所以形成了两极端的品性，做出两极端的行为的缘故，也就可以领会他们所受的颂誉和诋毁的积累的层次。因为颉刚先生接触到这些事实，这使他形成了一种新的眼光，对于中国古代史也就有了特殊的看法。（见《古史辨》第一册《自序》）

　　以上是顾颉刚先生介绍他自己治古史的方法论，这方法论也追述到他自己的宇宙观。胡适之也曾经自己叙述他治学方法的本原，他有一篇《古史讨论的读后感》，后来他说《古史讨论》的一篇在他的《文存》里要算是最精彩的方法论。这里面讨论了两个基本方法：一个是用历史演变的眼光来追求传说的演变；一个是用最严格的考据方法来评判史料。他并且引证颉刚先生的话说他从《水浒传考证》和《井田辨》等文字中得到历史方法的暗示。这个方法用历史演化的眼光来追求每一个传说演变的历程。他说他考证《水浒》的故事、包公的传说，……井田制度都用了这个方法，并且引顾先生的话说"我们看史迹的整理还轻而看传说的经历却重。凡是一件史实，应看他最先是怎样，以后的逐步逐步的变迁是怎样"。其实对于纸上的古史迹追求其演变的步骤，便是整理它了。胡适之接着又叙述他的考证方法道：

我们对于"证据"的态度是：一切史料都是证据，但史家要问：

（1）这种证据是在什么地方寻出的？

（2）什么时候寻出的？

（3）什么人寻出的？

（4）依地方和时候上看起来，这个人有做证人的资格吗？

（5）这个人虽有证人的资格，而他说这句话时有作伪（无心的，或有意的）的可能吗？

他说这种考证方法，是要读者们学得一点科学精神、一点科学态度、一点科学方法。科学精神在于寻求事实，寻求真理。科学态度在于抛开成见，搁起感情，只认得事实，只跟着证据走。科学的方法只是"大胆的假设，小心的求证"10个字，没有证据，只可悬而不断。证据不够，只可假设，不可武断，必须等到证实以后，方才奉为定论。（见《胡适论学近著》、《介绍我自己的思想》）

这种方法不仅影响顾先生，当时它的影响还是相当大的。不过"古史辨派"的方法论还有另一面，就是清末的经今文经学。顾先生说当他买到康有为的《新学伪经考》后，翻阅一过，知道它的论辩基础完全建立在历史的证据上。后来又谈到康有为的《孔子改制考》，第一篇论上古事茫昧无稽，说孔子时，夏、殷的文献已苦于不足，何况三皇五帝的事实。它很清楚地把战国时的学风叙述出来，更是一部绝好的学术史。虽然他说孔子作六经的话不能令人信服，但六经中掺杂了许多儒家托古改制的思想是不容否认的。（见《古史辨》第一册《自序》）因为颉刚先生也受有今文学派的影响，所以在《古史辨》中的方法论也就采纳了刘歆造伪说，在许多地方会看到"刘歆窜人"的说法。

以上我们介绍了顾颉刚先生一派的史学方法论，而这种方法论是和他的宇宙观分不开的。这种宇宙观与方法论是应当加以探讨的，因为一个人的宇宙观和方法论指导他本身的行动和言论，以及由此言行得出的应有结果。《古史辨》在冲破伪的古史方面，在由怀疑古史而加以抨击时都发生过积极作用。但在怀疑和抨击古史方面有时过头，以致玉石俱焚。比如《左传》是一部好的古代史，但他们怀疑它是伪作，这给当时的古史研究者添加了许多麻烦，以致有人用了很大力气证明《左传》不伪。但当我们探讨他们的方法论时，还得从他们的宇宙观说起。

颉刚先生以为凭一个人的力量要认识宇宙和人生是"夸大狂"，宇宙是神秘的，最高原理永远藏在上帝的柜子里，不会揭开给人类看的。用尽了人类的理智，固然足以知道许多事物的真相，可是知道的只有很浅近的一点，绝不是全宇宙。科学家穷年累月地探求也只能知道宇宙的滴滴点点，最高真理是不必白费力气去追求的了。只有一滴一点地作，而将来的结果是无从预测的。

我曾经相信过《古史辨》的理论，但我也相信历史的真相，社会的发展规律以及宇宙的奥秘是可以探求的，我不相信"上帝的柜子"永远打不开，而宇宙是可知的。但颉刚先生当时的理论未免陷于宇宙不可知论，在这种不可知的前提下，所谓一滴一点的工作，不过是宇宙的一种装饰，而不是起而打开神秘的宇宙大门。在社会科学上，这一滴一点的工作，也就是胡适之"多谈问题，少谈主义"的另一种提法。总而言之，这是不敢或者是不愿意接触自然或者社会本质问题的探讨，而只是枝枝节节的谈问题，如果这枝枝节节的问题是逐渐走向解决本质问题，也说的下去，但先生认为自然的神秘锁在上帝的柜子里，而社会发展的规律是不存在的，因为他们不承认历史的真实性，胡适之以为它不过是可以任意装饰的女孩子，而"古史辨派"的辨伪，也不过是解析这种装饰的过程而已！当然这是先生过去的看法，现在先生已经是唯物主义者了。

我们认为存在着两种最基本的科学：用辩证唯物的观点去研究自然发展规律是物理学；用历史唯物主义的观点去研究社会的发展规律是历史学。宇宙和社会的神秘是人们还没有找到或是没有完全找到它们的发展规律，这规律性的探索是打开神秘禁区的钥匙。《古史辨》的工作虽然是探讨中国古代史、传说中的中国古代史的形成规律，但这种规律和社会历史的发展规律不相同，它只是在探索社会发展规律前的一种清扫工作。我在一篇文章中曾经指出："五四"运动以后，在中国史学界出现了一种疑古学风，这种学风发展成为以顾颉刚先生为代表的"古史辨派"。也就是在这个时候，和"古史辨派"的学风相反，不是怀疑中国古代史，而是利用出土的甲骨、金文证明中国古代典籍中的古史记载，而说明其可信者是王国维先生。王国维是利用甲骨、金文解释中国古代史的创始人。这种方法，现在来看是平常的而且是应当的，但在当时来说，这是新奇的事。我们看一看和王国维同时的学术权威，经学今古文大家康有为和章太炎的学风，就更加清楚。康有为主张变法，提倡"托古改制"，因而他不相信某些典籍中的古史记载，认为是出于刘歆的伪造，他不相信出土的钟鼎彝器。章太炎的政治主张和康有为不同，在经学上互相水火，在中国古代史上的观点也各不相同，他相信传统的三皇五帝的古史体系，但他也不相信甲骨、金文。在当时，经学就是国学，两位经学大师垄断了当时的国学界。而王国维先生冲破这种垄断，以甲骨证商史，用金文证周史，在中国古代史的研究上或者说是在中国古代史料的训诂考据工作上，作出了卓越的贡献。如果说"古史辨派"在扫荡不科学不合实际的古史传说上作出了贡献，那么王国维则在建设可信的古史系统上作出了成绩。他们是一破一立，同时存在，至郭沫若同志的《中国古代社会研究》出版

后，乃出现了一个崭新的境界。（见 1980 年第一册《东岳论丛》,《略论王国维的古史研究》）

现在我还是这种看法，郭沫若先生在他的《中国古代社会研究》中也曾经指出：

> 顾颉刚所编著《古史辨》第一册，……我发现了好些自以为新颖的见解，却早已在此书中由别人道破了。例如：
>
> 钱玄同说："我以为原始的《易》卦，是生殖器崇拜时代的东西；《乾》《坤》二卦即是两性底生殖器底记号。……许多卦辞爻辞，这正和现在底《亵诗》一般"。（原书第77页）……
>
> 这些见解与鄙见不期而同，但都是先我而发的。……
>
> 便是胡适对于古史也有些比较新颖的见解，如他以商民族为石器时代，当向甲骨文字里去寻史料，以周秦楚为铜器时代，当求之于金文与诗。但他在术语的使用上有很大的错误。……
>
> 胡适又说"以山西为中心之夏民族，我们此时所有的史料实在不够用，只好置之于神话与传说之间，以俟将来史料的发现。"（以上见原书第98页）这个见解比较谨慎，虽然夏民族是否以山西为中心，还是问题。
>
> 胡适的见解，比起一般旧人来，是有些皮毛上的科学观念。我前说他在《中国哲学史大纲》中"对于中国古代的实际情形，几曾摸着了一些儿边际。"就《古史辨》看来他于古代的边际却算是摸着了一点。
>
> 顾颉刚的《层累地造成的古史说》的确是个卓识。从前因为嗜好不同，并多少夹有感情作用，凡在《努力报》上所发表的文章，差不多都不曾读过。他所提出的夏禹问题，在前曾哄传一时，我当时耳食之余，还曾加以讥笑。到

现在自己研究了一番过来，觉得他的识见是有先见之明。在现在新的史料尚未充足之前，他的论辩自然并未能成为定论，不过在旧史料中凡作伪之点大体是被他道破了（见《中国古代社会研究》附录）。

沫若先生是建立新的中国古代史研究的大师，我们大体同意他的评论，虽然在个别问题上，我还有不同的意见，比如关于井田制，胡适之否定它说明他不懂古代史，而沫若先生对于井田制也没有足够的重视。以上钱玄同、胡适都是参加古史讨论的人而且大体同意颉刚先生的观点。

六　小结

在本世纪 20 年代到 30 年代"古史辨派"是一个有影响的学派，本文也只是就《古史辨》而论该学派。他们着眼在一个"破"字，如果说康有为的工作是在树立权威，树立今文经学的权威，树立孔子的权威，受有他的影响的"古史辨派"是在打破权威。他们抨击了自古相传的古史系统，而这个古史系统不仅是历史问题，也是道德伦理问题，因为古代帝王被说成是道统所系，因而《古史辨》辩论的对象不仅是中国古代史，也是中国道德学及伦理学史。这是中国封建社会整个上层建筑中的核心问题，对这些问题发生怀疑，也就是怀疑整个封建社会的道德学说与价值观念，从这个角度看，他们的工作是和"五四"时代反封建的伟大潮流一致的。

颉刚先生的《层累地造成的古史说》是在为传说中的古代史作剥皮工作，一层一层地剥去他们的伪装。也可以这样说，《古史辨》是在作去伪的工作，但去伪应当存真，而在他们当时的工作中还来不及这样作。这样作是后来以及现在的事，顾、童两先生后来都是历史唯物主义者，他们作了许多有价值的工作。

《五德终始说下的政治和历史》一文是一篇内容丰富自成体系的历史论文，但它的影响不如《层累地造成的古史说》，它似乎没有在前文的基础上再向前一步，它只是重复过去的老路，恢复到今文学派康有为的立场，又来和刘歆作对。如果说《层累地造成的古史说》是受有胡适一派考证方法的影响，而《五德终始说下的政治和历史》却是经今文学派的方法，一切委过于刘歆。我们以为刘歆并没有伪造五行相生说，他没有伪造古史系统，他也没有伪造记载伪史的《左传》和《周礼》。于此，为刘歆辩护的文章很多，如《刘向、歆父子年谱》、《左传之性质及其与国语之关系》、《周礼的制作年代及其内容分析》等文，都是铁证如山、没有方法驳倒的，现在颉刚先生也承认《周礼》是先秦时代齐国的作品了，而作出内容丰富的论文来。不仅在辩论古代传统的不可靠的古史方面"古史辨"派作出了贡献，而且在辨伪书方面，也就是在古代史料之准确性方面也作出了积极的贡献。以此我们说《古史辨》发挥过积极的作用，而且发挥过许多方面的积极作用。但因为时代关系，它也有局限性，这种局限性是任何史学家都难免的。《古史辨》在破，王国维在立，无论是破是立，都有他们的局限性，而郭沫若先生运用历史唯物主义的方法又破又立，这才使中国古代史的研究达到了一个新的境界。因为沫若同志是用历史唯物主义的方法来研究中国古代史的，用他的自己的话说，他所以研究中国古代史是因为：

世界文化史的关于中国方面的记载，正还是一片白纸。恩格斯的《家族、私有财产及国家的起源》上没有一句话说到中国社会的范围。……

在这时中国人是应该自己起来，写满这半部世界文化史上的白页。

......

本书（指《中国古代社会研究》——笔者）的性质可
以说就是恩格斯的《家族、私有财产及国家的起源》的续
篇。（见《中国古代社会研究·自序》）

是的，中国人站起来了，他们要重新谱写自己的历史！

颉刚先生的成就不仅表现在中国古代史上，在经书的整理
上，在民间文学的研究上都作出过光辉的成就，这是大家有目共
睹的。童书业先生的成就也是多方面的，晚年对于历史唯物主义
的学习与探讨，对于古代东方史的研究都有独到的见解，我始终
在向两位先生学习中，此文所及只限于《古史辨》。因为在其他
领域中，我还没有资格评论两位先生的成就。

（此文曾在《中华学术论文集》发表）

我的历史学研究方法

　　我之治学，少喜《左氏传》，喜其言辞富丽而记事详备，及长闻《公羊》义，清代今文家群斥"左氏"，以为伪自刘歆，不信其说，遂有论《左传》文，时人誉之为"精当绝伦"，实不敢当，聊抒己见而已。其实喜《公羊》，尤喜"大一统"义。"三传"而后又及"三礼"，《周礼》、《仪礼》，多古代典章制度，不治此二礼，难言中国古代史。《尚书》、《诗经》、《易经》三经更多雅言，为中国文化之重要载体。治经，而作为 20 世纪之经师，殊无味，其实在治中国之传统文化中，也必须如此。因为，我们不能不重视这些有关中国传统文化的载体。

　　在历史学和学术思想方面，我也写出了几部著作。其中，内容最多、部头最大的是《清儒学案新编》，而与朋友合著的《中国屯垦史》更得到农业部屯垦司的重视，认为这部书有现实意义。

　　在自然科学中，我喜欢理论物理，以为宇宙根本有"二能"和"二力"，即引力与能量，两者实为一对（pair），一正一负，光能（photon）为正，而引力（graviton）为负，亦即 Antiphoton。时为光能而引力为熵（Entropy）。熵是我 20 年前研究理论物理时引进的一个新课题，时国内、国际无有人提及，如今美国的物理学界已有人谈及熵了。

下面，我谈谈关于历史考据学的三重证据说。

1956 年夏，我随民族调查团到四川彝族地区作民俗调查，发现当地在奴隶社会的遗存中，多有与我国古代奴隶社会发生的重复现象，两者可以互相作证。这次调查的时间虽然短暂，只有半年，但给我的影响极深，它使我认识到这种民俗调查研究对探索中国古代史具有极其重要的意义。从此，在我的历史学研究中就形成了三重证据说，即文献材料、考古发掘及民俗调查。

我曾经这样想：世界上有两种最基本的科学，一种是研究人类社会发展规律的历史学，一种是研究自然发展规律的物理学。分析、研究自然界的材料是科学实验，而分析、研究有关人类史的材料主要不是通过实验，而是靠图书馆（当然，考古发掘及材料整理，还有古人类学的研究，要应用自然科学的研究方法）。历史学家必须根据史料来研究历史，首先要占有充足的史料，没有史料的史学家就等于巧妇难为无米之炊。可见掌握文献资料是史学家研究历史的第一重证据。本世纪 20 年代，王国维先生冲破康有为、章太炎垄断着的国学界，利用出土的甲骨证商史，用金文证周史，在中国古代史的研究上或者说是在中国古代史料的训诂考据工作上，作出了卓越的贡献。例如，他在《古史新证》中运用甲骨文与古文献相结合的方法，来说明殷代先公先王之历史存在，从而证实了《史记》记载之可信，中国 5000 多年的文化传统不再是一种假设。王先生的研究方法就是有名的"双重证据说"。此后，中国古史学家手中就多了一种研究工具，在研讨历史真实方面也就增加了一种自由度，研究方法更为灵活了，考核的史实也就更加可信了。

我在学术研究中，也不断运用"双重证据说"解释历史疑难问题。例如，我在金文中找出了黄帝轩辕氏的来源（前面已述）。又如"公明保"问题。这个问题是西周开国时的一个关键问题，不弄清它，就会使周初已经不清楚的历史会更加糊涂起来。王国维先生曾经指出"公明保"是周公，但他并没有作出解释；郭沫若先生更认为"公明保"是周公的儿子"鲁公伯禽"。我根据《尚书》和几件铜器中金文的记载，对照周初的历史事实，找出了"公明保"就是周公的证据。再如"天亡右王"的问题，这个问题历来考释者众多。我在《太公望与"天亡毁"》（发表于《东岳论丛》1996 年第 2 期）一文中，对传世宗周铜器"天亡毁"进行了考证，认为太公望乃由天降的解释是正确的，这与《诗·大雅·文王之什》中歌颂文王之得太公望佑武王以得天下的历程相符，故"天亡右王"即太公望之佑武王。

1994 年《文史哲》第 3 期刊有叶舒宪先生的《国学方法论的现代变革》一文，作者指出了郭沫若先生的著作从"二重证"到"三重证"的演进过程。叶先生原文较长，比较全面地论述了近代学者在国学方法论方面的发展过程，读者可以参考。显然，从"二重证"到"三重证"是历史研究方法中的又一次大飞跃。它告诉我们，在历史研究中，可以而且应该利用一种可靠的学科即文化人类学作证。

我在研究中国古代史时，非常重视社会发展的不平衡性，认为如不充分注意到中国不同地区发展的不平衡性，我们就没法得出正确结论。这就是说，我们不能把中国古代史简单化，否则就会得出主观而片面的结论。

在我们中国，汉族早在 4000 年前进入奴隶社会，2000 多年前进入封建社会。而我们某些兄弟民族内，有些在 19 世纪还处在奴隶社会或者是初期封建社会中，个别的还处于原始社会的末期。这种不平衡的发展，使汉族在 3000 年或者 2000 多年前存在着的现象，陆续地重现在各个历史时期的民族中。这不是历史的重演，而是不平衡的发展所带来的必然的现象。这也提供给我们一个机会，用后来再现的历史说明过去的存在，这就是历史方法论上的第三重证据，即用活的存在来证实历史上的记载。

1956 年的民俗调查，使我们看到解放前凉山彝族同胞还处在奴隶社会。这样凉山地区的奴隶社会就提供了古代奴隶社会的一面镜子。

以往在研究奴隶社会时，关于奴隶的来源有两种看法：一是原始社会末期部落内部的阶级分化导致了奴隶的产生；二是部落之间的战争使军事俘虏成为奴隶。对彝族地区奴隶的来源也有同于上述的两种不同的看法：一种说法认为奴隶主和奴隶是两个不同的部落——乌蛮和白蛮；另一种说法，以为奴隶主和奴隶起源于氏族内部的分化。彝族地区流行着一种传说：彝族祖先有兄弟二人，当他们分家时，哥哥分得了财产，而弟弟娶了一个美妇人，结果后来弟弟这一支贫困了，被哥哥那一支所奴役，弟弟的子孙世代变成奴隶阶级了。这是一个在凉山地区普遍流行的传说，可能是有根据的。当然内部分化也并不排斥俘虏为奴，彝族奴隶许多是从外族掳来的，不能否认，也没有人出来否认。

凡是没有内部的原因、没有内部的阶级分化，仅是外因不可能引起内部的根本变化。下一个事实，也是很好的说明：彝族地区的奴隶社会处于四周强大的封建社会包围之中，封建统治者屡次要把封建制度通过土司输送到彝族地区，但这始终被顽强的奴隶制所排斥，土司制度没有发展起来。它虽然沾有封建色彩，但这种有封建色彩的社会基本上仍然是奴隶制。土司和奴隶主有过长久不能调和的斗争，结果是土司制度日见衰微。一位土司的后人曾经说："所有的土司全衰落了，没有几个发达起来。"为什么这种制度没有能够发达起来呢？就是这种制度还不具有为当地所接受的条件。

在奴隶社会，或者是封建社会初期，在婚姻上存在着普遍流行的"转房"制度。夫妇二人，男人去世后，女人必须转嫁给本家族中的一人，或者上转，比如公公；或者下转，比如前妻之子；或者旁转，比如兄弟。当时我在考察时遇到过这种现象，所以印象很深。在 70 年代，我曾请同去考察的刘炎同志把这种事实记下来发表。

很巧，几乎是同时，我的老师顾颉刚先生也注意到这种事实。先生是从古史记载中发现这种现象的。先生逝世后，遗稿由王煦华先生整理，在《文史》第 14 期上发表，题名：《由烝报等婚姻方式看社会制度的变迁》。先生主要根据《左传》的记载来说明当时"烝"、"报"（"烝"，女的转给晚辈，对晚辈说是"烝"；"报"，旁转曰"报"）等婚姻方式的流行。先生说："可以知道'烝'这一事在春秋时代自有它的一定的社会基础，换言之，这是春秋时代被人公认的一种家庭制度，所以这种行为并不为当时舆论所贬责，而且寡妇的母家可以在男方家庭中任选一人作为她再嫁的对象。"

在寡妇旁转的婚姻制中，在中国古代称之曰"报"。比如《左传》宣公三年有：

> （郑）文公报郑子之妃，曰陈妫，生子华、子臧。

杜预注说：

> 郑子，文公叔父子仪也。汉律，淫季父之妻曰"报"。

顾先生并且说：

> 到了抗战时期，住在四川，听得川北方面有"大转房"的风俗，假如一家兄弟四人，各有妻室，不幸大嫂子死了，小弟也死，那么大哥和二嫂同居，二哥和三嫂同居，三哥和

四弟妇同居，成为完整的三对。

这也叫"转房"，和彝族地区之称谓一样，虽然他们的办法不完全相同。

以上是以汉族和彝族作比较，时间相差 2000 多年，而婚姻制度相同。其实，这种制度在不同发展的历史时期，各族间都曾发现。《史记·匈奴传》说：

> 匈奴……贵壮健，贱老弱。父死，妻其后母。兄弟死，皆取其妻妻之。

这是实行"转房制"，具体例子是王昭君嫁给呼韩邪单于的记载。《汉书·匈奴传下》说："呼韩邪死，……复株絫若鞮单于立……复妻王昭君，生二女。……"顾先生说："王昭君，只嫁两代，而嫁到乌孙去的江都公主细君则兼及三代。"这种事情在两汉以后，晋隋时期的某些少数民族仍然如此。在唐代，我们看嫁到回纥的小宁国公主，转房一次，而咸安公主"历四可汗"。（均见于《唐书·回纥传》）到了金朝，徐炳昶先生在其《金俗兄弟死，其母当嫁于其弟兄考》（见《史学集刊》第 3 期）一文中，举出 3 件"叔接嫂"的事。而在清初有关太后下嫁的传说，虽无法考实，但在封建社会初期，这种事是可以发生的（满族在入关前后处于封建社会初期）。

通过以上的记载说明，我们运用这种历史发展不平衡的记载，以后证前，是颇有说服力的。不仅在婚姻制度上如此，我们看到的古代神守制度，在后来不同民族的历史中，仍然可以发现。我们认为，这第三证，在考据历史事实方面是更有说服力的。

1986 年 4 月，我和吴宏元等 8 同志赴豫西，考察了周代的历史和地理，同样收获不小。我们中国自古以来就是一个多民族的国家，而以华夏族为主体，华夏族本身就是各少数民族不断融合而发展壮大的主体。关于华夏族形成的过程，历来有不同看法。我认为在华夏族的形成，夏、商、周三代演变的过程中，夏、周同族，而商属东夷，姜属西羌，东夷、西戎与夏、周融合而成华夏民族。可见，夏族和周族是中国古代华夏族的主流。

周族原来居住地区及其迁徙，古文献中有过较详记载。根据这些记载，我们知道，西周在武王前，邑于豳、岐、毕、程、丰镐等地，在渭泾之间而以漆水为枢纽，东不出桃林崤山，假使始终以"西伯"自居，殷商欲逾崤陵过函谷以灭丰镐，实难；反之亦然。历史上所谓的"崤函之固"即此地。因此，谁掌握此要塞区域之控制权，谁就是强者。根据我们的实地考察，以及现代著名学者史念海先生的研究成果，可概述此地的情况为："崤函之固"，崤是崤山，函是函谷，后有函谷关。函谷关的具体位置，据李泰的《括地志》说，在陕州桃林县西南 12 里，桃林县在唐代改为灵宝县。构成"崤函之固"的崤山，在洛宁县北，主峰为乾山，高程 1500 米，由崤山东去中原有两条道路，即如《左传》僖公三十二年所记蹇叔的话，这些话的由来是因为秦欲袭郑，蹇叔之子与征，而蹇叔反对的话：

> 穆公……召孟明、西乞、白乙使出师于东门之外，蹇叔哭之，曰："孟子，吾见师之出而不见其入也。"……哭而送之曰："晋人御师必于崤，崤有二陵焉，其南陵夏后皋之墓也；其北陵文王之所辟风雨也，必死是间，余收尔骨焉。"

解决崤战之具体地点及西周东西通道究竟在南在北，这是至今争论不决的问题。由于现在我们没法找到西周初年东西交通的材料，所以我们也就无法知道殷周之间的交通状况。比如，文王之朝殷，武王之伐纣，是走南路，还是走北路？

史念海先生在实践调查并结合历史文献进行研究后指出，函谷关这条通路，远在建关以前就是东西两方面的通道，而且还曾发生过若干次军事行动。周武王灭纣，秦穆公袭郑等事件都是由此出兵的。对此我也曾调查过，完全可以证实史先生的论述。

关于"函谷"的定义，虽然在《元和郡县图志》中有两说，但实际上它就是现在王垛村东西 15 公里的一段道路。历史上所谓的"东崤山"者，就是指此道东侧的崤山。秦晋崤之战应即发生在这段 15 公里长的群山峡谷中，袭郑的秦师在归途中亦非经此莫由。当然，我们不是在研讨秦晋崤之战的实战地点，而是打算通过这一实战地点来探讨西周初年武王伐纣的行程。因为我们没有关于西周初年伐纣行程这一段的材料，所以只能由下往上推，秦郑的通道很可能就是商周的通道。通过实地考察，我认为秦晋崤之战就在崤山北道，即《左传》所说的北陵附近，而不是南陵。北道就是殷周间的通道。胡德经先生曾经指出，商代后期虽然迁都安阳，但西方诸侯的朝贡，经济文化等方面的来往，仍然离不开这条东西大通道，即崤山北道。今文王避风雨处的遗址尚在北道中，即陕县硖石，也就是北崤道的必经之处。可以想见，这是商末西伯文王朝见商王时往来的通衢大道。为什么不走崤山南道呢？因为南道在宫前以东都是河川和红土丘陵，泥泞不能晴雨畅通，不如北道硖石、马头山、大蛇湾、韶山坡、坻坞、正村到洛阳一线山梁易走。北道虽较南道好走，但也复杂艰险，所以伐纣并不是一件容易的事。没有雄厚的物质基础，长期的艰苦准备，以一个小邦周没法克服这大邑商。到了一切都成熟的时候，武王还是两次出兵，第一次到盟津会师，认为时机未到，"乃还师归"。两年后二次出兵。从丰镐来朝歌，过崤函，渡黄河，路长约 500 余公里，而千辛万苦，艰险异常，到盟津后再回丰镐，两年的时间恐怕不可能。武王既然会师于盟津，那么盟津附近及以西地区，已经是周的势力范围，他们此时作为东征的基地已不是远在崤函以西的丰镐，而是在崤函的尾部（自西向东）雒邑。雒邑是成王时建都的地方，经过周公、召公的经营，正是控制东方各地的东都。但在此前，它绝不是一块空地，它早就是一个东西方交通的枢纽，也是当时南北通道咽喉。可以说，控制住雒邑，也就是为统一当时的中国建立了基础。

我们根据《荀子·儒效》的有关记载，结合实地调查，认为武王自雒邑起兵伐纣的全过程是这样的：

1. 至汜而泛。大意是到汜水地方而遇水泛涨，根据汜水分布情况及近人考证，这汜水应指成皋（今河南汜水县西）东汜水。

2. 至怀而坏。大意是说至汜而适遇水泛涨，至怀（今河南武陟县西南）又河水泛溢，可谓困难重重。

3. 至共头而山隧。共头即共山头之省称，在今河南辉县内。隧读为坠，谓山石崩摧。

4. 朝食于戚。戚在古卫国境内，其具体地点，正如于省吾先生所说应在今河南辉县界内。

5. 暮宿于百泉。百泉即春秋时之肥泉，乃朝歌附近水。

6. 厌旦于牧之野。牧野即沫野，亦即朝歌之野。

关于武王伐纣的年代，目前说法甚多。马承源先生根据紫金山天文台关于岁星准确运行位置的计算，结合历史资料，认为武王征商之年应拟定在公元前1105年，是年二月甲寅朔，十一日得甲子。我认为此说合于史籍中武王既克殷后二年卒的记载。根据金文合历的情形，随之推拟共和以前西周的年份是：

　　　　武王，3年；

　　　　成王，32年；

　　　　康王，38年；

　　　　昭王，19年；

穆王，45 年；

恭王，27 年；

懿王，17 年；

孝王，26 年；

夷王，20 年；

厉王，37 年。

在本书的写作即将结束的时候，我还想谈谈自己今后的打算。我今年虽近九旬，写作能力和思考能力有所衰退，但是，身体还健康，我还能够思考，还能够做艰苦的探索。今后，将继续研究数理与哲学，进而探讨自然与人生的关系等问题。这里我想引用章太炎先生《自述为学次第》中的语言：其始也，反俗成真；其终也，回真向俗（撮其大义，非原文）。这里的"俗"指训诂考据，"真"指哲学思想。这句话的意思是说，章太炎先生的学术生涯，开始时习训诂考据，后来转入哲学研究，晚年又由哲学转向训诂考据。但是我不能这样。我可能是：

其始也，反俗成真；其终也，从真到真。

看来，科学与哲学的深奥内容，似乎对我有极强大的引力，一旦陷入其中，而不能自拔。我曾买有《甲骨文合集》及《金文合集》两部大书，本拟在 80 岁后，从事识古字及古史研究工作。但两书在架，尘封已久，"回真向俗"的工作，颇不如"从真到真"之引力强大！

（原载《杨向奎学述》）

科学与哲学篇

论恒量、变量

《易经》讲变,因之我们说它富有辩证思想,但《易》有恒卦,《易·恒·象》曰:

> 恒,久也,刚上而柔下,雷风相与,巽而动,刚柔皆应,恒。

以久解恒,是恒乃刚柔得中,即辩证统一后而言恒。刚柔得中,辩证统一后的境界,儒家发展为"中庸",遂等变易之道而归纳于稳定平衡,于是以"固"言恒,遂使恒道失去生机,儒家乃转而言诚言仁,由"天人之际"变为"人人之际",积极意义在于人们脱离"天"的羁绊,人作为宇宙主人。在人际关系中,"仁"是为人的最高准则,是指导人生的标准行为,必须达到"仁"的境界才能够说是"成人",成人即"仁","仁"即成人后的"人",所以《中庸》说:

> 仁者人也。

成人是仁,而成人并非易事,有时须"杀身以成仁"。《论语》记孔子说:"无求生以害仁,有杀身以成仁。"本来"生"为仁,而与生相反乃能成仁。仁是自己的事,而恕是由己及人,于是孔子提出"恕"字来。当子贡问:"有一言而可以终身行者乎?"

子曰："其恕乎！己所不欲，勿施于人也。"(《卫灵公》)"己所不欲，勿施于人"，及"夫仁者己欲立而立人，己欲达而达人"。是仁是恕，是处理好人际关系的准则，也是为人应具的本质。人的本质是"仁"，而"礼"是本质上的彩绘，仁与礼的关系，——如"绘事后素"。所以孔子不许管仲知礼，而许之以仁。后来儒家分成不同的学派，思孟学派沿着"仁"的方向发展，而荀子一派则发挥了"礼"的学说。宋儒继承了思孟学派，发挥"仁学"达到新水平的是程颢。他以为"天地之大德曰生"，也就是"天地以生为心"，是一个充满生意的天地，因为它充满生意，所以称之为"仁"。这样使"仁"与宇宙本体结合在一起，本来是伦理学的命题，是关于"人人之际"的问题，又恢复到"天人之际"，不过这新的"天人之际"，去掉了神，去掉了上帝，天只是自然。

《中庸》原来说，"不诚无物"。根据大程的理论，正好是"不仁无物"，因为不生是不仁，不生不长还是什么宇宙呢？他又指出手足麻木为不仁，也就是失去生意为不仁。仁者善体此意，必须使人、己各得其所，"己欲立而立人，己欲达而达人"。这样也就是"仁者浑然与物同体"，或者是"若夫至仁，则天地为一身"。此所谓仁实在近于《中庸》之所谓"诚"，《中庸》说："诚者物之终始，不诚无物。"

谢良佐又发挥了程颢的理论，而认为"活者为仁，死者为不仁"(《上蔡语录》)。这是干净利落的说法。为什么活者为仁？他说："今人身体麻痹不知痛痒，谓之不仁；桃杏之核可种而生者，谓之桃仁、杏仁，有生之意，推之而仁可见矣。"(同上)桃杏无仁则不能生，那么桃杏有仁，可以称之曰"诚"，无仁则不诚。这也是理学家之善于名状的地方，近于佛教唯识的种子说。天体本来是仁是诚，所以它才生生不已。天地抛开"生"

还有什么？程颢进一步把宇宙本体抽象为"生"，他说："生生
之谓易，是天之所以为道也。天只是以生为道，继此生理者，即
是善也。"（《宋元学案》引作明道语）万物皆有春意，是一个活
泼泼的世界。理学家的宇宙是一个活泼富有生机的宇宙，它是仁
是诚，是春意盎然的活泼世界。

　　我们欣赏这种形容，称赞这种形容；假使宇宙不诚不仁，不
是春意盎然，是一个死寂的宇宙，是封闭的宇宙，那也只能是预
言中的"黑洞"，耗尽了能量，大引力场，连光线也逃不出去！
因之我们说大程一派的宇宙观是可取的，从任何角度来衡量，即
使从现代理论物理学最新成果出发，也不能说我们的宇宙不诚不
仁；但与孔子同时而年长的老子却说：

　　　　天地不仁，以万物为刍狗。

他也否定了"仁"的本身，进而否定了礼，"失道而后德，失德
而后仁，失仁而后义，失义而后礼。夫礼者忠信之薄而乱之
首"。孔子是从"人际"关系出发而谈"仁"，在所有各学派及
宗教中，儒家是最积极参与人生的。我们生在这个世界，要承认
这个现实，积极的参与而作好"人人之际"，"人人之际"是我
们的社会关系，是人类世界，不能逃避，逃避是不负责的行为，
是犯罪。但道家不然，他们不喜欢这日趋繁华的世界，要退回
去，回到"小国寡民"的世界。但时间无法倒退，去掉现实而
追寻已经失去的世界，或者另觅"乐园"，只能是宗教上的安
慰，不是现实，现实是一切，时间贵在"现在"，过去只能是
"回忆"，而未来只是"希望"。儒家之重视现实的积极态度，是
他们在中国古代取得正统派的主要原因。但他们过于强调"守
恒"，以致"中庸"为主导思想而少变，与之相应，乃有中国封
建社会之长久停滞。

　　墨家不然，在他们的思想体系中有恒有变，恒是本体，变是

方法，由可变的方法，追求不变的永恒，但永恒的极限是没法达到的，只能是有限的目标。他们主张兼爱人类，如果人类无穷（恒量）则无法达标，所以说：

　　无穷不害兼说在盈否。（《经下》）

《经说下》解释说：

　　　　人若不盈无穷，则人有穷也，尽有穷无难。盈无穷则无穷尽也。尽有穷无难。

在逻辑上对无穷是没法"全称肯定"的，因为人们没法兼爱无穷的人类，也就是兼爱无穷是不存在的，"盈无穷则穷尽也"。但宇宙无穷而人有穷，"尽有穷无难"，兼爱有穷的人是可以存在的。这种判断是真实的，能够成立。

　　这已经启示给我们以恒量变量相关问题，也是哲学上本体与方法问题。墨家正是运用这种方法来指导他们的科学研究。《墨经》及《经说》是墨家的基础科学，而《备城门》以下各篇是他们的应用科学。在基础理论方面墨家注意到物体运动决定时间空间的正确理论。在科学史上，这可能是最早以时间空间联系到物质运动的人。因之我们可以说这是"早期相对论"。墨家因之也触及到时间空间之有限无限问题。他们从空间说起：

　　穷，或有前不容尺也。（《经上》）

　　穷：或不容尺，有穷；莫不容尺无穷也。《经说上》

这是对空间无限之说，因为他们有"南方无穷"的主张，联系起来作如是解。"或（域）有前不容尺"即指空间无限分而达不到极限，《经说》乃有两解，极限是绝对不变的恒量，而方法是相对的可变量。在事物的发展上都表现为恒量与变量，不变与可变的辩证关系上。人们用可变的方法以求达到不变的目标；这不变的目标是恒量是极限，而方法是可变的变量。用可变方法追求不变的目标，所以有人类进步、社会发展，但不能达标，这

"标"是无限的绝对的。人们永远不能说，我们的目的达到，可以中止！自然界也是如此。

假设"1"是小于任意小的正数 ε，即《墨经》之所谓"尺"，"或有前不容尺"，是指空间经过无限分而达不到极限。在数学分析中，线段 L 小于任意小的正数 ε，即 L 小于 ε，

$$L < \varepsilon$$

是无限小的极限，ε = 尺，而 $L < \varepsilon$，也就是"或有前不容尺"。而"莫不容尺"指变量绝对值可以大于任意正数 M，仍以"L"表示这个变量，是

$$L > M$$

而无限小及无限大可以用：

$$|f(N)| < \varepsilon \qquad |f(N)| > M$$

两式来表达。"L"变数如何大如何小也达不到极限量。这是用数学方法证明空间无穷的最早尝试。

其大无限，其小无限，根据先秦名家的说法这种无限可以名之曰"大一""小一"。在数学分析的极限方面我们更可以举先秦名家之：

　　　　一尺之棰，日取其半，万世不竭。（《庄子·天下篇》）

来说明极限问题、恒量与变量问题。墨家分析这种"日取其半"的结果，永远是"一"，达不到极限。使"一尺之棰"等于 AB，再取 AB 中点为 P，则：

$$\frac{AP}{BP} = \lambda$$

因为 P 是 AB 中点，所以 λ 可以 =1，当 P 在 AB 中移动时，有

$$\lambda = \frac{AP}{PB}$$

随着移动，由于 AB 长短固定，只有 PB 随 P 之动而动，则 λ 随

P 而变的关系是：

$$AB = (1 + \lambda)(PB)$$

$$PB = \frac{AB}{(1 + \lambda)}$$

因为是"日取其半"，原则上 P 点始终居中。P 的位置不变，所以关于 PB 的比值不变，因而 λ 值永远是 1：

$$\frac{AP}{BP} = \lambda = 1$$

结果永远是"一"，也是恒量，因而永远达不到极限。

我们所以反复讨论此一极限概念，是说明在墨家的思想中，无论是在宇宙的理解中，是在人类社会的分析中，都存在着"极限"，这极限是不变的恒量，而方法是可变的变量。可变的方法永远达不到不变的恒量；方法是相对的，目标（或者本体）是绝对的。人类社会在发展，我们不能说这种发展，止于何时何地，不知所止，也就永远在前进。宇宙亦然，宇宙是无限的，通过宇徙而有处所，但这是无止境的。变量与恒量，可变与不可变的关系，存在于宇宙及人类社会上。这就是哲学上之所谓本体论与方法论，本体是恒量，方法应是变量。

在近代科学史中最富于哲学理论的是"相对论"，"相对论"的方法主要是洛伦兹变换，在这个变换中，以光速作为不变的恒量，小于光速的运动为变量，两者相比，遂有

$$\sqrt{1 - v^2 / C^2}$$

之最著名公式。"C"是光速是恒量，"v"是一般速度是变量。这新的以光速为绝对速度的新力学体系，构成变与不变，变量与恒量的新物理体系就是"相对论"。这个相对变换代替了绝对的伽利略变换。相对变换的结果，使不同坐标中的时间空间有不同的量度。在宇宙论方面，"相对论"所主张之宇宙有界无限的说

法，更富有辩证意义。现宇宙有界，这是可以观测到的，但它又在膨胀，这也是观测结果，膨胀在未达界限之前，可以说它是无限。这"无限"当膨胀停止前是永远有效的，所以我们说宇宙无限，"无限"是"恒量"。

在恒量、变量，不变与可变的问题上，可以运用到社会科学、自然科学的各种领域内。在社会发展史上，不能说再无发展余地，自然科学也是如此。宇宙本体应当是无限量，有限的膨胀应无止境，有不变的恒量才有发展余地，而方法是可变的。用可变的方法，追求无止境的不变，是宇宙的生气、社会的动力。如果说物理学是自然科学中的基础科学，而历史科学是社会科学中的基础科学；哲学则是基础的基础。

（原载《缱经室学术文集》）

论时间与空间

一

　　我在这里只是从哲学的角度谈时间、空间，没有涉及数学和物理问题，但这个问题又如何能脱离数理？我只是少用数学公式和物理法则来叙述问题，尽可能以通俗方式来表述它。

　　伟大的物理学家爱因斯坦通过物体运动联系时间和空间，没有物体运动，一切在静止中就不会有时间的实体和概念，那只有"现在"，有永久的"现在"。整个空间会有统一的时间，统一的"现在"，而没有过去和未来。如果物体在运动，彼此作不等速运动，这统一的"现在"就会分裂而出现种种不同的"现在"，这就是"同时"的相对性原理。物体在变换位形时，这统一的"现在"必须分裂而变换成为对本体系为统一的另一种"现在"。

　　因为每一个运动着的物体都各有其速度，由这物体运动速度所决定的时间也各不相同。在这许多相对时间里必须建立起一个绝对标准，用它来衡量由不同的速度所决定的时间，这一绝对标准在《相对论》中就是光速。速度是路程对时间之比，普遍速度的存在就表示空间的量和时间的量之间有普遍关系存在。时间和空间是不能分割的，因而导出如下的结论："时间和空间是对立统一体，是物质存在的普遍形式。"《相对论》的理论认为："两个事件间没有空间的绝对关系（和参照系无关的），也没有时间的绝对关系，但有空间与时间的绝对关系（和参照空间无关的）。"从这个观点出发，必须将 X_1，X_2，X_3，T，当作事件在连续区域里的 4 个坐标。四维空间（空时）和洛伦兹变换是《相对论》中的理论基础与方法论。这种变换使《相对论》解决了它所遇到的两难问题。因为：1. 光速不变，和 2. 速度相加原理相抵触，于是必须找出一个新的转换定律，使之能够解决不同系统中的时间相对原理。通过假定试验，同时与非同时的观念说明：每一个参照系数都具有它的特殊时间，除非知道时间的参照系，否则说一件事情的时间是没有意义的。洛伦兹变换使人们抛弃了关于时间空间的古典概念。

洛伦兹变换不仅说明时间变换，也说明空间变换。物体质量在高速运动中会有量度的变化，这种变化引起能量的增加及空间的收缩，这就是有名的"装兹杰惹——洛伦兹收缩"，而能量的增加也就意味着时间的膨胀。假定有两个时钟，一个放在相对运动的体系中，一个放在相对静止的体系中，由两个时钟量得的两个事件发生的时间之间隔，将会有：运动中的时钟慢了。在《相对论》中，使运动速度和时空联系，而得出不同的速度将导出不同的时间与空间，主要条件是运动速度，因而建立光速为极限速度。在高速的情况下，质量在缩，能量在加，而取得质量、能量、时间、空间协变的结果。爱因斯坦以为对于远低于光速的运动，这些动量的分量和古典力学相符；对于高速体系，能量的增长比较随速度的线性增长要快，以致在接近光速时趋于无限大，因此而得出有名的爱因斯坦关于能量的表述式。他并且以为质和能在实质上是相像的，它们是同一事物的不同表示。物体的质量不是恒量，它随着物体运动速度的改变而改变，就改变本身说这是"相对论"中的积极成果，但如果解释为速度增大则质量增加，这里面有些含混的概念。既然以为质量、能量是同一事物的不同表示，而两者同时而增，那么同时而有时间膨胀和空间收缩的物理根源就不得其解。

在《狭义相对论》后，又有《广义相对论》。在《狭义相对论》中，空间也是表达物理实在的一个独立部分，如果我们把物质和场移开，那么惯性质量仍然存在，这个四维结构被看做是物质和场的载体。这种物理状态的表述，假定了空间原来就是已经给定而且是独立存在的。因此《狭义相对论》并没有消除笛卡儿对"空虚空间"是独立存在，或者是先验的存在这种见解所表示的怀疑，而是增加了怀疑。空间是物质和场的载体，问题更加复杂化，这不免回到康德那里，空间是先验的说法又出现了。

引力场的引进使问题的探讨更深入一步，这是爱因斯坦的伟大处，但在当时谁也没有追问引力场的物理量是什么，也没有过问古典引力方程本身存在可以探讨的问题，比如在微观领域和高能场中引力的变化似乎也没有引起注意。相对论性的物理效应与非相对论性的物理效应之不同是明显的，为什么在引力质量上却依然如故？但在《广义相对论》中引力变成了时空弯曲的几何效应，弯曲的程度由物质的能量和动量的分布所决定。于是《狭义相对论》中的空间的概念动摇了，"一无所有的空间，亦即没有场的空间是不存在的"。并不是物质存在于空间中，而是这些物体具有广延性。这样，关于一无所有的空间就失去了意义。这些结果无论在物理、在哲学上都有深远的意义。

"广义相对论"中通过引力场的引进，取得了轰动一时的效果，比如关于水星近日点的进动以及光线在引力场中的偏转和光谱线的红移。但我们还是关心引力场的物理实在问题，这个问题没有解决，相关的诸问题，比如引力质量与惯性质量的关系问题、空间的本质问题以及热物理学中永远没有解决的熵问题，都不得其解，这的确都是些难题。

二

以上举出的难题哲学家们是不必过问的，留待物理学家去解决，但哲学家不能不过问时间与空间，这似乎是永恒的哲学问题，也是一般人都关心的切身问题。

首先还是时间、空间的物理实在问题。恩格斯在《反杜林论》中曾经指出："因为一切存在的基本形式是空间和时间，时间以外的存在和空间以外的存在同样是非常荒诞的事情。"（《反杜林论》人民出版社版第 44 页）时间和空间都是物质存在的基本形式，空间不是脱离物质的独立载体，时间也不是脱离物质的等量流。那么我们进一步要问：究竟时间与空间本身物理实在是什么？如今我们根据经典作家的意见，作进一步的探讨。先论时间，我以为物质能量的存在形式决定时间，也就是时间是能量变化的函数。英国卓越的物理学家 P. A. M. Dizac 曾经指出："随着狭义相对论的诞生，所有三维空间中的矢量与张量都必须在四维的时间和空间中的相应量，这就意味着这些矢量和张量都必须有更多的分量。物理学家过去认为一个矢量是嵌在三维空间中的，从而要求有三个分量来确定它，现在变成了嵌在四维空间中的某种东西，就要求有四个分量了。……如果我们考虑三维空间中的动量概念，那么它必须用一个第四分量来扩展它，这个第四分量正好就是能量。在此以前，我们有动量守恒定律，还有一个独立的能量守恒定律，而现在这两个定律统一起来了，我们有了动量与能量的统一概念，也就有了一个适用于整个概念的统一的守恒定律了。（《物理学家关于自然的概念》、《物理学家关于自然概念的发展》）此所谓第四分量的能量正好是时间，这时三维空间变作四维的空——时了。而时间、能量取决于物体运动的速度，如果运动速度不变、能量不变，时间也就是一个恒量。因为能量决定时间，所以在不同参照系中具有不同能量体系的"同时"是不存在的。高能体系中的时间和低速体系中的时间相比，时间在膨胀，这膨胀出来的时间相对地说属于"未来"，而低速中的时间则体现了"过去"。那么，现在是什么？使 A、B、C 是 3 种不同体系中的事件：

A：＿＿＿＿＿＿＿＿＿＿＿＿＿＿＿＿＿＿＿

B：＿＿＿＿＿＿＿＿＿＿＿＿＿＿＿＿＿＿＿

C：＿＿＿＿＿＿＿＿＿＿＿＿

A 代表膨胀时间的未来，B 代表低速中的过去，C 代表中间状态，它既然可以和 A 同时也可以和 B 同时，也就是说它是 A、B 之间的同时；这不同体系中的同时可以称之为"现在"了。只有这短暂的时间可以体现三者的同时。在更多的不同系列的运动体系中，从低速到高能可以是无限系列，那么你将如何寻觅这不同能量中的同时？相对地看来，一切都是过去（从最高能看），又都是未来（从最低速看）。"现在"在哪儿？真正是踏破铁鞋无觅处。我们只能将这一系列不同体系当作一个有加速运动的体系，找到这加速运动的比例系数 G，因而找到由加速度 g 所决定的短暂时间 $\triangle t$，这是一种标准时间，这是一系列不同时间的共同点，是否可以把这一点称为"现在"？也有问题。因为在不等速的情形下，在无限系列的体系中，即使你有一个标准时间 C，然而它是短暂的逼近于零的 C，如果说它是现在，这现在逼近于零。在找不到现在也没有同时的情形下，这岂非一个奇怪的时间？

　　这完全不是概念的游戏，是事实，因为人们习惯于以自己选择的参照系为标准，对于不同参照系的时间，或者说它膨胀了，或者说它放慢了，总是以自己的坐标为优选系。（相对论的正统解释认为："在静止时完全相同的两个钟如果携带它的观察者之间有了相对运动，两个观察者都认为对方的时钟慢了。"——这种解释是没有根据的）这说明了时间和速度间的相互关系，因为各个体系的运转速度不同，所以它们之间的时间也就不一致。

　　谈到能量和时间的关系，我们应当追究一下这个词的起源及其涵义，这可以追溯到莱布尼兹把动力分成死力和活力。死力是静止物体的"压力"或"拉力"，而把物体的质量和这个物体由静止状态转到运动状态时所具有的速度的乘积作为这种力的量度，并且把质量和速度的平方的乘积拿来作为活力——物体的真正运动——的量度。（《自然辩证法》人民出版社版第63页）而著名数学家伯努力方程的结构正好是把物质质量"m"分成压力和动力两个部分，简化这个方程，可以是：$p_1v_1 = p_2v_2 = m$。P 是压力，V 是动力，m 是质量。在微观高能领域中的波粒二象性，也是说明惰力（粒子）和能（波）之间的辩证统一关系。

　　这运动中的物质总是表现为惰力和动力。惰力即引力的组成部分，而动力即惯性的组成部分。动力达到高能后，它的引力质量逐渐收缩而逼近于零，而惯性质量则无限膨胀，因为物质本由引力质量和惯性质量所组成，这种组成可以名之为"二元合成"。用符号可以说明两者之间的变换关系：$M = m_1 + m_2$。M 代表总的质量，m_1 代表引力质量，m_2 代表惯性质量，通过速度 C 可以导出能张量。这种能张量说明时间膨胀的物理根源。其实这种能张量也就是惯性质量的数学表态，因之时间膨胀也不是一种假设，不是一种数学上的符号变换，而是物理实在。其实我们说"时间膨胀"也许并不正确，它不是膨胀出来的。我们总是以我们所选择的坐标系为准而衡量其他坐标系的时间，才能有膨胀与收缩这种说法。如果去掉这种优选的坐标系，在不同的体系中有不同的能量量度，而因有不同的时间量度，不存在一个标准时间，就如不存在一个标准速度一样，因而我们不能说我们的钟表是标准时间，而其他是慢了或者快了。

关于空间，我们还缺乏一个严密定义。爱因斯坦大师曾经说："一无所有的空间，亦即没有场的空间是不存在的。"（《相对论与空间问题》）这是卓越的见解，因之仅就物质的广延来定义空间也是不周密的。空间可以假使由引力场半径的平方所决定，它们之间成正比；这和时间之与能量密度平方成正比一样（也就是惯性质量），都是物理实在。引力场可以增加相对物质质量的密度，引力红移就是例证。光线到达强大的引力场中，光强增加而频率放慢以致出现红移。薛定谔曾经指出 M_2 的积分平方决定着频率为：$|-V_K - Vk'|$ 的发射光的强度，这强度由电矩阵 akk' 和振幅常数 C_K 来决定。这也就解决了古典物理学家长期存在的疑惑。他们总以为光电子的能量和光的强度是直线关系，而实际情况并非如此。光强的增加只加多电子的数目而且数量上严格正比于强度，光强只是反映了电子质量密度的增加而不是能量的增加。从波动的观点看，干涉现象中观察到光的极大值的那些空间部分，其特征是光振动的振幅有极大值。在空间的任何部分，光强都与振幅平方成正比。从光子的观点看，光的强度与来到我们所考虑的这一部分空间中的光子的数目成正比。可以假定来到某一部分空间中的光子的数目与根据波动说决定该空间中的光振动的振幅平方成正比。

以上说明了光强只是反映质量密度和振幅值而和能量不是直线关系，和能量成直线关系的是光的速度，而引力质量也反映了光子数目，这构成空间位形，也就是说引力质量决定空间。本来薛定谔振幅方程是能量方程，因之它和 h^2 成反比，作为反映引力场的方程，它是和 h 成反比。情况是复杂的，因而有关于时间、空间的函数有时使人迷惑不解。比如爱因斯坦曾经说："时计邻近的有质物质的质量愈大，它就会走得愈慢。"这时计走得慢只是反映了引力质量变大而惯性质量变小，这时计要停摆了，不是时间膨胀而是它的"停止"。引力场和空间是直线关系，由引力场半径决定的几何度规，这似乎没有任何疑义。

爱因斯坦利用了洛伦兹（Lorentz）的研究成果，根据光速恒定原理，由不变量中导出变量。以光速为不变的绝对标准，空间尺度和时间尺度就会在每一个参照系的运动而有所变化。空间收缩理论，最初由斐兹杰惹（Fitzgerald）提出，后来洛伦兹又以完备的形式加以说明。我们这样理解：任何速度运动的体系都会引起引力质量的变化，速度越高，变化越大，引力质量越小，那么由引力场所决定的空间也就收缩，或者把这种收缩称为"引力效应"。因此我们也同意这种见解："加速度场和引力场只在局部范围才有等效性；由于无穷远边界条件不同，要求它们在空间等效是办不到的。"（《相对论与空间问题》）以此《广义相对论》提出引力问题，的确是卓识，因为时间空间和惯性质量、引力质量分不开，我们首先将讨论引力质量问题。

什么是引力？也就是引力场的物质基础问题。曾经有人提出这样问题："引力场是物质吗？如果是的，它就应当通过它的运动特征表现出来，比如应当有能量和动量。可是人们在任意坐标系中始终无法定义引力场的能量和动量。引力场只表现为只有时空特征而没有运动特征的几何场——运动的相对化带来了物质的几何化。……他本来想把惯性力落实为引力，结果却把引力架空成和惯性力一样，可以随着坐标变换时隐时现可有可无的东西。"（《相对论批判》）这种提问有它的道理，但它本身也存在问题。说引力场只表现为时空特征而没有运动特征的几何场，其实引力场具有完备的运动特征。过去人们还没有理解到这一点，所以 D. 玻姆曾经在《现代物理学中因果性与机遇》一书中作过有趣的叙述，他说如果用地球直径一样粗的钢绳把地球缠起来，使它绕着太阳转也不可能。如今没有这条钢绳，而引力代替了它，却正常运转。但引力究竟是什么，过去无法解答。

在过去，物理学界曾经使"以太"作为物质的载体；随着科学的发展，人们只假设有场而不考虑"以太"是否存在的问题。原则上，在空间每一点上都能定义场，结果产生了这种观念，即场是一些新质的实体，许多物理学家都承认这一点。这包含着物质概念和空间概念的改变。比如，场的概念意味着，尽管空间没有我们所认识的物体，它仍然可以有连续变化的场，这些场具有能量、动量和角动量；所以场甚至可以具有运动物体的某些特征。这样，物质的概念实际上就被推广了，它包括了场的概念。场代表着一个物质系统的某些表现遍布在一个广阔空间区域中的广延。（《现代物理学中的因果性与机遇》中文本第 55 页）

爱因斯坦晚年致力于统一场论。一个脱离我们所认识物质的场，能够和物质并列于宇宙中的场，即使它是一种物质体系，究竟是一种什么物质，现在还没有搞清，因之，你无论用什么数学方法，即使你证明了这统一场的存在，也没法说明这统一场的物理基础是什么。倒是爱因斯坦提出的引力与惯性相等的问题是值得深入探讨的问题。引力场是由我们所认识物质产生的场，"万有引力"是完全正确的命题，没有物质不会有引力，是物质质量决定了引力，也决定了惯性，通过物质运转，通过速度的变换，或者是通过双线性变换，引力质量、惯性质量可以互相转化。

引力场可以转化为惯性场，或者说引力质量通过运动，可以转化为惯性质量；相反亦然。光子则不具有静止质量而具有惯性质量，但在惯性质量中仍然具有引力质量，这在热力学中表现为熵（Entropy）。因为惯性和引力相等是《广义相对论》中的论点，有必要认为光子和其他基本粒子相同，也具有引力。引力本身是一种"束缚能"，或者称之为惰力，当物质在相对静止中，这种惰力包括有两种力量：引力和惯性，也就是上面曾经指出的公式：$M = m_1 + m_2$。只有从这个角度看，引力和惯性才相等，相反在光子中引力也是包含在惯性中。或者我们依照莱布尼兹的说法，把引力说成死力而把惯性说成活力；活力决定着时间量度而死力决定着空间量度。函有活力的时间永远不停留在某一点上，因而在时间上我们很难找到"现在"，而死力所决定的空间却缺少变化。静止的天体，引力强大的天体，很少活力，缺少事物发生发展的过程，它不具有过去和将来，它近乎"死寂"的自然。这很少变化的空间和不断变化的时间构成四维空时连续区而互补所缺，使人们的"现在"感加强，因为在强大的引力场中可以说只有"现在"，"现在"意味着停止。这也是引力和惯性可以互相转化的一种说明。运动中的物体随着速度的变化而引力惯性也在变化，速度大则能量大（惯性质量大）；相反在强大的引力场中，增加入射光线的强度而减低速度以致红移。

　　我们再讨论关于时、空的本质问题。时间只能是能量流的表现形式，能量大则时间膨胀，这时间膨胀只能说明生力或者是活力充沛的事实。在事物的发生发展过程外，找不到时间。没有生命和生长就没有时间的概念；而生命和生长永远不停留在某一点上，这"一点上"就是现在；而它一点一滴的构成时间长流。我们既不能抓住这一点，当然就"无计留春住"。在物理学上基本粒子的生命可以说明时间。某一粒子从一个能级向另一能级跃迁，频率高则能量大而能级间的距离长。如以氢原子的放射为例。紫外线的波长愈短则跃迁的距离愈长，而红外线的波愈长则跃迁的距离愈短；因此放射的能级越大它越不稳定。

空间则由引力场强决定，而质量分布密度决定引力场强，引力场强又决定空间的几何度规。运动着的物体，当运动速度加大后，质量向能量转化，也就是引力质量向惯性质量转化，它又影响位形空间。能量、质量和时间空间的关系，前人已有所觉察，自从希尔伯特（Hillbert）和诺特（Nother）的工作出现后，人们已经知道动量守恒是和空间的均匀性联系着，而能量守恒是和时间的均匀性联系着。（《古代物理学、经典物理学和量子物理学中的相对原理》中文版第58页）我们是在前人的研究基础上进行探讨。而且爱因斯坦本人也曾经说："质量是由物体反抗它的加速度的阻力来定义的（惯性质量），它也是由物体的重量来量度的（重力质量）。这两个根本不同的定义却导致物体质量的同一数值，这件事本身就是非常惊人的。"（《爱因斯坦文集》中文版第429页）这已经道出惯性质量和引力质量的内在关系；更惊人的是没有因此而导致惯性质量与速度的一致性以及引力质量与相对静止物质（重力）的一致性。在高速运动中的物质的惯性与引力只能反向的发展而不相等，只有在静止或高速中它们才有同一数值，也只有在这个时候才有惯性与引力的统一场。

三

在《广义相对论》中引进了引力，如今我们又引进了熵。

熵（Entropy）和引力都是物理学中也是自然界中最重要的物理实在。物理学家以及其他自然科学家在科学研究和工作实践中会经常接触到这种存在，因而是大家熟习的项目。关于它们也都具有相应的定理定义和数学公式，但至今还没有弄清它们究竟是些什么物理实在。虽然具有对它们作定量分析的数学公式，因为对它们的性质还没有弄清，这进行定量分析的数学公式也就存在着问题。我们已经探索了关于引力的一些问题，希图弄清引力本身的物理实在，如今我从研究热物理学中的熵开始重新考虑这些问题。

　　我也曾在一份"关于引力性质试验方案"中初步提出了熵的问题，认为它不止于状态函数，仅仅说熵是量子状态数目的自然对数还是不够的；但在那份方案中我也没有能够提出关于熵的完整数学表达式，而是提出：熵是热物理学中惯性质量的引力作用。现在我还是这样理解，而且美国物理学家近来也说："熵是由引力能量转送到其他物质产生的"。（见《量子与宇宙》第161页）物质是由大量分子组成的；分子间存在相互吸引和相互排斥两种运动形态；当分子相互靠近时即互相吸引而放出能量。这就是我们定义引力作用是冷凝热的理论根据。当温度增加时分子间的距离加大，冷凝的作用减少而热能增加，这时就热温商的比值说，熵相对地减少；但热能增加，体积扩大，混乱度增加，因而引力作用又相应的增加，这就是熵是状态函数的来源。情况比较复杂而出现矛盾现象。通过热温商的公式，温度增加则减熵；但温度增加后则量子状态数增加又有加熵的现象。熵是可加量也正表现在某一个体系因温度变化而熵变量是可加量。通过这一可加量的计算才是这一个体系熵的总和。当我们探讨这一熵变量的总和时，应当探讨这个体系的状态变化程度与体系的温度和在膨胀过程中所吸收的热量 Q 之间的关系。

　　一个体系中的熵总量是两个变量相加的和，即使两种变量相等，熵总量也是两者之和。我们知道在热物理学中，温度的定义：$T = \dfrac{\varepsilon}{\delta}$ 公式的右边是热能与熵的反比，由此可以得出是熵冷凝热的结论，熵的比重越大，温度越低；相反则温度高而熵的比重减少。而热能是和温度成正比的，温度越高热能越大，但状态数越大因而增熵，热能是作用质量，作用质量增加当然引力作用也增加，于是通过增温而出现自然科学中的"二律背反"，这就是：增加温度则通过热温商的公式而减熵，一方面又因自由能的增加而增加状态函数而加熵，于是有："（热温商）＋（状态函数）＝熵变总量。"我曾经指出上式左侧两式相等和不相等的情况，自然变化多端，比如在高能物理变化中或者在天体演化处于晚年阶段，就会出现更复杂而矛盾的现象。当温度急剧增加，吸收大量热而热能急剧增加，量子状态数目也急剧增加，这时熵变情况又如何？在高能情况下，热温商的熵变量和状态函数相比是微小的量。

因为熵是一种可加量，对于"熵是反映体系中质点运动的混乱程度的物理量"的定义，当然有它的不足处，因为它忽视了热温商。热温商和状态函数一样，因为具体发生的途径不同，它们有不同的变量，在某种情况下，比如高能，热温商的数目可以忽略；在另一种情况下，比如低温，状态函数的数目又可以忽略，要看具体情况，因此我们重新定义熵：熵是惯性质量的引力作用，它是热温商与状态函数的和。因为它是两种熵变量之和，所以它是可加量，它的总量是：热温商＋状态函数＝熵总量。既然熵是惯性质量的引力作用，而引力作用总是与物质量相当，因此我们可以用 M 代表引力作用，而以 $m_1 m_2$ 代表体系中的两种熵变量，于是有 $M = m_1 + m_2$。如果我们给定的条件是 $m_1 = m_2$，所以这个公式可以是：$m^2 = 2m$。这是我们曾经计算引力的一种数学方法。

引力也具有能量，虽然它本身是负能，它和熵的性质一样，在它们还没有通过速度或温度的变化而变作能时本身都是负能，负能也可以说成是束缚能。根据相对论原理，活力（正能）决定着时间量度，而死力（束缚能）决定着空间量度。静止的空间，引力强大的天体，活力变为死力，事物发生发展过程不易出现。这很少变化的空间和变化不已的时间，构成空时四维连续区而互补所缺，这也可以作为引力、能量可以互相转化的补充说明。因之我们说引力中具有能量，能量中也具有引力；熵也是如此，熵一方面是束缚能，是引力质量与温度成反比，又是量子状态函数与温度成正比。

能量是惯性质量的作用量，熵是引力质量的作用量，因之物质运动的速度越大，能量也越大，以致超过线性增长；但质量和能量既然可以互变，它们就不能同时俱增而出现两大。所以，如果说，"物体的质量不是恒量，它随着物体能量的改变而改变，"就不免出现矛盾现象。如果是引力质量，这种质量随着运动速度增加而转化为能量，能量增加，也只能是惯性质量的增加而引力质量相应地缩小。

四

以上我们论述了引力质量、惯性质量、时间、空间等问题，也讨论了熵的问题，因为我认为熵就是惯性质量中的引力作用。这些问题的论述我没有借助于数学推导或者是物理公式，我只是从理论上推论其当然，至于所以然在我的《论时间、空间与引力》和《熵和引力》两文中已经探讨过了。我相信我的推论，当然也希望有关单位的实验能够证实这些结论。

虽然我陈述了几个问题，而关键所在是引力问题，因为我们顺利地解决了引力问题可以连带地解决其他问题。引力和时间空间一样，是科学界的古老问题，也是哲学上的老问题。中国先秦的墨家是给引力最早下过定义的学派，他们说："引，无力也。"（《经说下》）这是当时能够给引力下的最好定义，在当时的条件下，似乎找不到最好的提法。他们也是最早联系时间空间于物质运动的学派，他们说："宇域徙，说在长宇久。"（《经说下》）"宇长徙而有处，宇南宇北，在旦有在暮，宇徙久。"（《经说下》）这是墨家关于时间空间的相对性原理。

在欧洲也有讨论宇宙学说的传统。自古希腊以来，他们的成就是辉煌的，而且争辩激烈。在近代欧洲，致力于时间空间问题探讨而影响最大的是牛顿和康德。康德在哲学上是二元论者，在时空问题上也是如此。他认为由经验的体会则有时空经验的实在性，就理性方面考察言，又证明时间、空间的观念性。在他的"二律背反"中也曾经反复对时空问题进行讨论。爱因斯坦是本世纪上半段伟大的理论物理学家，他把时间空间纳入现代科学的轨道，它们不仅是哲学上的传统问题，也是物理学上的重要课题了。我们以上提出来的问题，引力、惯性、空间、时间都是在他的研究基础上提出一些初步的看法，这些看法可能是错误的，我希望得到指正。

只有熵的问题不在相对论的范围内，是我在上述问题的讨论中引进一个新课题。不能很好地解决熵的问题，就不能很好地解决引力质量与惯性质量的问题，因为熵正好是两种质量的结合，如果我们探求引力质量与惯性质量是否相等的话，只能求助于熵。相反我们顺利地解决了引力与惯性的物理实在也就有助于熵的解决，因为本来是"三位一体"。

时间与空间只是惯性与引力的作用，没有惯性、能量谈不到事物的发生与发展，没有事物的发生发展就不会有时间的概念。而引力代表空间，引力场是有广延的空间，它是一切事物的载体。如果没有引力场的存在，不会有空间，没有空间不存在事物的载体,"皮之不存,毛将焉敷?"

　　以上是我对引力质量、惯性质量、熵的可加量、时间的函数、空间的函数这些问题的初步看法,希望得到同志们的教正。

　　　　　　　　　　　　　　1980 年 12 月定稿

　　在此要声明一句:在 10 年前还没有一个美国人说熵是引力作用。1981 年我把熵的文章带到美国,许多人看过。

　　　　　　　　　　　　　　　　校样后附识

　　　　　　　　　　　　　　　　1989 年 1 月

　　　　　　　　(原载《缙经室学术文集》)

都江堰"深淘滩,低作堰"的科学意义

"深淘滩,低作堰"相传是秦蜀守李冰留下治理都江堰的水利准则,《灌县都江堰水利志》中曾有这样的叙述:"六字诀,即'深淘滩,低作堰'六字。相传,这为李冰留下的治堰准则,在一些史书中都有记载。……所谓'深淘滩'是指对内江凤栖窝下面的一段河床,每年淘淤必须淘至河中所埋'卧铁'为准。其所以要深淘,是为使内江河床保持一定深度。否则,就会使次年春耕用水期间,在相同水位下,宝瓶口进水流量不足,不能保证用水需要,故有'深淘一寸,得水一寸,深淘一尺,得水一尺'的说法。同时,如不深淘,也会在汛期抬高水位,增大飞沙堰压力,冲毁飞沙堰,造成成都平原缺水灌溉。所谓'低作堰',是指飞沙堰不宜筑得太高,一般只应高出堰前河底二米左右。否则,堰过高,则至秋水泛滥伤禾,也会影响飞沙堰的泄洪和排沙效果。'深淘滩',与'低作堰',是相辅相成,缺一不可的两个方面。'深淘'是为保证春耕引足灌溉用水,而'低作'则是为更好地泄洪、排沙。这不仅从实践上科学地解决了许多水利专家修建大型水利工程难于解决的复杂问题,而且运用朴素的哲学思想。正确地处理了引水与排洪的矛盾。所以历代把'深淘滩,低作堰'六字诀奉为至宝,代代相传，成为修治都江堰的必遵之法，关于'深淘滩'之标准，历代皆有记载。"（1983 年 5 月版，原书第 49—50 页）

以上的叙述和解释，都正确无误，深淘才能有低堰，否则必须高堰，而高堰容易决口。不过我们还可以作进一步的探讨，因为其中有深刻的流体力学的意义。任何一种物体当流动速度增加时，这时的重力是可加量：一方面是通过速度增加而减少了静止质量的重力；一方面是通过惯性质量的增加而增加了惯性的重力。两种重力相加是物体重力的总和，一如热力学中两种熵（Entropy）变量相加得出的熵总变量，和熵变量的公式相同，也有：

静止质量重力 + 惯性质量重力 = 总重力，

在流体力学中我们也可以找到静止质量与惯性质量因为流速不同而出现不同情况的类似事件，比如有名的伯努力方程：

$$V_1^2/2g + p_1 = V_2^2/2g + p_2$$

这个方程指出具于水平位置的管流，当液体沿着具有不同截面的水平管子流动时，在管子狭窄的部分速度大，而在管子的粗大部分液体压强大。压强大说明流体积累多，流速大说明惯性质量大。这两部分液体的划分，说明了"任何运动着的物体都可以分为静止质量和惯性质量两部分：速度高则惯性质量大，在流体中也就是流量大；速度低则积累多，也就是静止质量大。这种情况在热力学中，静止质量的重力表现为热温商，而表现为惯性质量的状态函数，则是热能的重力作用。道理是一致的，虽然表现的情况不同。"

我们把上述理论应用到"深淘滩，低作堰"的解释上，可以知道"深淘滩"的结果，会使流速高于浅滩，因而增加流量；浅滩则因淤泥的摩擦力使水底减速而增加积累，同时浅滩也容易导致水流截面的加宽，因而增加静止质量。这增加的积累或者是静止质量都可以视作流体力学中的熵，因为它不能发挥能的作用，而"深淘滩"会使水流截面窄，流量大，冲刷力强，可以发挥出较大的能量作用。

　　熵和能是可以互相转化的。流量大则灌溉面积大，因而收效大，也就是能量大。

　　1940年春夏之际，我曾经对于李冰治水有过全面的考查，并写出20万字的《李冰与二郎神》一书，交给一家出版社，他们几年也没有印出，在全国解放前，他们通知我"原稿遗失"，这真是不可弥补的损失！但还记得"深淘滩，低作堰"的6字诀，以及和张政烺教授讨论二郎神的过程。在可靠记载中没有发现李冰的儿子，至于附会二郎与水怪斗法的传说更属神话，正是：

　　二郎史无据，斗法属传奇。

　　李冰虽蜀守，功和大禹齐。

　　附件：

杨向奎教授题词

（中国社会科学院历史研究所）

此为本文附件，全文曾在四川省水利专刊发表。

（原载《缮经室学术文集》）

司马迁的历史哲学

一

　　司马迁是我国古代伟大的历史学家,他的《史记》奠定了我国纪传体历史书的基础,为中国史学的发展作出了卓越的贡献。而且,不仅在史学领域内,在文学史上、哲学史上司马迁都占有光辉的地位。在他以前,在儒家思想的范畴内本来已经存在一个历史学派——公羊学;这有名的公羊学派曾经对他发生过重要影响,可以说,司马迁是前期公羊学派中的重要人物。我们不能忽视这一点,如果忽视这一点,对于这位伟大的历史学家,将不会有正确的评价。司马迁是把他的《史记》比作孔子的《春秋》的,他曾经说:"先人有言:'自周公卒五百岁而有孔子。孔子卒后至于今五百岁,有能绍明世,正《易传》,继《春秋》,本《诗》、《书》、《礼》、《乐》之际?'意在斯乎!意在斯乎!小子何敢让焉"(《史记·太史公自序》)。这是他明说继孔子之后要续作《春秋》了。

　　"五百岁",在先秦儒家看来是一种历史发展法则,到了司马迁的时代又是"至于今五百岁",司马迁应当"当仁不让"

了。但在这方面他还是表示谦虚，当壶遂追问他是否打算作一部新的《春秋》的时候，他却说："唯唯，否否，不然。……余所谓述故事，整齐其世传，非所谓作也，而君比之于《春秋》，谬矣"（《史记·太史公自序》）。在经今文学派看来，孔子是因为"上无明君，下不得任用，故作《春秋》，垂空文以断礼义，当一王之法"（《史记·太史公自序》引壶遂语）。《春秋》本来是据乱世而作，以明一王之法，这一王之法即是《春秋》。后来的公羊学家遂说《春秋》是为汉立法。可是太史公继作《春秋》又是为了什么呢？壶遂对此是不肯放过的，所以他追问道："今夫子上遇明天子，下得守职，万事既具，咸各序其宜，夫子所论，欲以何明？"（《史记·太史公自序》）这是相当严厉的质问。司马迁于此只好退却了，他说不是在作《春秋》，他是在整理历代的故事，是为了"力诵圣德"。虽然如此，《太史公书》还是有谤书之诮，而他实际上也还是想继作《春秋》。他说："'……昔西伯拘羑里，演《周易》；孔子厄陈蔡，作《春秋》；屈原放逐，著《离骚》；……《诗》三百篇，大抵贤圣发愤之所为作也。此人皆意有所郁结，不得通其道也，故述往事，思来者。'于是卒述陶唐以来，至于麟止"（《史记·太史公自序》）。这不是在自比于《春秋》吗？不过只是委婉地说出他的目的罢了。司马迁的话前后虽有矛盾，但他没有隐瞒自己的观点。对于汉朝，他既有歌功颂德肯定的一面，也有心怀郁结不满的一面，这正是《春秋》有褒有贬之法。虽然他说不是在作《春秋》，是在"述故事"，但我们知道孔子的《春秋》也是"述而不作"。孔子的《春秋》是在立一王之法，司马迁究竟立下了什么"王法"呢？换句话说，什么是太史公的历史观，什么是他的历史哲学呢？

二

西汉是大一统的封建国家。秦虽然也有过短暂的统一，但在统一前后都是战火纷飞的年代。在秦统一以前，战争的主角虽然是封建地主阶级，但统一的局势在当时来说是主流所在。比如当时的纵横家，无论是纵是横，都是主张一种松散的统一，而秦朝所追逐的是巩固的完整的统一。这新的一统和宗周时代的一统观念有绝大的不同。在西周是统一在宗法贵族的统治下，在秦汉则是统一在新兴的地主阶级手中。这是一种本质的改变，法家是这种改变的鼓吹者；儒家，尤其是公羊学派也是这种改变的鼓吹者。这是扩大了的"一统"，所以称之为"大一统"。在战国以前，春秋时代虽然逐渐动摇了西周以来的宗法贵族统治，但他们还没有全部被推翻。战国以来，新兴的地主阶级逐渐强大起来，他们逐渐取代宗法贵族的统治地位，以致后来出现了以地主阶级为主体的秦汉统一国家。这是一个漫长的艰苦过程。西周到春秋是早期宗法封建制社会，这个时期的封建统治者都是世袭的神圣的，他们都是宗法制度中不同等级中的大宗，大宗世代掌握政治经济大权，井田的所有者是天子与诸侯，这时的文化知识也都掌握在他们的手中，后来的诸子出自王官说就是一证。

地主阶级原先在政治上是没有地位的，他们之所以能够取得政权，还是由于农民战争。中国历史上第一次大的农民起义的胜利果实后来被地主阶级所攫取，没有陈胜、吴广为首的农民大起义，打不乱秦朝的暴虐统治，也打不乱残存的宗法贵族势力，而宗法贵族是妨碍大一统的反动势力。到汉朝遂建立起新兴地主阶级政权，所以过去的历史学家以秦朝为"闰统"，当然他们考虑问题的角度和我们不同。我们以为秦统一后，它仍然是一个过渡阶段，它继往开来，是一个"闰统"，时间短暂，未完成的事业要由汉来完成。

历史学家必须对陈胜、吴广领导的农民战争作出自己的评价，提出自己的看法，从而表现出他们所持有的历史观。让我们来看看司马迁是如何理解这些历史问题的。他曾经反复谈论这些问题，比如他说："桀、纣失其道而汤、武作，周失其道而《春秋》作，秦失其政而陈涉发迹，诸侯作难，风起云蒸，卒亡秦族。天下之端，自涉发难"（《史记·太史公自序》）。又说："太史公读秦楚之际，曰：初作难，发于陈涉；虐戾灭秦，自项氏；拨乱除暴，平定海内，卒践帝祚，成于汉家。五年之间，号令三嬗，自生民以来未有受命若斯之亟也"（《史记·秦楚之际月表》）。他对于陈胜首难曾经反复强调，因为没有这一首难，推不倒暴秦，也就没有汉朝的一统。在《自序》中他把陈胜与汤、武、孔子并列，这是一个绝不平常的历史地位，虽然在《史记》中没有《陈涉本纪》，但汤、武、孔子都是"圣王"和"圣人"。《史记》对于汤、武的评价说："昔虞、夏之兴，积善累功数十年，德洽百姓，摄行政事，考之于天，然后在位。汤、武之王，乃由契、后稷修仁行义十余世，不期而会孟津八百诸侯，犹以为未可，其后乃放弑"（《史记·秦楚之际月表》）。汤、武都是所谓"累世积德"的圣王。再看《史记》对于孔子的评价道："诗有之：'高山仰止，景行行止。'虽不能至，然心向往之。……天下君王至于贤人众矣，当时则荣，没则已焉。孔子布衣，传十余世，学者宗之。自天子王侯，中国言六艺者折中于夫子，可谓至圣矣"（《史记·孔子世家》）。太史公把陈胜与汤、武、孔子并列，好像不伦不类，却是最高的评价。汤、武伐桀、纣，孔子作《春秋》，与陈胜首难，代表中国古代历史发展的几个不同阶段，这是由奴隶社会、宗法封建社会走向地主封建社会的过程。《春秋》虽然不是一个朝代，但《公羊春秋》是为大一统的天下立法，而中国大一统的天下所以形成是建基于垄亩之间的陈胜、吴广，这才是"王迹之兴，起于闾巷，合从讨伐，轶于三代，乡秦之禁，适足以资贤者为驱除难耳。故愤发其所为天下雄，安在无土不王！"（《史记·秦楚之际月表》）"安在无土不王"是天下大事，过去是无土不王，而今是无土而王，这是陈胜、吴广首创的奇举，肯定这无土而王，是太史公的卓识，这是几百年来阶级斗争的结果，是陈胜、吴广首难的结果。

战国时代的地主阶级大致可以分作两类：一类是由过去宗法贵族转化而来，一类是新兴的商人地主阶级。他们都还软弱，还不能建立起强有力的地主阶级政权。战国后期的各国，虽然通过变法已经建立起代表地主阶级的政权，但这种自上而下的改革，对于宗法贵族势力还不能铲除干净，以致有些曾经几次反复。一直到项羽，农民起义的风暴已经摧毁秦政权后，他并没有重新建立大一统政权的宏图，他是旧贵族出身，仍然保存旧贵族的传统思想。他要恢复诸侯割据的局面，虽然有一个共主，一个名义上的天子，称作"义帝"，但只是傀儡。史称"项王欲自王，先王诸将相。谓曰：'……灭秦定天下者，皆将相诸君与籍之力也。义帝虽无功，故当分其地而王之'"（《史记·项羽本纪》）。于是，形成这么一种局面：曾经是统一的国家又为许多诸侯所分割，这些诸侯上面有一个不起作用的傀儡帝王。汉朝统一后重新建立起大一统，刘邦继续了陈胜、吴广的传统，他们是无土而王，无土者无宗，他们不具备宗法贵族的传统。司马迁肯定了陈胜首难，肯定了项羽灭秦，更加肯定了汉朝的一统。这一统是经过几百年的斗争，多少代的舆论鼓吹后建立起来的。而战国、秦汉之交鼓吹大一统最有力者是公羊学派，公羊学派因此被说成为代汉立法，代后王立法。司马迁继承了公羊学的传统也在为后王立法：大一统。他同时也在为后人立法：反对暴政。这两者是对立的统一体，陈胜、吴广因反对暴政而亡秦，亡秦而后才有汉刘邦的大一统。项羽所建立的西楚与强秦类似，都不过是过渡阶段的"闰统"。

汉朝一统后，出现了一种新的局面。在这种新局面下有许多新事物发生，如何看待这些新事物，也是对于历史学家在历史观方面的一个考验。如果他是一个保守的历史学家，他会反对这些新生事物，或者是漠然视之，而不给予足够的历史评价；相反，如果是一个具有进步观点的历史学家，他会分析这些新生事物而给以应有的评价。在宗法贵族时代，是"不贵不富"和贵则必富的，除了宗法贵族掌握政权及全部土地外，再没有什么其他的富人。但这种制度正在崩溃。由于社会经济的发展，不贵而富的新兴商人地主阶级开始出现，他们"多财善贾"，虽然是富有者，但还没有掌握政权，还不能"贵"，这是"富而不贵"的时代。到了汉朝新兴地主阶级已经掌握政权，政权属于新的富人，于是如何评定他们的地位，就提到历史家的面前了。新兴事物出现，直到得到社会上的承认，往往有一段较长的过程，司马迁是公开肯定新兴商人地主阶级的。他赞扬许多能够"货殖"的人，曾经说："'仓廪实而知礼节，衣食足而知荣辱。'礼生于有而废于无。……渊深而鱼生之，山深而兽往之，人富而仁义附焉。富者得势益彰，失势则客无所之，……故曰：'天下熙熙，皆为利来；天下壤壤，皆为利往。'……富者，人之情性，所不学而俱欲者也。故壮士在军，……不避汤火之难者，为重赏使也。……农工商贾畜长，固求富益货也。……今有无秩禄之奉，爵邑之入而乐与之比者，命曰'素封'。……故曰陆地牧马二百蹄，牛蹄角千，千足羊，泽中千足彘，……安邑千树枣；……齐、鲁千亩桑麻；……此其人皆与千户侯等。……不窥市井，不行异邑，坐而待收，身有处士之义而取给焉。……无岩处奇士之行，而长贫贱，好语仁义，亦足羞也。"又说："凡编户之民，富相什则卑下之，伯则畏惮之，千则役，万则仆，物之理也。夫用贫求富，农不如工，工不如商，刺绣文不如倚市门，……故南阳行贾，尽法孔氏之雍容。……以末致财，用本守之，以武一切，用文持之，变化有概，故足术也。若至力农畜，工虞商贾，为权利以成富，大者倾郡，中者倾县，下者倾乡里者，不可胜数。……由是观之，富无经业，则货无常主，能者辐凑，不肖者瓦解。千金之家比一都之君，巨万者乃与王者同乐。岂所谓'素封'者邪？"（《史记·货殖列传》）这的确是中国经济思想史上少见的议论，牵涉到中国封建社会的道德学说与伦理问题。它与正统派儒家的道德学不相符合，也违背了封建地主阶级的伦理学说，这在先秦法家中也是少见的。在先秦，西方各诸侯国的法家反对商贾而鼓吹农战；而东方各国的法家，比如说齐国，重视商贾渔盐之利，所以管子有"仓廪实而知礼义"的议论。公羊属于齐学。司马迁发展了这种观点，他重视生产，重视货殖，重视财富，重视富商大贾，以富者和权贵相提并论，把过去的贵而后富的观念颠倒过来，变成富而后贵。这在社会发展史上是一种剧变。本来贵族是世代相传的，而财富是可以力取的，由不能力取的贵到可以力取的富，这说明社会阶级关系有了变化。司马迁的议论是与这种社会发展规律相符合的，这是进步的理论而不是保守或者倒退。这是有利于人民的理论，也是有利于社会经济发展的理论。任继愈同志主编的《中国哲学史》也肯定了太史公的理论，说："司马迁把人对于生活利益的要求放在第一位，……这实质上是反对那些荒淫无耻、唯利是图，但又'口不言利'的统治者。……统治者向人民标榜'正其谊，不谋其利；明其道，不计其功'，这是要人民不要讲利，只讲'道'、'义'就够了"（第二册，第 91 页）。统治者为了自己的利益，而要扼杀人民的利益，后来的统治者要求人民"安贫乐道"也是这种道理。

"货殖"就是生产，司马迁鼓吹货殖，就是提倡发展生产。生产发展了，社会才能繁荣，社会繁荣才有所谓礼义，所以说，"'仓廪实而知礼节，衣食足而知荣辱。'礼生于有而废于无。……渊深而鱼生之，山深而兽往之，人富而仁义附焉。"我们今天肯定司马迁的观点，这种观点是有利于社会发展，有利于人民生活的观点。司马迁同情人民，关心人们的物质利益，这是进步的思想，和那种用"义"来遏制人民正当生活权利的重"义"轻"利"思想是背道而驰的。"利"在阶级社会有阶级内容，"义"在阶级社会也有阶级内容。墨子就曾经说："义，利也"（《墨子·经上》）。又说："利，所得而喜也。""功，利民也"（《墨子·经上》）。这是说凡是有利于人民的功业都是义，所以义也就是利。后来的儒家和理学有义利之辩，其实都是去掉了阶级内容的空谈，实质上是有利于封建统治的都是义，而有利于人民的事业则是利而不是义，这种利是要禁止的。封建社会的道德与伦理，是阶级观点最明显的反映。

封建统治者要求人民遵礼守法，要求人民行其义而不谋其利，也就是只顾地主阶级的利益，而不顾人民的死活，所以司马迁说，必富而后"人人自爱而重犯法，先行义而后绌耻辱焉"（《史记·平准书》）。司马迁肯定了人民的物质利益，肯定了在当时还是新生的事物，但并没有肯定随之而来的兼并事业。因此他在《平准书》中指出："当此之时，网疏而民富，役财骄溢，或至兼并豪党之徒，以武断于乡曲。宗室有土，公卿大夫以下，争于奢侈，室庐舆服僭于上，无限度。物盛而衰，固其变也。"这种役财骄横而进行兼并的豪门大户和过去的权门贵族一般骄奢淫逸，无所不为。司马迁曾经肯定过的事物，现在走向了反面，

"物盛而衰，固其变也"，这是对兼并之徒的斥责。

当宗法贵族日趋没落的时候，货殖者还是新兴事物，他们发展了社会经济，所以司马迁歌颂他们。他歌颂的新事物，除货殖者外，还有"游侠"。当时和后来的保守的唯心主义历史学家就因此对他进行了抨击，班固批评他说，"序游侠则退处士而进奸雄；述货殖则崇势利而羞贫贱"（《汉书·司马迁传》），正好是批判了司马迁的"两颂"。如今我们看一看司马迁对游侠是如何评价："今游侠，其行虽不轨于正义，然其言必信，其行必果，已诺必诚，不爱其躯，赴士之厄困，既已存亡死生矣，而不矜其能，羞伐其德，盖亦有足多者焉。"但这些人并得不到人民的称道，反而是"'何知仁义，已飨其利者为有德。'故伯夷丑周，饿死首阳山，而文、武不以其故贬王；跖、蹻暴戾，其徒诵义无穷。由此观之，'窃钩者诛，窃国者侯。侯之门，仁义存'，非虚言也。今拘学或抱咫尺之义，久孤于世，……而布衣之徒，设取予然诺，千里诵义，为死不顾世，此亦有所长，非苟而已也。……要以功见言信，侠客之义又曷可少哉"（《史记·游侠列传》）。他歌颂了游侠，同时也提出了道德标准问题，和上面提到的《货殖列传》一样，这段文字在中国传统的道德学说史上是少见的好文字。道德是有严格阶级内容的，一个阶级有一个阶级的道德标准。封建统治者以文、武为圣王，而盗跖、庄蹻之徒亦诵义无穷，此亦一是非，彼亦一是非，"将孰使定两者之诚乎？"其实这是不能以一个标准来衡量是非的问题，而是不同阶级各有其道德标准的问题，这是没法求同的。"窃钩者诛，窃国者侯，侯之门，仁义存"，已经完全道出这种矛盾的内涵，也无情地揭露了封建统治阶级道德的片面性。在封建统治者看来，窃钩者当诛，因为他们破坏了封建统治秩序，破坏了封建地主阶级所有制；而窃国者侯，已经取得政权的封建主，他们是胜利者，他们也就是正义之所在，他们的是非就是封建社会的是非，他们的道德就是封建社会的道德，所以说，"侯之门，仁义存"，"已飨其利者为有德"。那时的既得利益阶级是地主阶级，他们取得了政权，也就是"有德者王"，利和德是分不开的，它们相辅而行，凡得利者即有德，所以法家的"二柄"也是包括利与德。

"何知仁义，已飨其利者为有德。"这是人民大众发现的真理，也是为司马迁所肯定的真理。在阶级社会里，道德具有强烈的阶级性。司马迁抨击了封建统治阶级的虚伪的道德学说，鄙薄了季次、原宪等人"或抱咫尺之义，久孤于世"，而称道了布衣之徒"千里诵义，为死不顾世"。游侠中有许多是劳动人民，或者是同情劳动人民的，比如汉初的朱家"振人不赡，先从贫贱始。家无余财，衣不完采，食不重味，乘不过轺牛。专趋人之急，甚己之私。既阴脱季布将军之厄，及布尊贵，终身不见也。自关以东，莫不延颈愿交焉"（《史记·游侠列传》）。"振人不赡，先从贫贱始"，这在当时说，不是小事。贫贱者是劳动人民，朱家同情他们，站在他们一边。

游侠在汉初还是一个新兴阶层，他们的行为是违反封建道德，破坏封建秩序的。起初他们属于士的阶级，在战国时候这个阶级开始分化，从中游离出来的叫做"游士"；或倚人门下，称为"食客"；或带剑而行，又称作"剑客"，但他们不同于地主阶级的附庸，"朋党宗强比周，设财役贫，豪暴侵陵孤弱，恣欲自快，游侠亦丑之"。他们的行为不容于正统派儒家。可以说货殖者和游侠是中国封建地主制初期还具有生命力的阶层，他们或者是从事于发展生产，或者站在人民一边而破坏封建统治秩序。司马迁对他们的肯定是正确的，他对于道德学的评价也是正确的。司马迁既有两立：为后王立法，大一统；为后人立法，反强暴。并有两颂：既颂货殖，又颂游侠。在这里我们已经可以为他的历史哲学下结论：这是进步的唯物史观。

三

　　司马迁对于许多新生事物的肯定，和公羊学有一定的关系。司马迁曾说："余闻董生曰：'周道衰废，孔子为鲁司寇，诸侯害之，大夫壅之。孔子知言之不用，道之不行也，是非二百四十二年之中，以为天下仪表，……夫《春秋》，上明三王之道，下辨人事之纪，……善善恶恶，贤贤贱不肖，存亡国，继绝世，补敝起废，王道之大者也。……《春秋》辨是非，故长于治人。……《春秋》以道义。拨乱世反之正，莫近于《春秋》。《春秋》文成数万，其指数千。万物之散聚皆在《春秋》。……故有国者不可以不知《春秋》，……为人臣者不可以不知《春秋》，……为人君父而不通于《春秋》之义者，必蒙首恶之名。为人臣子而不通于《春秋》之义者，必陷篡弑之诛，死罪之名。……故《春秋》者，礼义之大宗也'"（《史记·太史公自序》）。这里面包含许多意识形态方面的问题，这些问题经过公羊学派的发挥，在我国历史上发生过许多作用与影响。当社会处于变革时期，阶级关系随之而有所变动，于是出现了过去未曾有过的现象。统治阶级为了维护这即将崩溃的社会秩序，适应这新环境新现象，有强调封建道德与伦理的必要，于是儒家在《公羊春秋》中制定出新的道德标准以为社会准绳，经过公羊学派的不断发挥，越走越远。司马迁在《自序》中首先提出："'自周公卒五百岁而有孔子。孔子卒后至于今五百岁，有能绍明世，正《易传》，继《春秋》，本《诗》、《书》、《礼》、《乐》之际？'意在斯乎！意在斯乎！小子何敢让焉。"这是司马迁接受了董仲舒的影响而鼓吹"天人之学"。所谓"五百岁"的问题，可以归纳为"五百"的问题。什么是"五百"？这是战国时代的五行说，子思、孟子和稍后的邹衍，他们的五行说都和这"五百"有关。《中庸》曾经有过这样的话："仲尼祖述尧舜，宪章文武，上律天时，下律水土。"后来虽然没有人把"上律天时"解释成五行说，但是只有五行说的天时可为律，《十二纪》和《月令》中的五行律，正是由此而来。《论语·尧曰》也有"天之历数在尔躬，允执其中"的记载。这些话也见于《伪古文尚书·大禹谟》，《伪孔传》以为历数即天道，是指历运之数。什么是历运之数？这种运数以五为纪，可以称作"五运"，而通称"五行"，这是一种历史演变法则，是一种机械的历史观。而"五百岁"是以"五"为纪的大五行说，是以五百为纪的历史演变周期。孟子也多言"五百"，他曾经说："五百年必有王者兴"（《孟子·公孙丑》），"由尧舜至于汤，五百有余岁，……由汤至于文王，五百有余岁，……由文王至于孔子，五百有余岁"（《孟子·尽心》）。在这里，如果我们不以五行说来解释，那么他们为什么老是说"五百"？这"五百"内包含有什么内容？汉初贾谊在《新书·数宁》中也有"圣王之起，大以五百为纪"的话。"以五百为纪"当然得用五行说解释。其后扬雄的《法言》更有专篇讨论这"五百"问题，扬雄说："圣人聪明渊懿，继天测灵，冠乎群伦，经诸范谟'五百'"（《法言序》）。可见"五百"是以"五"为中心的五行说的扩大，可以称之为"大五行"。后于思、孟的邹衍鼓吹的"主运"说，正是这种以"五"为纪的五行说，而主张天道以及相应而来的人事是依此而演变不已。"行"和"运"含义相同，等于我们所谓"运行"，和"历"的含义也相同，所以"五行"可称为"主运"，又可以称之为"历数"。《论语·尧曰》的"天之历数在尔躬"，用现在的话来说，就是"按照五行说演变的次序，应该是你当天子了"。

虽然先秦诸子以及两汉经师多说五行，但五行说的大师是邹衍。《史记》曾经介绍他的学说道："邹衍睹有国者益淫侈，不能尚德，若《大雅》整之于身，施及黎庶矣。乃深观阴阳消息而作怪迂之变，《始终》、《大圣》之篇十余万言。其语闳大不经，必先验小物，推而大之，至于无垠。先序今以上至黄帝，学者所共术，大并世盛衰，因载其机祥度制，推而远之，至天地未生，窈冥不可考而原也。……称引天地剖判以来，五德转移，治各有宜而符应若兹。……然要其归，必止乎仁义节俭，君臣上下六亲之施，始也滥耳。……作《主运》"（《史记·孟子荀卿列传》）。在这段记载内可以看出邹衍的五行说是用以说明历史演变法则的，他主张的历史法则是以黄帝作中心，推测到天地未生而道其盛衰与机祥度制。这是"学究天人"的理论，"称引天地剖判"是天学，而"五德转移，治各有宜而符应若兹"，是天人相应。这种天人之学，是一种机械的形而上学的历史观，因为他只是强调了机械的演变，而没有辩证发展的观念。司马迁也称赞这种学说而受其影响。邹衍属于思孟学派的正统儒家，和公羊学本非同支，但后来的公羊学家受这一支的影响而发展下来，董仲舒、司马迁都是如此，所以司马迁说他是"然要其归，必止乎仁义节俭，君臣上下六亲之施"。邹衍虽然没有明确提出"五百"，然而他的《主运》就是"五德终始之运"，中心思想离不开"五百"，因此他既是大五行的鼓吹者，也是"大九州"的鼓吹者。

《盐铁论》中曾经介绍邹衍的"大九州说"，说："邹子疾晚世之儒墨，不知天地之弘，昭旷之道，将一曲而欲道九折，守一隅而欲知万方，犹无准平而欲知高下，无规矩而欲知方圆也。于是推大圣终始之运，以喻王公列士；中国名山通谷以至海外，所谓中国者，天下八十分之一"（《盐铁论·论邹》）。"大五行"

虽然是扩大了的五行，但是有限的时间概念，因为他说到天地有未生时。大九州是扩大了的九州说，但是有限的空间概念，因为这总的量数是确定的。司马迁受邹衍的影响而鼓吹五行说，他也说"五百"，并且以为自己是孔子后应运而生的人，因而说"小子何敢让焉"。这种当仁不让的态度，这种高度自负的精神，虽然有他的自信，但也引起后人的讥评。司马贞的《史记索隐》就指责说："太史公略取于《孟子》，而扬雄、孙盛深所不然，所谓多见不知量也。"这里的"略取于《孟子》"，即指"五百"说，而"多见不知量"是在斥责他不应以当代孔子自居，这是"不知自量"。其实司马迁相信这种学说，因而有这种自负。孔子曾修《春秋》并学《易》，是学究天人的，他自己也是史学家而通五行，历史不能只讲人而不知天，人受有天的制约，所以他说《史记》是"凡百三十篇，亦欲以究天人之际，通古今之变，成一家之言"（《汉书·司马迁传》）。如何来究"天人之际"？除了因五行以道机祥外，他又把《易》和《春秋》联系起来。他屡次说："《易》著天地阴阳四时五行，故长于变。……《春秋》辨是非，故长于治人。……《易》以道化，《春秋》以道义"（《史记·太史公自序》）。后来刘歆承继了这种思想，把《易》与《春秋》更紧密地结合在一起，他出于今文，但又表彰古文，因之他以《公羊》义法来讲《左氏》，他也是第一个正式沟通今古经学的人，司马迁也曾经有这种倾向。《汉书·律历志》曾经引述刘歆的学说道："经元一以统始，《易》太极之首也。春秋二以目岁，《易》两仪之中也。于春每月书王，《易》三极之统也。……象事成败，《易》吉凶之效也。朝聘会盟，《易》大业之本也。故《易》与《春秋》，天人之道也。"刘歆的"天人之学"也是来自经今文学派，并不是来自古文经。公羊学派既然多讲"天人之际"，但是他们的"天人之际"的具体内容，过去没有适当的解释。其实，他们是以《易》代表天道，以《春秋》专讲人事；《易》以道天地的变化，《春秋》以辨人事的是非，而人间是非是与天道变化分不开的，这样天人的相应，也是《易》与《春秋》的结合。这就是他们的"天人之际"，也就是"天人之学"。

司马迁之所谓"天道"也是在变化不已的。他说："《易》著天地阴阳四时五行，故长于变。"天地在变，阴阳在变，四时在变，五行也在变，这都是"天道"，因而太史公的世界观还不是完全拘限于五行说的机械论。当然他的天道观包含有五行说的内容，但他更强调了天地变化的一面，这变化不是机械的形而上学的。他曾经谈到中国古史发展法则问题，他说："安宁则长庠序，先本绌末，以礼义防于利；事变多故而亦反是。是以物盛则衰，时极而转，一质一文，终始之变也。《禹贡》九州，各因其土地所宜，人民所多少而纳职焉。汤、武承弊易变，使民不倦，各兢兢所以为治，而稍陵迟衰微。齐桓公用管仲之谋，……用区区之齐显成霸名。魏用李克，尽地利，为强君。自是之后，天下争于战国，贵诈力而贱仁义，先富有而后推让。故庶人之富者或累巨万，而贫者或不厌糟糠，有国强者或并群小以臣诸侯，而弱国或绝祀而灭世。以至于秦，卒并海内"（《史记·平准书》）。他提出"物盛则衰，时极而转"的历史辩证发展法则。虽然他谈"一质一文，终始之变"，但这不是循环论，因为他引用的历史故事都是发展而不是循环的。他从大禹讲起，这正好是中国阶级社会的开始。虽然司马迁还没有这种概念，但他是从经济发展方面谈问题的。《禹贡》九州各纳所有，至汤、武而发展奴隶社会以至初期的封建制。春秋时代齐桓公用管仲因山海之利而成霸业，魏用李克尽地利之教以成强国，此后转成战国，井田制破坏，而兼并起，庶人之富者兼并贫穷，强国兼并弱小，至秦始皇而统一。他用经济的发展来说明社会历史的发展，这种史观已接近历史唯物主义的领域，这在中国古代史学家中是少见的思想体系。

司马迁所提出的"一质一文"出自《公羊》。他曾经说："夏之政忠，忠之敝，小人以野，故殷人承之以敬。敬之敝，小人以鬼，故周人承之以文。文之敝，小人以僿，故救僿莫若以忠。三王之道若循环，终而复始。周、秦之间，可谓文敝矣。秦政不改，反酷刑法，岂不缪乎？故汉兴，承敝易变，使人不倦，得天统矣"（《史记·高祖本纪》）。"得天统矣"是三统说中的术语，三统说以为历代帝王由天、地、人三统相嬗，而三统说出自《公羊》，我认为：

（一）西汉公羊学是阴阳灾变说的大本营，而《公羊传》中没有明显的五行说，却有三统说。

（二）董仲舒是公羊大师，他精于三统，应当有所承受。

（三）三统说和公羊学所提倡的三世说最相近，以此为主，和五行结合遂成三统说。

（四）公羊三世说，以所见为太平世，所闻为升平世，所传闻为衰乱世，其含义颇近于荀子的后王主义。董仲舒的"三王、五帝、九皇"以王为尊的历史学说也受有后王主义的影响。荀子反对五行，和荀派思想相近的公羊学遂改头换面，不谈五行而唱三统，这三统是由五行变化而来。

（五）《小戴礼记》中多三统说，而这部书也是受有荀子影响的著作，多道三统，自属当然。

三统说的内容是：它把历史上的朝代的递嬗，归纳为三个系统的演变，这三统是：黑统、白统、赤统。得到某一统而为王的朝代，那时的礼乐制度就照着那一个统的制度办理。它把本朝和前两代列为三王；三王之前为五帝，共五代；五帝之前为九皇，共九代。此外，又有所谓四法，是：夏、商、周、文，也是循环演变。因为三统以三为纪，四法以四为纪，所以历经十二代才是一次大循环。这是古代人对历史演变法则的看法。孔子的《春秋》是一部发挥历史法则的书，但《春秋》制法而不能实行，实行的是后来的汉，所以汉代经师有"孔子为汉立法"的理论。《史记》中就有这种说法。

司马迁鼓吹三统，提倡三世，《史记·孔子世家》曾经说："乃因史记作《春秋》，上至隐公，下讫哀公十四年，十二公。据鲁、亲周、故殷，运之三代。"这"据鲁、亲周、故殷"是三世说的核心。他们以当代为先进，所以提倡法后王。《史记》中说："独有《秦纪》又不载日月，其文略不具，然战国之权变亦颇有可采者，何必上古？秦取天下多暴，然世异变，成功大。《传》曰：'法后王'何也？以其近已，而俗变相类，议卑而易行也。"这是进步的历史观，司马迁肯定了战国之权变，也肯定了秦代之异变，他重视一个"变"字，变就是指历史在发展，社会在前进。对于这一个多变的历史时代，保守的历史学家总是加以否定，司马迁并不如此。社会经济在发展，历史在发展，新生事物不断出现，因量变而有质变，使当时的中国进入了一个崭新的社会形态。大一统的局面形成了，这在中国古代史上是空前的；地主阶级的政权巩固了，这在中国古代史上也是空前的。这都足为后王法，所以他也主张法后王。

大一统是公羊义法，而司马迁是肯定大一统的，他在称赞秦统一的时候指出："秦并海内，兼诸侯，南面称帝，以养四海，天下之士，斐然乡风，若是者何也？曰：近古之无王者久矣。……令不行于天下，是以诸侯力政，……兵革不休，士民罢敝，今秦南面而王天下，是上有天子也。既元元之民冀得安其性命，莫不虚心而仰上"（《史记·秦始皇本纪》）。战国时代，

"兵革不休，士民罢敝"，因此人民欢迎大一统，这大一统也是后王的事业，因为"近古之无王者久矣"。司马迁的主张法后王可以和他的歌颂大一统结合起来，这些思想都是司马迁历史哲学中的唯物主义观点。

但司马迁和荀子一样，他们的法后王都不彻底，他们有时回过头来又法先王而师古。司马迁曾经批判项羽说："自矜功伐，奋其私智而不师古"（《史记·项羽本纪》）。他又在提倡师古了。其实项羽是一个最主张"师古"的人，如果他不师古而从事大一统的事业，楚汉之际正未知鹿死谁手。司马迁之所以不能坚持他的后王史观，这和他受有公羊派的影响有关，公羊三世、三统本来具有循环论的色彩，发展而又回顾，难免法后王而不放弃先王。

四

上面我们主要讨论了司马迁的历史观，但也牵涉到他的世界观，在这方面他的思想也并不单纯，他和他的父亲司马谈相似，继承了先秦唯物主义思想传统，认为天地万物的根源不是由于超现实的精神实体或上帝来创造的，而是由于物质世界本身的原因。他们"混混冥冥，光耀天下，反复无名"（《史记·太史公自序》）的提法接近老子的学说。但有关形、神的思想，太史公父子的话却可以有不同的理解。司马谈曾经说："凡人所生者神也，所托者形也。神大用则竭，形大劳则敝，形神离则死。死者不可复生，离者不可复返，故圣人重之。由是观之，神者生之本也，形者生之具也"（《史记·太史公自序》）。如果我们把"神"理解为中国古代朴素的"精气论"，把精神理解为细微的物质，人有生命因为人具有精气，精气表现为精神活动，精神是依附于人的身体的，离开身体，精神也就散亡了，所以说"形神离则死"，这未免曲解太史公父子的原义。司马谈明明指出："凡人所生者神也"，"神者生之本也"。这都是说神是人生的根本，人之所以能生是神的缘故，形不过是神之所托。他们也没有提出神是细微物质是精气的暗示。自古以来，神与气的意义明确，并无丝毫含混。神绝不是气，而形才相当于气，如果神是精气，形又是什么？如果说太史公父子在形、神问题上还没有摆脱形、神二元论的观点，并且认为精神是生命的根本，是第一性的，而形是神之所托是第二性的，这倒与原义相近。但他们又认为形、神不可分离，这倒是承认人死则形、神俱灭的因素，又胜于唯心主义的神不灭论。

司马迁思想内具有唯物主义的观点，司马迁本来也是精通天文历法的自然科学家，他具有朴素的唯物主义思想并非意外，但自然科学家有时也陷于唯心主义泥淖中，所以在《史记·天官书》和《历书》中，既有五行说的思想，也有宗教迷信思想，而这两篇都是谈自然科学。比如他说："神农以前尚矣。盖黄帝考定星历，建立五行，起消息、正闰余，于是有天地神祇物类之官，是谓五官。各同其序，不相乱也。民是以能有信，神是以能有明德。民神异业，敬而不渎，故神降之嘉生，民以物享，灾祸不生，所求不匮。少暤氏之衰也，九黎乱德，民神杂扰，不可放物，……尧复遂重黎之后，不忘旧者，使复典之，而立羲和之官。……则阴阳调，风雨节，茂气至，民无夭疫。年耆禅舜，申戒文祖，云'天之历数在尔躬'。……由是观之，王者所重也。夏正以正月，殷正以十二月，周正以十一月。盖三王之正若循环，……幽、厉之后，周室微，……故畴人子弟分散，……其后战国并争，……岂遑念斯哉！是时独有邹衍，明于五德之传，而散消息之分，……而亦因秦灭六国，兵戎极烦，……未暇遑也。

而亦颇推五胜，而自以为获水德之瑞"（《史记·历书》）。这是司马迁的天人之学，他由天象历法谈到人事，历法不正则人事会有纠纷。所谓天是指自然，但他也谈到神，所谓神不能是精神，更不能解作细微的物质，"神是以能有明德"的神，是有意志的神，他民、神并举，可见神也不同于人民。不过他引用少皞氏之衰"民神杂扰"一段记载却有误解。当时的所谓神，还是巫的前身，作为上帝与人民间的媒介，履行原始社会末期部族长或者是阶级社会初期国王的职责，可以和上帝交通。后来重黎出，代替了神的职务，于是有了巫，而巫即史的前身，所以《太史公自序》曾上及重黎。这种巫史代表中国古代社会不同阶段的天人之学，司马迁于此虽有误解，但未离天人之学的主题还是可取的。因之也不能说司马迁是无神论者，不过他的神有时也近于自然神，这似乎是一种力量，比如他曾经把神和五行联系在一起，因此他谈到邹衍，谈到邹衍的五行消息。这句话也可以理解为灾异机祥，这是神散布的消息，而人们要根据这种消息行事，否则会有灾异，这是天人之学的具体内容。

《史记·历书》反映了司马迁的天人之学，《天官书》则更深入一步，两者性质相近，而后者更富于星占术的意味。通过自然现象来解人事是《天官书》的主要内容，它大体根据传统的五行说和公羊学。比如："正月旦，王者岁首；立春日，四时之卒始也。四始者，候之日。而汉魏鲜集腊明正月旦决八风。风从南方来，大旱；西南，小旱；西方，有兵；西北，戎菽为，小雨，趣兵；北方，为中岁；东北，为上岁；东方，大水；东南，民有疾疫，岁恶。故八风各与其冲对，课多者为胜。多胜少，久胜亟，疾胜徐。"各方风有各方风的后果，这不是先验论，而是有实际经验的总结，但推论过远，如某方风有兵、灾、疫、疠等则不可能来自经验，而是主观的推测，这却是难以理解的天人之学了。而八方风的来源有更古老的传统，书籍记载最早的有《尧典》中的四方风。在殷代卜辞中也有关于四方风雨的记载。过去郭沫若同志曾经对之有所论述说："一雨而向其东南西北之方向，至可异"（《卜辞通纂·天象门》）。我曾经解释说，在当时看来，不同方向的风雨，结合到生产方面说可以发生不同的作用，因而产生对不同方向风雨的看法。这种说法结合到《史记·天官书》的记载，可能是正确的。卜辞中还有四方风的记载（见《善斋所藏甲骨文字》），我也曾经有过解释，这四方风的记载是中国早期的自然科学，是对天象长期考察的结果，当时人已经认识到四方风雨对生产发生的关系，把这些关系结合起来构成中国古代历法中的一个主要内容，《夏小正》、《月令》正是这一系统中的产物。如今看来，《史记》中的《历书》、《天官书》也是这一系统的产物，而《尚书·尧典》中之羲和四宅也和上述系统类似，都是通过天象、历法来说明它对于人们的影响。这是一个古老的传统，这种传统，部分来自劳动人民的生产经验，部分来自宗教迷信，因而发展的结果也有不同，有的发展为自然科学，有的则转向宗教迷信，把这两种关系结合起来则是汉代的天人之学，因之这种天人之学一方面具有朴素的自然观，同时它也具有神秘莫测的宗教内容。

《天官书》中又有很大篇幅的占星术，有什么星变，影响到人世间就会有什么样的灾变，比如："汉之兴，五星聚于东井；平城之围，月晕参、毕七重；诸吕作乱，月蚀，昼晦。吴、楚七国叛逆，彗星数丈，天狗过梁野；及兵起，遂伏尸流血其下。……此其荦荦大者。若至委曲小变，不可胜道。由是观之，未有不先形见而应随之者也。"把不相干的天体演变和人事休咎联系起来，这可以得到无穷的解答。一直到近古，每逢日蚀都会引起封建统治者惊慌，这是天人之学的传统。司马迁又说："夫常星之变希见，而三光之占亟用。日月晕适，云风，此天之客气，其发见亦有大运。然其与政事俯仰，最近天人之符"（《史记·天官书》）。这又更明确地谈到天道和政治的关系，他说日月星辰之自然表现是和人间政事互相关联，所以为政者必须注意这种变化规律，才能免于陨越。

司马迁又曾经谈到五色帝问题，这也是五行系统下的产物，在西汉哀、平之际更大盛起来。五色帝外又有一"天"，以致有"五天"与"六天"之争。这些记载如果是《太史公书》的原文也并非意外，因为他一方面主张有自然的天，一方面又存在有意志的神的观念，这五色帝虽然近于一种自然神，然而又近于有意志的天神，所以我们说他的世界观并不单纯。不过关于《史记》中有关五色帝的记载，早就有人提出疑问，日本学者猪饲彦博以为《史记·天官书》原文止于"则官备矣"一句，下文是后人的附益（《史记·天官书汇注考证》）。这种说法是有理由的，因为没有后来这一段，原文并不缺少什么，有了它发生许多问题。就司马迁的思想体系说，没有这一段，他是一个比较完整的朴素的自然主义者；有了这一段，他变作二元论者，承认自然又承认上帝。不过再深入一步，有没有这一段，在太史公的思想体系内都不能消除五色帝的地位，因为有关记载遍见于《史记·封禅书》，而封禅的原义也是通过封禅典礼以通于"天"。太史公父子都是向往于封禅事业的人，因为这本来是：神→巫→史的职守，司马谈就因为不得从行汉武帝的封禅典礼，以致发愤而卒。这是一种自古以来的"通天大典"，原来是神，后来是巫，又后来是史的专业，司马谈是太史而不得从行，于是有"是命也夫，命也夫"的慨叹（《史记·太史公自序》）。《封禅书》既不是后人补作，那么封禅以通天等记载就不能消除，《封禅书》是一个多神庙，那么也就不能说司马迁是无神论者！

　　五色帝或五行帝是神，但接近于自然神，从另一方面来讲解，它们属于每一德（五德—五行）的"精"，这种精或者神隶于五行也就是隶属于自然，没有自然，没有五行也就没有五行神。司马迁一方面肯定这种神，一方面也批评泛滥的鬼神思想。在《天官书》中他指出："天则有日月，地则有阴阳。天有五星，地有五行。天则有列宿，地则有州域。三光者，阴阳之精。气本在地，而圣人统理之。幽、厉以往，尚矣。所见天变，皆国殊窟穴，家占物怪，以合时应，其文图籍机祥不法。是以孔子论六经，纪异而说不书。至天道命，不传。"这上半是他的朴素自然观，下半是他借孔子以批判"怪力乱神"。《封禅书》中也有类似的观点，他屡次肯定邹衍的学说后，总还要批评那些依鬼神而求仙的人。他曾经指出："自齐威、宣之时，邹子之徒论著终始五德之运，及秦帝而齐人奏之，故始皇采用之。而宋毋忌……羡门高最后皆燕人，为方仙道，形解销化，依于鬼神之事。邹衍以阴阳主运显于诸侯，而燕、齐海上之方士传其术不能通，然则怪迂阿谀苟合之徒自此兴，不可胜数也"（《史记·封禅书》）。他两次谈到邹衍，没有加以批评，而批评了依附于鬼神的方士，这些人怪迂、阿谀、苟合，不能传邹衍的五行说，是一些骗子手，秦始皇所坑的儒生其中许多是这种人。司马迁不言鬼神的态度是明确的，他不同情方士的态度也是明确的。然而他肯定邹衍，邹衍是五行学大师，那么他肯定五行并相信五行是当然的事。邹衍有"大九州说"及"大五行说"，司马迁也宣传"大五行"，除上面已谈到的外，他还说："夫天道三十岁一小变，百岁中变，五百岁大变，三大变一纪，此其大数也。为国者必贵三五"（《史记·天官书》）。天运三十岁一小变，百岁中变，五百岁大变。这"天运"也可以称作"天行"或"天历"。因为它五百岁大变，也就是质变，所以我们称之为"大五行说"。三大变是三统的一周，所以为国者必贵"三五"，分开来说也就是三统和五行。

因"天运"而有所谓"天授"，如云："然王迹之兴，起于闾巷，合纵讨伐，轶于三代，乡秦之禁，适足以资贤者为驱除难耳。故愤发其所为天下雄，安在无土不王！此乃传之所谓大圣乎？岂非天哉！岂非天哉！非大圣孰能当此受命而帝者乎"（《史记·秦楚之际月表》）。此外《魏世家》、《留侯世家》等篇许多处谈"天授"问题，就司马迁的思想而理解"天授"，也只能是按"天运"的次序去接受安排而已，这是一种命定论，这种命定没法理解，所以他屡次惊诧地说："岂非天哉！岂非天哉！"

因为司马迁所理解的"天"有其朴素自然的一面，所以他所说的机祥不完全同于一般的灾异，他曾经说："国之将兴，必有祯祥，君子用而小人退。国之将亡，贤人隐，乱臣贵"（《史记·楚元王世家》）。这是对于"祯祥说"的最朴素的解释，这种解释无论是五行学或者是公羊学都不能接受的。

司马迁的世界观并不单纯，那么表现在认识论方面也是否如此？在认识论方面他具有形而上学的一面，正像我们曾经说过的。但也有辩证的观点，在这方面他受老子的影响，也还有荀子的影响，比如他说："管仲既任政相齐，……俗之所欲因而予之；俗之所否，因而去之。其为政也，善因祸而为福，转败而为功"（《史记·管晏列传》）。这"因祸而为福，转败而为功"的提法，颇近于老子，具有辩证法的观点。又如他说："兵以正合，以奇胜。善之者，出奇无穷。奇正还相生，如环之无端。夫始如处女，适人开户；后如脱兔，适不及距；其田单之谓邪"（《史记·田单列传》）。这些语言来自《孙子兵法》，而兵法中具有辩证法的因素。孙子也是一位辩证法大师。又比如说：

"'大直若诎，道固委蛇'，盖谓是乎"（《史记·刘敬叔孙通列传》）。这也是来自老子的辩证思想。在《史记》中，许多地方闪烁着朴素的辩证法的光芒，加以司马迁的进步史观和他肯定新生事物的眼光，司马迁的思想不是形而上学，虽然他的思想体系并不单纯。

五

现在，可以为本文总结，也就是可以为司马迁的历史观作结论了。

司马迁在《史记》中所表现的那种生气勃勃的精神，对待新生事物的正确而锐利的眼光，他抓住新东西向老古董宣战的勇气，都是使后人敬佩的地方，这也正是他遭受保守派历史学家抨击的地方。历代所谓"班马优劣"呶呶不休，而有许多人认为班固的《汉书》应取代《史记》，居于纪传体正统派的地位，以唐代刘知几之通达尚扬班抑马，可见解人之难！其实班固在任何方面都不能和司马迁相比。司马迁是伟大的思想家、文学家和历史学家，在当时来说也是一位自然科学家，在各方面班固都不能和司马迁相提并论。

在所有的中国封建社会时期的史学著作中，能够抓住新生事物，看出它有利于人民、有利于社会发展的倾向而加以肯定的，司马迁是最突出的一个。他为陈胜立《世家》，为扁鹊、仓公立传，为游侠立传，为日者立传，为货殖立传，或者是医卜星相，或者是布衣匹夫之士，在过去和后来，所有的封建社会内的历史学家从来没有人为他们立传。历史本来为封建统治者所颠倒，司马迁当然没法把它再颠倒过来，但也适当地作了些翻案的工作，适当地给某些人民群众、某些新生事物作了应有的评价，给他们应有的历史地位。比如游侠与货殖，在司马迁的时代已经不算新生事物了，但一直没有得到任何历史学家的肯定。他们或者是发展社会生产的人，或者对封建社会秩序进行挑战的人，而司马迁对于他们都给予肯定的评价。在二十四史中能够作这种评价的，也只有《史记》。因此我们说司马迁有两颂：一颂货殖，二颂游侠。有此两颂已足珍奇，然而《史记》之可贵处绝不止此。

司马迁属于公羊学派，公羊学派是鼓吹大一统的学派，在先秦学派中，除法家鼓吹一统而努力作一统的事业外，儒家中则以公羊派为突出，他们的最终目的是统一华夷，所以称之为大一统。司马迁也是鼓吹大一统的历史学家，所以他歌颂秦的一统，歌颂汉的一统，这种歌颂，依公羊义法也就是为后王立法，而为后王立法最主要的是大一统。历史学家又必须对陈胜所领导的农民起义作出评价，提出自己的看法，这评价和看法当然都代表这位史学家本身的历史哲学。司马迁为陈胜立《世家》已经可以看出他的评价："初作难发于陈涉，虐戾灭秦自项氏，拨乱除暴，平定海内，……成于汉家。五年之间，号令三嬗，自生民以来未有受命若斯之亟也"（《史记·秦楚之际月表》）。他对陈胜发难多次给予极高评价，以为没有陈胜的发难反抗暴秦，不会有项羽的灭秦，没有项氏的灭秦也不会有刘邦的一统；他甚至把陈胜比作汤、武。他还把《史记》自比为《春秋》，《春秋》是为后王立法，如今《史记》兼为后人立法，为了反击封建暴虐政治只有起义。这又是"两立"，有此"两立"，《史记》一书自足不朽矣。

司马迁的思想本来受有公羊学派的影响，而公羊三世说具有进步的历史观，它近于荀子的法后王，法后王是向前看，历史在发展，不能老是向后看齐，于此司马迁也有法后王的论调，但他是不彻底的，有时也提倡师古。司马迁思想上的局限性不止于此，在世界观上他也并不单纯，他是一位精通历法的自然科学家，他具有朴素的自然观，但他也杂有宗教迷信思想，在他的思想体系内还存在着有意志的神。

今文学派是讲究天人之学的。在这方面司马迁也有许多发挥，《史记·历书》和《天官书》都载有他的天人之学。通过自然现象来解释人事，是《天官书》的主要内容，这方面他大体上根据传统的五行说与公羊学，他明确地谈论天道和政治的关系，他说日月星辰之自然变化是和人间政治互相关联的，所以为政者必须注意这些变化规律才能免于失败。

司马迁也曾经多次谈五色帝，这也是五行说下的产物。这些都说明他一方面主张有一个自然的天，一方面又存有有意志神的观念，所以我们说司马迁的世界观并不单纯，同时他的历史观也不单纯。那么我们究竟如何评价司马迁的历史哲学？上面我们曾多次指出，他有两立：一为后王立法而鼓吹大一统，一为后人立法而肯定农民起义。他又有两颂：一颂货殖，二颂游侠。两立、两颂各有千秋，因此我们说司马迁具有进步的历史观，或者说在他的历史哲学领域内具有唯物史观的因素。当然，在他思想的各方面都还有糟粕，这是不容讳言的，也是应当批判的。

（原载《中国史研究》1979 年第 1 期）

作者生平学行年表

1910 年

1 月 10 日，出生于河北丰润县。

1917 年

秋，入小学。

1925 年

秋，入中学。

在校学习期间，受到了两位老师的影响，心中总想有机会解开"《左传》是一部假书"和"相对论"中"四维"的两个谜。

1929 年

秋，入北京大学预科。

1931 年

秋，入北京大学历史系，选修顾颉刚先生的《尚书研究》课，开始走上学术研究之路。

1932 年

秋冬，与孙以悌、高去寻等建立读书会——潜社，以期提高知识水平。后来，又增加了胡厚宣、张政烺、王树民，每星期六晚上开一次学术讨论会。创办学术刊物《史学论丛》。

1935 年

夏，在北京大学历史系毕业，留在本校文科研究所任助理。时毕业论文的题目是《〈明史〉和〈明史稿〉对校》。

1936 年

夏，在日本东京帝国大学（现东京大学）跟加腾繁教授学习隋唐史。其间，学习了日文，并接触了马克思主义。

10 月，《论〈左传〉之性质及其与〈国语〉之关系》一文发表，为《左传》翻了案。该文受到莫非斯先生的好评。

1937 年

"七七事变"后返回国内。是年 10 月，先到长沙西南联合大学，后又到西北，在西安拟找八路军办事处，因无门路，去兰州找顾颉刚先生。

1938 年

1 月，随顾先生到甘肃临洮办小学师资讲习班。5 月由顾先生介绍去兰州甘肃学院文史系当讲师，正式走上教学岗位。7 月被聘为该院教授。

1940 年

年初，征得顾先生的同意，来到四川成都齐鲁大学国学研究所学习。其间受顾先生派遣，去灌县考察李冰建设的都江堰工程。写出《李冰与二郎神》一稿，后被出版社遗失。秋，去西北联合大学教书，讲授魏晋南北朝史、隋唐五代史和中国通史，同时又涉足于中国思想史及哲学史的研究，对理学和佛教也进行了初步探讨。

1943 年

《西汉经学与政治》一书出版。书曾送给顾先生、傅斯年先生、董作宾先生，得到好评。

1946 年

在山东大学中文系执教并兼系主任，继续进行经学研究和古代历史的研究。但重点是研究"三礼"。

1949 年

青岛临近解放时，接受地下党组织的重托，与同志们一起保住了山东大学和青岛纱厂。

1951 年

在山东大学与本校文学院同仁创办了哲学社会科学刊物——《文史哲》，并任主编。

1955 年

《释"不玄冥"》一文发表，该文的结论得到著名文史专家郭沫若先生的赞同。

1956 年

转到中国科学院历史研究所工作。来所不久，便与同仁到四川彝族地区进行为时半年的少数民族社会历史调查。这次调查后，明确提出了历史学的三重证据说，即文献资料、考古发掘和民俗调查。

1961 年

春，去曲阜，对衍圣公府进行了短期研究，认为孔府档案很有史料价值，对解剖明清贵族地主是很典型的史料，下决心开发利用。

1962 年

4 月,《中国古代社会与古代思想研究》上册出版。这部书和下册(1964 年出版)出版后都受到社会的重视。

1963 年

7 月,率历史所钟遵先等 7 人,赴曲阜孔府,与曲阜文物管理委员会、曲阜师范学院历史系合作,选编孔府档案史料,并进行研究工作,准备合作写一本书。11 月回京。同年,还让历史所刘永成等 6 人去明清档案部,与该部合作,选编和研究乾隆朝刑科题本。

60 年代中期

鉴于自己的研究方向逐渐走入哲学,而研究哲学应当懂得自然科学,于是就走上了理论物理学的研究历程。

1977 年

《论时间和空间》、《熵与引力》印出征求意见本。

1978 年

8 月,中国社会科学院研究生院创立,受聘为该院历史系教授,任硕士、博士研究生导师,先后培养了 10 余名博士、硕士研究生。

1979 年

为推动清史研究和培育学术新人,倡议创办并主编《清史论丛》。

1980 年

11 月,《绎史斋学术文集》出版。该书《前言》再次强调了自己的学术观点:"现在……我的看法并没有改变,我仍然主张中国封建社会自西周开始,除了古文献的材料外,近年来云南的史学工作者在作了傣族田制与农奴制和周秦社会的比较研究后,同样得出了西周是封建社会的结论。"

1981 年

应邀去美国 Michigan 大学进行学术研究,主要是研究历史和物理。在美期间,曾将撰写的《熵与引力》的长篇论文的英文本,提交给乔治敦大学化学系的教授们讨论,引起他们的极大兴趣。该文在引力、惯性、时间和空间的讨论中首次引进了一个新课题——熵。

80 年代初

因有感于徐世昌主编的《清儒学案》实在太简陋,而编修者又不是学者,既不懂哲学,也不懂训诂,因此错误极多,于是决心纂修一部《清儒学案新编》,将清代学术源流为纲而列出细目,其文将减于前而事则繁于旧,旨在起到学术思想史及学术思想史料两重作用。经过 10 余年的努力，至 1994 年 3 月，一部 400 万字的大书终于问世。

1983 年

与张政烺先生合写一篇悼念尹达先生的文章，对尹达先生建立史学史研究室给予了高度评价。认为史学是精神文明建设和物质文明建设中取之不尽的宝藏；历史是过去的记录，而研究这种记录的理论就是史学史，我们应当重视这种远距离的建设，这是有远见的建设。

1986 年

4 月，为撰写《宗周社会与礼乐文明》，赴洛阳、豫西等地进行实地考察。后又去关中考察，对周朝建国初年的地理环境及有关问题有了清晰了解。

1990 年

自本年开始，在《中国社会科学院研究生院学报》及《文史哲》等刊物，连续发表了有关现代物理和哲学的论文，系统地解说人与自然的关系。

1992 年

本年 6 月和 1994 年 8 月在山东参加了两次"墨子学术讨论会"，被选为墨子研究中心名誉主任。

1993 年

9 月，《墨经数理研究》由山东大学出版社出版。

1997 年

被美国 ABI 组织（The American Biographical Institute，Inc）推荐为"The Prestigious Title Man of The Year 1997"。

11 月，《未来的理论物理学：量子与熵》发表。本文认为在未来的理论物理学中，"量子熵力学"或者是"熵物理学"，应当是其核心内容。这种力学的数学表达式，应当是二进位制。

1998 年

农业部屯垦司的负责同志来电话，盛赞《中国屯垦史》写得好。此书是与屯垦史专家王毓铨等多人合写的，出版于 1990 年。

2000 年

7 月 23 日，在北京协和医院病逝。

作者主要论著目录

西汉经学与政治　重庆独立出版社，1945年

中国古代社会与古代思想研究（上下册）　上海人民出版社，1962年、1964年

绎史斋学术文集　上海人民出版社，1983年

中国古代史论　齐鲁书社，1983年

清儒学案新编（1—8卷）齐鲁书社，1985年、1988年、1994年

大一统与儒家思想　中国友谊出版公司，1989年

缙经室学术文集　齐鲁书社，1989年

中国屯垦史（上册）（与人合作）　农业出版社，1990年

宗周社会与礼乐文明　人民出版社，1992年

墨经数理研究　山东大学出版社，1993年

自然哲学与道德哲学　济南出版社，1995年

哲学与科学——自然哲学续篇　山东大学出版社，1997年

杨向奎学术文选　人民出版社，2000年

杨向奎学述　浙江人民出版社，2000年

夏本纪越王勾践世家地理考实　《禹贡》1935年第3卷第1期

略论"五十凡"　《史学论丛》1935年第2期

论《左传》之性质及其与《国

语〉之关系　《史学集刊》1936年第 2 期

夏民族起于东方考　《禹贡》1936 年第 7 卷第 6、7 期

中国古代的氏族社会——有虞氏　《光明日报》1950 年 5 月 24 日

从《周礼》推论中国古代社会发展的不平衡性　《文史哲》1951年第 1 卷第 3 期

关于西周的社会性质问题《文史哲》1952 年第 5 期

中国历史分期问题　《文史哲》1953 年第 1 期

释"不玄冥"　《历史研究》1955 年第 1 期

墨子的思想和墨者集团　《文史哲》1958 年第 3 期

论"乾嘉学派"　《新建设》1964 年第 7 期

墨家的时空理论及其在自然科学方面的成就　《社会科学战线》1978 年第 4 期

关于《红楼梦》作者研究的新发展　《齐鲁学刊》1994 年第 1 期

人生境界论——自然空间与理性空间　《中国社会科学院研究生院学报》1996 年第 4 期

未来的理论物理学：量子与熵——二进位的数学表达式　《中国社会科学院研究生院学报》1997年第 6 期

禓袭礼与"礼不下庶人"解《中国社会科学院研究生院学报》1998 年第 6 期

历史哲学与空间——杨向奎教授述学　《孔子研究》1990 年第 1 期

杨向奎教授论"基础科学"《中国社会科学院研究生院学报》1990 年第 2 期

杨向奎先生传略

陈祖武

杨和奎先生，字拱宸，1910年1月生于河北丰润。丰润为京东大县，一来毗邻京城，二来土地肥沃，在过去的农业社会，可谓得天独厚。所以这里文化水平较高，古往今来，才人辈出。诸如《洛阳伽蓝记》作者阳衒之，《明史纪事本末》作者谷应泰，《红楼梦》作者曹雪芹，以及当代著名小说家张爱玲等，原籍就都在丰润。

杨先生祖上世代务农，虽到他祖父辈家境趋于富裕，但力农积习已成，并不希望家中出个什么读书人。因而在他上高小时，为索要每学年的30元学杂费，他母亲不得不借助叔祖的支持，而与祖父争执，往往闹得不欢而散。在这样的情况下，怎能读得下书去呢！高小毕业，杨先生索性辍学出走，后来还是他父亲从天津把他接回，送进了县立中学。入学时，开学已经一两个月了。

上中学三四年后，杨先生读书渐上轨道。为他指引路径的是两个人和两件事。一次，听教务主任作学术报告，谈起清代今文经师，声称古文经的《左传》为伪书。这番讲话的震动之大，使杨先生迄今未能忘怀。他少年时代通读过《左传》，且能成诵。费了这么大的力气，读的竟是一部伪书!《左传》何以是伪书？究竟是何人作伪？这个疑团宛若一粒种子，深植于杨先生的脑海之中。此其一。其二，当时的物理教师王硕儒先生，博学多识，育人有方，介绍了爱因斯坦的"相对论"。据王先生所教，素来人们都说世界是三维，而"相对论"则认为是四维。王先生还说世界上没有几个人能懂这门学问。这是1928年说的话，当时懂得"相对论"的人也确实不多。于是什么叫"四维"？多出的一维是什么？形同又一粒困惑不解的种子，也深藏在杨先生的记忆之中。

1929年，杨先生中学毕业。经北京大学毕业的国文教师鼓动，他考入北大文科。跻身当时中国的最高学府，杨先生顿时为浓郁的学术气氛所包围。顾颉刚先生的《古史辨》、郭沫若先生的《中国古代社会研究》以及外国学者摩尔根的《古代社会》等，深深地吸引着杨先生。就这样他走进了史学系的教室，选择了中国古代史为自己的专业。在北大学习期间，除听本系的授课外，其他各学科的课，杨先生都尽可能地去听。文史哲著名教授的讲课，他几乎听遍，名人来校作学术报告，他亦从不错过机会。文学院章太炎、鲁迅二先生的讲演他听，理学院有关物理、地质学的报告他也听。杨向奎教授的为学根基，就是在北京大学求学时奠定的。研究中国古史离不开经学，而顾先生的《古史辨》与今文经学亦有不解之缘，于是杨先生进而攻读经学，终于在毕业时解开了《左传》真伪之谜。

北大毕业，杨先生留校从事研究工作，还一度到过日本东京。1937年，日本发动侵华战争，他被迫随校南迁。迄于抗战胜利，杨先生历任甘肃学院、西北大学、东北大学等校史学教授，先后讲授过古代史、秦汉史、魏晋南北朝史、隋唐五代史，以及中国通史、中国哲学史等。

抗日战争胜利后，杨先生应聘北上，执教于青岛山东大学中文系，后兼该系主任。全国解放，先生任山东大学历史系主任，一度兼文学院院长，并主编《文史哲》杂志。杨先生喜欢办刊物，他认为由此可以发现人才、培养人才。当今我国文、史、哲学界的一些知名专家，早年，杨先生都为他们提供过发表论文的园地。在山东工作期间，他积极靠拢中国共产党，要求进步。1950年6月，他加入中国共产党，成为一名为社会主义、共产主义奋斗终生的先锋战士。

1957年初，杨先生来京，任中国科学院历史研究所研究员。迄今30余年过去，杨先生求实求真，老而弥笃，一直在为我国历史学的研究而努力。1962年至1963年间，杨先生主持、参加、指导了曲阜孔府档案和中国第一历史档案馆乾隆刑科题本的整理与研究，为明清史提供了若干有用的史料和研究成果。自60年代初起，杨先生还究心当代理论物理学，积10余年的努力，早年的"四维"之谜也解开了。

杨向奎教授从事教学和学术研究已经55个春秋。半个多世纪以来，他以辛勤的劳作，完成了许多有价值的著作。截至1989年底，业已发表的主要学术专著有：《中国古代社会与古代思想研究》、《清儒学案新编》（一、二卷）、《绎史斋学术文集》、《繙经室学术文集》、《大一统与儒家思想》、《宗周社会与礼乐文明》及《引力与熵》等。

近期以来，杨先生的研究兴趣，主要集中于如下3个问题：

第一个问题是炎帝文化体系的研究。杨先生认为，中国古代文化是炎、黄两系的合流，而长期以来，总是以黄帝为不祧之祖，炎帝一系则是作为旁支、小宗。什么是炎帝一系的文化传统？它在华夏文明的形成中有何贡献？炎、黄两系的异同何在？诸如此类的问题，由于文献不足，从来少有人去过问。杨先生指出，炎帝文化体系值得研究，在历史文献中也并非绝无踪迹可寻。他认为，古代的申、吕即出于炎帝。申、吕都是西周以前就存在的国家，皆曾称王。楚继申而崛起，申氏在楚，无论是政治上，还是文化上，都占主导地位。申本来是神守之国，所以楚国文化多"神"的色彩。老子楚人，他可能是申国的"史老"，所以称为老子。他明白是申（人）创造了上帝，上帝的旨意也由人造（申造），于是他否定了上帝而提出自然创造一切。这是"史老"（申）起来革命，推翻了上帝而创造了"自然"。吕也是王国，齐出自吕。"吕"实为"申"之伴侣，申司天而吕司地，一个是神守，一个是社稷守，本皆神职。后两支发生分化，司地之吕变为社稷守。杨先生据其研究所得判定，现存《尚书》中的《吕刑》、《洪范》二篇，应是炎帝一系的文献。他指出，《吕刑》属于社稷守，传自火正黎，即吕，为治世法典；《洪范》属于神守，传自南正重，即申，为天人法典。在全部《周书》中，周诰为一系统，来自姬周，属于黄帝，而《洪范》、《吕刑》为一系统，来自姜吕，属于炎帝。

第二个问题是对中国传统哲学中"仁"、"诚"理论的探讨。杨先生指出，中国自古讲天人之学，也就是自然与人类之间的关系。人居自然中，应当理解自然，否则将为自然淘汰。天人之学是中国哲学课题中的重点，也是光辉所在，是我们可以自豪于世的文化财富。我国古代哲学家讲"生"的哲学，他们称之为"仁"，从《易传》经程颢、谢良佐，到戴震的《原善》、《绪言》、《孟子字义疏证》，源远流长，世代相承。在他们看来，没有"生"就没有宇宙，更没有万物与人类。而生的条件是和谐的、充满善与美的自然，这就叫做"仁"。儒家经典《中庸》有

"不诚无物"的理论，于是大程、谢上蔡把仁与诚结合起来，提出了不仁则不诚的命题。宇宙的发展有理有则，人类的好恶有节有制，顺乎自然，依于法则，使理与情通。这是一种和谐的精神。情与理的结合，也就是"天理"与"人欲"的调节得当。和谐是为美，"中庸"虽不止于平衡，但无平衡则无和谐。中庸之道，也就是由平衡以达于和谐。平衡是静止的概念，而和谐则活泼而富有生机，春意盎然才是和谐，才是美。杨先生主张发扬这种哲学思想，他说这是新的"天人之学"，并且预言将来的哲学必然回到"天人之学"。

第三个问题是关于时间、空间与熵的论证。在理论物理学研究中，自从爱因斯坦以"广义相对论"引进引力场，从而取得重大突破以来，引力问题一直困扰着研究者，迄今尚未彻底解决。杨先生将熵引进引力问题的探讨，他指出，熵和引力都是物理学中、也是自然界中最重要的物理实在，熵即引力作用，黑洞即熵洞，通过熵可以了解引力，通过引力可以了解时间、空间。杨先生不同意天体演化中的"大爆炸"理论，认为这是日暮途穷的理论，是"观测天文学"，而非理论物理学。他主张，21世纪的理论物理，应致力保持自然本身的和谐，以及天人之际的和谐，也就是维护一个富有生机的宇宙。他呼吁科学家与哲学家携起手来，向"天人之学"回归，创造一个理想的、和谐的世界。

（原载《中国史研究》1990 年第 3 期）